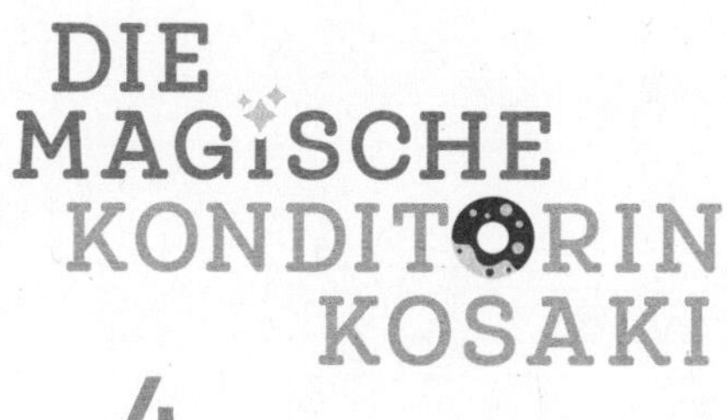

Taishi Tsutsui

Original Story:
Naoshi Komi
NISEKOI

DIE MAGISCHE KONDITORIN KOSAKI Charaktere

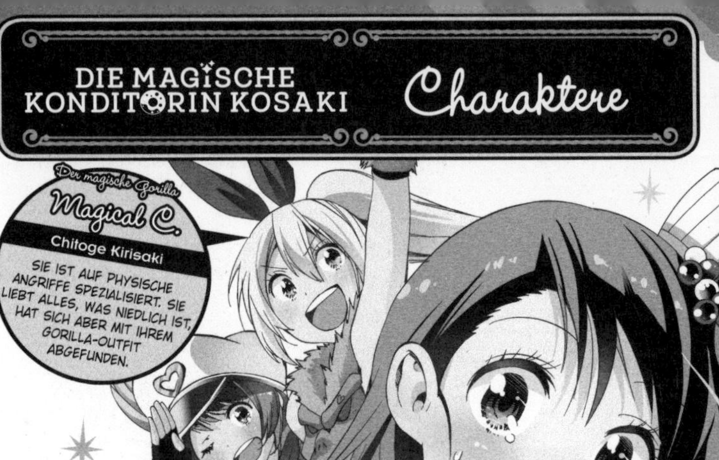

Story

KOSAKI ONODERA AUS BONYARI IST EIN SCHÜCHTERNES MÄDCHEN, DAS SICH NIE GETRAUT HAT, IHREN SCHWARM RAKU ICHIJO ANZUSPRECHEN. UND AUSGERECHNET SIE WIRD ZUM MAGICAL GIRL AUSERWÄHLT! UM DIE WELT UND RAKU ZU RETTEN, ENTSCHEIDET SIE SICH, ALS MAGISCHE KONDITORIN IN DEN KAMPF ZU ZIEHEN. IHRE IDENTITÄT BLEIBT DABEI GEHEIM. DIE SACHE HAT NUR EINEN HAKEN: IM MOMENT DER VERWANDLUNG IST SIE SPLITTERFASERNACKT!

ALS DER BÖSE WISSENSCHAFTLER DOKTOR MAIKO AUFTAUCHT, BRICHT IN DER STADT DAS CHAOS AUS, ABER DIE MAGISCHE KONDITORIN BEWÄLTIGT GEMEINSAM MIT IHREN BEIDEN MAGICAL-GIRL-KOLLEGINNEN CHITOGE UND MARIKA EINE KRISE NACH DER ANDEREN. DURCH IHRE HELDENTATEN KOMMT KOSAKI IHREM RAKU IMMER NÄHER, ABER WIE ES AUSSIEHT, HAT ER SICH IN SIE ALS MAGICAL GIRL UND NICHT ALS KOSAKI ONODERA VERLIEBT …

UND DANN VERWANDELT SICH AUCH NOCH IHRE KLEINE SCHWESTER HARU IN EIN MAGICAL GIRL! DIESE AHNT JEDOCH NICHT, DASS DIE MAGISCHE KONDITORIN IN WIRKLICHKEIT IHRE EIGENE SCHWESTER IST, SIE HÄLT SIE SOGAR FÜR KOSAKIS LIEBESRIVALIN UND ERKLÄRT SIE PROMPT ZU IHRER ERZFEINDIN!

WIE ES WOHL MIT KOSAKI UND DER LIEBE WEITERGEHT?

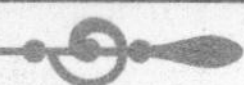
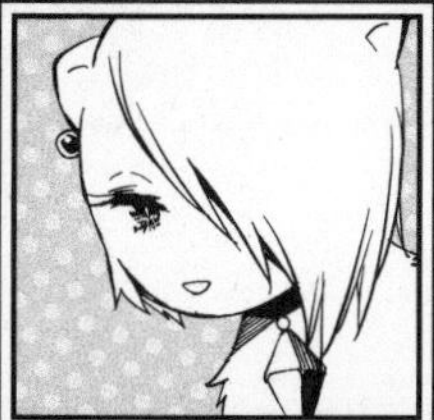

Honderson

EIN ZAUBERFRETTCHEN UND MARIKAS VERTRAGSPARTNERIN. SIE LIEBT UND VEREHRT MARIKA ALS IHRE HERRIN.

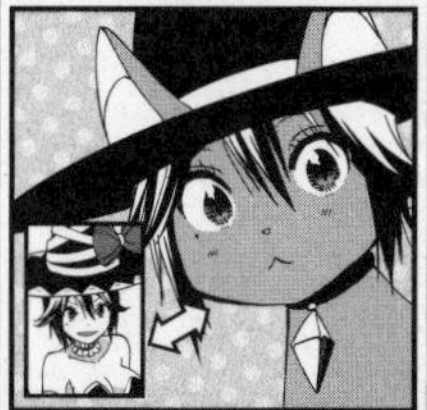

Seishimiau

EINE ZAUBERKATZE UND CHITOGES VERTRAGSPARTNERIN. TRITT IN IHRER MENSCHLICHEN GESTALT EHER BURSCHIKOS AUF.

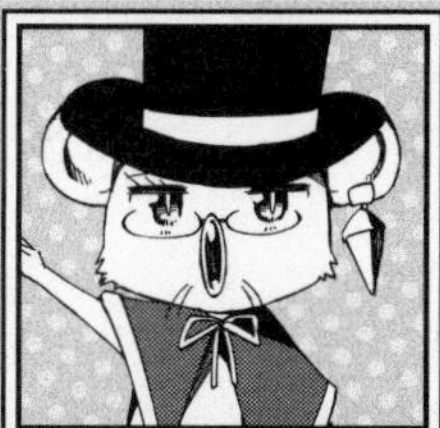

Rurlin

EINE ZAUBERMAUS UND KOSAKIS VERTRAGSPARTNERIN. SIE HAT IHR VERHEIMLICHT, DASS MAN BEI DER VERWANDLUNG NACKT IST.

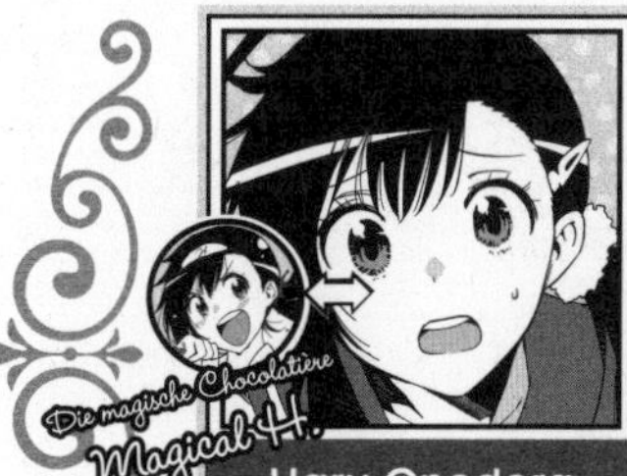

Haru Onodera

KOSAKIS KLEINE SCHWESTER. SIE GEHÖRT ZUM „NEUEN REGIME" DER MAGICAL GIRLS.

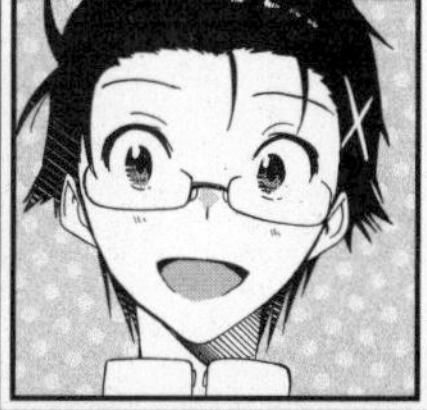

Raku Ichijo

SCHÜLERSPRECHER UND ERBE DES RIESIGEN ICHIJO-KONZERNS.

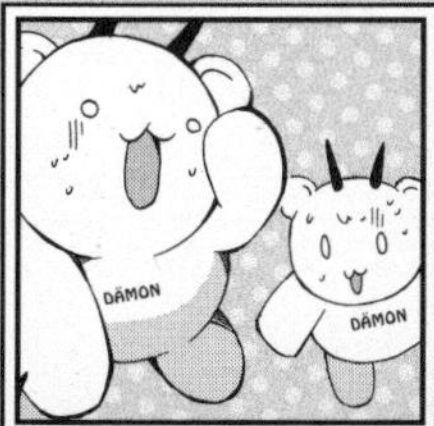

Dienstgeister

DIE HANDLANGER VON DOKTOR MAIKO. SIE SEHEN NIEDLICH AUS, SIND ABER BÖSE UND KÖNNEN ZU RIESIGEN MONSTERN MUTIEREN.

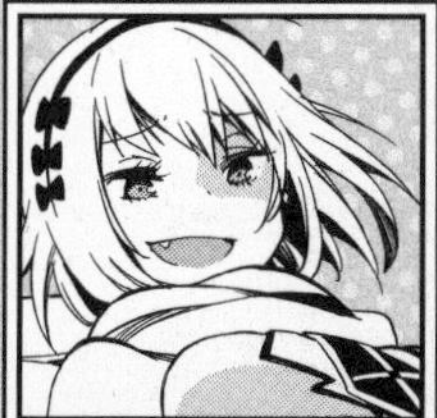

P.M.C.

EIN VON DOKTOR MAIKO ERSCHAFFENES MAGICAL GIRL. SIE HAT KOMPLEXE WEGEN IHRER KLEINEN BRÜSTE.

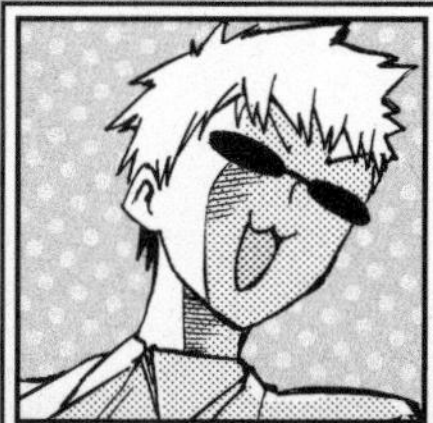

Doktor Maiko

EIN BÖSER WISSENSCHAFTLER UND EIN SCHÜRZENJÄGER. ER GILT ALS DER SCHLIMMSTE VERBRECHER DES ZAUBERLANDS.

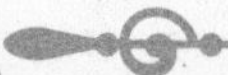
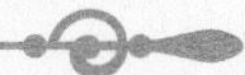

Menü

DIE MAGISCHE KONDITORIN KOSAKI

4

Kapitel 32:	Der Wettstreit	7
Kapitel 33:	Die Reportage	27
Kapitel 34:	Frühlingsanfang	43
Kapitel 35:	Der Wechsel	59
Kapitel 36:	Der Krieg beginnt	77
Kapitel 37:	Die Verwandlung	95
Kapitel 38:	Maiko	111
Kapitel 39:	Außer Kontrolle	127
Kapitel 40:	Die Entscheidungsschlacht	145
Kapitel 41:	Abschied	163
Letztes Kapitel:	Was danach geschah	185
Bonus-Manga:	Das Liebespaar	205

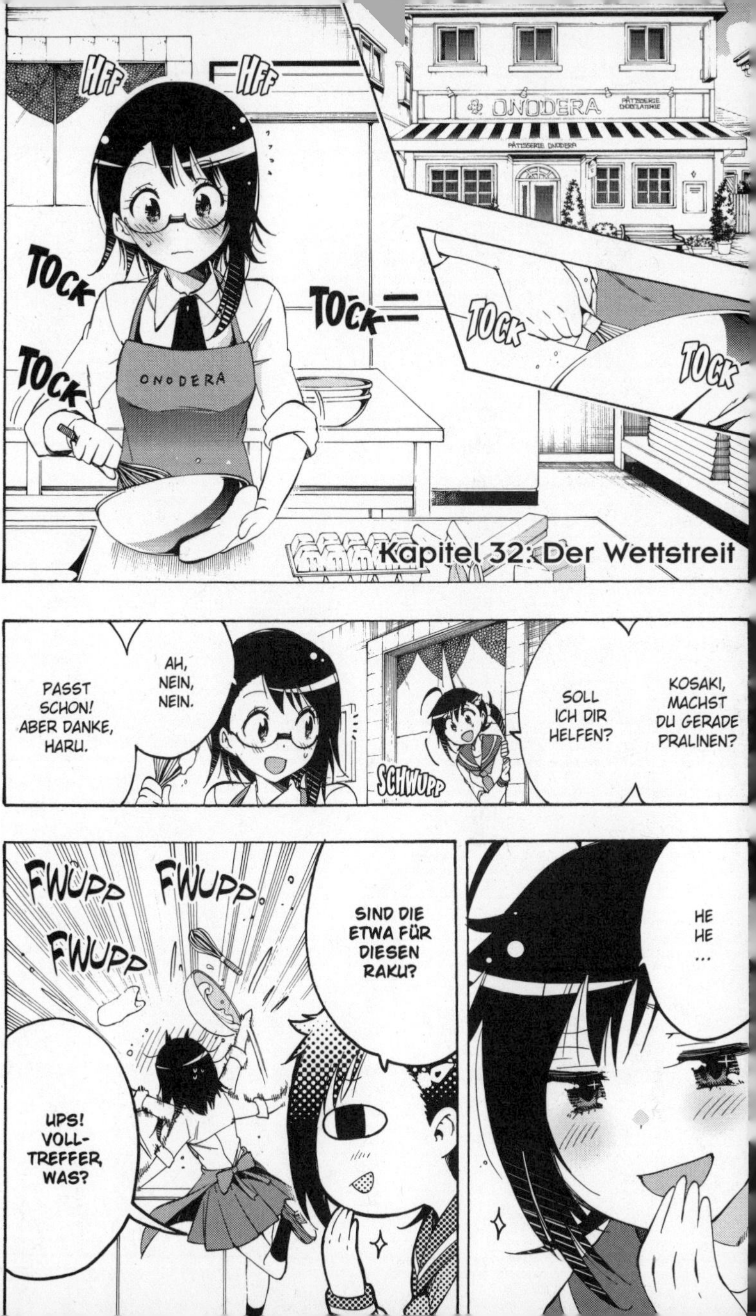

Kapitel 32: Der Wettstreit

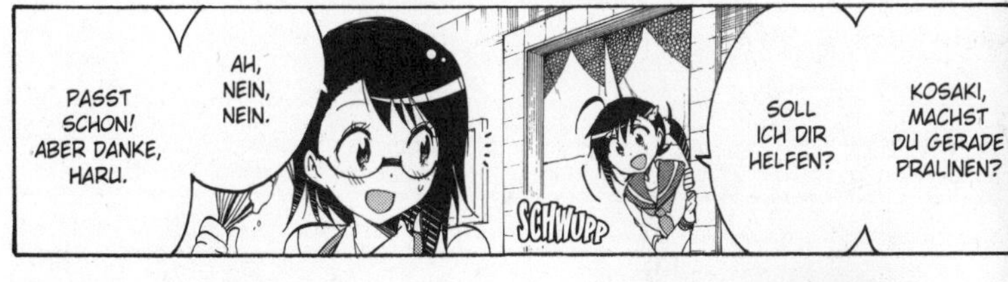

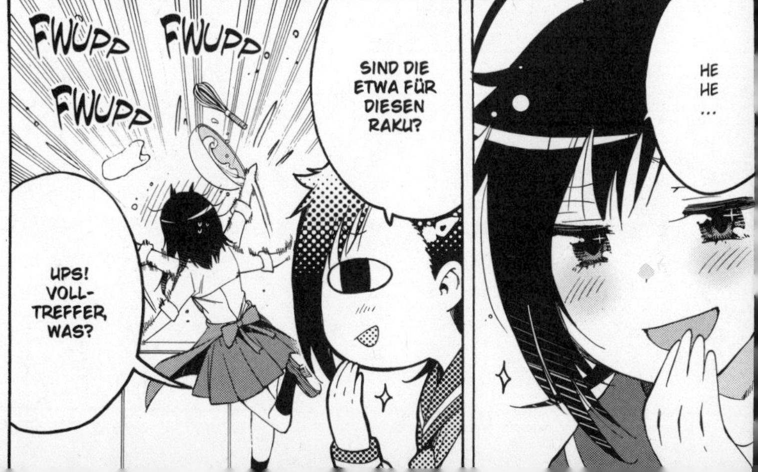

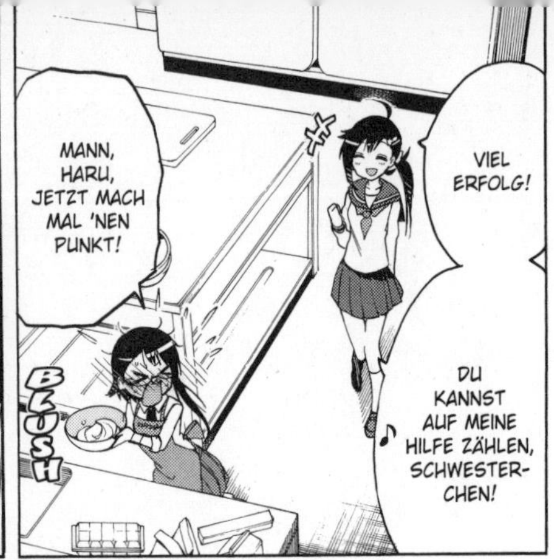
VIEL ERFOLG!
DU KANNST AUF MEINE HILFE ZÄHLEN, SCHWESTERCHEN!
MANN, HARU, JETZT MACH MAL 'NEN PUNKT!
BLUSH

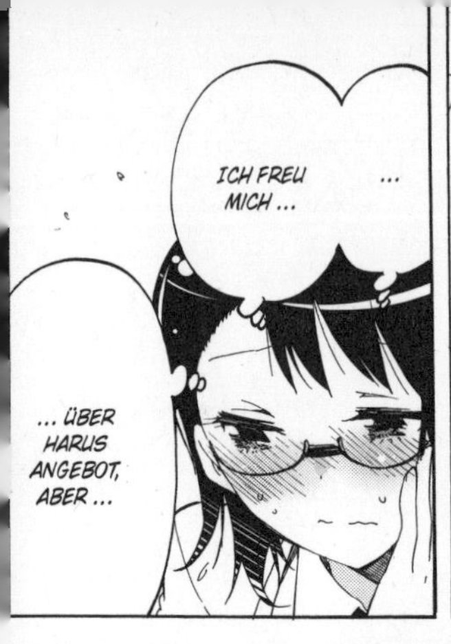
ICH FREU MICH ... ...
... ÜBER HARUS ANGEBOT, ABER ...

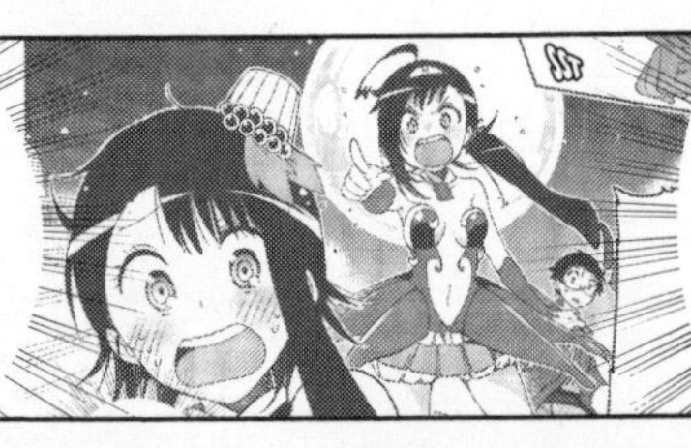
„ICH KANN DIR RAKU ICHIJO NICHT ÜBERLASSEN!"

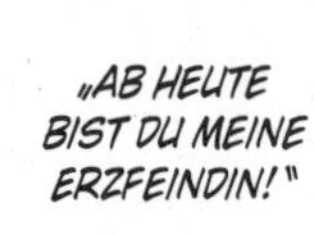
„AB HEUTE BIST DU MEINE ERZFEINDIN!"

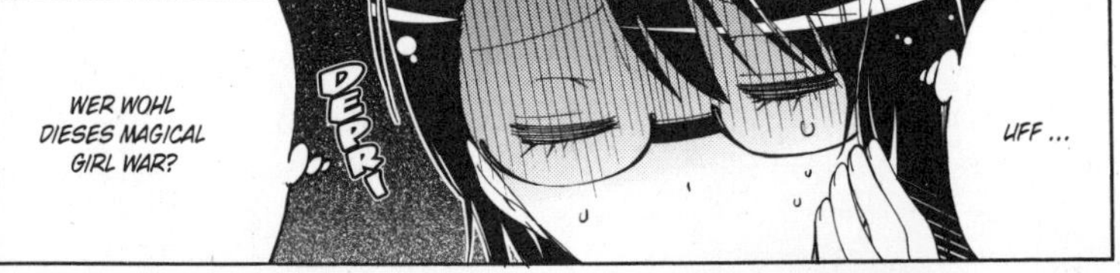
UFF ...
DEPRI
WER WOHL DIESES MAGICAL GIRL WAR?

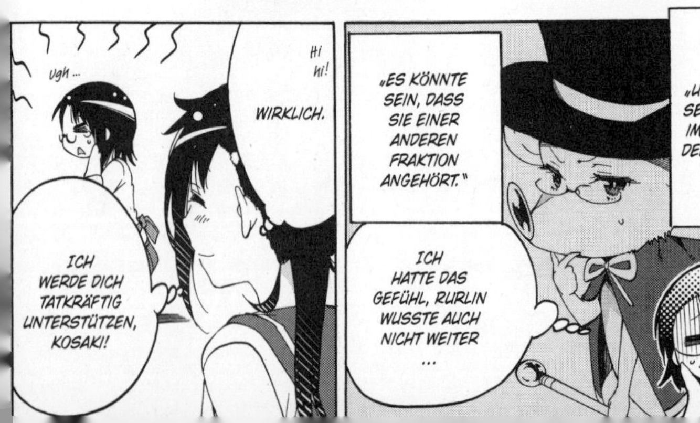
„UM EHRLICH ZU SEIN, HERRSCHT IM ZAUBERLAND DERZEIT CHAOS."
„ES KÖNNTE SEIN, DASS SIE EINER ANDEREN FRAKTION ANGEHÖRT."
ICH HATTE DAS GEFÜHL, RURLIN WUSSTE AUCH NICHT WEITER ...
Hi hi!
WIRKLICH.
Ugh ...
ICH WERDE DICH TATKRÄFTIG UNTERSTÜTZEN, KOSAKI!

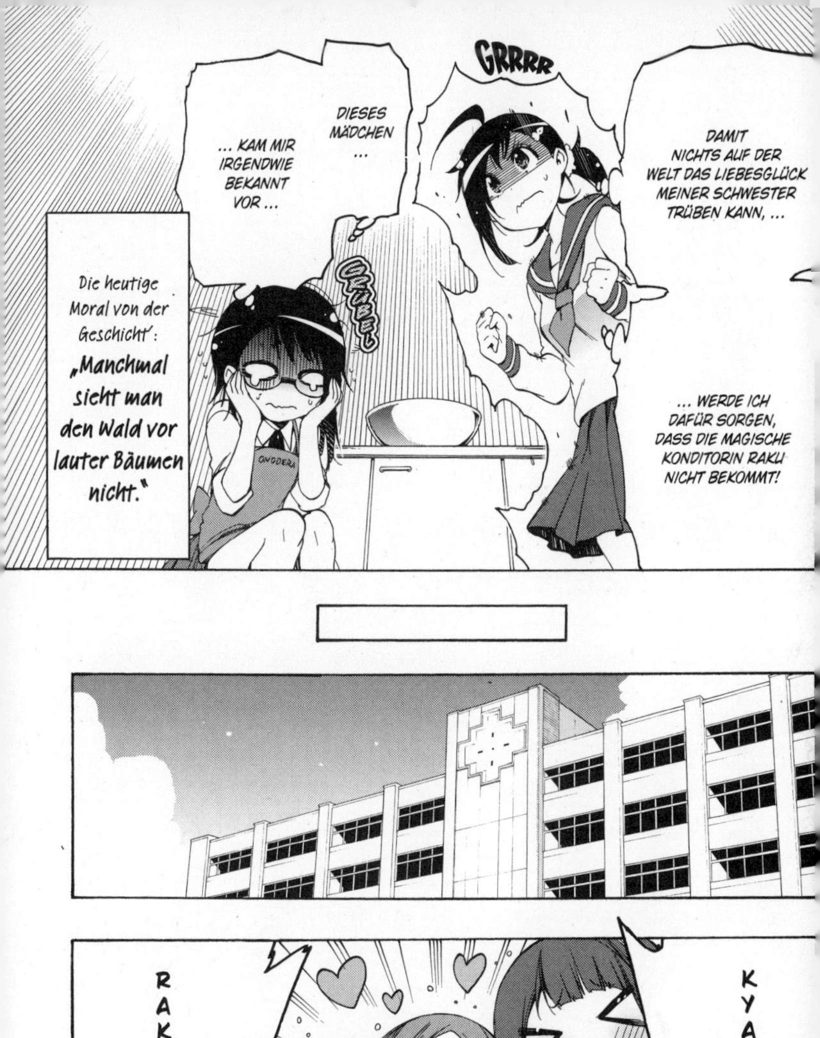

DAMIT NICHTS AUF DER WELT DAS LIEBESGLÜCK MEINER SCHWESTER TRÜBEN KANN, ...

... WERDE ICH DAFÜR SORGEN, DASS DIE MAGISCHE KONDITORIN RAKU NICHT BEKOMMT!

GRRRR

DIESES MÄDCHEN ...

... KAM MIR IRGENDWIE BEKANNT VOR ...

GRÜBEL

Die heutige Moral von der Geschicht': **„Manchmal sieht man den Wald vor lauter Bäumen nicht."**

KYAAAAAH! ♡

RAKUUUUU! ♡

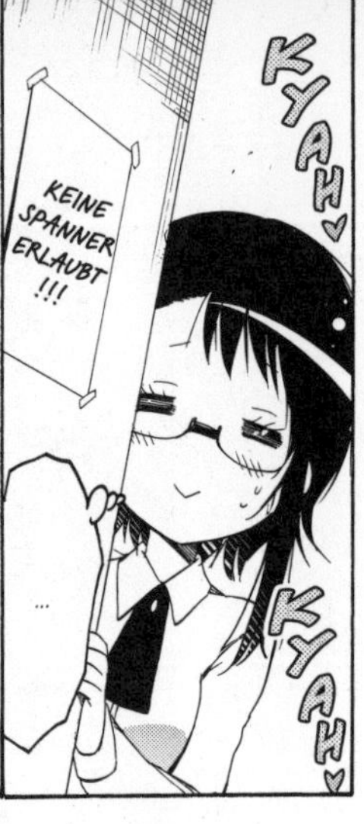
KYAH ♥
KEINE SPANNER ERLAUBT !!!
…
KYAH ♥

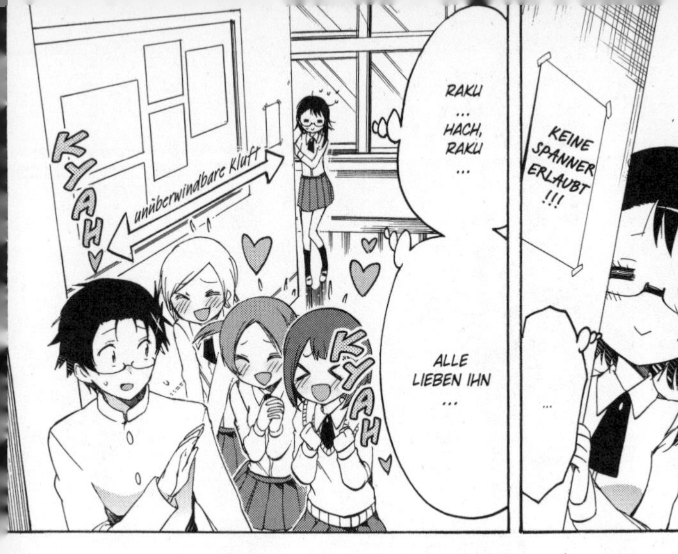
RAKU … HACH, RAKU …
ALLE LIEBEN IHN …
KYAH ♥
unüberwindbare Kluft
KYAH ♥

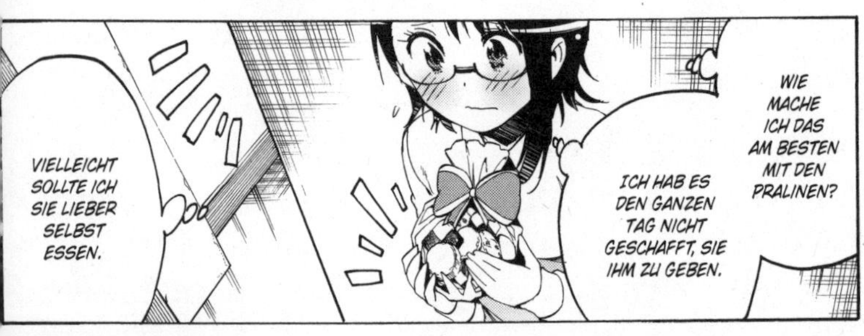
WIE MACHE ICH DAS AM BESTEN MIT DEN PRALINEN?
ICH HAB ES DEN GANZEN TAG NICHT GESCHAFFT, SIE IHM ZU GEBEN.
VIELLEICHT SOLLTE ICH SIE LIEBER SELBST ESSEN.

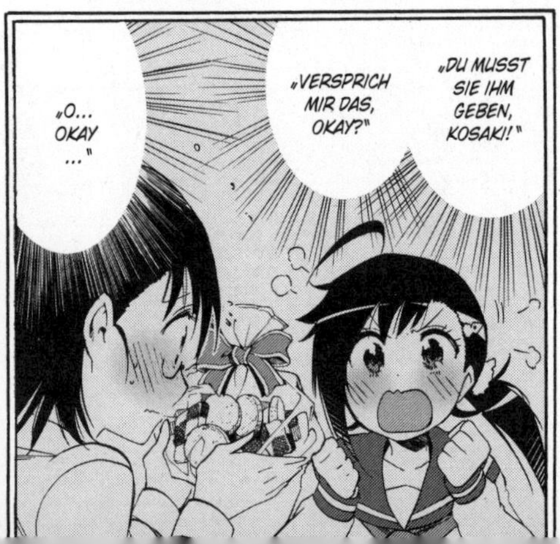
„DU MUSST SIE IHM GEBEN, KOSAKI!"
„VERSPRICH MIR DAS, OKAY?"
„O… OKAY …"

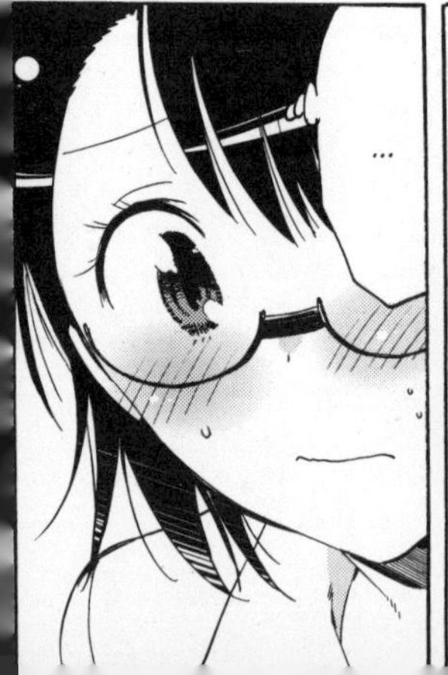
…

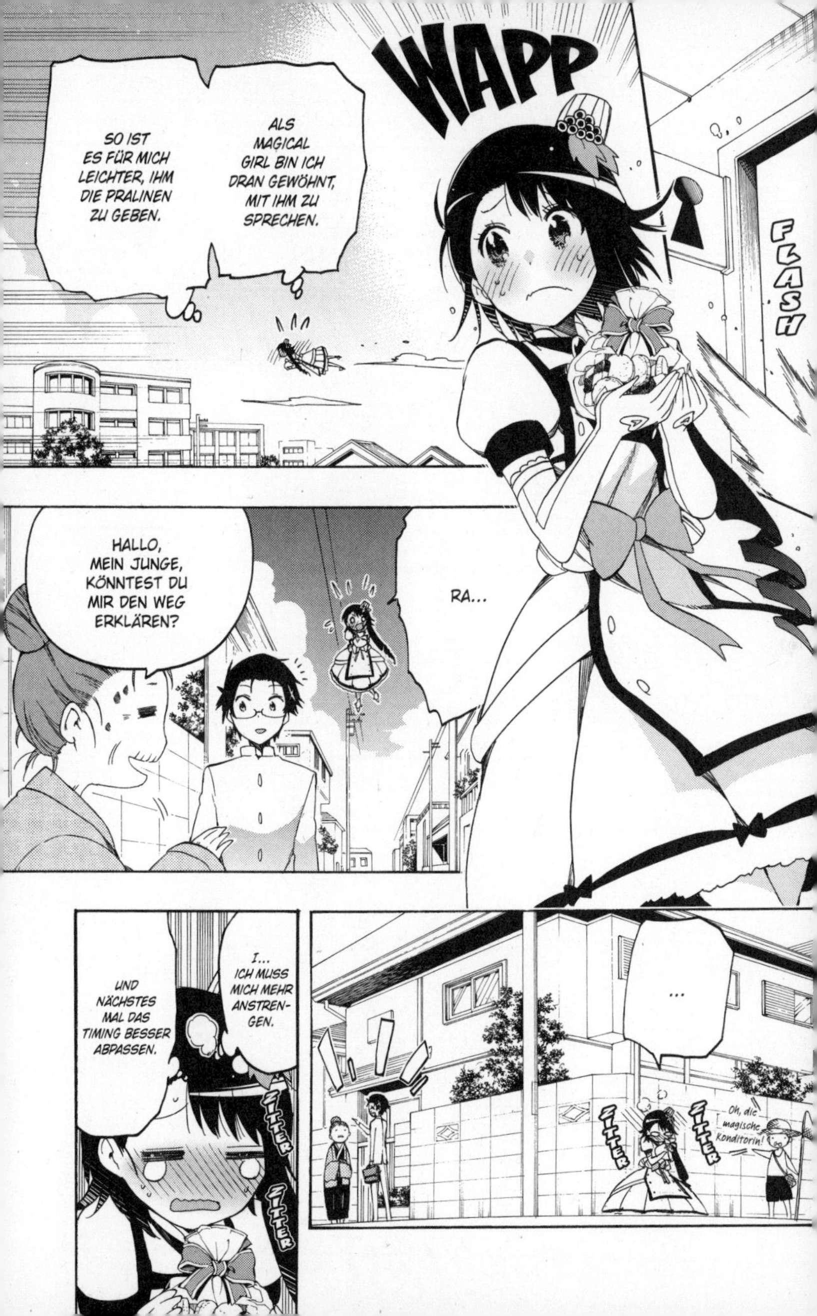
WAPP
ALS MAGICAL GIRL BIN ICH DRAN GEWÖHNT, MIT IHM ZU SPRECHEN.
SO IST ES FÜR MICH LEICHTER, IHM DIE PRALINEN ZU GEBEN.
FLASH
RA...
HALLO, MEIN JUNGE, KÖNNTEST DU MIR DEN WEG ERKLÄREN?
...
ZITTER
ZITTER
Oh, die magische Konditorin!
I... ICH MUSS MICH MEHR ANSTRENGEN.
UND NÄCHSTES MAL DAS TIMING BESSER ABPASSEN.
ZITTER
ZITTER

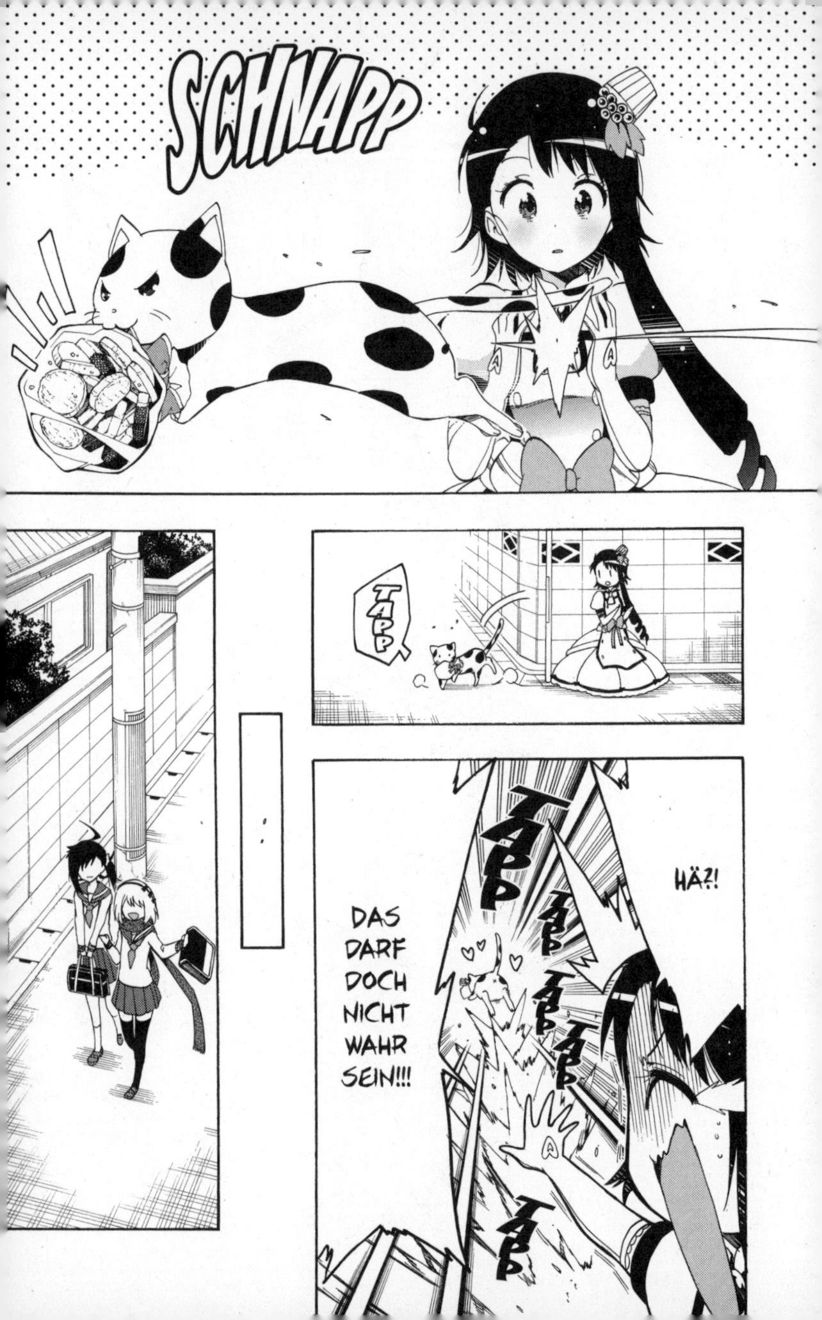

SCHNAPP

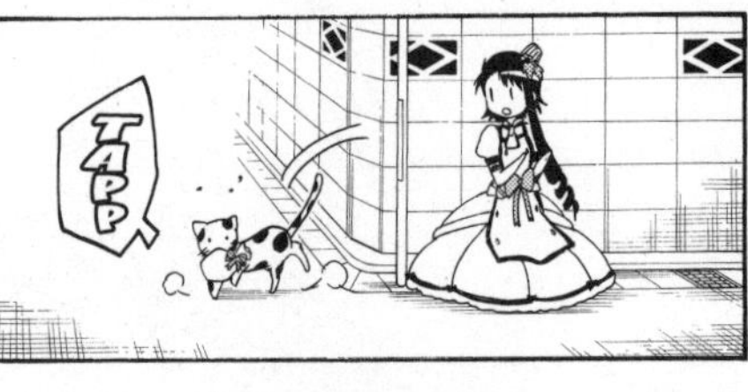
TAPP

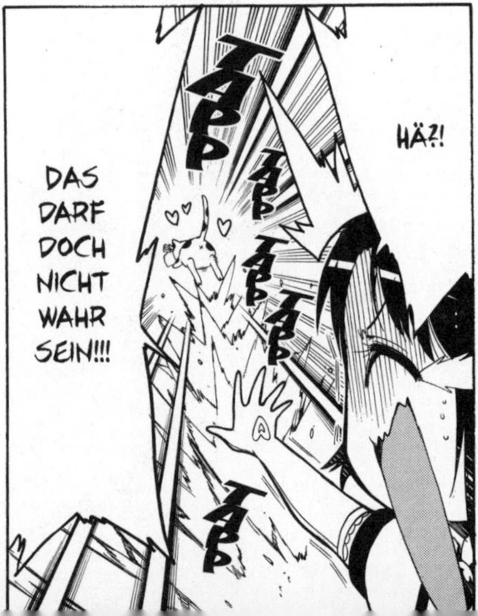
HÄ?!
TAPP TAPP TAPP TAPP
DAS DARF DOCH NICHT WAHR SEIN!!!
TAPP

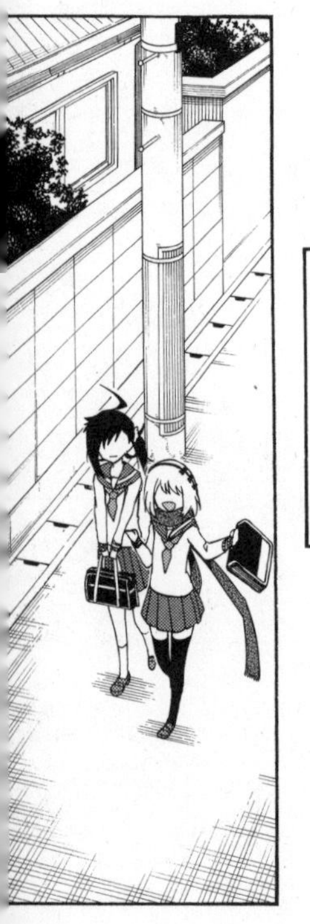

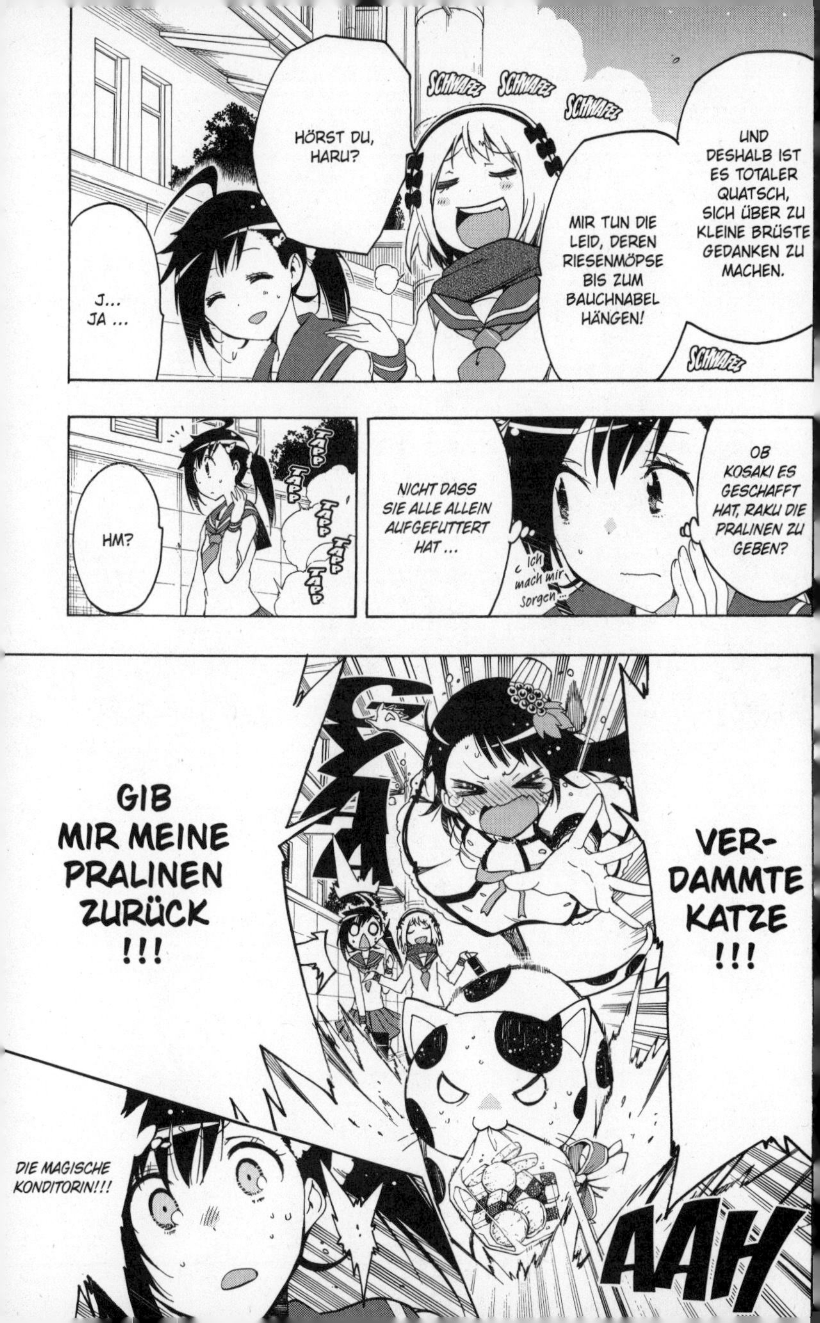

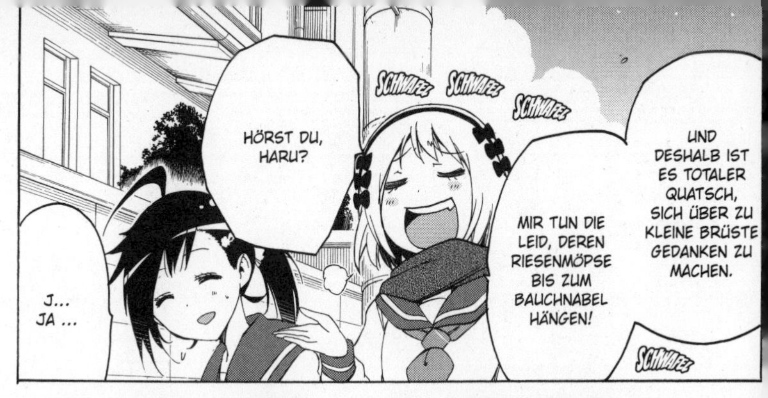

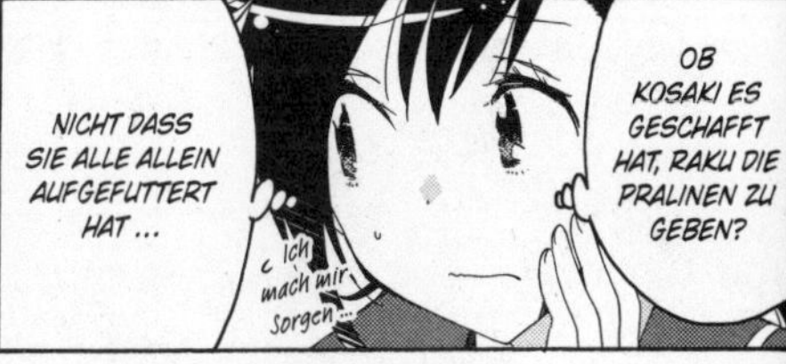

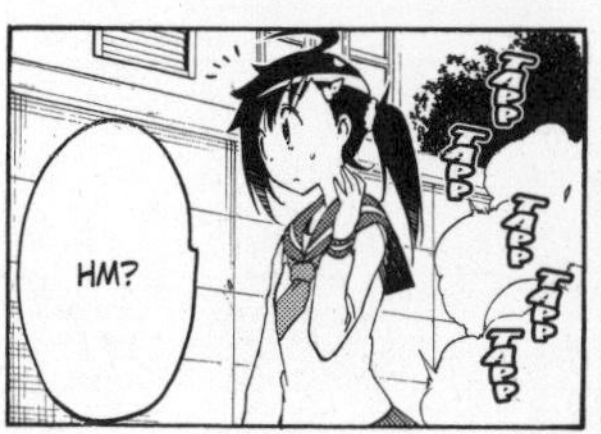

VERDAMMTE KATZE!!!

GIB MIR MEINE PRALINEN ZURÜCK!!!

AAH

DIE MAGISCHE KONDITORIN!!!

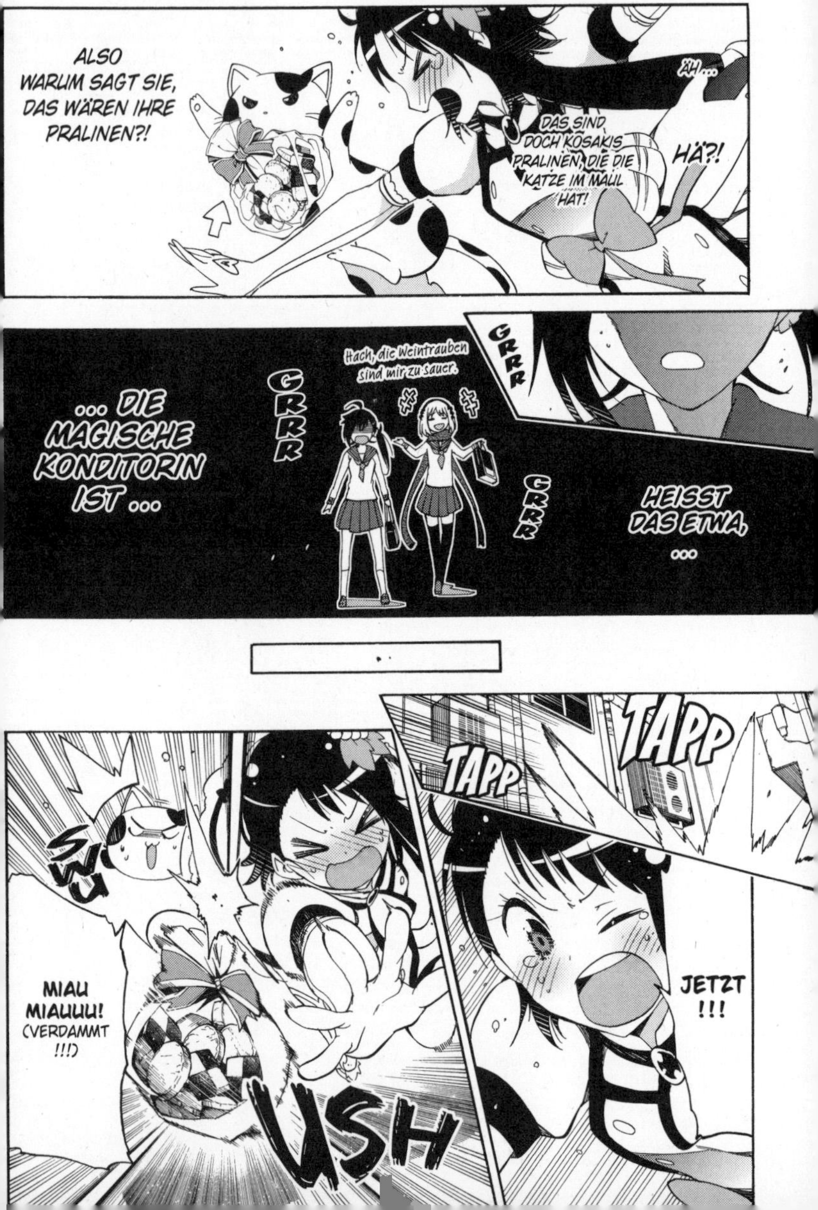

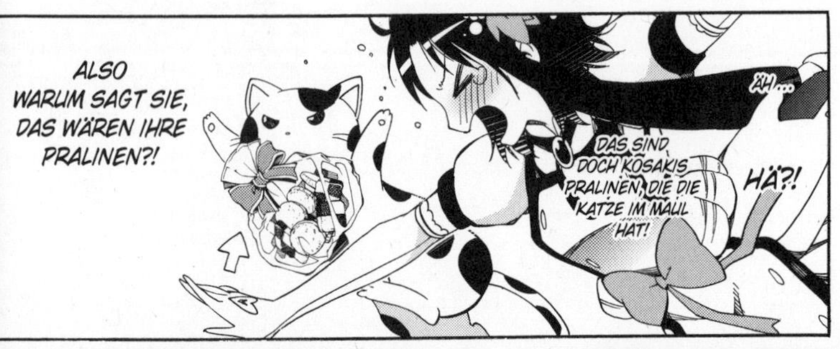

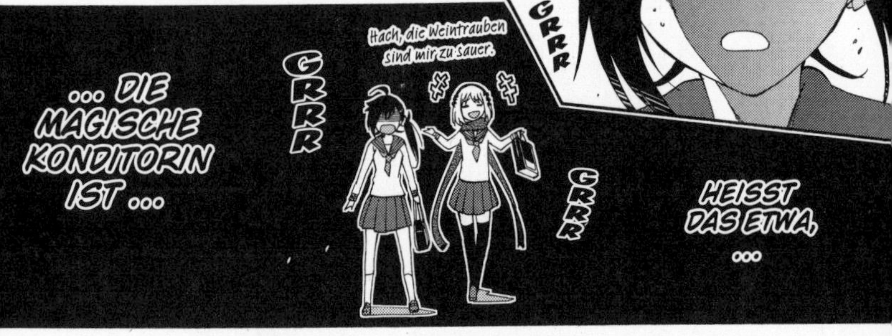

TAPP
TAPP
JETZT !!!
SWUU
MIAU MIAUUU! (VERDAMMT !!!)
USH

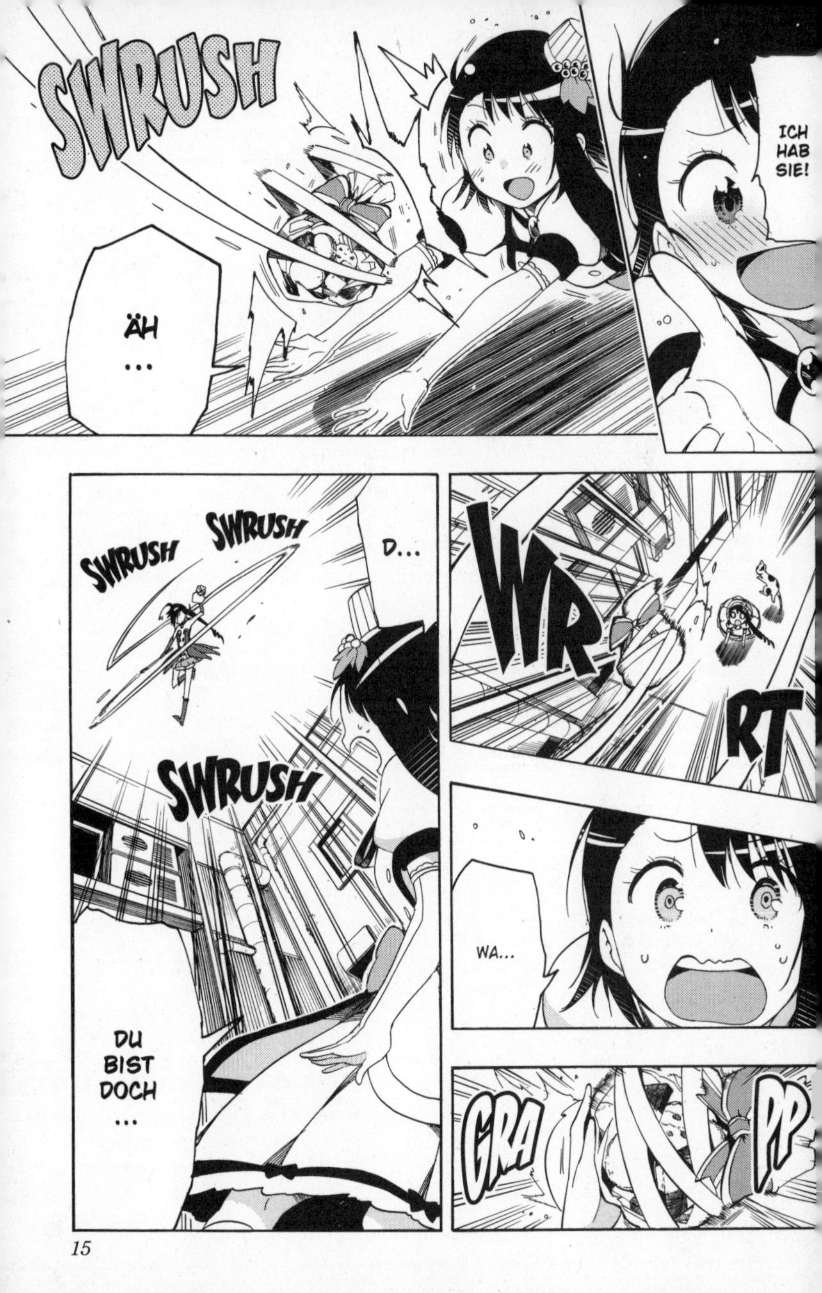

ICH HAB SIE!

SWRUSH

ÄH ...

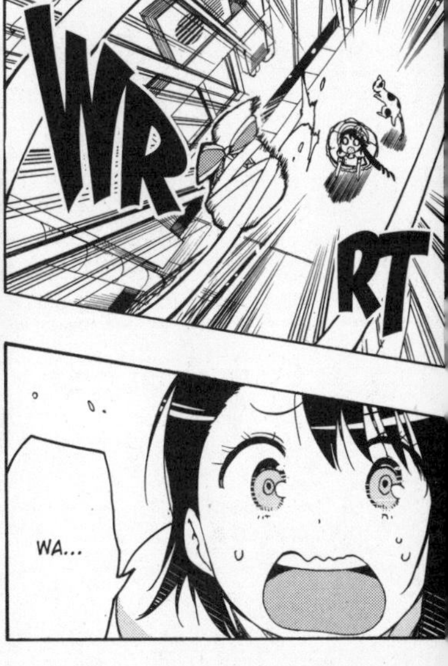

D...

SWRUSH

SWRUSH

SWRUSH

DU BIST DOCH ...

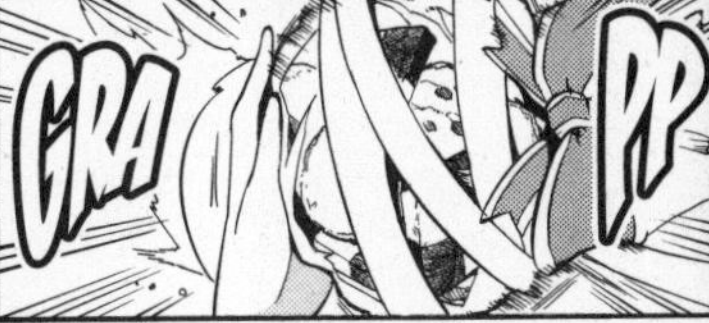

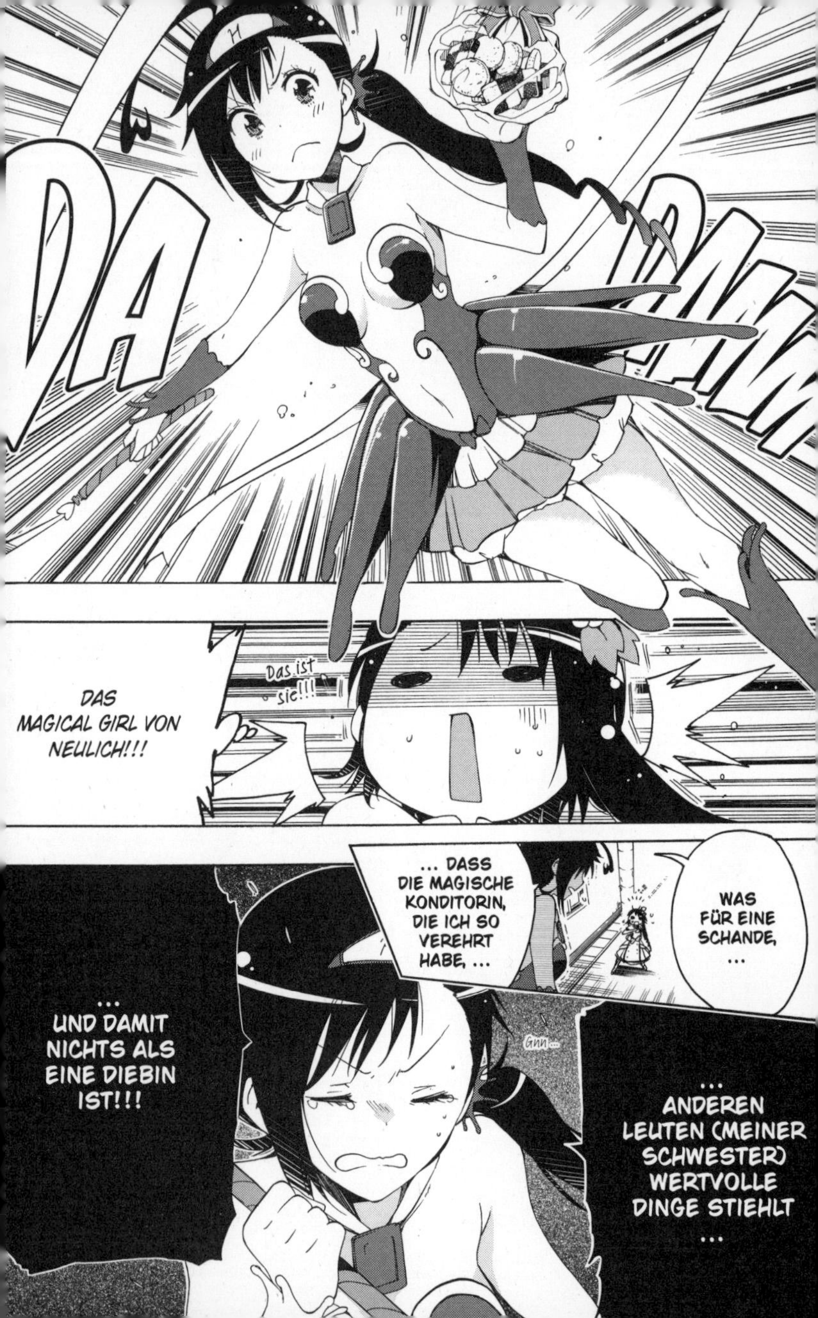
DA
DAM
Das ist sie!!!
DAS MAGICAL GIRL VON NEULICH!!!
WAS FÜR EINE SCHANDE, …
… DASS DIE MAGISCHE KONDITORIN, DIE ICH SO VEREHRT HABE, …
… ANDEREN LEUTEN (MEINER SCHWESTER) WERTVOLLE DINGE STIEHLT …
Gnn …
… UND DAMIT NICHTS ALS EINE DIEBIN IST!!!

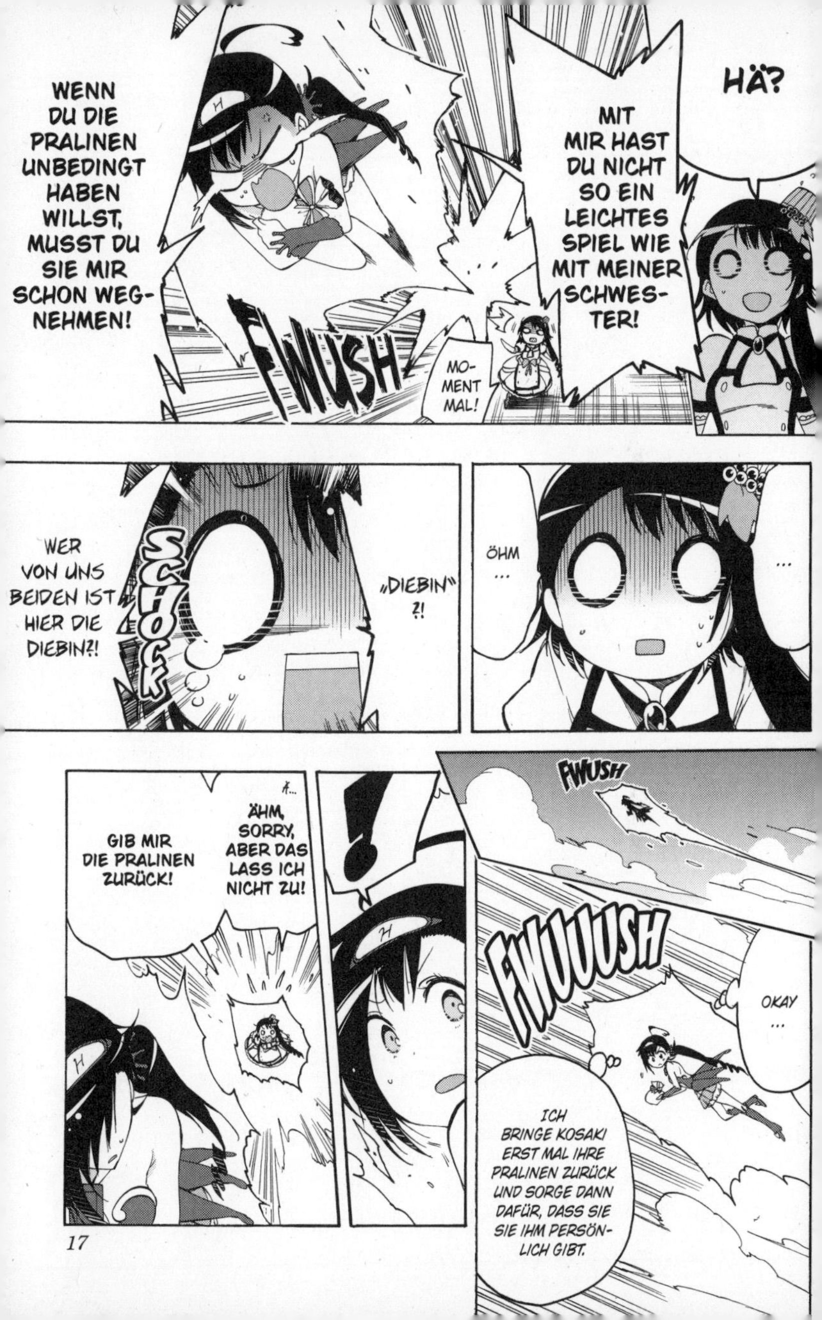

HÄ?

MIT MIR HAST DU NICHT SO EIN LEICHTES SPIEL WIE MIT MEINER SCHWESTER!

MOMENT MAL!

FWUSH

WENN DU DIE PRALINEN UNBEDINGT HABEN WILLST, MUSST DU SIE MIR SCHON WEGNEHMEN!

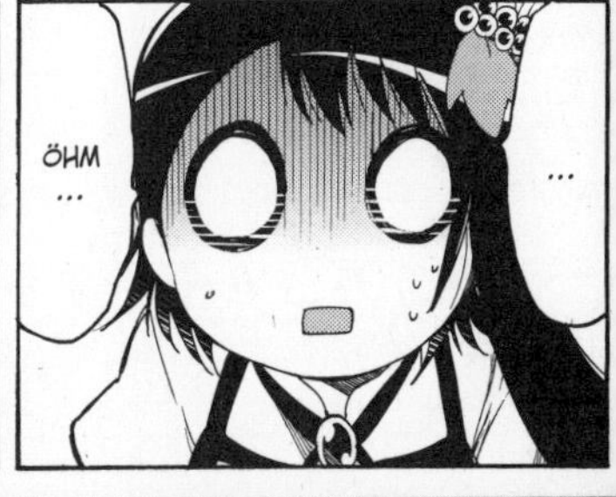

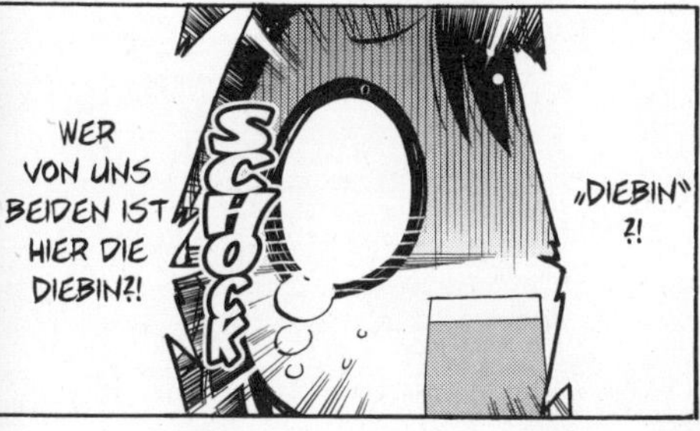

FWUSH

FWUUUSH

OKAY …

ICH BRINGE KOSAKI ERST MAL IHRE PRALINEN ZURÜCK UND SORGE DANN DAFÜR, DASS SIE SIE IHM PERSÖNLICH GIBT.

!

GIB MIR DIE PRALINEN ZURÜCK!

Ä… ÄHM, SORRY, ABER DAS LASS ICH NICHT ZU!

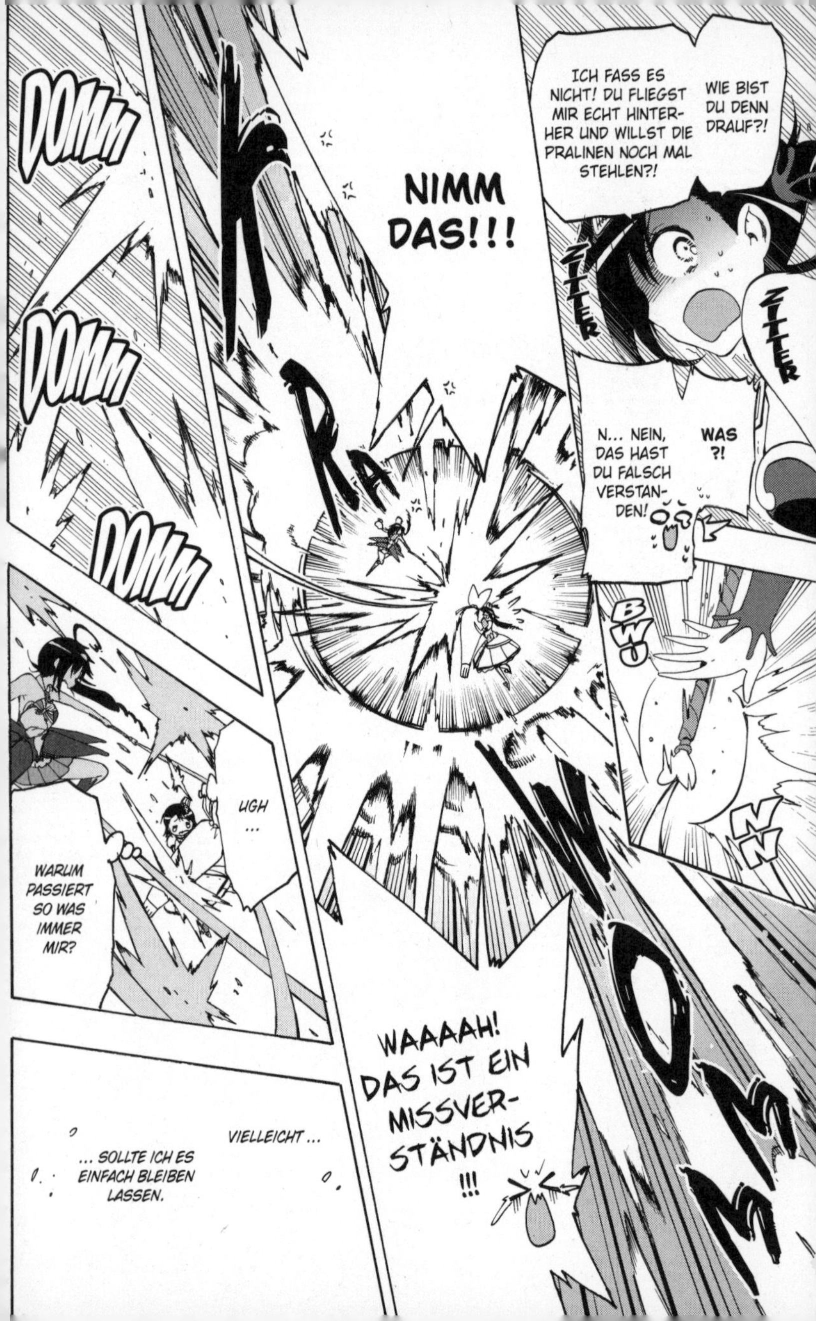
WIE BIST DU DENN DRAUF?!
ICH FASS ES NICHT! DU FLIEGST MIR ECHT HINTERHER UND WILLST DIE PRALINEN NOCH MAL STEHLEN?!
ZITTER
ZITTER
NIMM DAS!!!
DOMM
DOMM
DOMM
WAS ?!
N… NEIN, DAS HAST DU FALSCH VERSTANDEN!
BWU
NN
WAAAAH! DAS IST EIN MISSVERSTÄNDNIS!!!
UGH …
WARUM PASSIERT SO WAS IMMER MIR?
VIELLEICHT …
… SOLLTE ICH ES EINFACH BLEIBEN LASSEN.

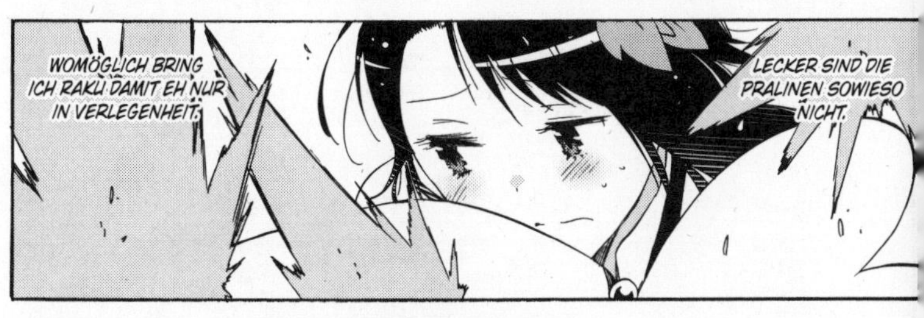

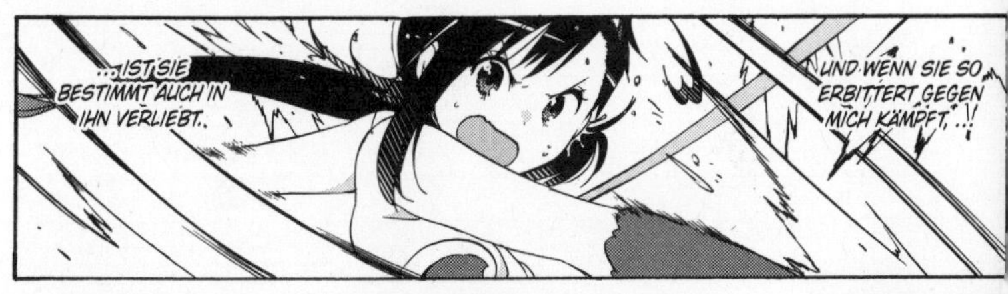

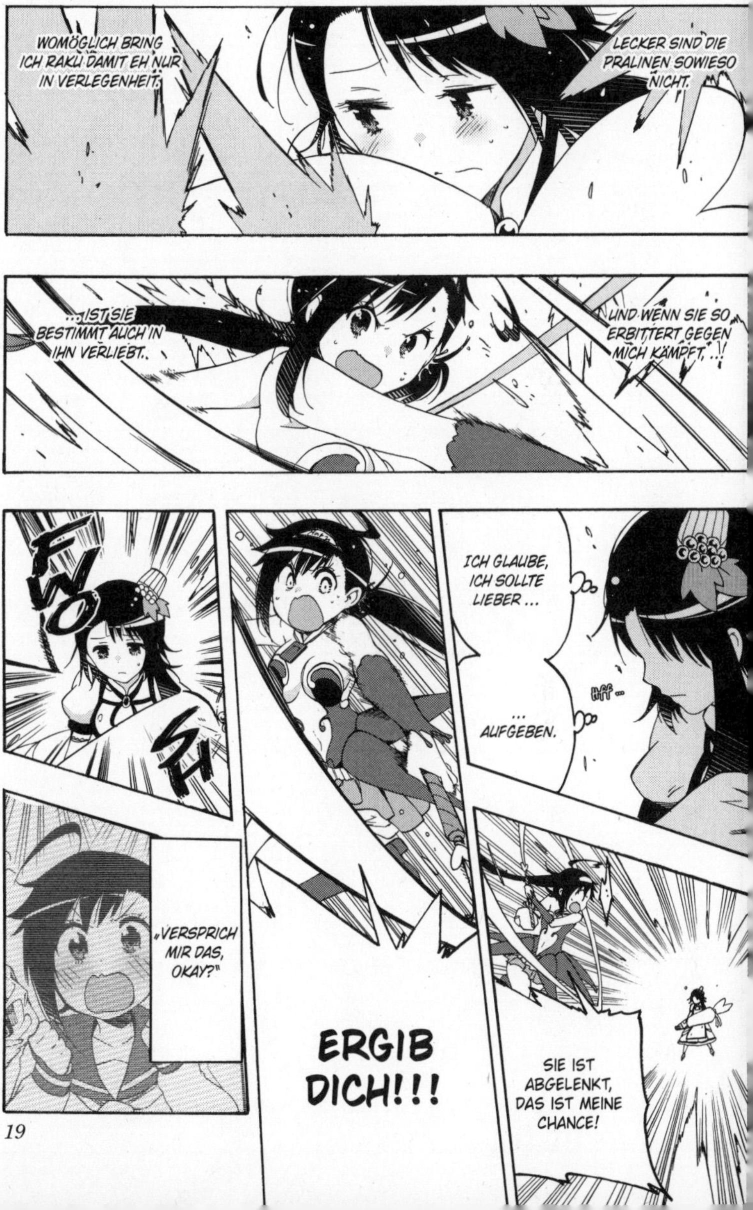

ICH GLAUBE, ICH SOLLTE LIEBER ...

Hff ...

... AUFGEBEN.

SIE IST ABGELENKT, DAS IST MEINE CHANCE!

ERGIB DICH!!!

„VERSPRICH MIR DAS, OKAY?“

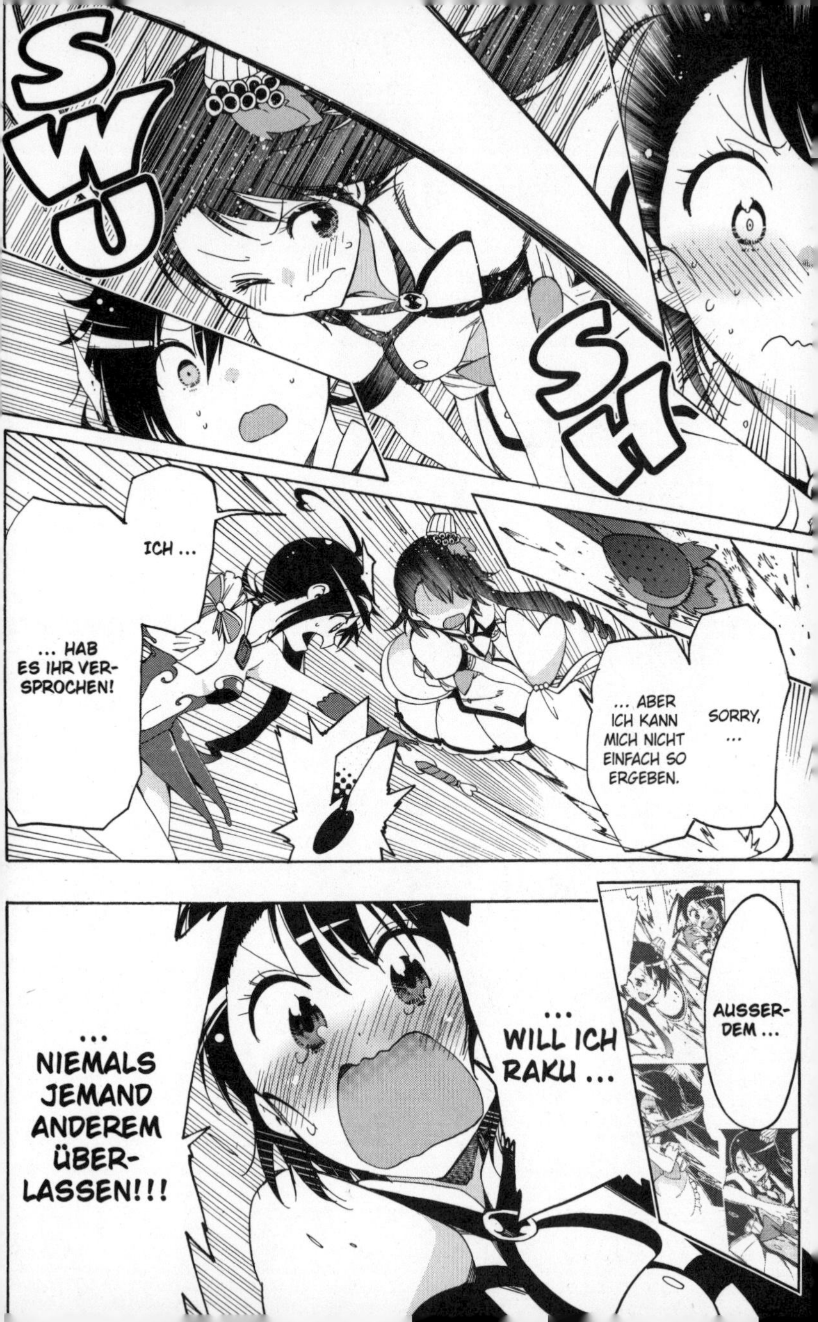

SH
SWU

SORRY, ...
... ABER ICH KANN MICH NICHT EINFACH SO ERGEBEN.
ICH ...
... HAB ES IHR VER-SPROCHEN!

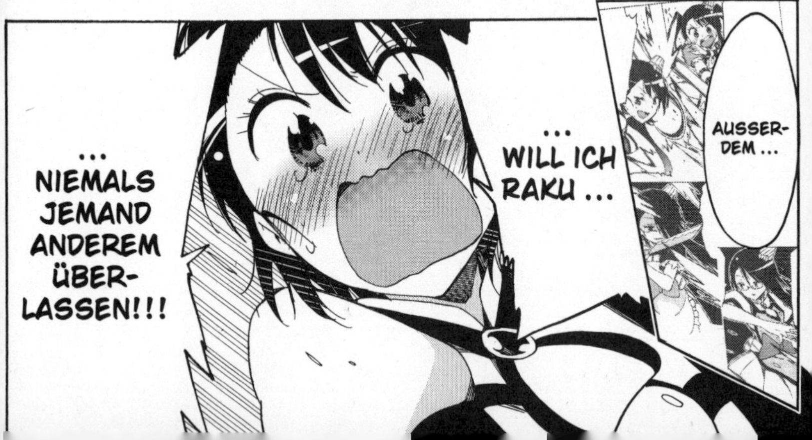

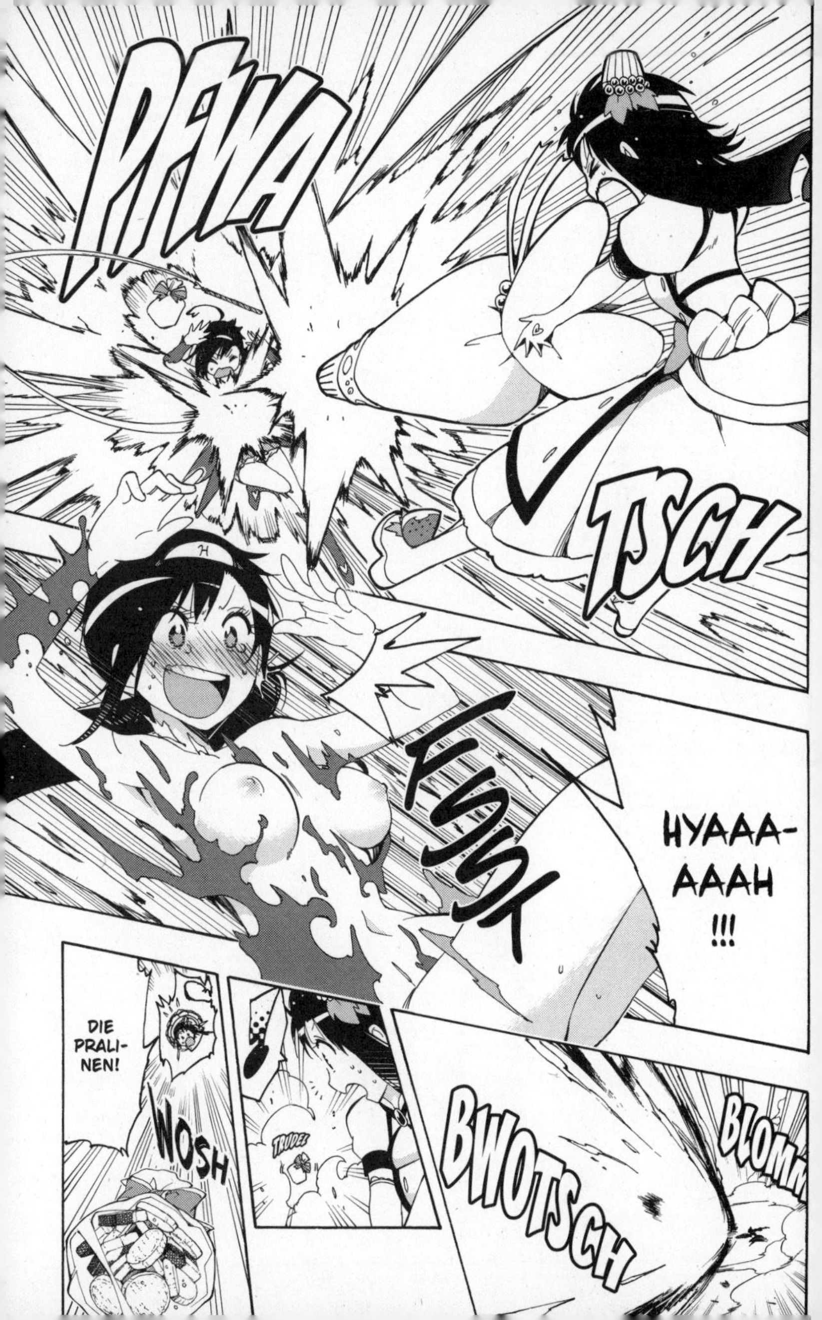
TSCH
HYAAA-AAAH!!!
DIE PRALINEN!
NOSH
TRUDEL
BWOTSCH
BLOMM

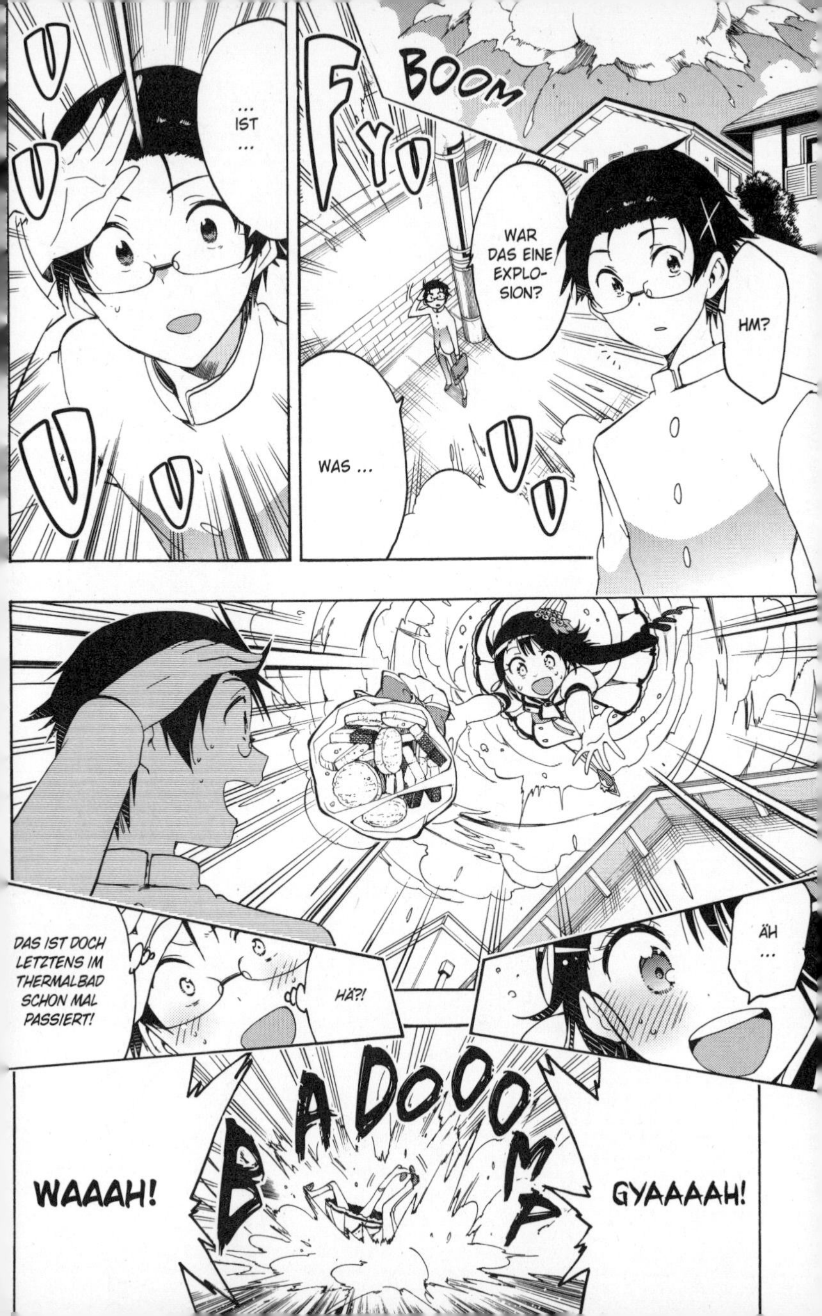
BOOM
FYUUUUU
HM?
WAR DAS EINE EXPLOSION?
WAS …
… IST …
ÄH …
HÄ?!
DAS IST DOCH LETZTENS IM THERMALBAD SCHON MAL PASSIERT!
GYAAAAH!
BADOOOMP
WAAAH!

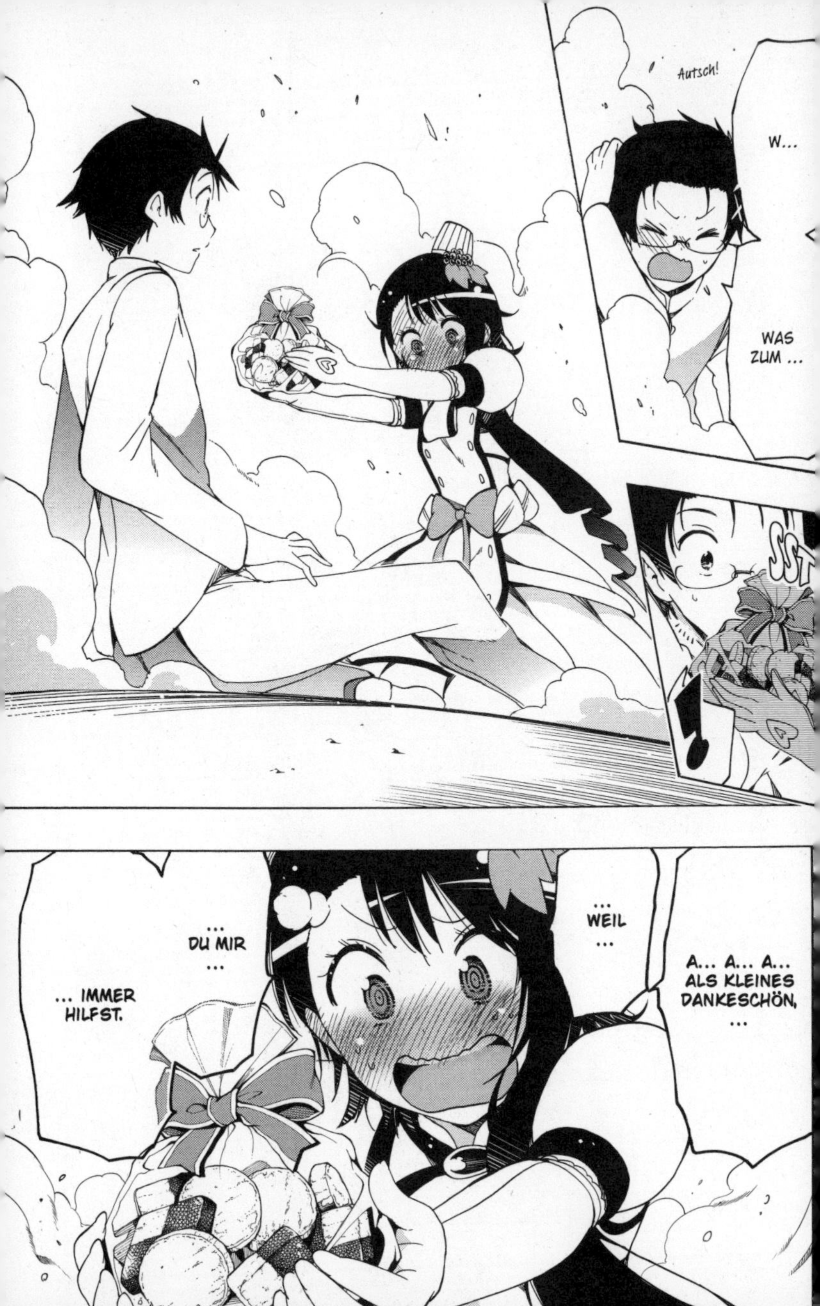

Autsch!
W…
WAS ZUM …
SST
A… A… A… ALS KLEINES DANKESCHÖN, …
… WEIL …
… DU MIR …
… IMMER HILFST.

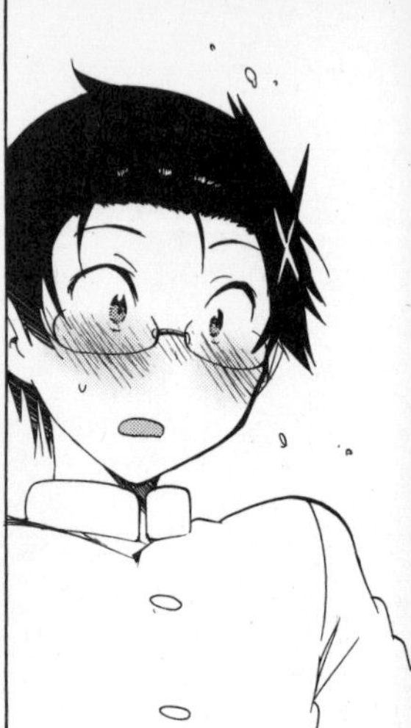
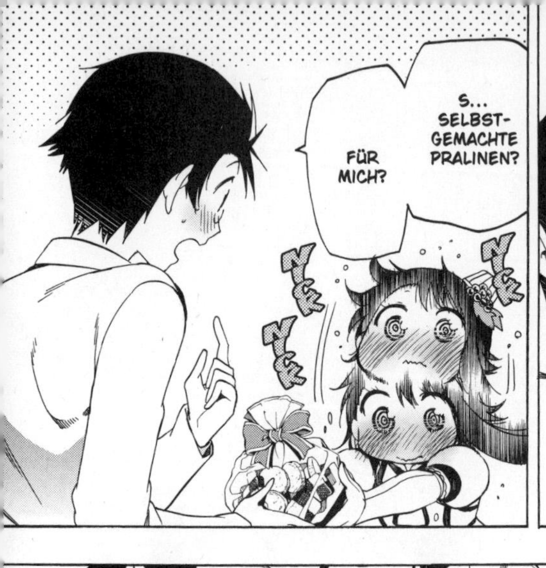
S… SELBST-GEMACHTE PRALINEN?
FÜR MICH?
NICK
NICK
NICK
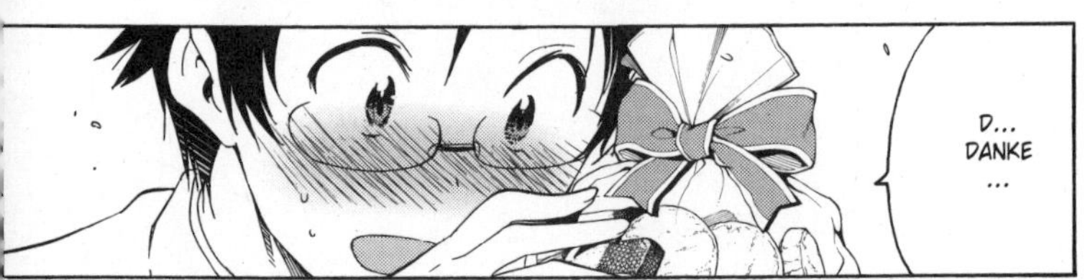
D… DANKE …
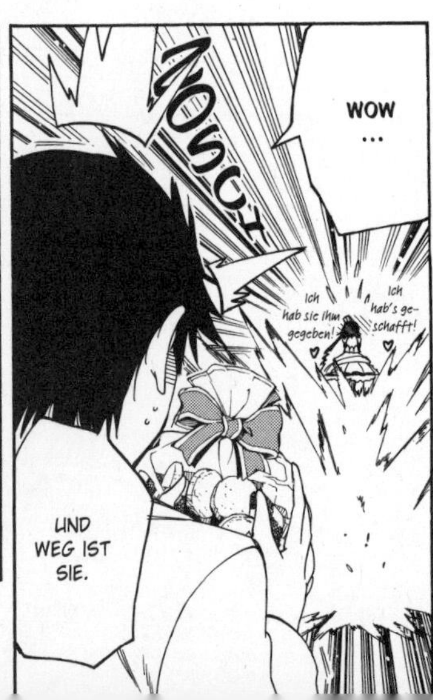
WOW …
WOOSCH
…
Ich hab's ge-schafft!
Ich hab sie ihm gegeben!
UND WEG IST SIE.
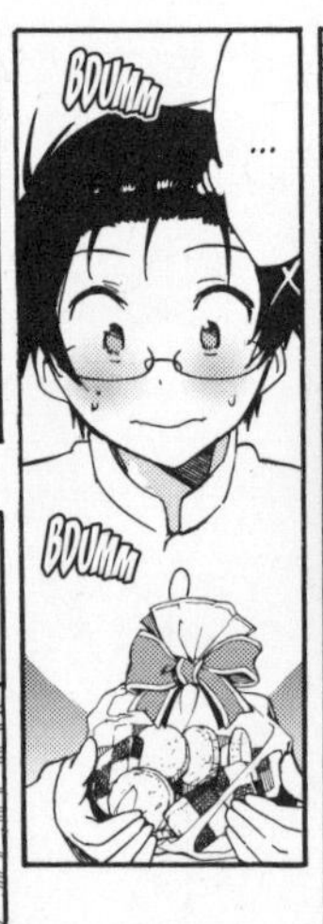
BDUMM
…
BDUMM
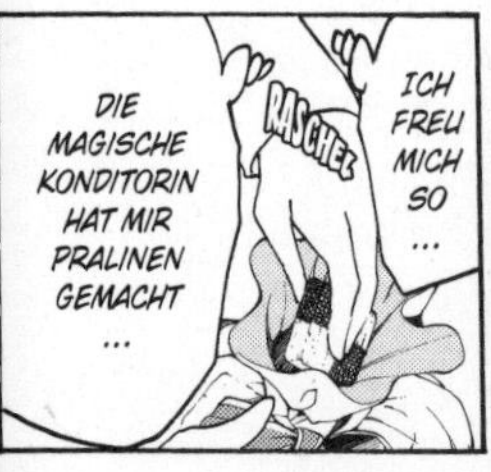
ICH FREU MICH SO …
RASCHEL
DIE MAGISCHE KONDITORIN HAT MIR PRALINEN GEMACHT …
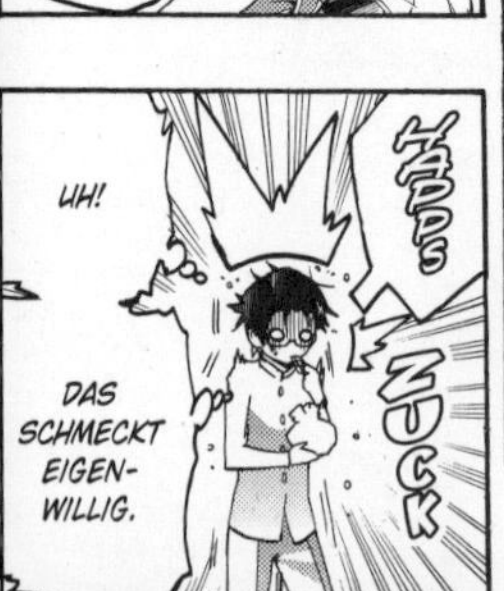
HAPPS
UH!
ZUCK
DAS SCHMECKT EIGEN-WILLIG.

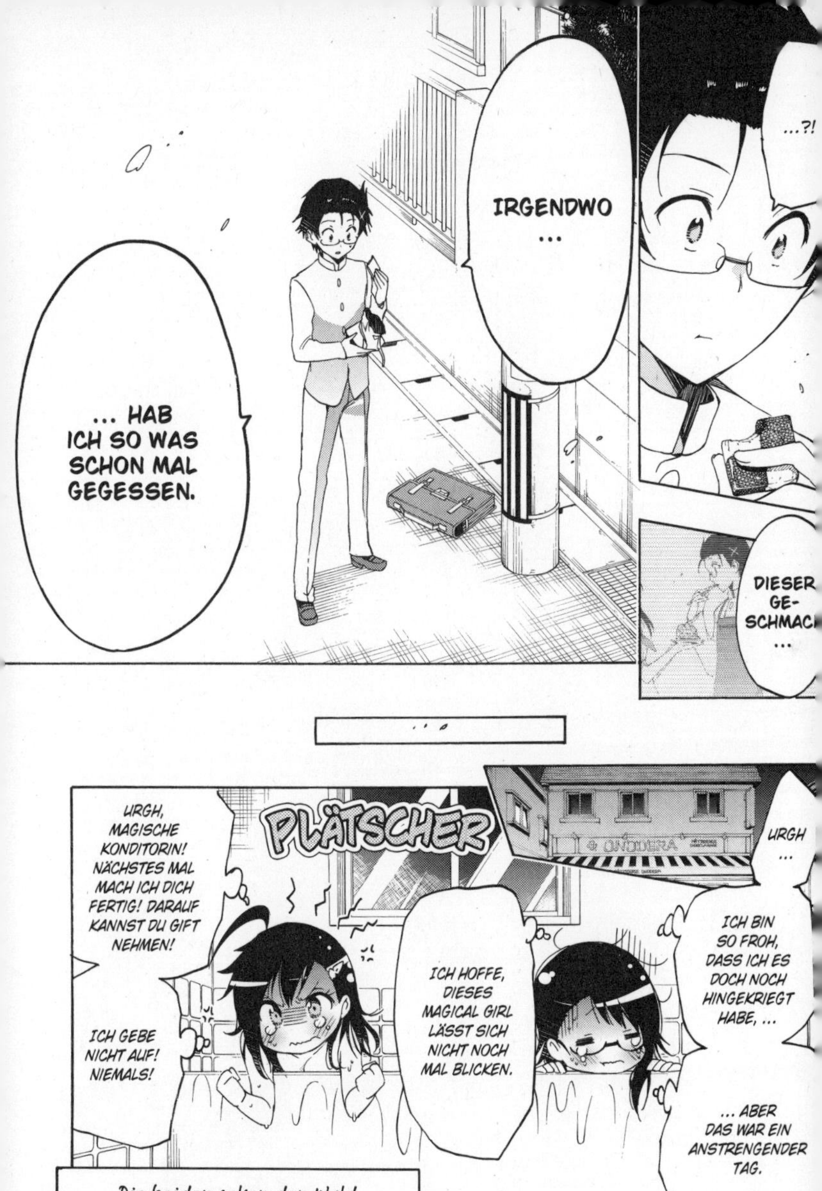

Die beiden sehen den Wald vor lauter Bäumen nicht.

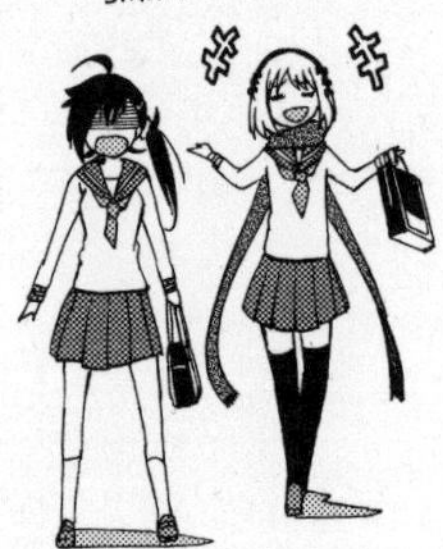
Hach, die Weintrauben sind mir zu sauer.

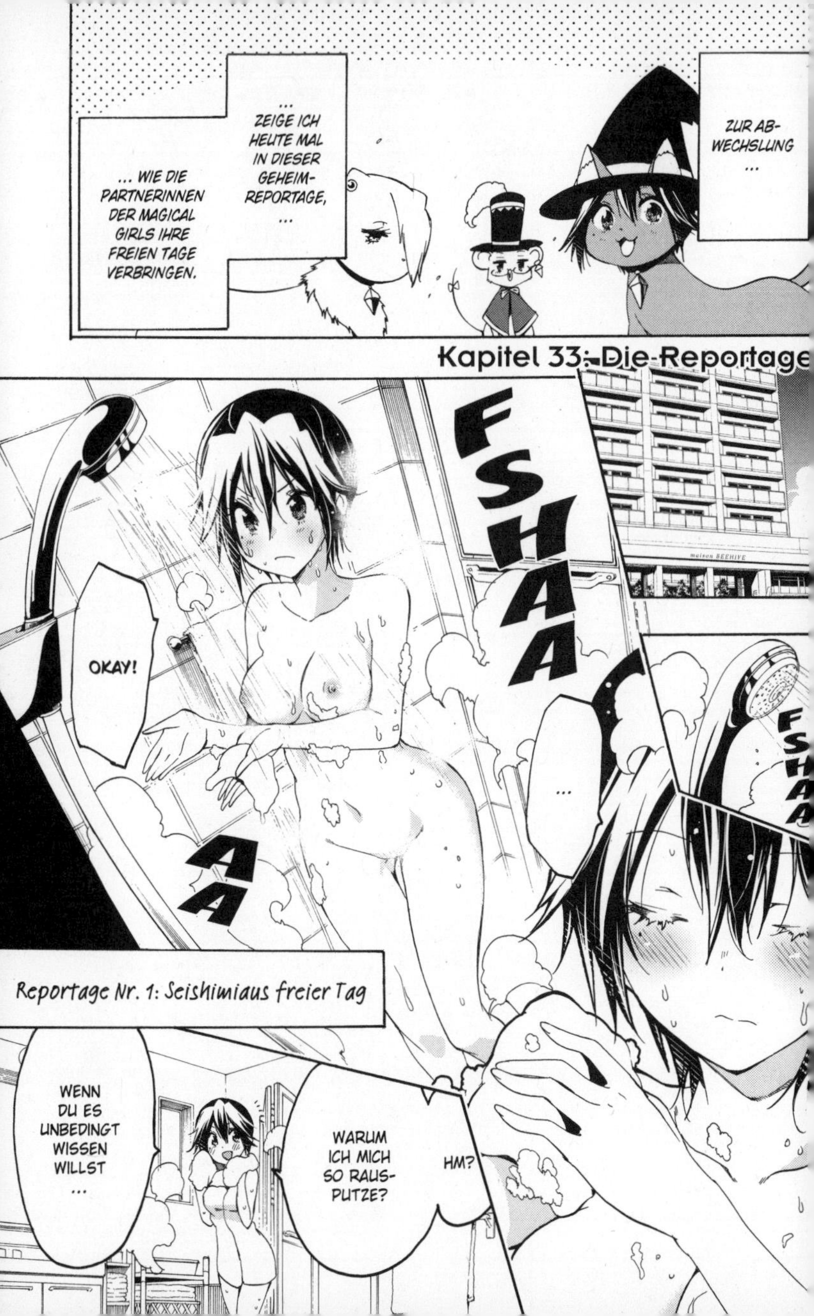

ZUR ABWECHSLUNG ...
... ZEIGE ICH HEUTE MAL IN DIESER GEHEIM-REPORTAGE, ...
... WIE DIE PARTNERINNEN DER MAGICAL GIRLS IHRE FREIEN TAGE VERBRINGEN.
Kapitel 33: Die Reportage
FSHAA
maison BEEHIVE
FSHAA
...
OKAY!
AA
Reportage Nr. 1: Seishimiaus freier Tag
HM?
WARUM ICH MICH SO RAUS-PUTZE?
WENN DU ES UNBEDINGT WISSEN WILLST ...

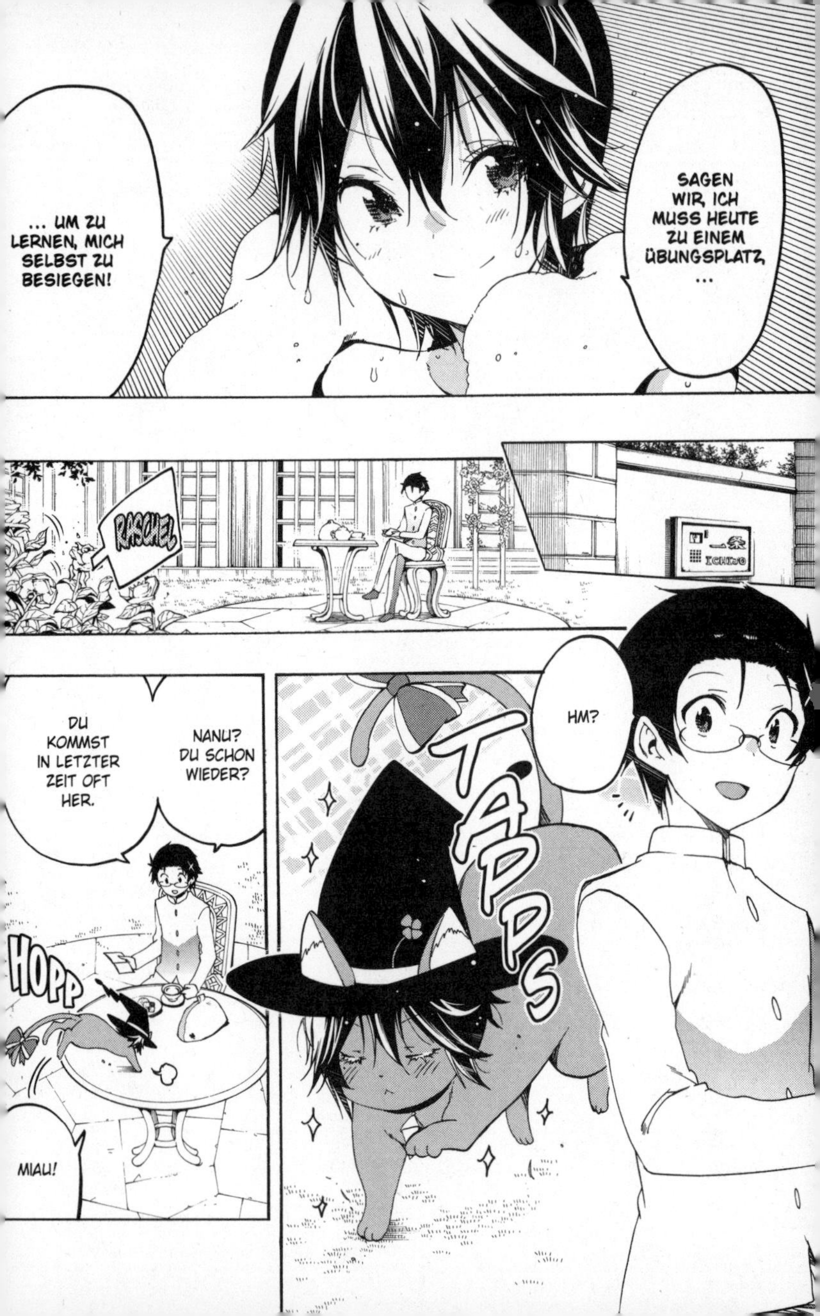
SAGEN WIR, ICH MUSS HEUTE ZU EINEM ÜBUNGSPLATZ, ...
... UM ZU LERNEN, MICH SELBST ZU BESIEGEN!
RASCHEL
ICHIJO
HM?
TAPPS
NANU? DU SCHON WIEDER?
DU KOMMST IN LETZTER ZEIT OFT HER.
HOPP
MIAU!

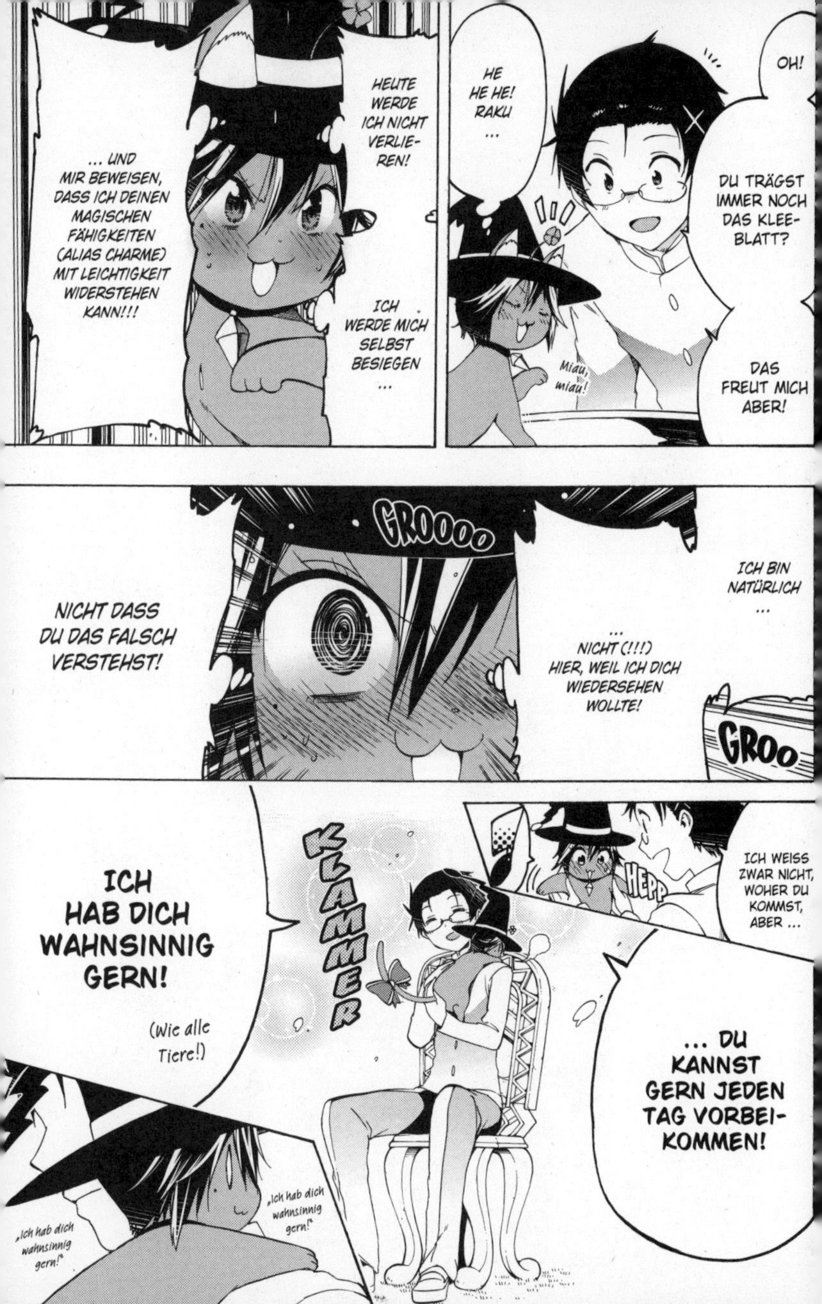
OH!
DU TRÄGST IMMER NOCH DAS KLEE-BLATT?
DAS FREUT MICH ABER!
HE HE HE! RAKU …
Miau, miau!
HEUTE WERDE ICH NICHT VERLIE-REN!
ICH WERDE MICH SELBST BESIEGEN …
… UND MIR BEWEISEN, DASS ICH DEINEN MAGISCHEN FÄHIGKEITEN (ALIAS CHARME) MIT LEICHTIGKEIT WIDERSTEHEN KANN!!!
ICH BIN NATÜRLICH …
GROO
… NICHT (!!!) HIER, WEIL ICH DICH WIEDERSEHEN WOLLTE!
GROOOOO
NICHT DASS DU DAS FALSCH VERSTEHST!
ICH WEISS ZWAR NICHT, WOHER DU KOMMST, ABER …
HEPP
… DU KANNST GERN JEDEN TAG VORBEI-KOMMEN!
KLAMMER
ICH HAB DICH WAHNSINNIG GERN!
(Wie alle Tiere!)
„Ich hab dich wahnsinnig gern!"
„Ich hab dich wahnsinnig gern!"

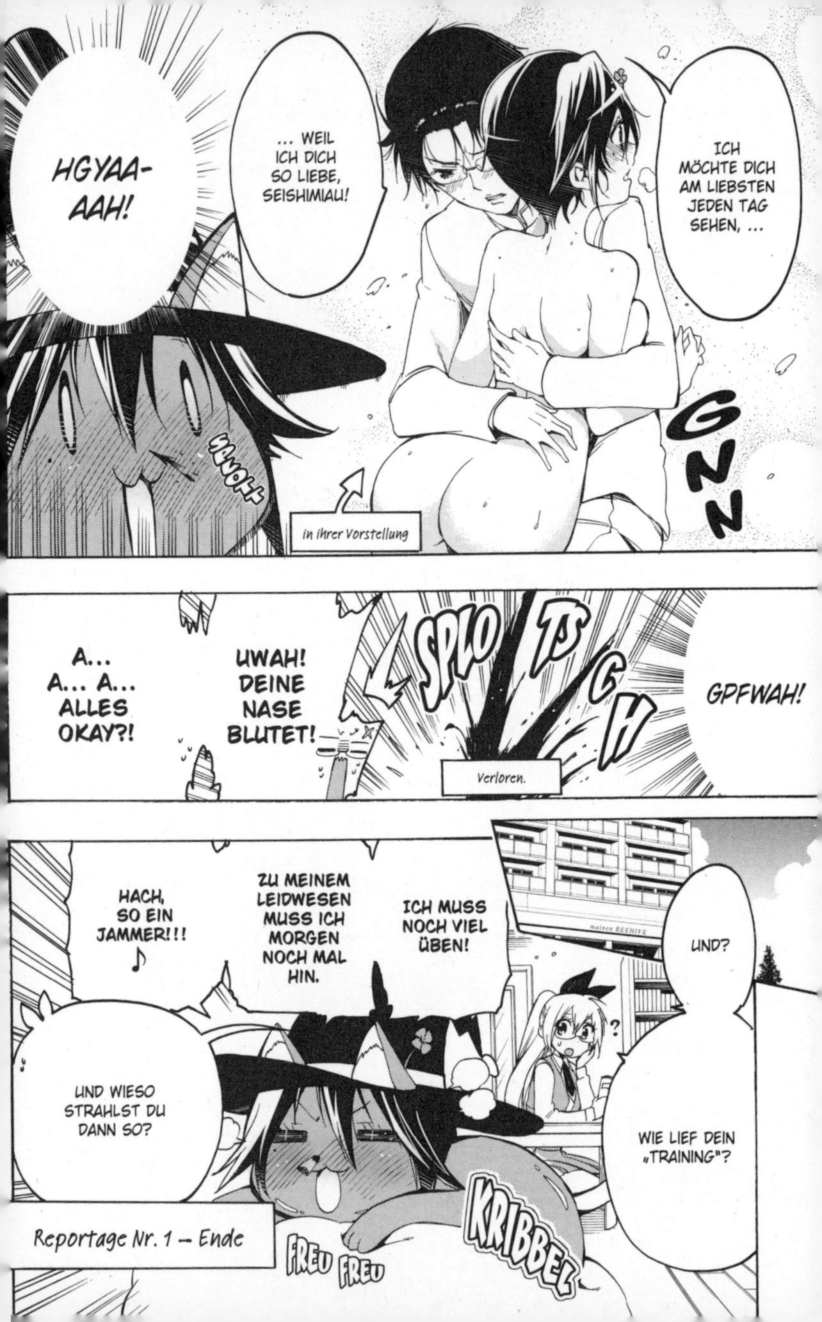

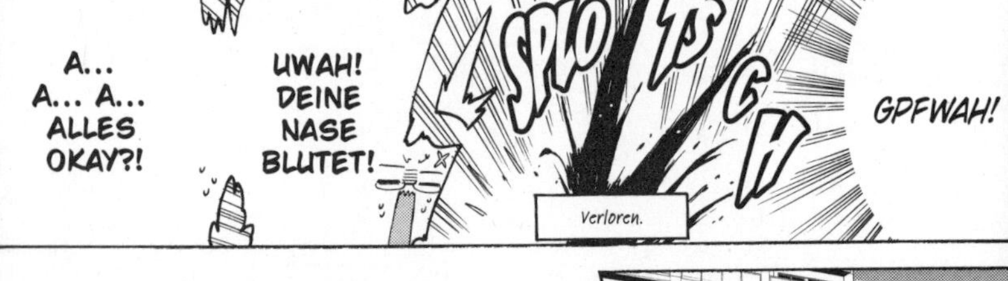

Reportage Nr. 1 – Ende

Reportage Nr. 2: Rurlins freier Tag

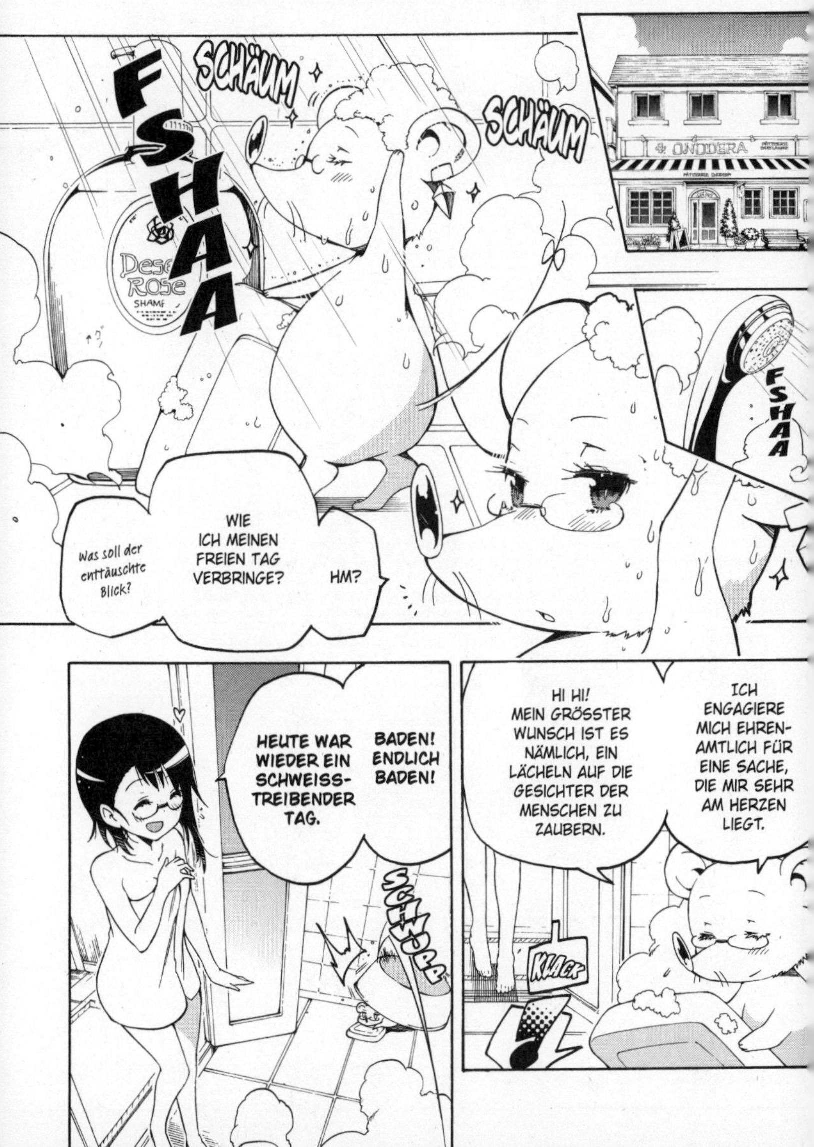

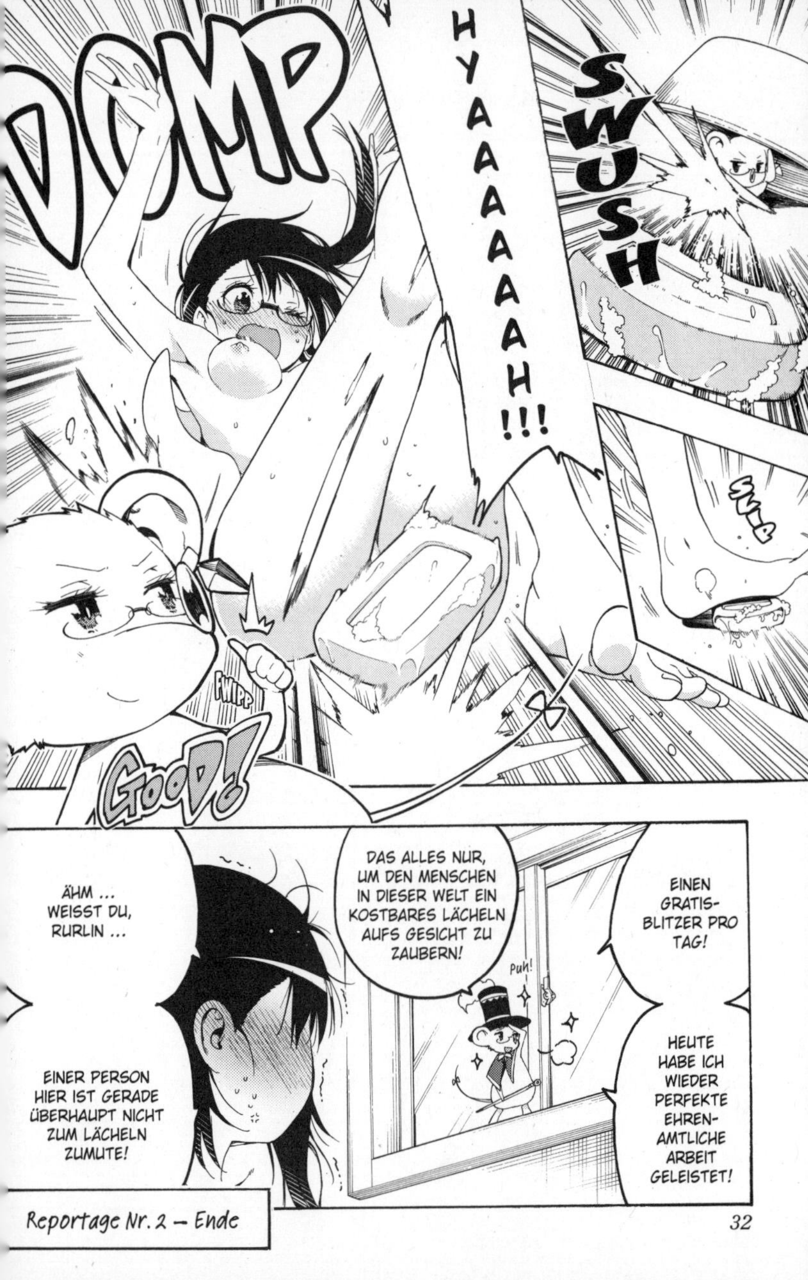
DOMP
HYAAAAAAAH!!!
SWUSH
SWIP
FWIPP
GOOD!
ÄHM ... WEISST DU, RURLIN ...
DAS ALLES NUR, UM DEN MENSCHEN IN DIESER WELT EIN KOSTBARES LÄCHELN AUFS GESICHT ZU ZAUBERN!
EINEN GRATIS-BLITZER PRO TAG!
Puh!
HEUTE HABE ICH WIEDER PERFEKTE EHREN-AMTLICHE ARBEIT GELEISTET!
EINER PERSON HIER IST GERADE ÜBERHAUPT NICHT ZUM LÄCHELN ZUMUTE!
Reportage Nr. 2 – Ende

Reportage 3: Hondersons freier Tag

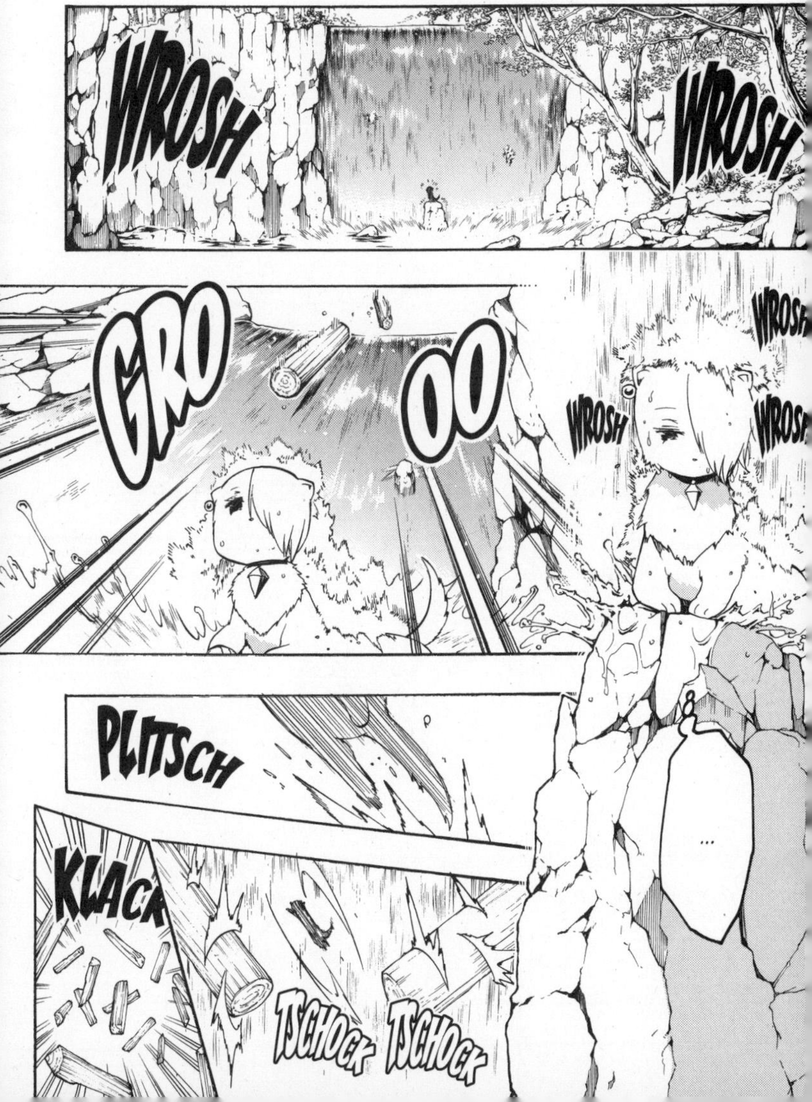

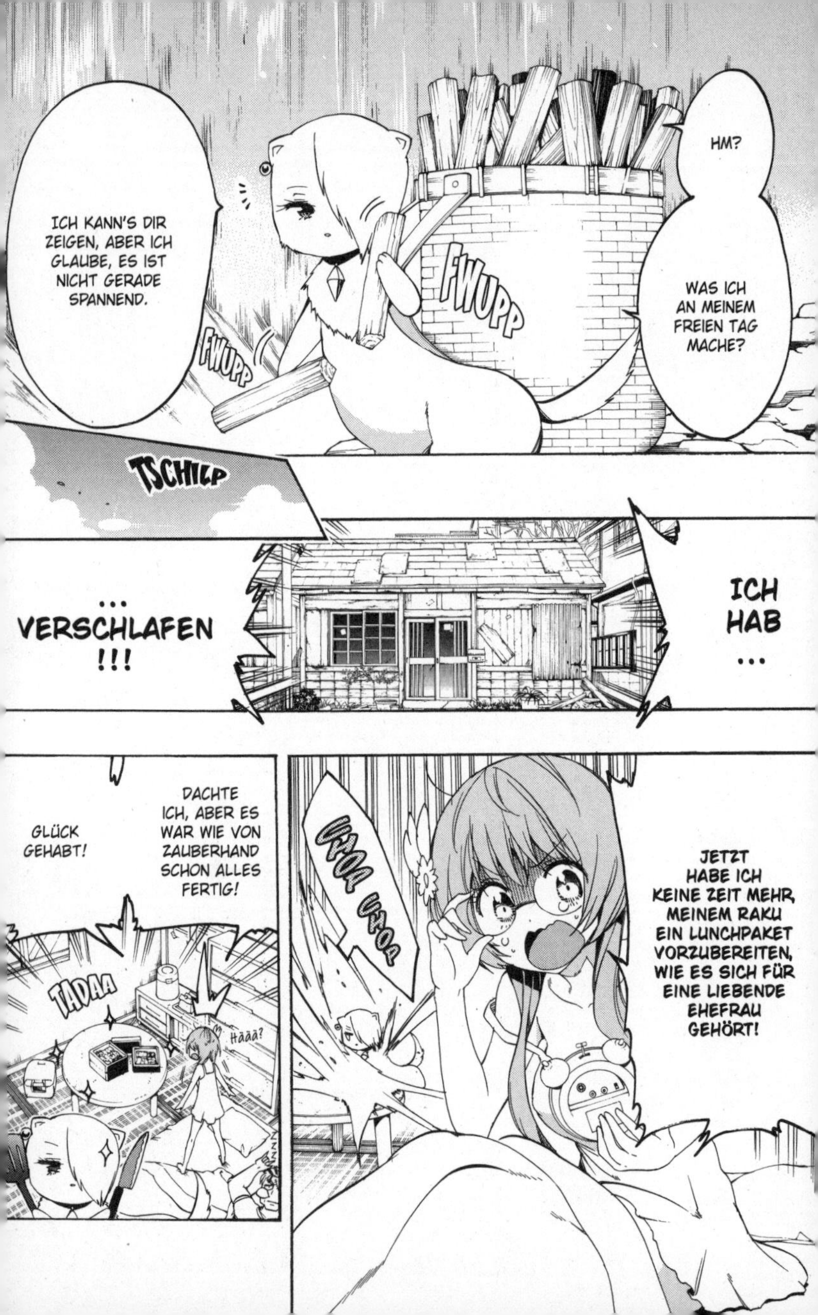
HM?
WAS ICH AN MEINEM FREIEN TAG MACHE?
FWUPP
FWUPP
ICH KANN'S DIR ZEIGEN, ABER ICH GLAUBE, ES IST NICHT GERADE SPANNEND.
TSCHILP
ICH HAB ...
... VERSCHLAFEN !!!
JETZT HABE ICH KEINE ZEIT MEHR, MEINEM RAKU EIN LUNCHPAKET VORZUBEREITEN, WIE ES SICH FÜR EINE LIEBENDE EHEFRAU GEHÖRT!
DACHTE ICH, ABER ES WAR WIE VON ZAUBERHAND SCHON ALLES FERTIG!
GLÜCK GEHABT!
TADAA
Häää?

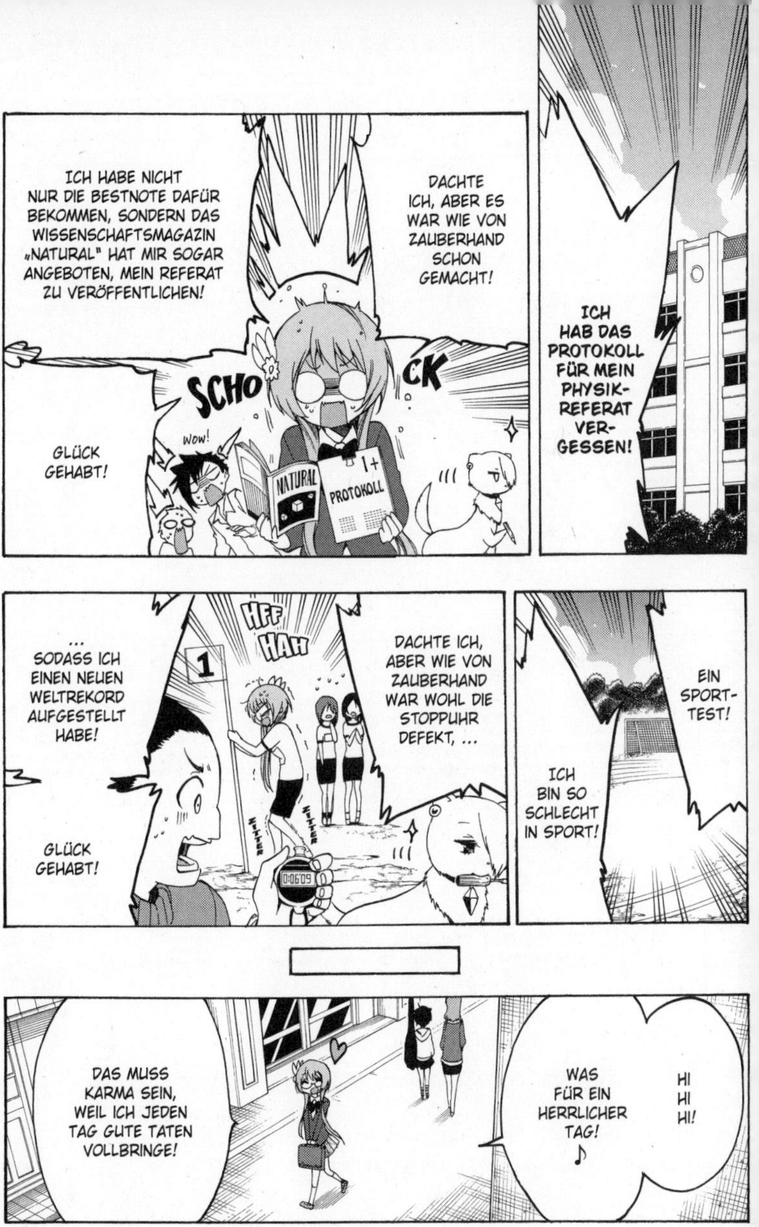

ICH HAB DAS PROTOKOLL FÜR MEIN PHYSIK-REFERAT VERGESSEN!

DACHTE ICH, ABER ES WAR WIE VON ZAUBERHAND SCHON GEMACHT!

ICH HABE NICHT NUR DIE BESTNOTE DAFÜR BEKOMMEN, SONDERN DAS WISSENSCHAFTSMAGAZIN „NATURAL" HAT MIR SOGAR ANGEBOTEN, MEIN REFERAT ZU VERÖFFENTLICHEN!

SCHOCK

1+ PROTOKOLL

NATURAL

WOW!

GLÜCK GEHABT!

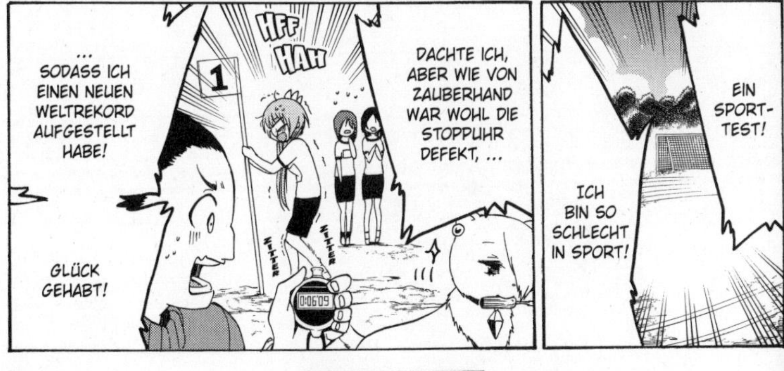

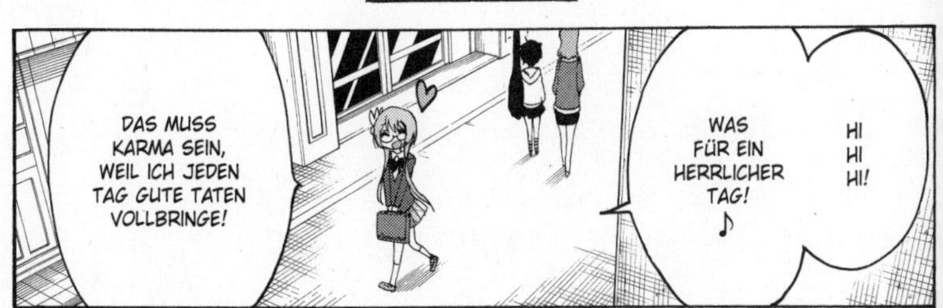

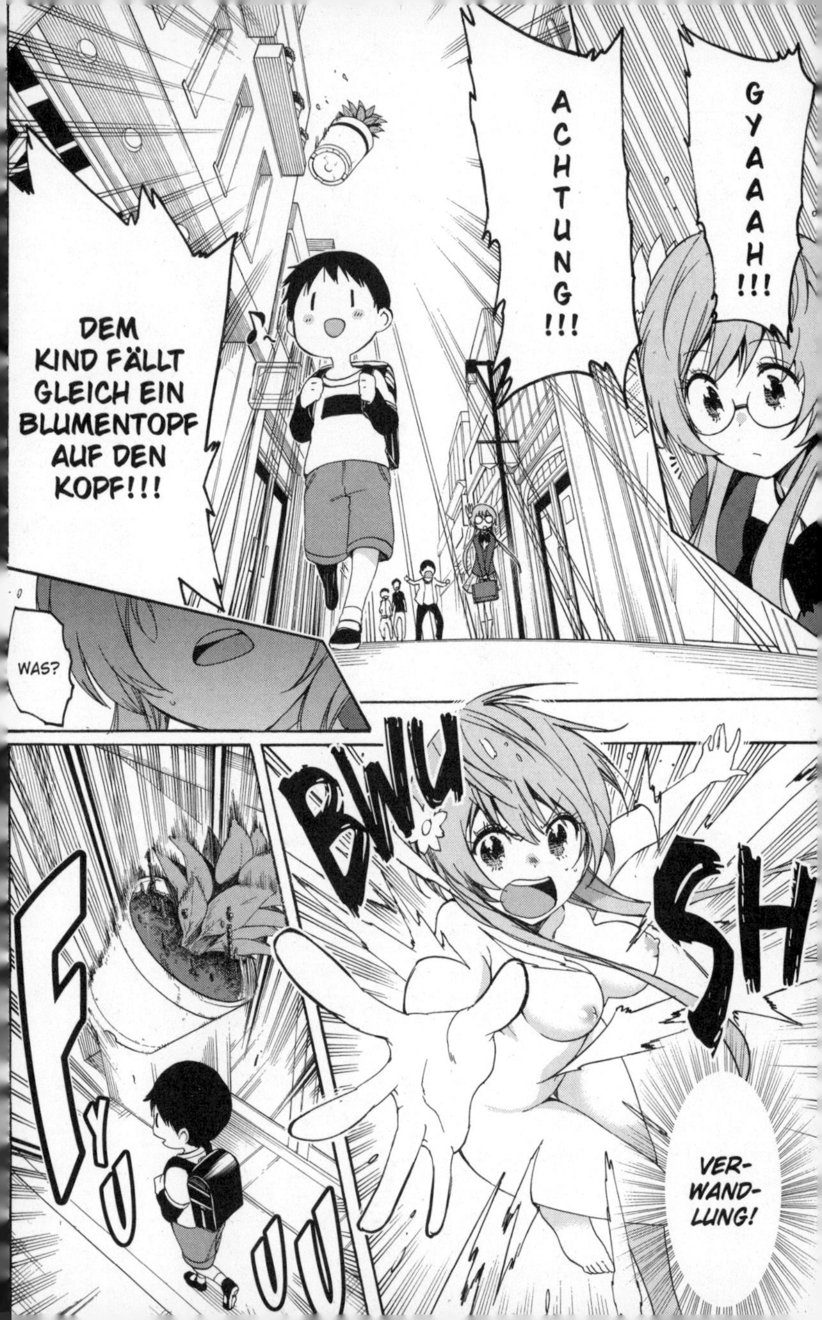
GYAAAAH!!!
ACHTUNG!!!
DEM KIND FÄLLT GLEICH EIN BLUMENTOPF AUF DEN KOPF!!!
WAS?
BIWU
SH
VER-WAND-LUNG!

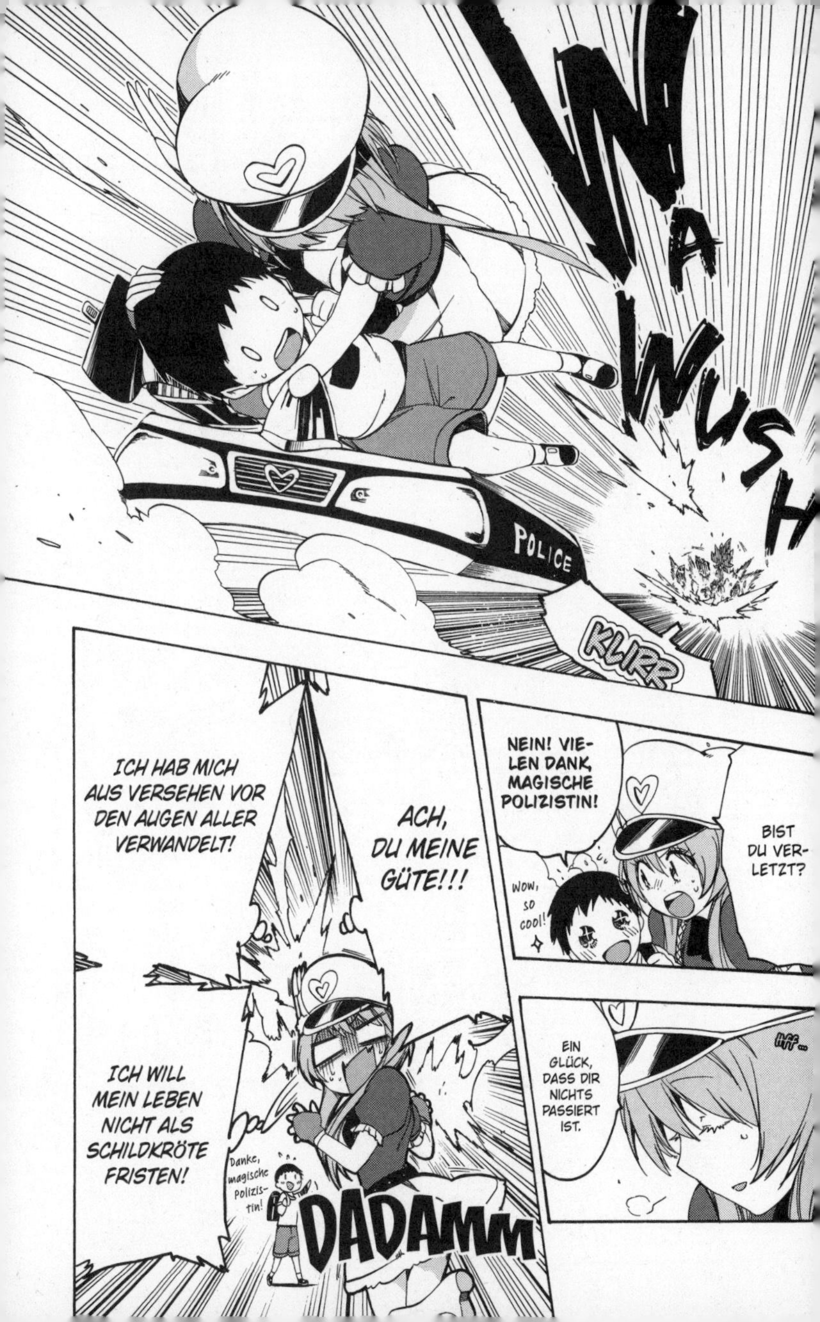
WAWUSH
KLIRR
BIST DU VERLETZT?
NEIN! VIELEN DANK, MAGISCHE POLIZISTIN!
WOW, SO COOL!
IFF...
EIN GLÜCK, DASS DIR NICHTS PASSIERT IST.
ACH, DU MEINE GÜTE!!!
ICH HAB MICH AUS VERSEHEN VOR DEN AUGEN ALLER VERWANDELT!
ICH WILL MEIN LEBEN NICHT ALS SCHILDKRÖTE FRISTEN!
Danke, magische Polizistin!
DADAMM

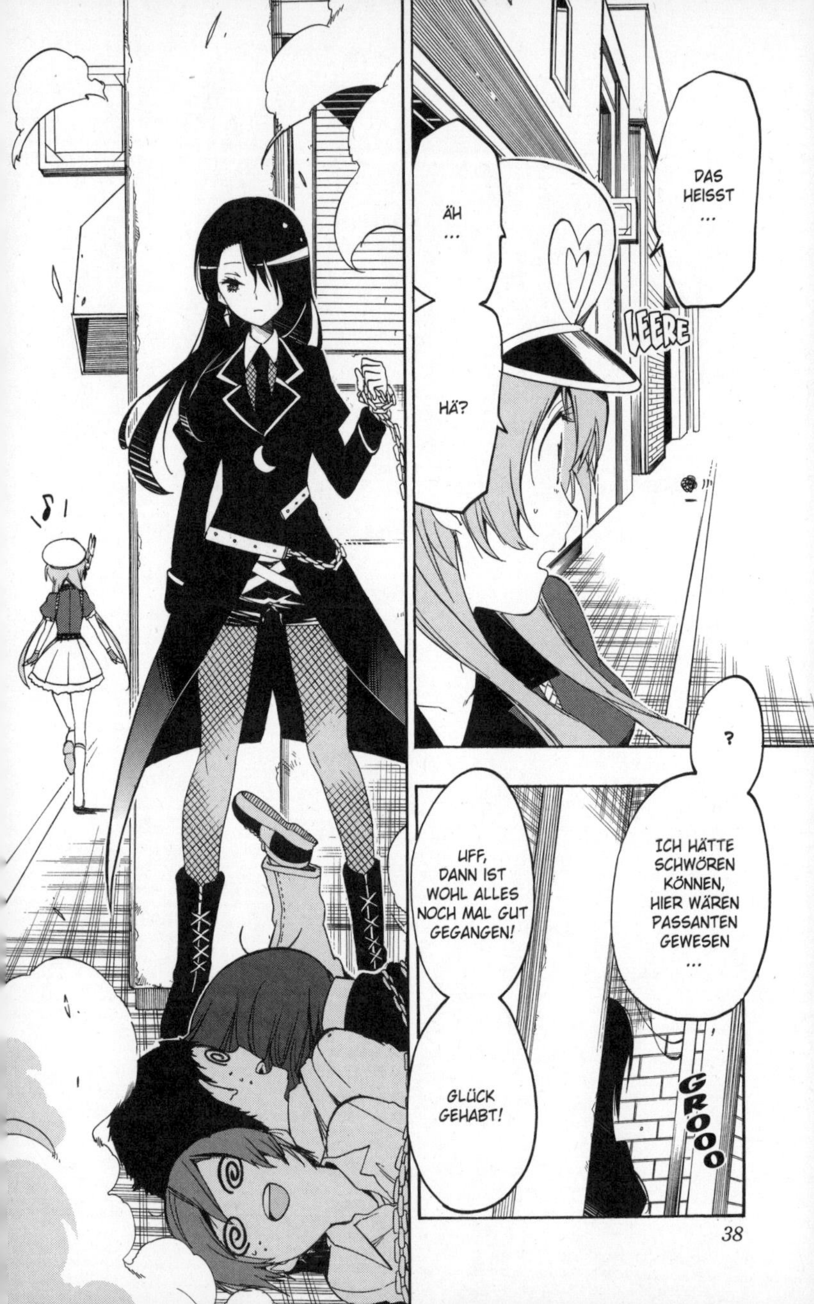
DAS HEISST ...
ÄH ...
LEERE
HÄ?
?
ICH HÄTTE SCHWÖREN KÖNNEN, HIER WÄREN PASSANTEN GEWESEN ...
UFF, DANN IST WOHL ALLES NOCH MAL GUT GEGANGEN!
GLÜCK GEHABT!
GROOO

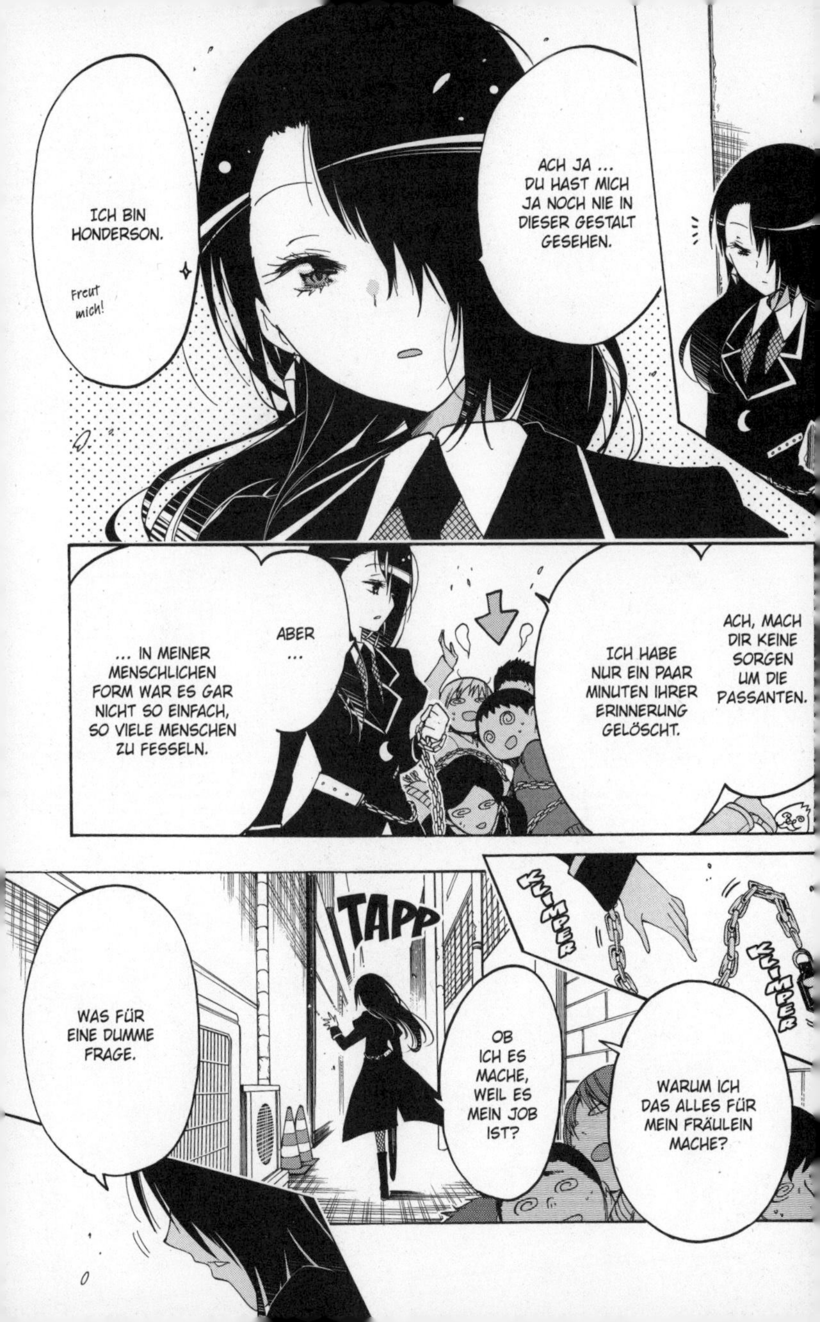

ACH JA ... DU HAST MICH JA NOCH NIE IN DIESER GESTALT GESEHEN.

ICH BIN HONDERSON.

Freut mich!

ACH, MACH DIR KEINE SORGEN UM DIE PASSANTEN.

ICH HABE NUR EIN PAAR MINUTEN IHRER ERINNERUNG GELÖSCHT.

ABER ...

... IN MEINER MENSCHLICHEN FORM WAR ES GAR NICHT SO EINFACH, SO VIELE MENSCHEN ZU FESSELN.

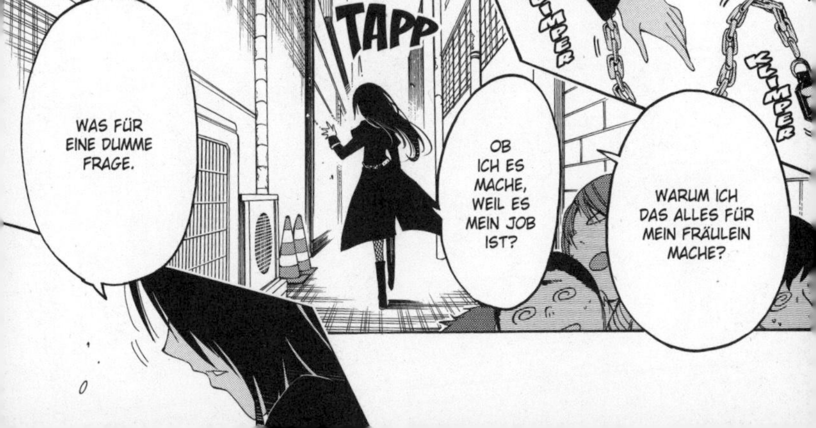

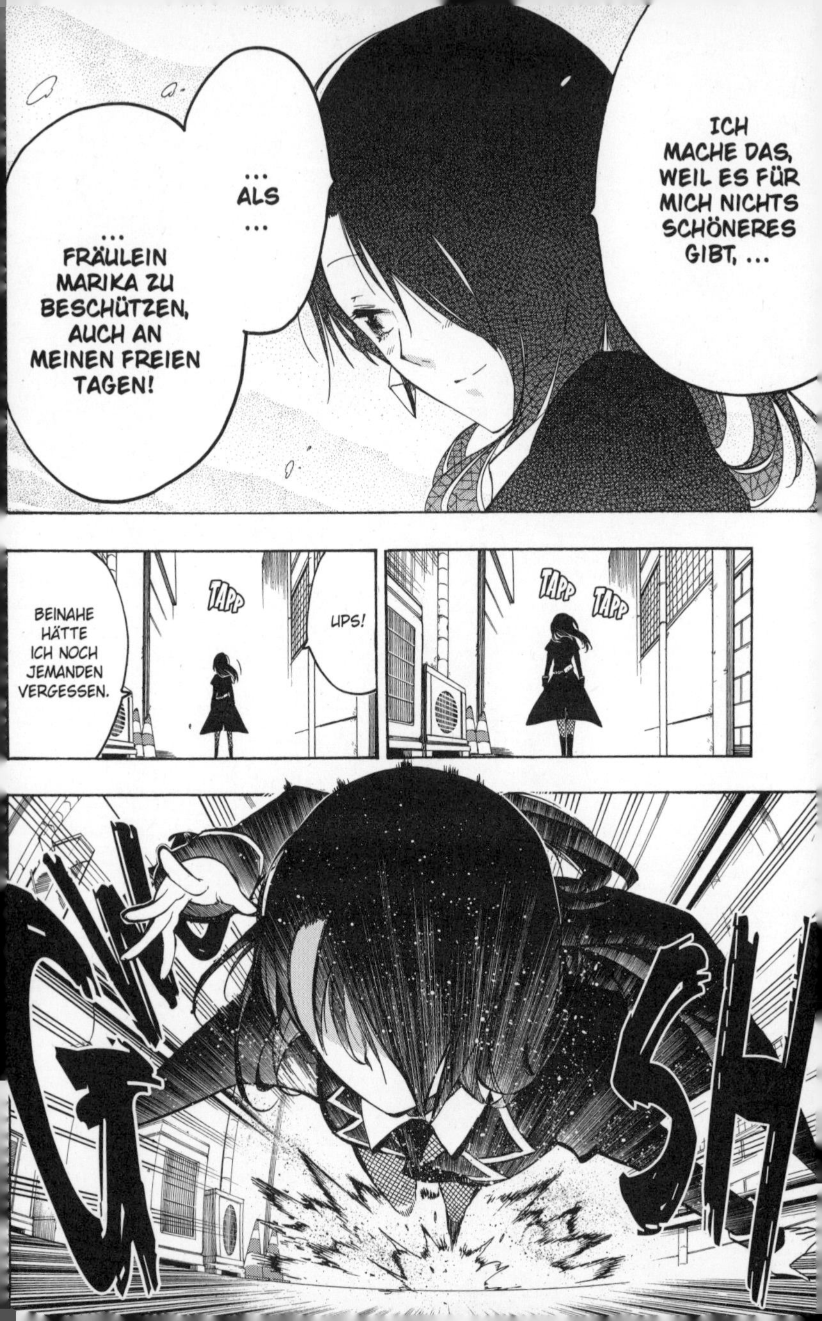

ICH MACHE DAS, WEIL ES FÜR MICH NICHTS SCHÖNERES GIBT, …

… ALS …

… FRÄULEIN MARIKA ZU BESCHÜTZEN, AUCH AN MEINEN FREIEN TAGEN!

TAPP TAPP

TAPP

UPS!

BEINAHE HÄTTE ICH NOCH JEMANDEN VERGESSEN.

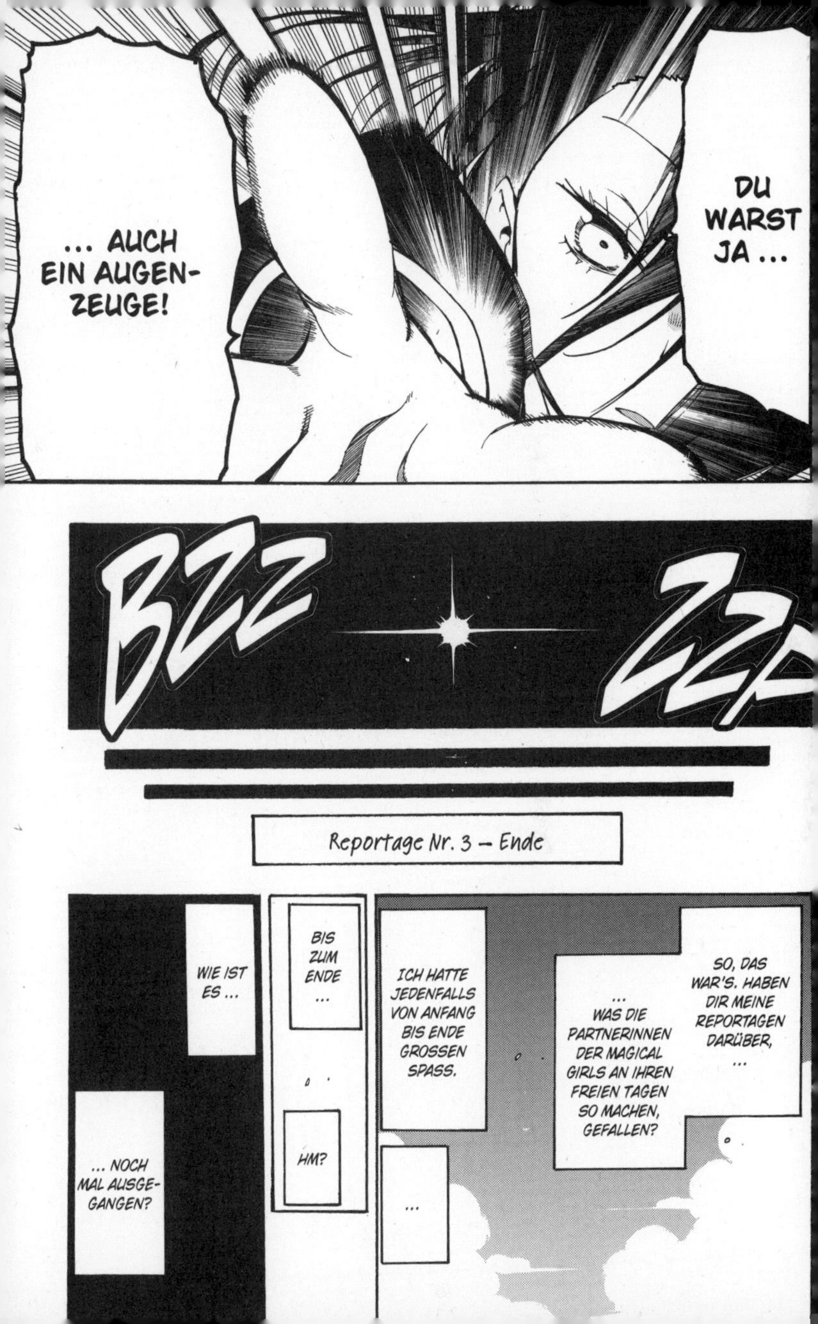

DU WARST JA ...

... AUCH EIN AUGEN-ZEUGE!

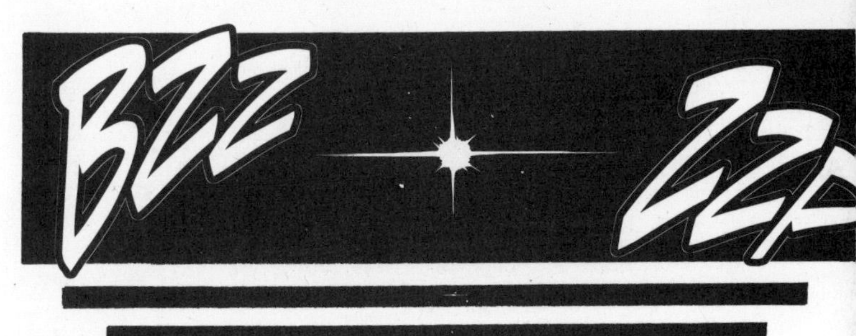

Reportage Nr. 3 – Ende

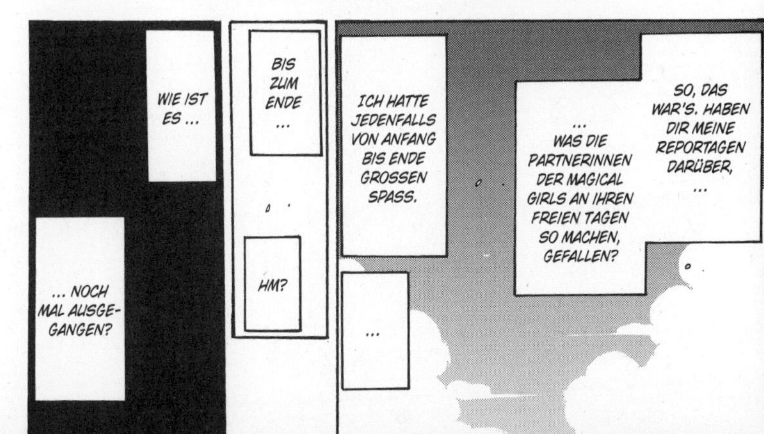

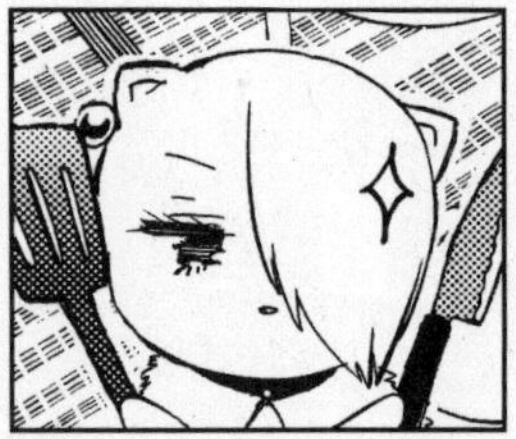

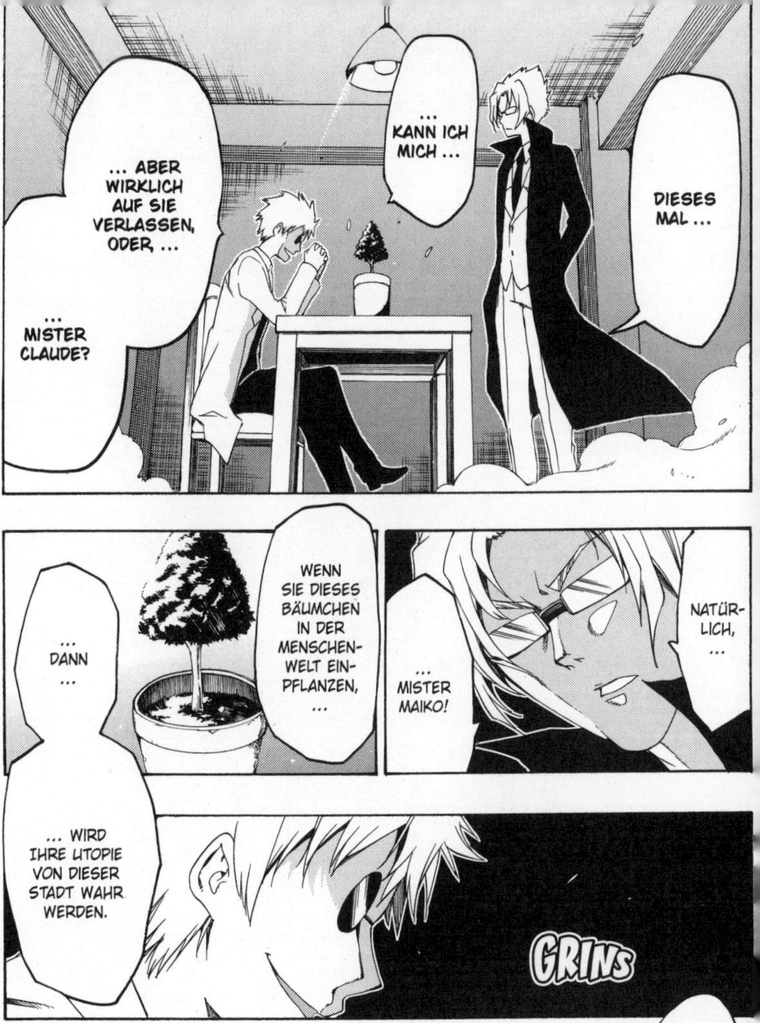

DIESES MAL ...

... KANN ICH MICH ...

... ABER WIRKLICH AUF SIE VERLASSEN, ODER, ...

... MISTER CLAUDE?

NATÜRLICH, ...

... MISTER MAIKO!

WENN SIE DIESES BÄUMCHEN IN DER MENSCHENWELT EINPFLANZEN, ...

... DANN ...

... WIRD IHRE UTOPIE VON DIESER STADT WAHR WERDEN.

GRINS

EXZELLENT!

Kapitel 34: Frühlingsanfang

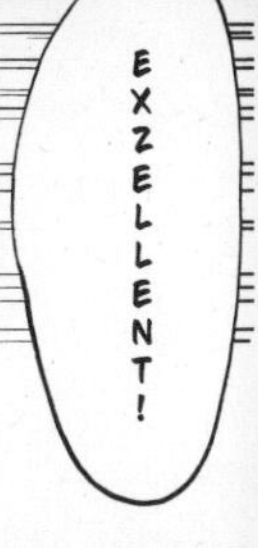

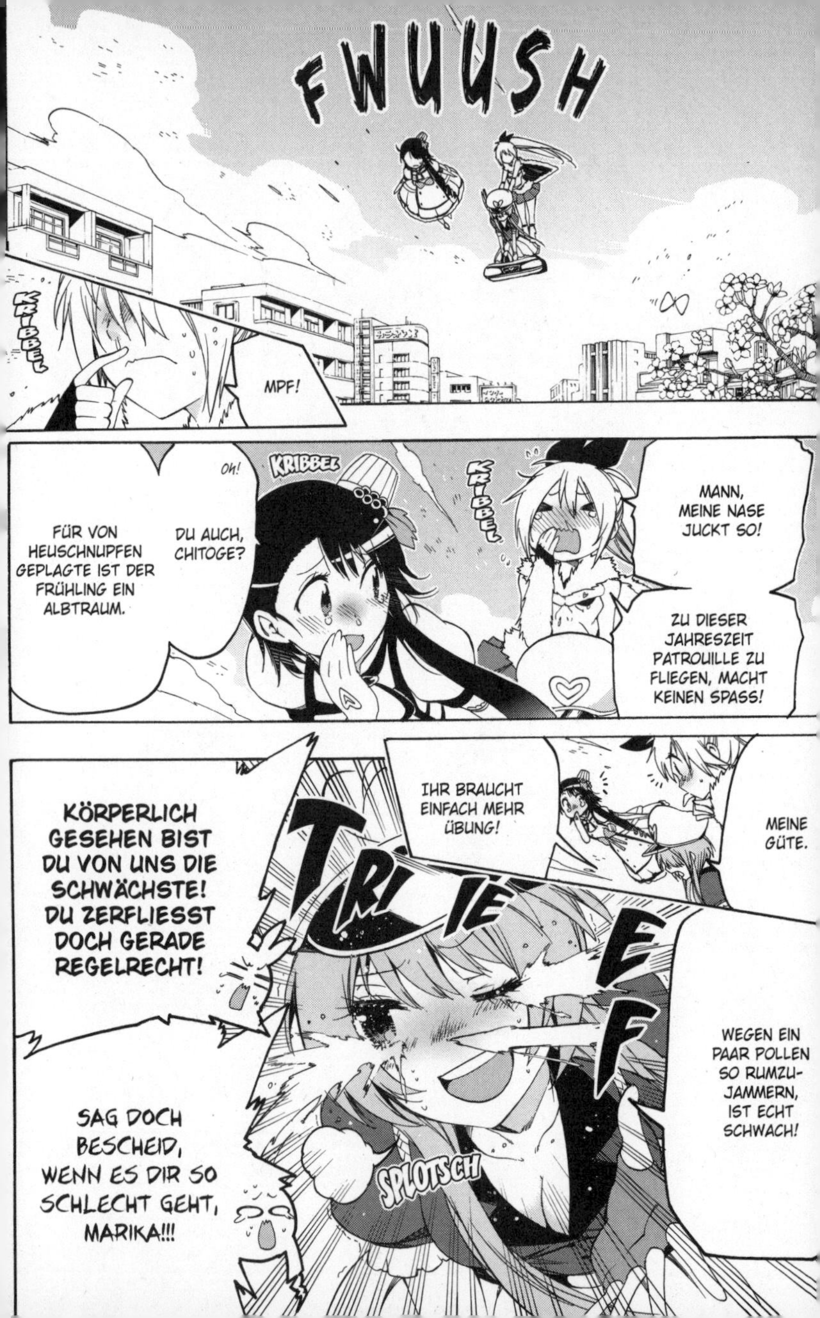

FWUUSH
KRIBBEL
MPF!
MANN, MEINE NASE JUCKT SO!
ZU DIESER JAHRESZEIT PATROUILLE ZU FLIEGEN, MACHT KEINEN SPASS!
KRIBBEL
KRIBBEL
OH!
DU AUCH, CHITOGE?
FÜR VON HEUSCHNUPFEN GEPLAGTE IST DER FRÜHLING EIN ALBTRAUM.
MEINE GÜTE.
IHR BRAUCHT EINFACH MEHR ÜBUNG!
WEGEN EIN PAAR POLLEN SO RUMZU-JAMMERN, IST ECHT SCHWACH!
TRIEEF
KÖRPERLICH GESEHEN BIST DU VON UNS DIE SCHWÄCHSTE! DU ZERFLIESST DOCH GERADE REGELRECHT!
SPLOTSCH
SAG DOCH BESCHEID, WENN ES DIR SO SCHLECHT GEHT, MARIKA!!!

UFF ...
UNFASSBAR, DASS WIR ALLE DREI HEUSCHNUPFEN HABEN.
SPLOTSCH
WOLLEN WIR DANN HEUTE FRÜHER SCHLUSS MACHEN?

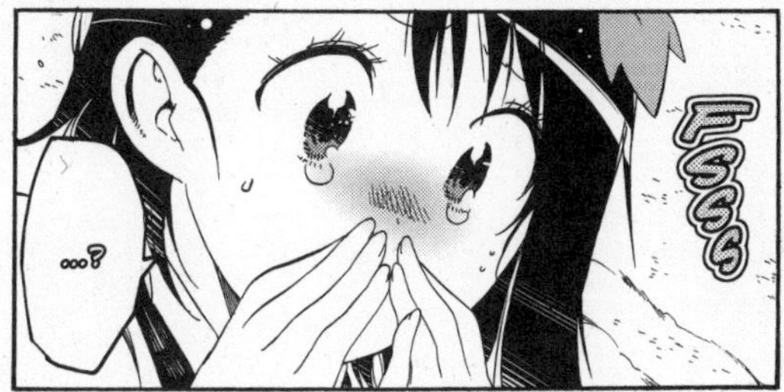

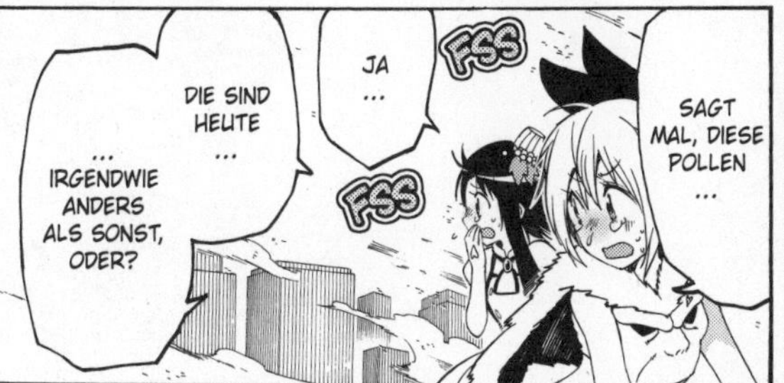

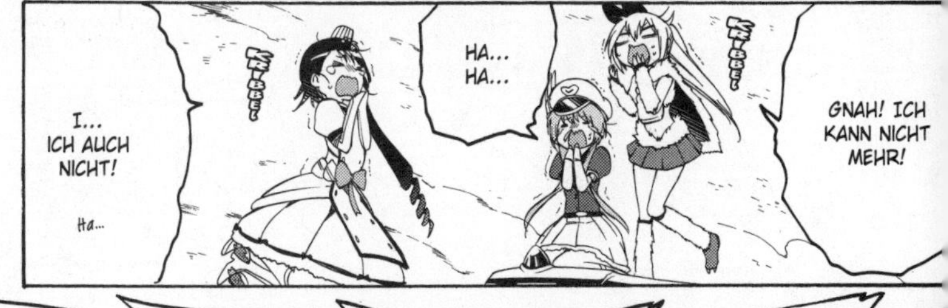

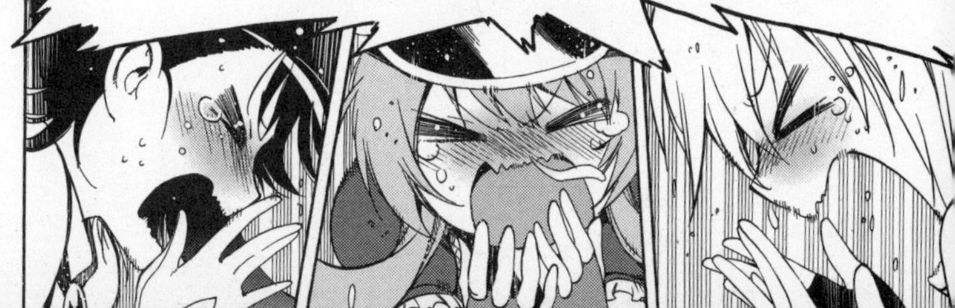

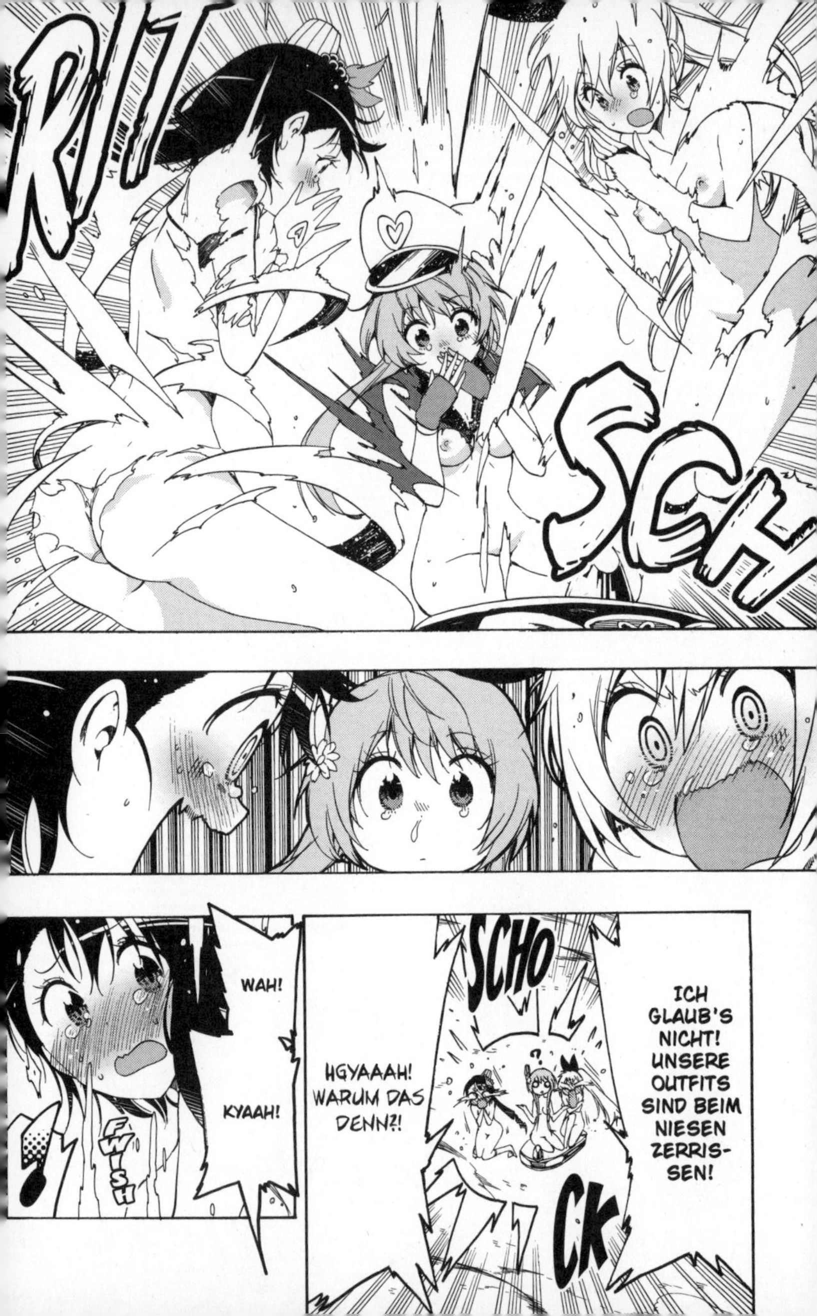
SCH
ICH GLAUB'S NICHT! UNSERE OUTFITS SIND BEIM NIESEN ZERRIS-SEN!
SCHO
CK
HGYAAAH! WARUM DAS DENN?!
WAH!
KYAAH!
FWISH

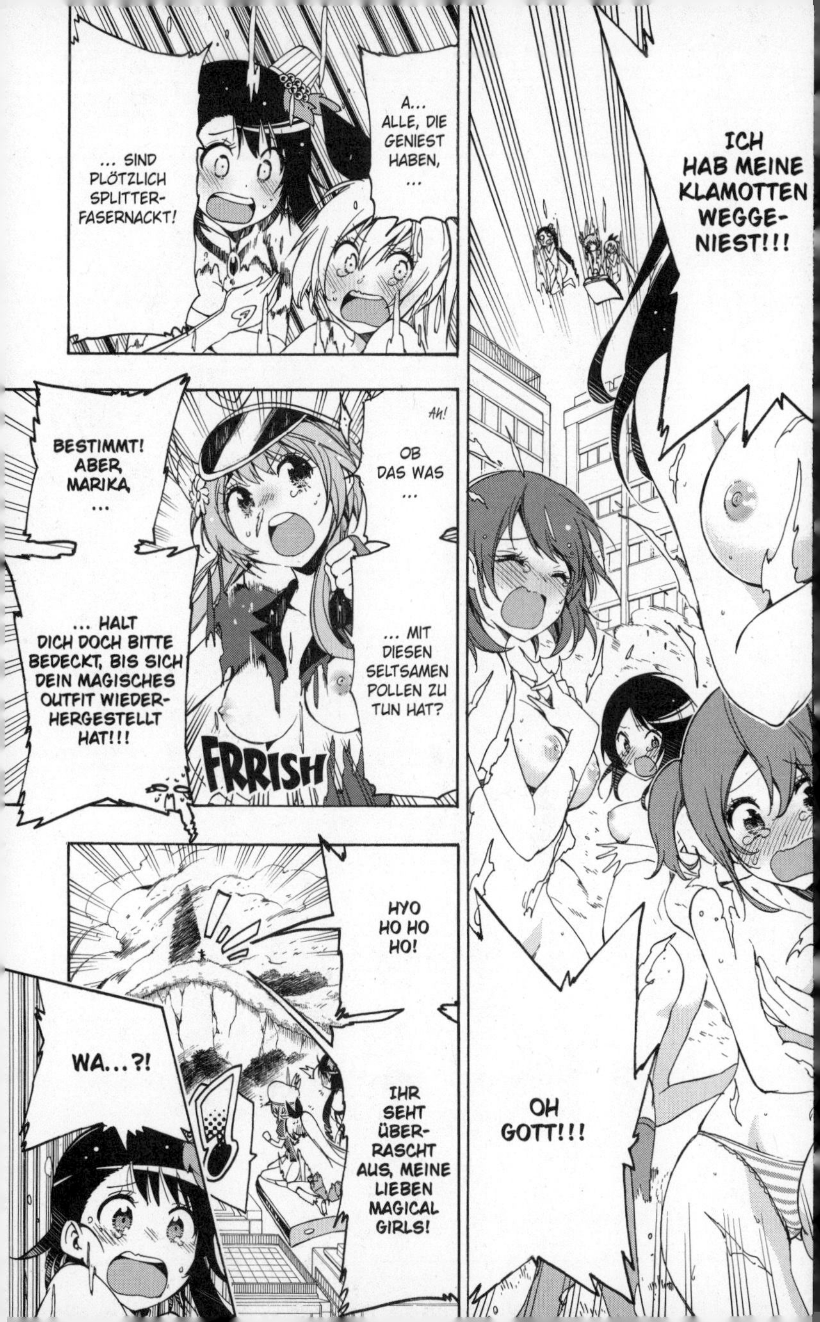
ICH HAB MEINE KLAMOTTEN WEGGE-NIEST!!!
OH GOTT!!!
A... ALLE, DIE GENIEST HABEN, ...
... SIND PLÖTZLICH SPLITTER-FASERNACKT!
Ah!
OB DAS WAS ...
... MIT DIESEN SELTSAMEN POLLEN ZU TUN HAT?
BESTIMMT! ABER, MARIKA, ...
... HALT DICH DOCH BITTE BEDECKT, BIS SICH DEIN MAGISCHES OUTFIT WIEDER-HERGESTELLT HAT!!!
FRRISH
HYO HO HO HO!
WA...?!
IHR SEHT ÜBER-RASCHT AUS, MEINE LIEBEN MAGICAL GIRLS!

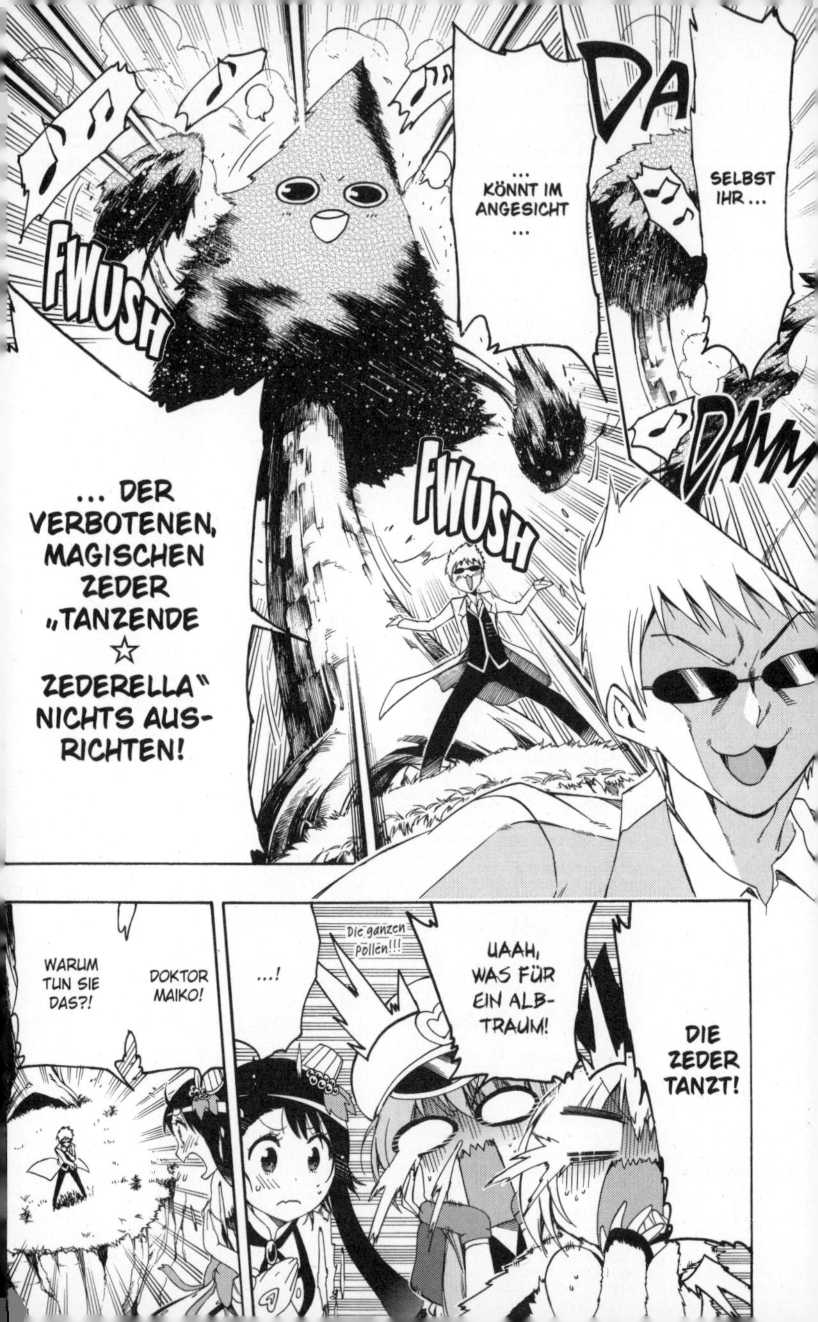
DA
SELBST IHR …
… KÖNNT IM ANGESICHT …
FWUSH
DAMM
FWUSH
… DER VERBOTENEN, MAGISCHEN ZEDER „TANZENDE ☆ ZEDERELLA“ NICHTS AUS-RICHTEN!
DIE ZEDER TANZT!
UAAH, WAS FÜR EIN ALB-TRAUM!
Die ganzen Pollen!!!
…!
DOKTOR MAIKO!
WARUM TUN SIE DAS?!

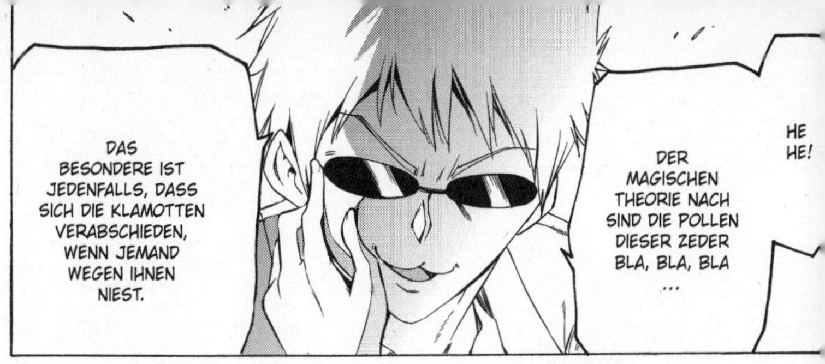
HE HE!
DER MAGISCHEN THEORIE NACH SIND DIE POLLEN DIESER ZEDER BLA, BLA, BLA …
DAS BESONDERE IST JEDENFALLS, DASS SICH DIE KLAMOTTEN VERABSCHIEDEN, WENN JEMAND WEGEN IHNEN NIEST.

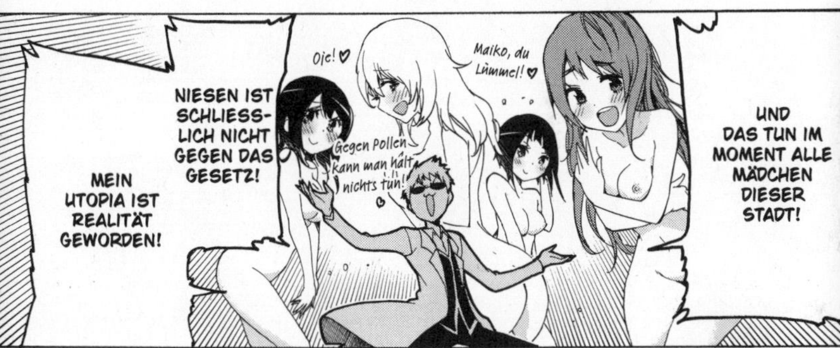
UND DAS TUN IM MOMENT ALLE MÄDCHEN DIESER STADT!
Maiko, du Lümmel!
Oje!
NIESEN IST SCHLIESS-LICH NICHT GEGEN DAS GESETZ!
Gegen Pollen kann man halt nichts tun!
MEIN UTOPIA IST REALITÄT GEWORDEN!

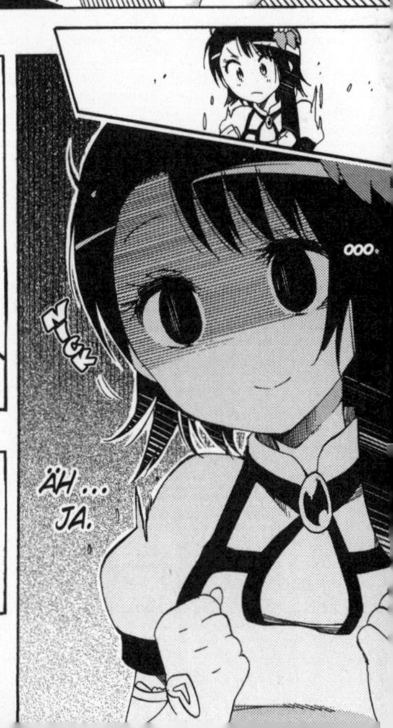
ooo
NICK
ÄH … JA.

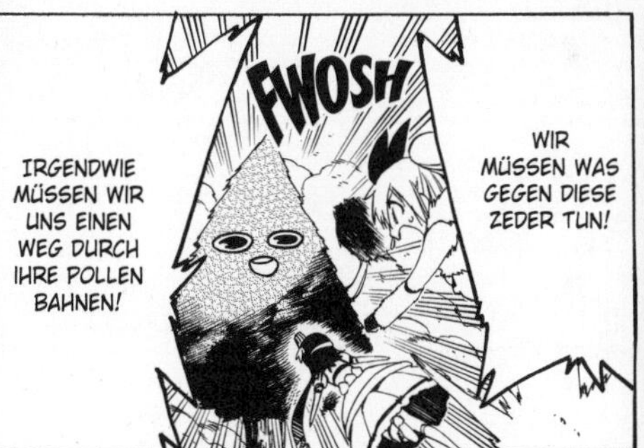
WIR MÜSSEN WAS GEGEN DIESE ZEDER TUN!
FWOSH
IRGENDWIE MÜSSEN WIR UNS EINEN WEG DURCH IHRE POLLEN BAHNEN!

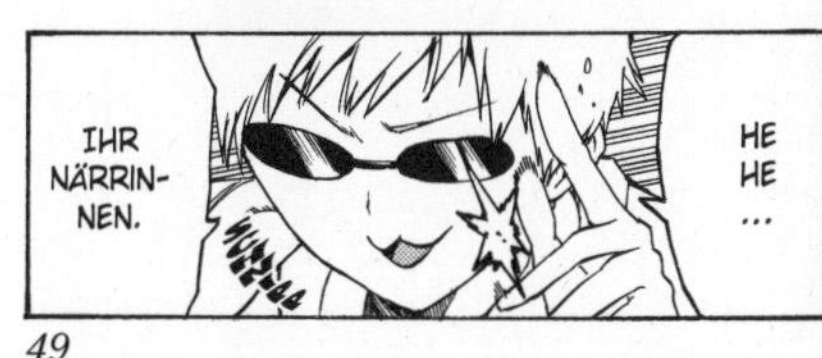
HE HE …
IHR NÄRRIN-NEN.

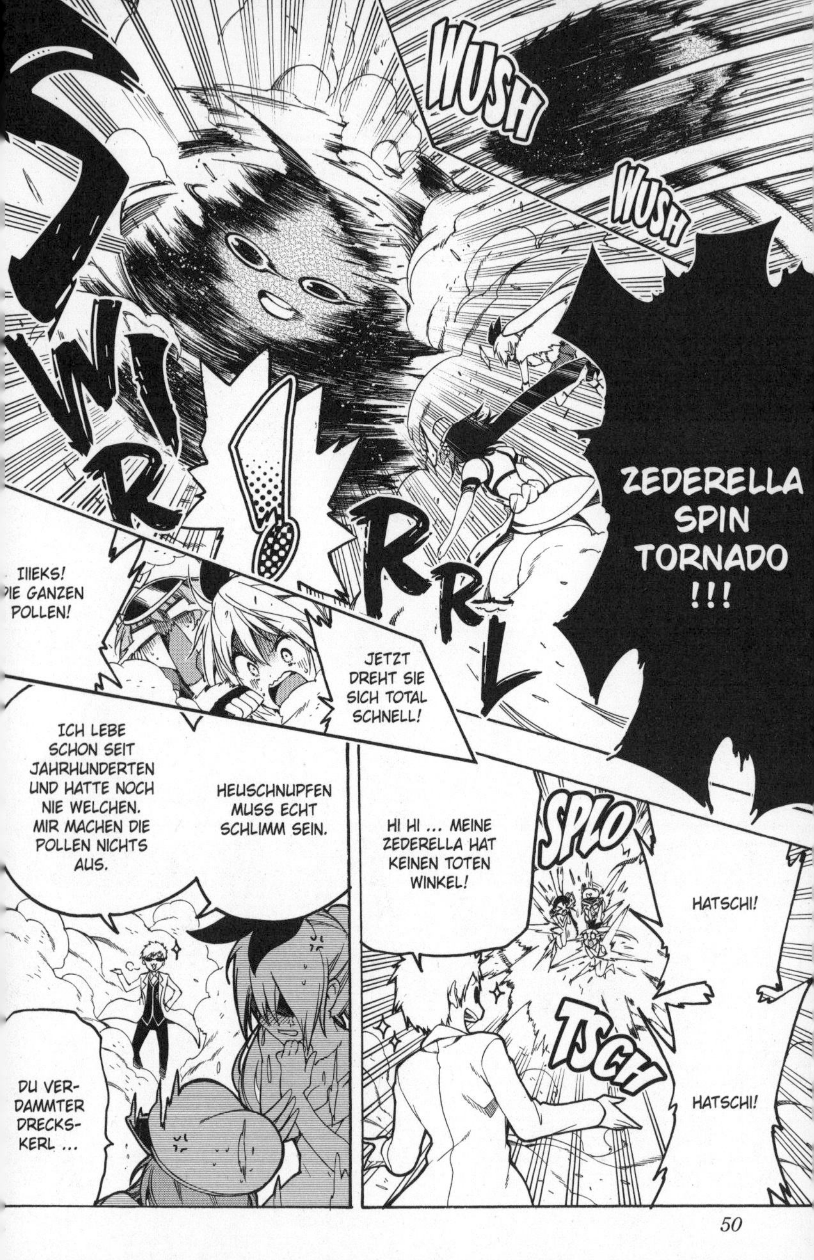
WUSH
WUSH
ZEDERELLA SPIN TORNADO !!!
IIIEKS! DIE GANZEN POLLEN!
JETZT DREHT SIE SICH TOTAL SCHNELL!
HI HI ... MEINE ZEDERELLA HAT KEINEN TOTEN WINKEL!
SPLO
TSCH
HATSCHI!
HATSCHI!
HEUSCHNUPFEN MUSS ECHT SCHLIMM SEIN.
ICH LEBE SCHON SEIT JAHRHUNDERTEN UND HATTE NOCH NIE WELCHEN. MIR MACHEN DIE POLLEN NICHTS AUS.
DU VERDAMMTER DRECKSKERL ...

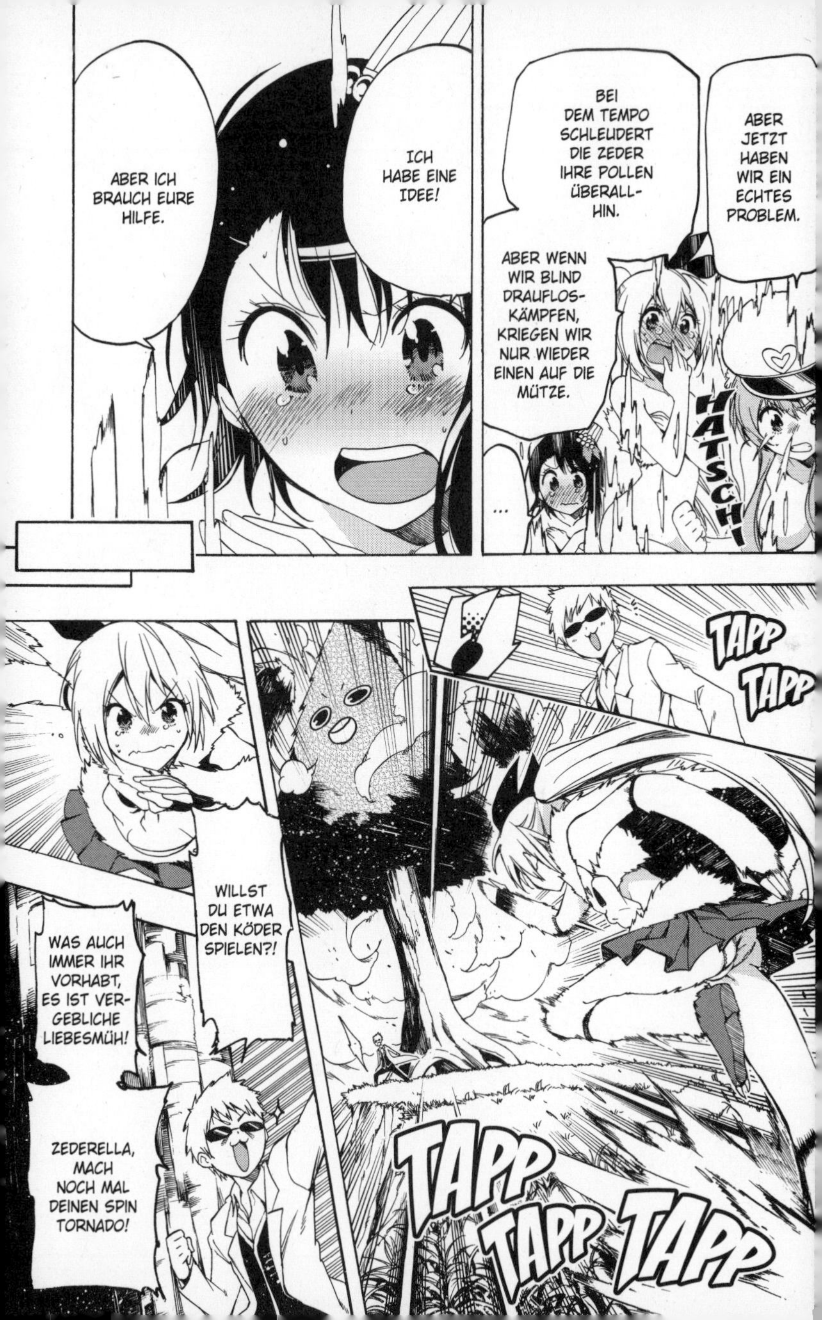

ABER JETZT HABEN WIR EIN ECHTES PROBLEM.

BEI DEM TEMPO SCHLEUDERT DIE ZEDER IHRE POLLEN ÜBERALLHIN.

HATSCHI!

ABER WENN WIR BLIND DRAUFLOSKÄMPFEN, KRIEGEN WIR NUR WIEDER EINEN AUF DIE MÜTZE.

...

ICH HABE EINE IDEE!

ABER ICH BRAUCH EURE HILFE.

TAPP TAPP

TAPP TAPP TAPP

ZEDERELLA, MACH NOCH MAL DEINEN SPIN TORNADO!

WAS AUCH IMMER IHR VORHABT, ES IST VERGEBLICHE LIEBESMÜH!

WILLST DU ETWA DEN KÖDER SPIELEN?!

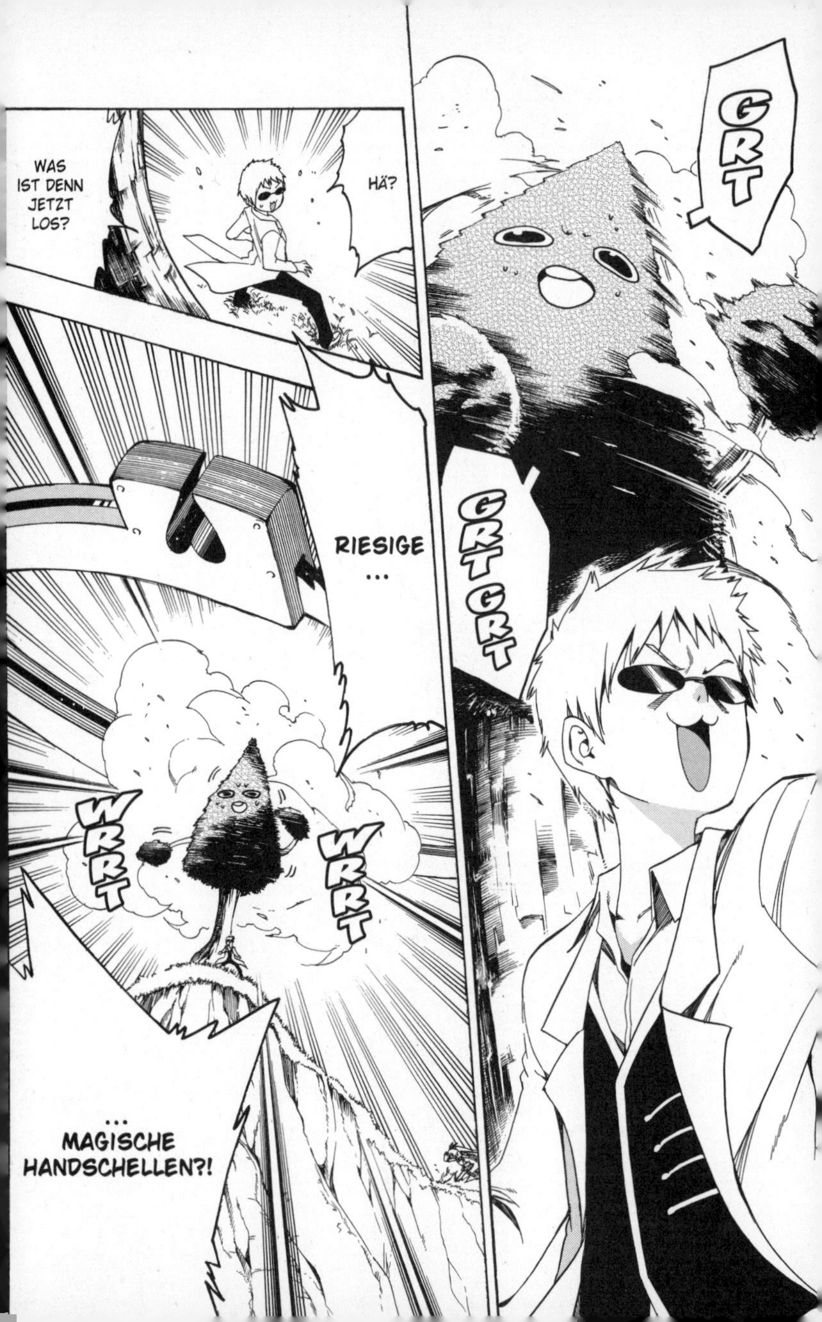

GRT
GRT GRT GRT
HÄ?
WAS IST DENN JETZT LOS?
RIESIGE ...
WRRT
WRRT
... MAGISCHE HANDSCHELLEN?!

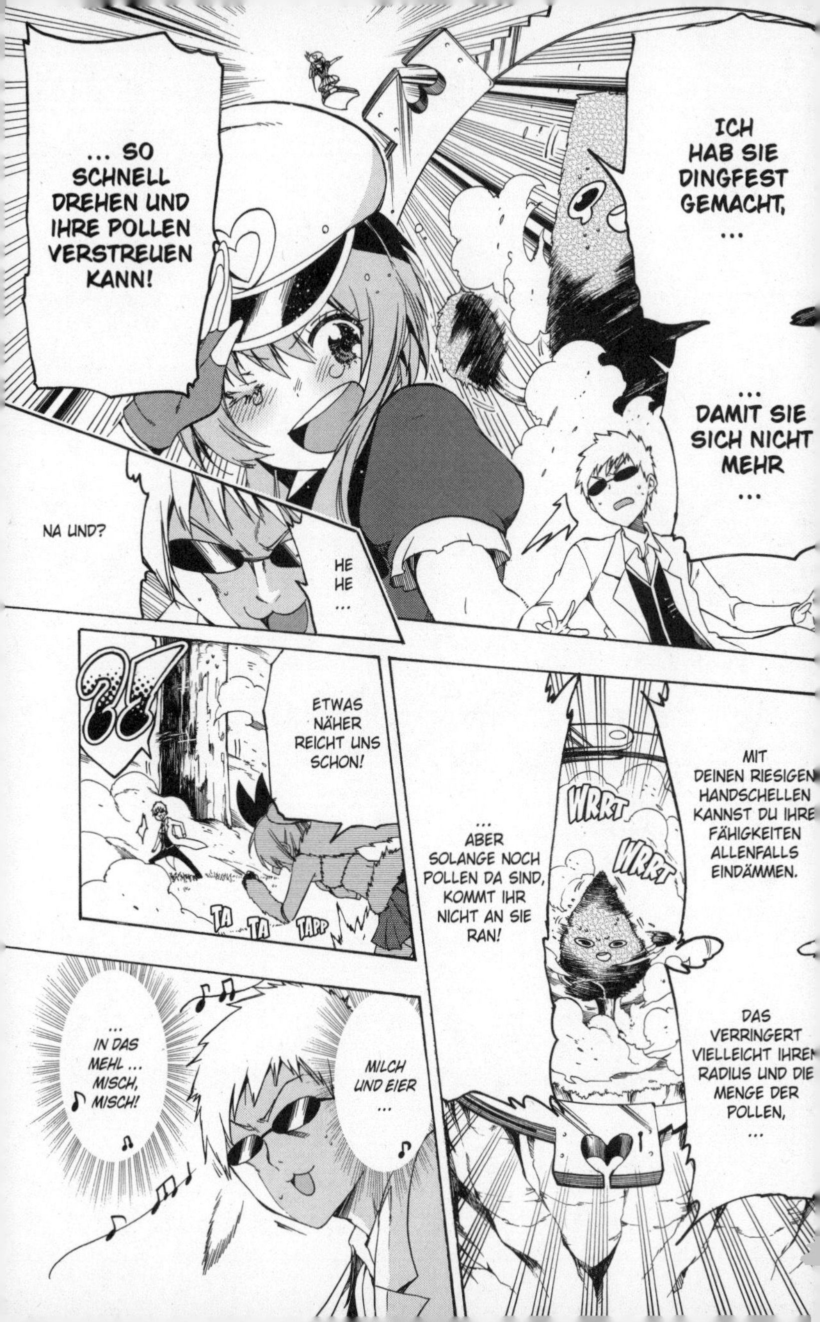
ICH HAB SIE DINGFEST GEMACHT, ...
... DAMIT SIE SICH NICHT MEHR ...
... SO SCHNELL DREHEN UND IHRE POLLEN VERSTREUEN KANN!
NA UND?
HE HE ...
MIT DEINEN RIESIGEN HANDSCHELLEN KANNST DU IHRE FÄHIGKEITEN ALLENFALLS EINDÄMMEN.
WRRT
WRRT
DAS VERRINGERT VIELLEICHT IHRE RADIUS UND DIE MENGE DER POLLEN, ...
... ABER SOLANGE NOCH POLLEN DA SIND, KOMMT IHR NICHT AN SIE RAN!
ETWAS NÄHER REICHT UNS SCHON!
TA TA TAPP
MILCH UND EIER ...
... IN DAS MEHL ... MISCH, MISCH!

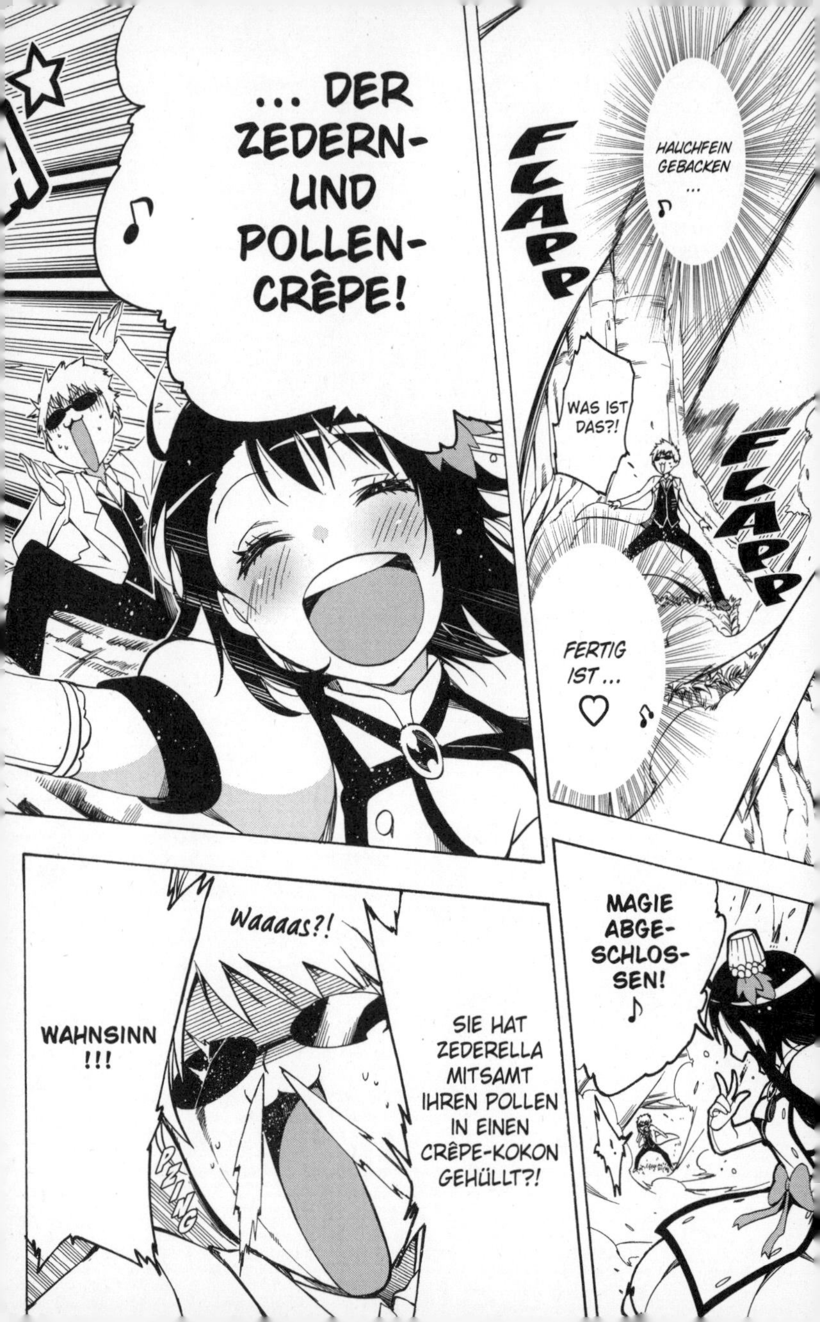
HAUCHFEIN GEBACKEN ... ♪
FLAPP
... DER ZEDERN- UND POLLEN-CRÊPE! ♪
WAS IST DAS?!
FLAPP
FERTIG IST ... ♡ ♪
MAGIE ABGE-SCHLOS-SEN! ♪
Waaaas?!
SIE HAT ZEDERELLA MITSAMT IHREN POLLEN IN EINEN CRÊPE-KOKON GEHÜLLT?!
WAHNSINN !!!
PLING

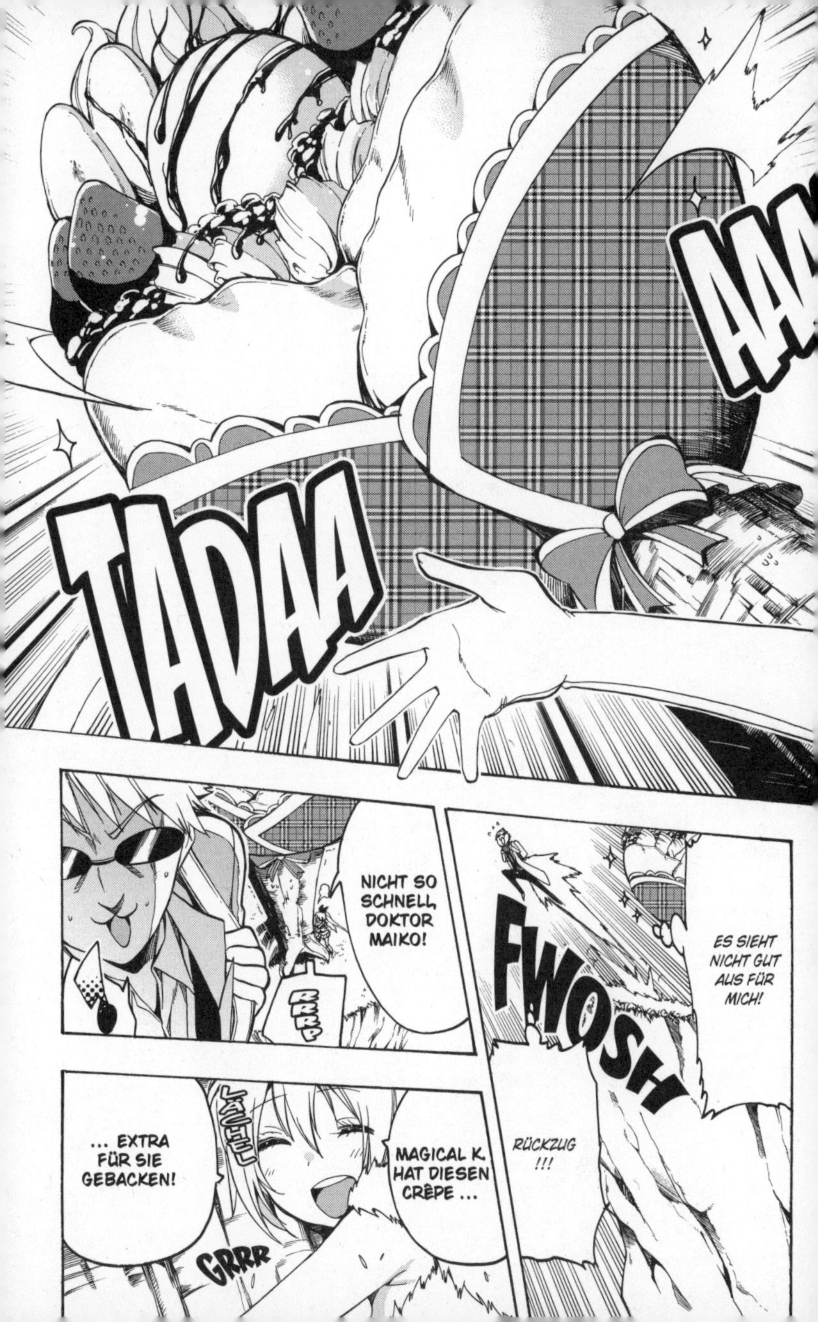
AAA
TADAA
ES SIEHT NICHT GUT AUS FÜR MICH!
FWOSH
RÜCKZUG !!!
NICHT SO SCHNELL, DOKTOR MAIKO!
RRRP
MAGICAL K. HAT DIESEN CRÊPE …
… EXTRA FÜR SIE GEBACKEN!
LÄCHEL
GRRR

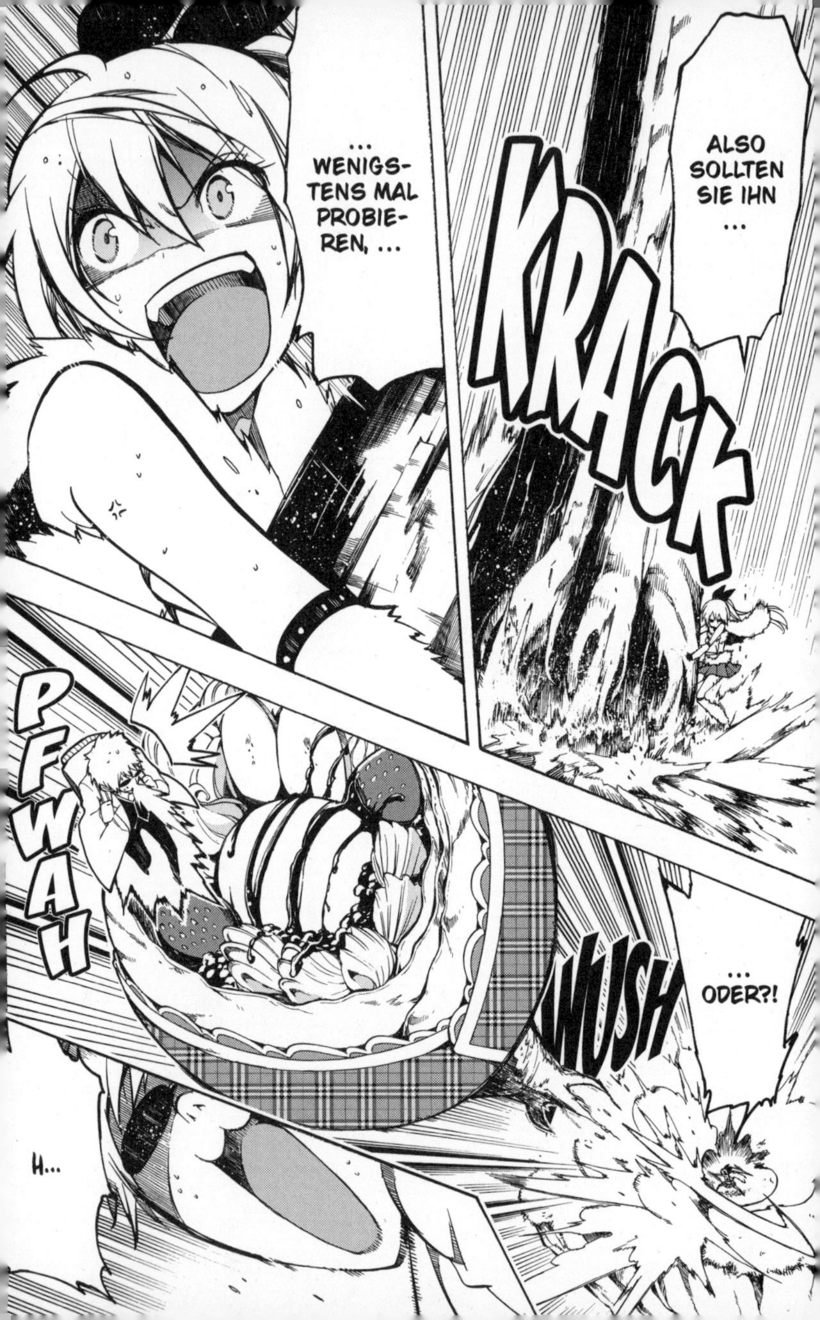
ALSO SOLLTEN SIE IHN …
KRACK
… WENIGS-TENS MAL PROBIE-REN, …
… ODER?!
WUSH
PFWAH
H…

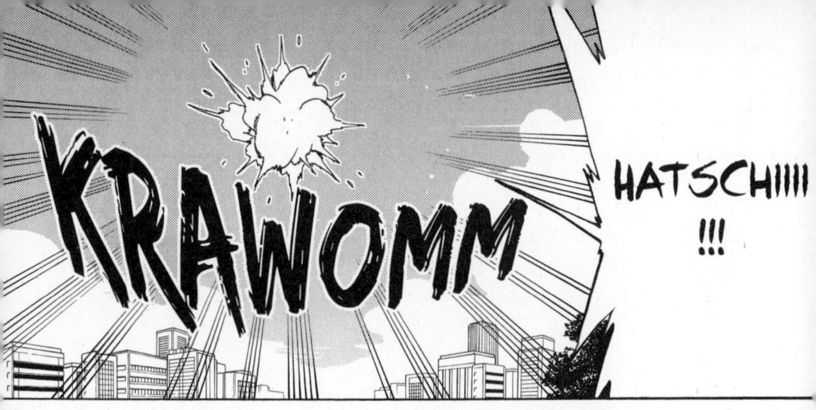
HATSCHIIII !!!
KRAWOMM

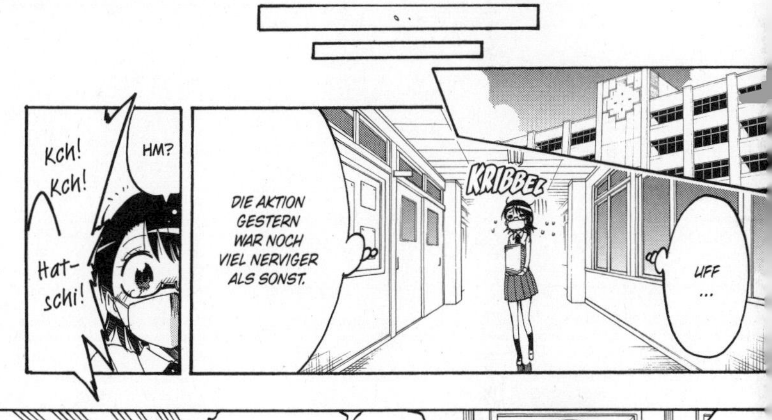
UFF ...
KRIBBEL
DIE AKTION GESTERN WAR NOCH VIEL NERVIGER ALS SONST.
HM?
Kch! Kch!
Hat-schi!

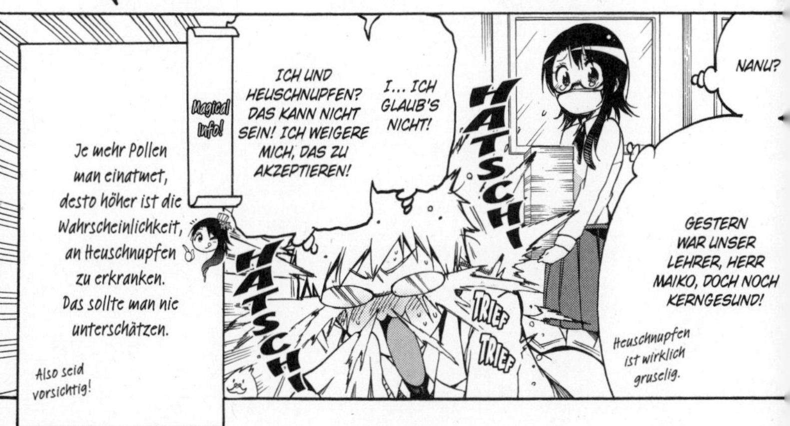
NANU?
GESTERN WAR UNSER LEHRER, HERR MAIKO, DOCH NOCH KERNGESUND!
Heuschnupfen ist wirklich gruselig.
HATSCHI
TRIEF TRIEF
HATSCHI
I... ICH GLAUB'S NICHT!
ICH UND HEUSCHNUPFEN? DAS KANN NICHT SEIN! ICH WEIGERE MICH, DAS ZU AKZEPTIEREN!
Magical Info!
Je mehr Pollen man einatmet, desto höher ist die Wahrscheinlichkeit, an Heuschnupfen zu erkranken. Das sollte man nie unterschätzen.
Also seid vorsichtig!

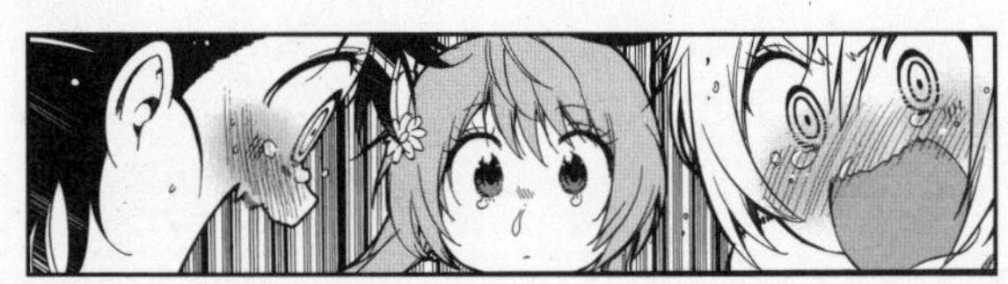

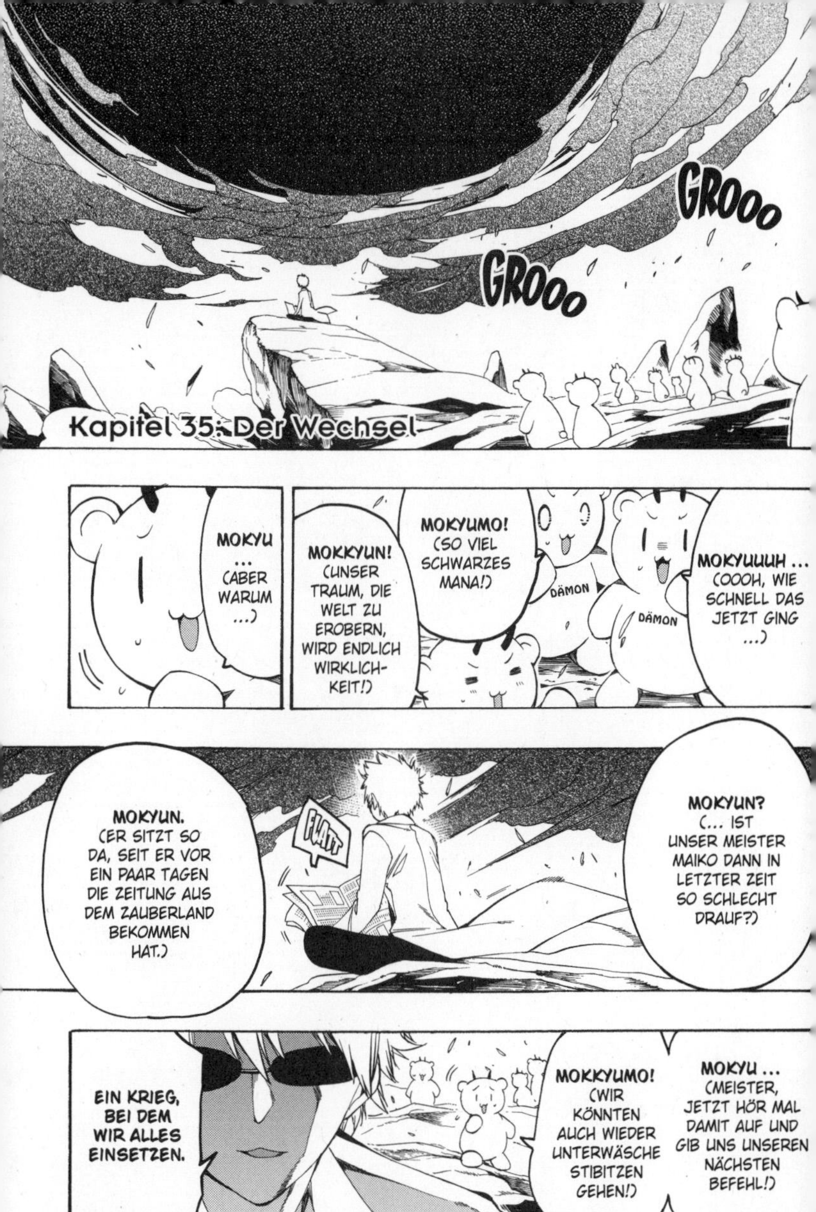

GROOO

GROOO

Kapitel 35: Der Wechsel

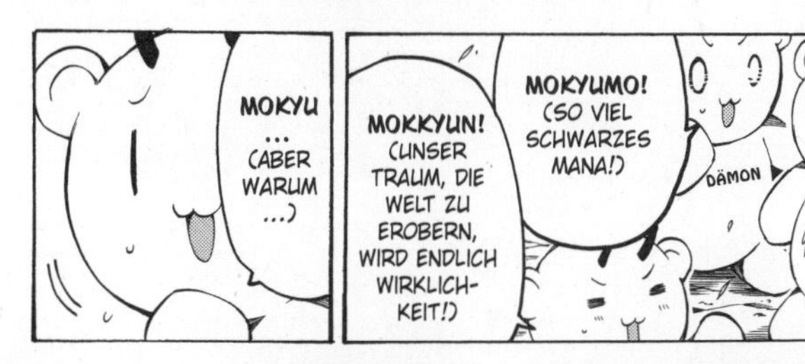

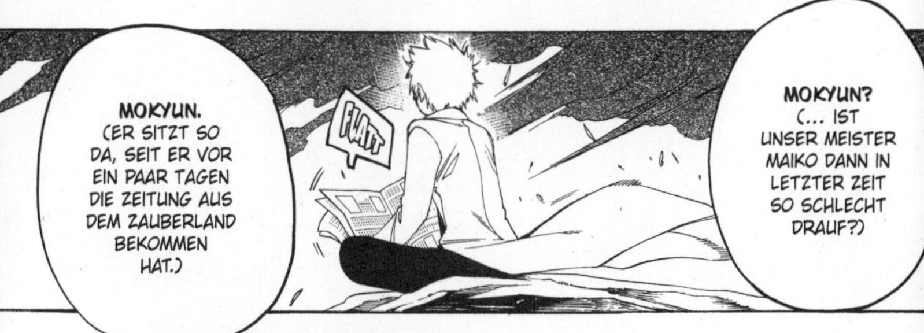

MOKYU … (MEISTER, JETZT HÖR MAL DAMIT AUF UND GIB UNS UNSEREN NÄCHSTEN BEFEHL!)

MOKKYUMO! (WIR KÖNNTEN AUCH WIEDER UNTERWÄSCHE STIBITZEN GEHEN!)

EIN KRIEG, BEI DEM WIR ALLES EINSETZEN.

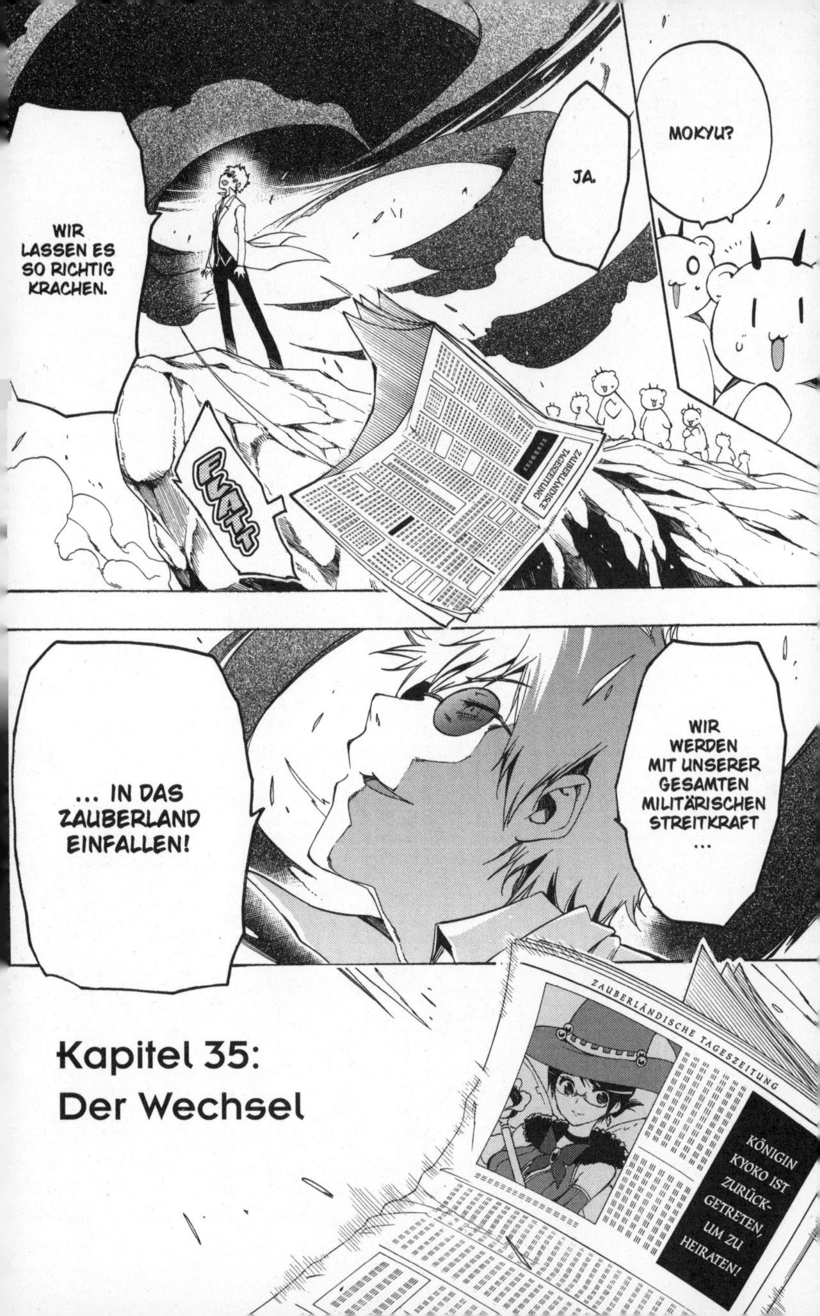

Kapitel 35: Der Wechsel

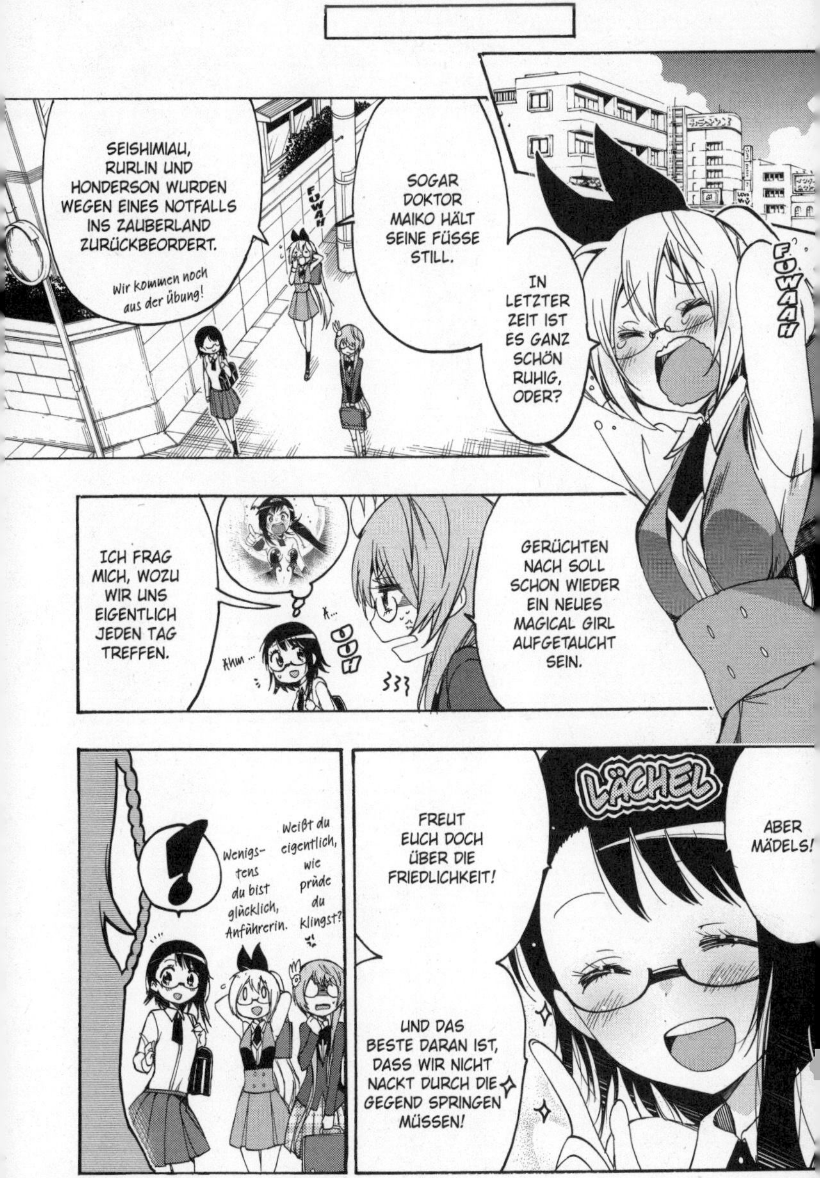

FUWAAH

IN LETZTER ZEIT IST ES GANZ SCHÖN RUHIG, ODER?

SOGAR DOKTOR MAIKO HÄLT SEINE FÜSSE STILL.

SEISHIMIAU, RURLIN UND HONDERSON WURDEN WEGEN EINES NOTFALLS INS ZAUBERLAND ZURÜCKBEORDERT.

Wir kommen noch aus der Übung!

FUWAH

GERÜCHTEN NACH SOLL SCHON WIEDER EIN NEUES MAGICAL GIRL AUFGETAUCHT SEIN.

Ä...

OOH

ICH FRAG MICH, WOZU WIR UNS EIGENTLICH JEDEN TAG TREFFEN.

Ahm ...

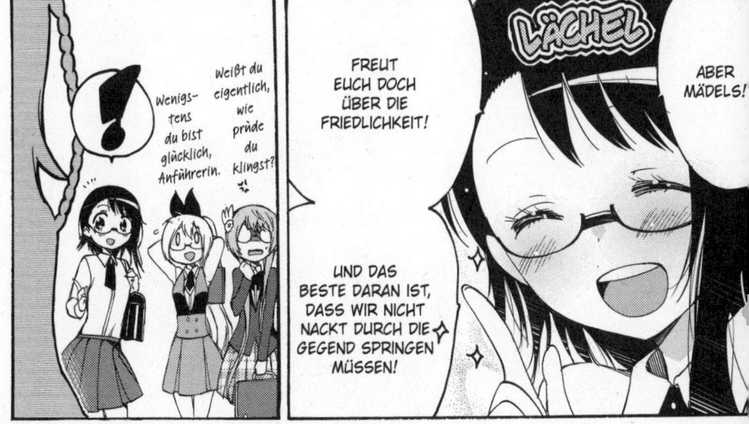

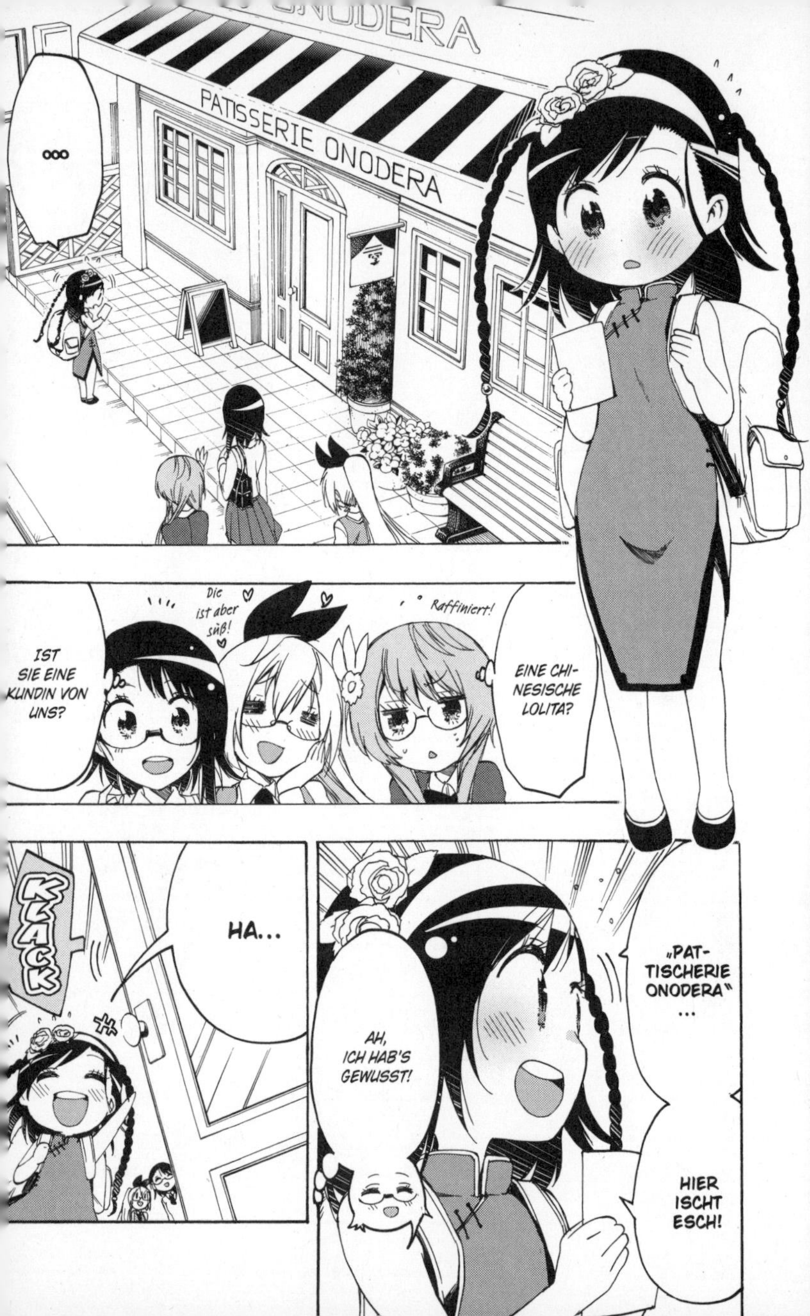

PATISSERIE ONODERA
...
Raffiniert!
EINE CHINESISCHE LOLITA?
Die ist aber süß!
IST SIE EINE KUNDIN VON UNS?
„PATTISCHERIE ONODERA“ ...
HIER ISCHT ESCH!
AH, ICH HAB'S GEWUSST!
HA...
KLACK

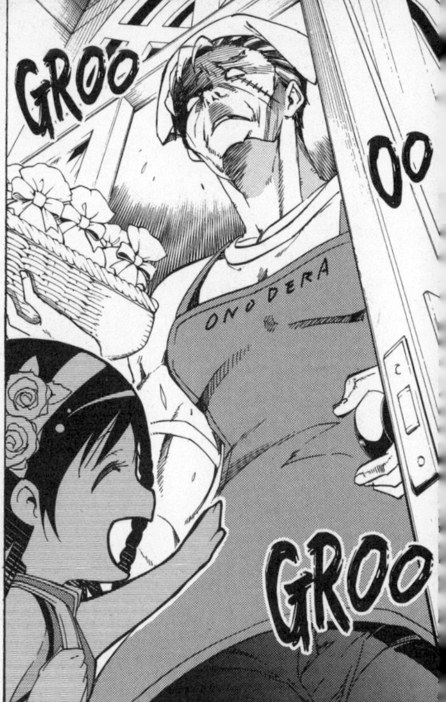
GROO
OO
ONODERA
GROO

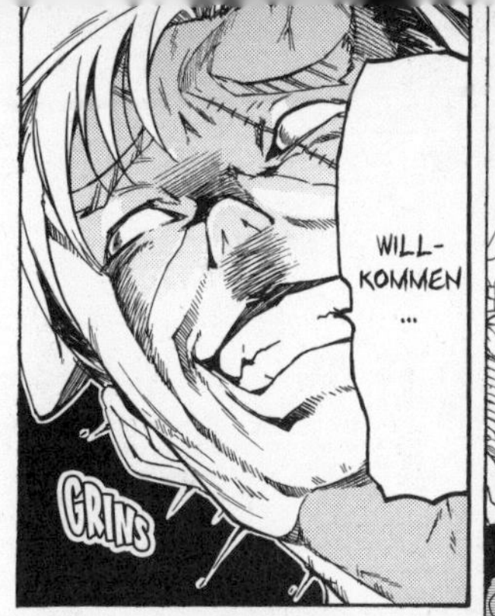
WILL-
KOMMEN
...
GRINS

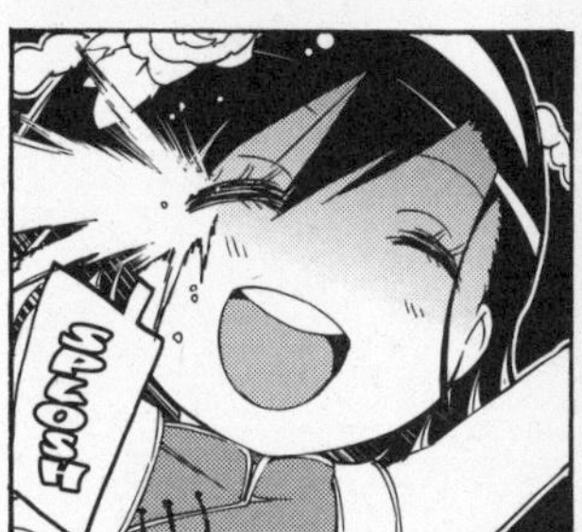

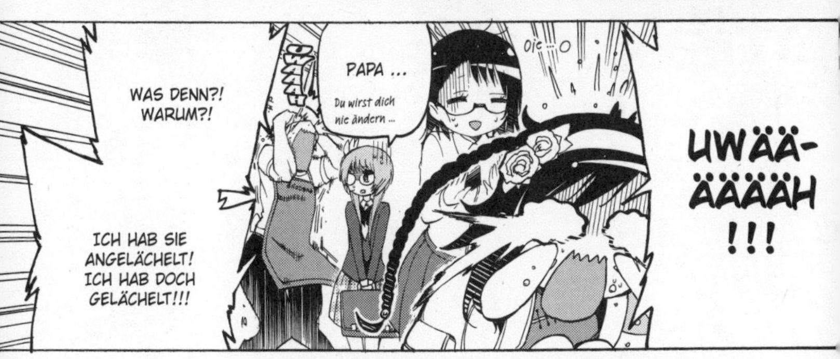
UWÄÄ-
ÄÄÄÄH
!!!
Oje ...
PAPA ...
Du wirst dich
nie ändern ...
WAS DENN?!
WARUM?!
ICH HAB SIE
ANGELÄCHELT!
ICH HAB DOCH
GELÄCHELT!!!

Kosaki

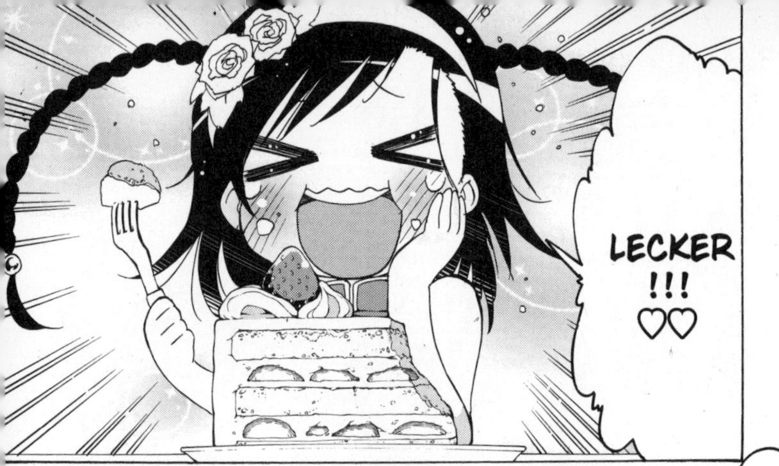
LECKER !!! ♡♡

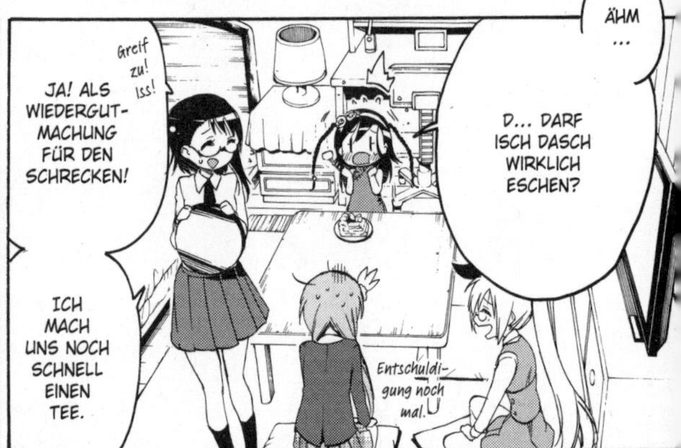
ÄHM ...
D... DARF ISCH DASCH WIRKLICH ESCHEN?
JA! ALS WIEDERGUT-MACHUNG FÜR DEN SCHRECKEN!
Greif zu! Iss!
Entschuldi-gung noch mal.
ICH MACH UNS NOCH SCHNELL EINEN TEE.

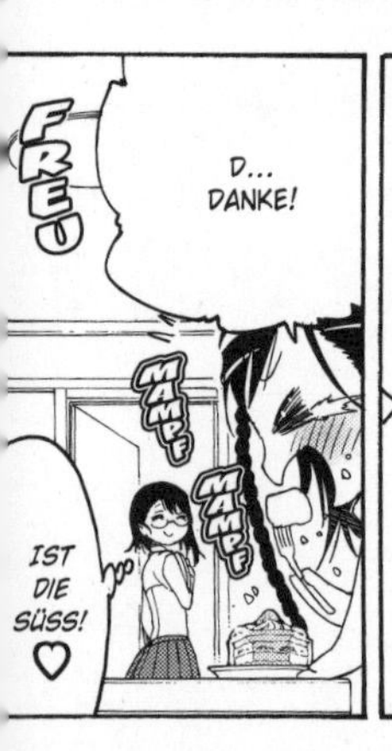
D... DANKE!
FREU
MAMPF
MAMPF
IST DIE SÜSS! ♡

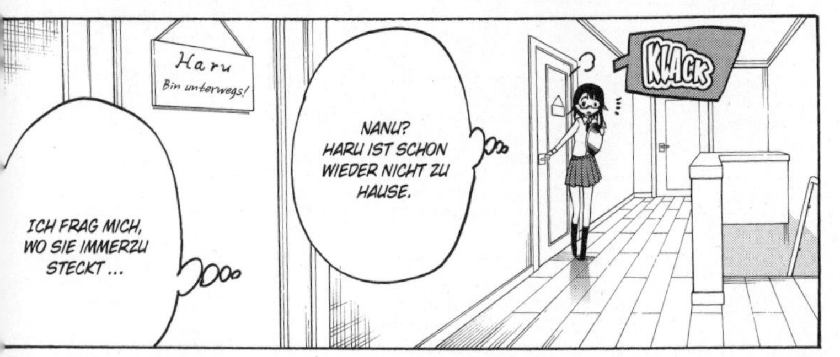
KLACK
Haru
Bin unterwegs!
NANU? HARU IST SCHON WIEDER NICHT ZU HAUSE.
ICH FRAG MICH, WO SIE IMMERZU STECKT ...

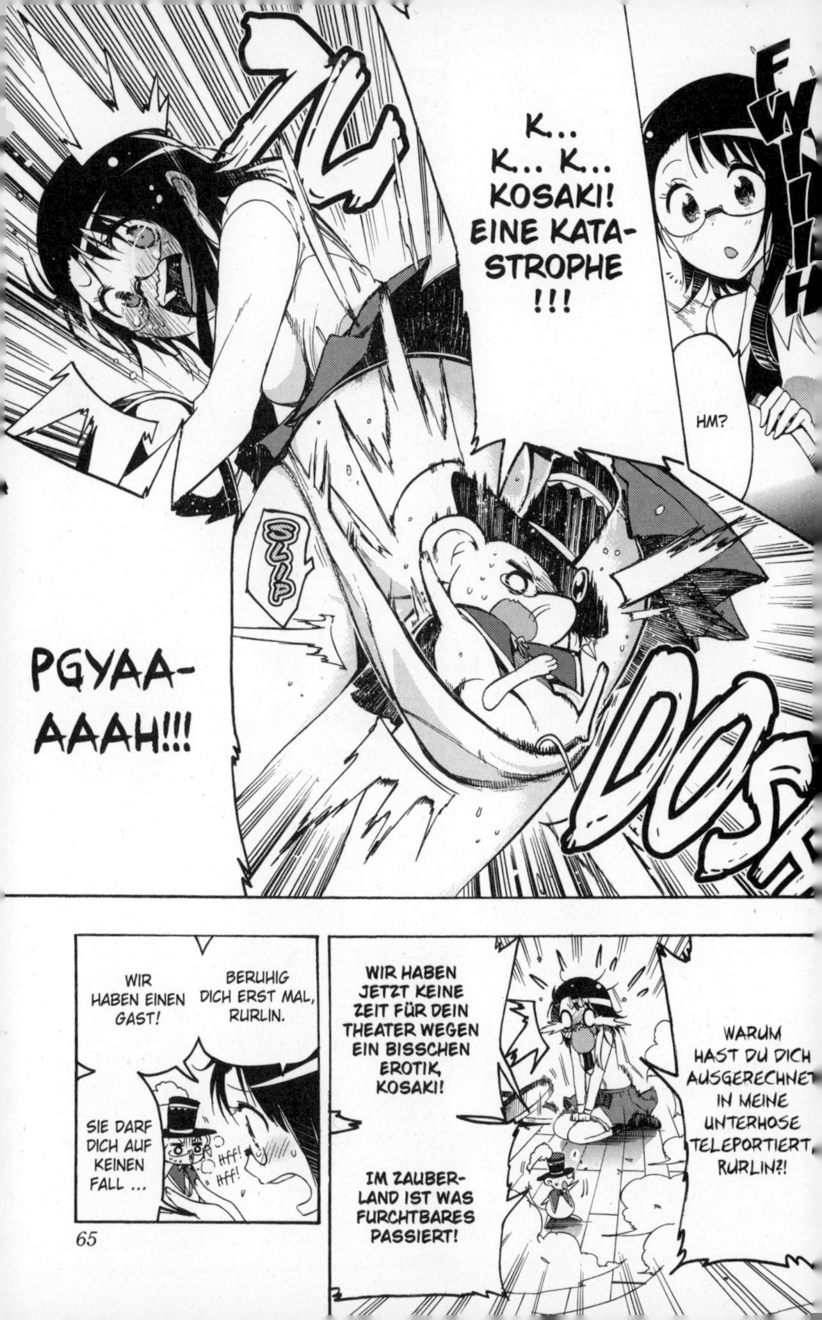

FWIIH
HM?
K... K... K... KOSAKI! EINE KATASTROPHE!!!
SLIP
DOSH
PGYAAAAAH!!!

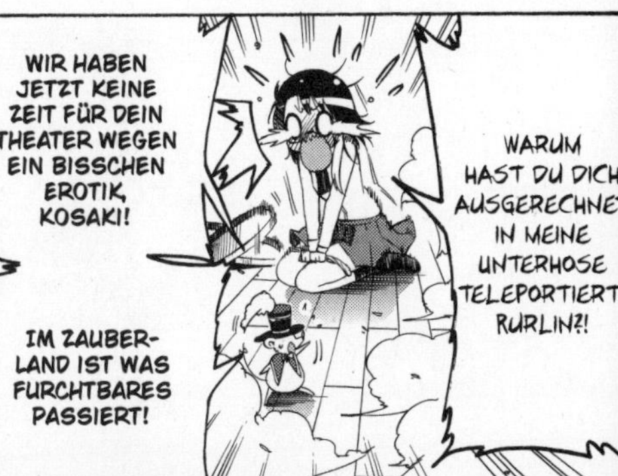

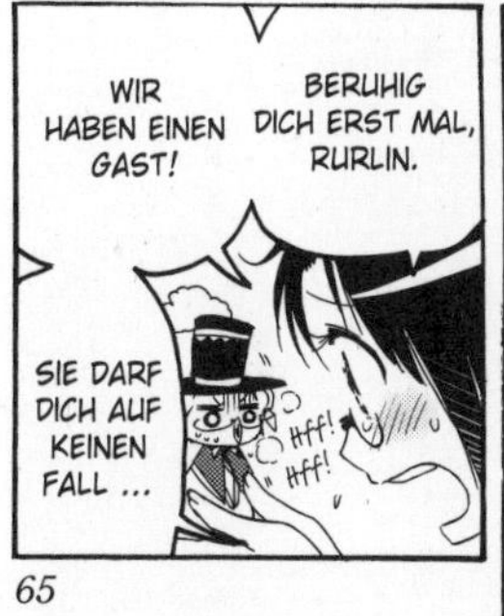

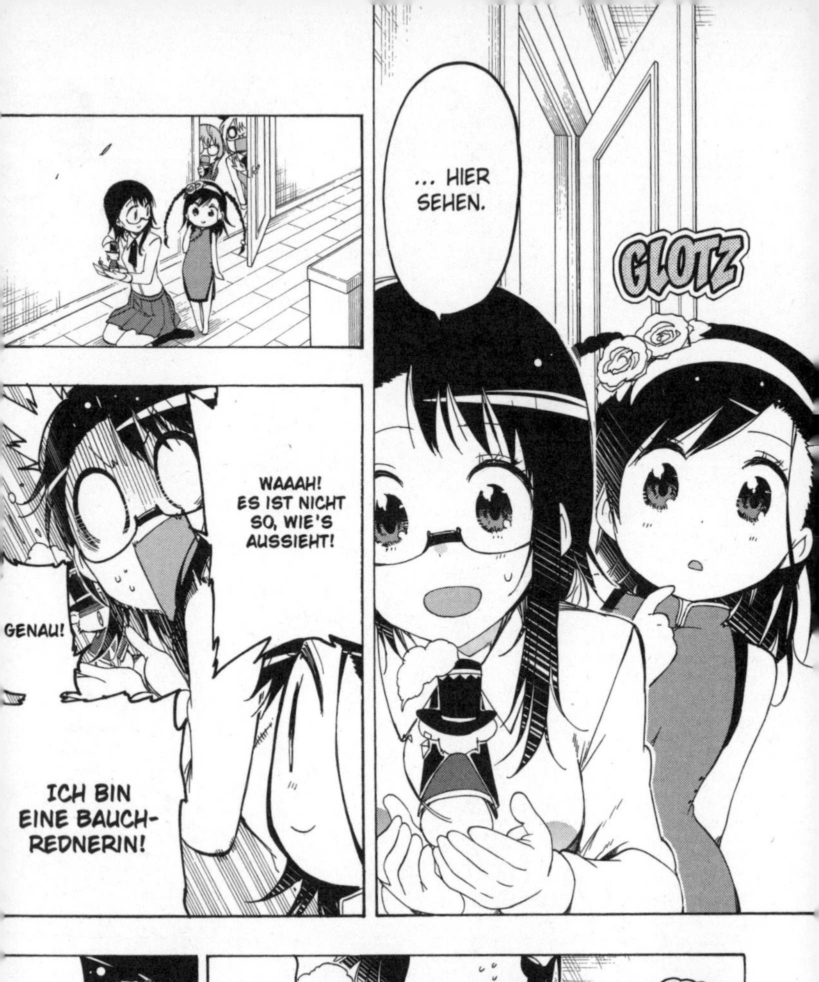

... HIER SEHEN.

GLOTZ

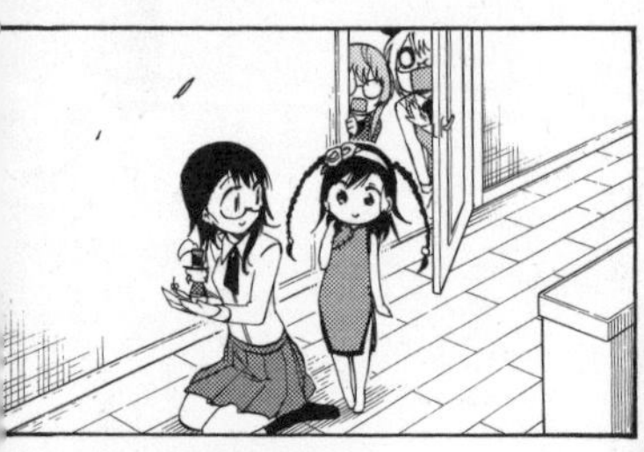

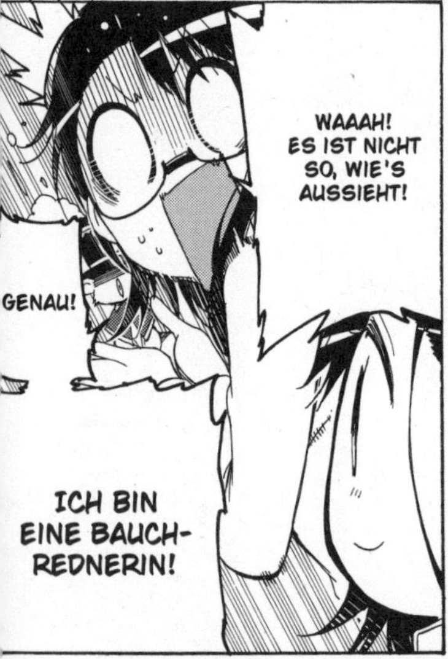

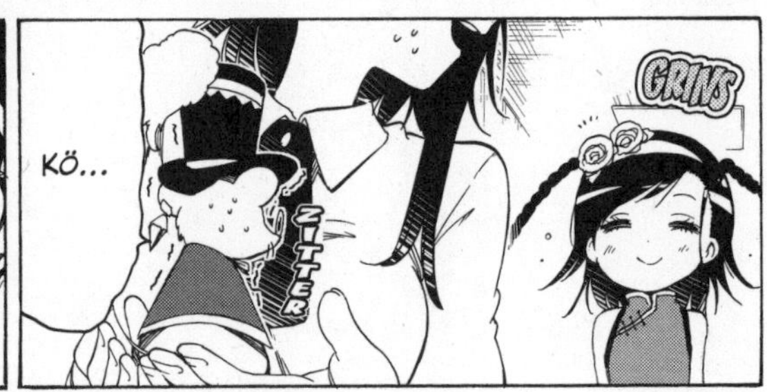

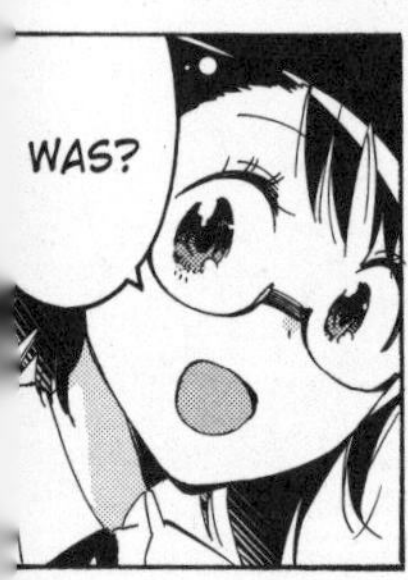

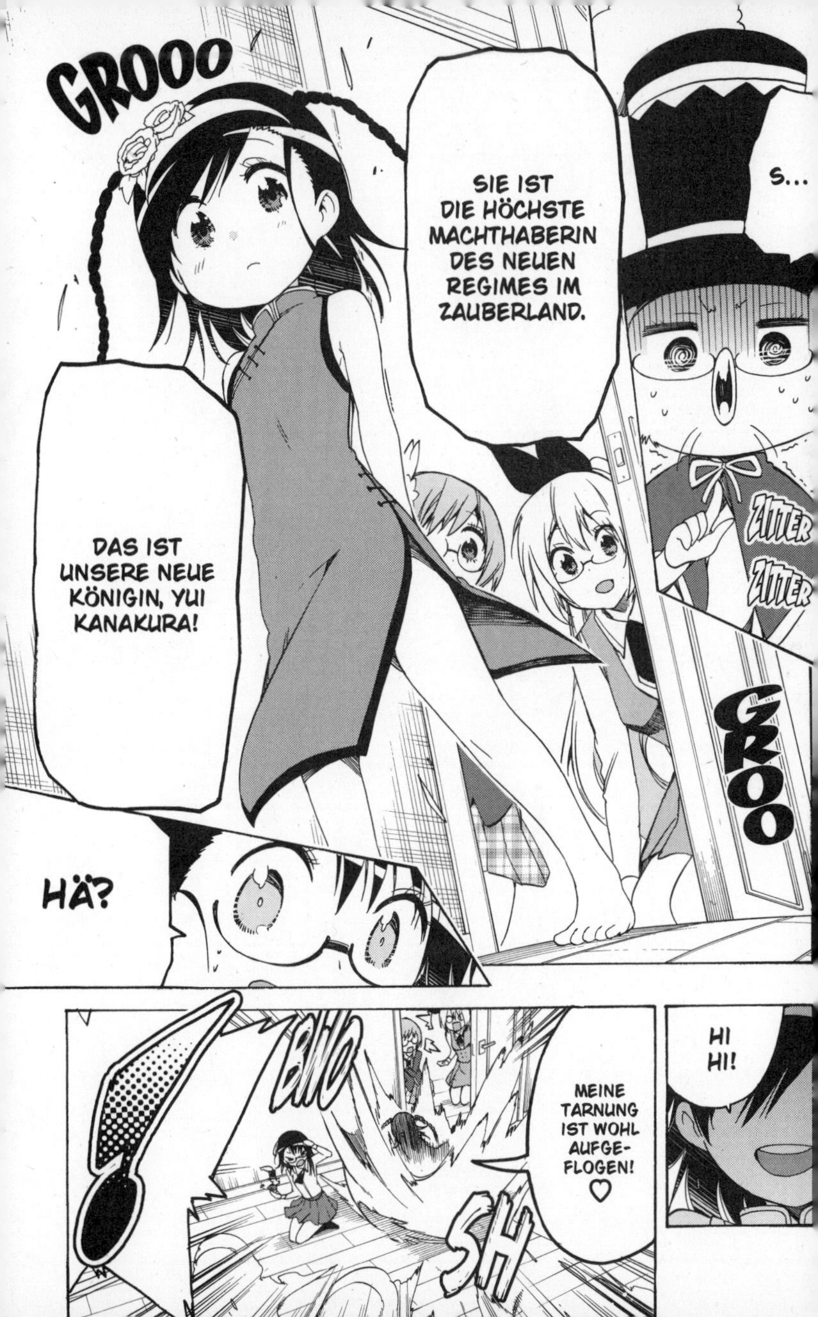
GROOO
S...
SIE IST DIE HÖCHSTE MACHTHABERIN DES NEUEN REGIMES IM ZAUBERLAND.
DAS IST UNSERE NEUE KÖNIGIN, YUI KANAKURA!
ZITTER
ZITTER
GROO
HÄ?
HI HI!
MEINE TARNUNG IST WOHL AUFGE-FLOGEN! ♡
SH

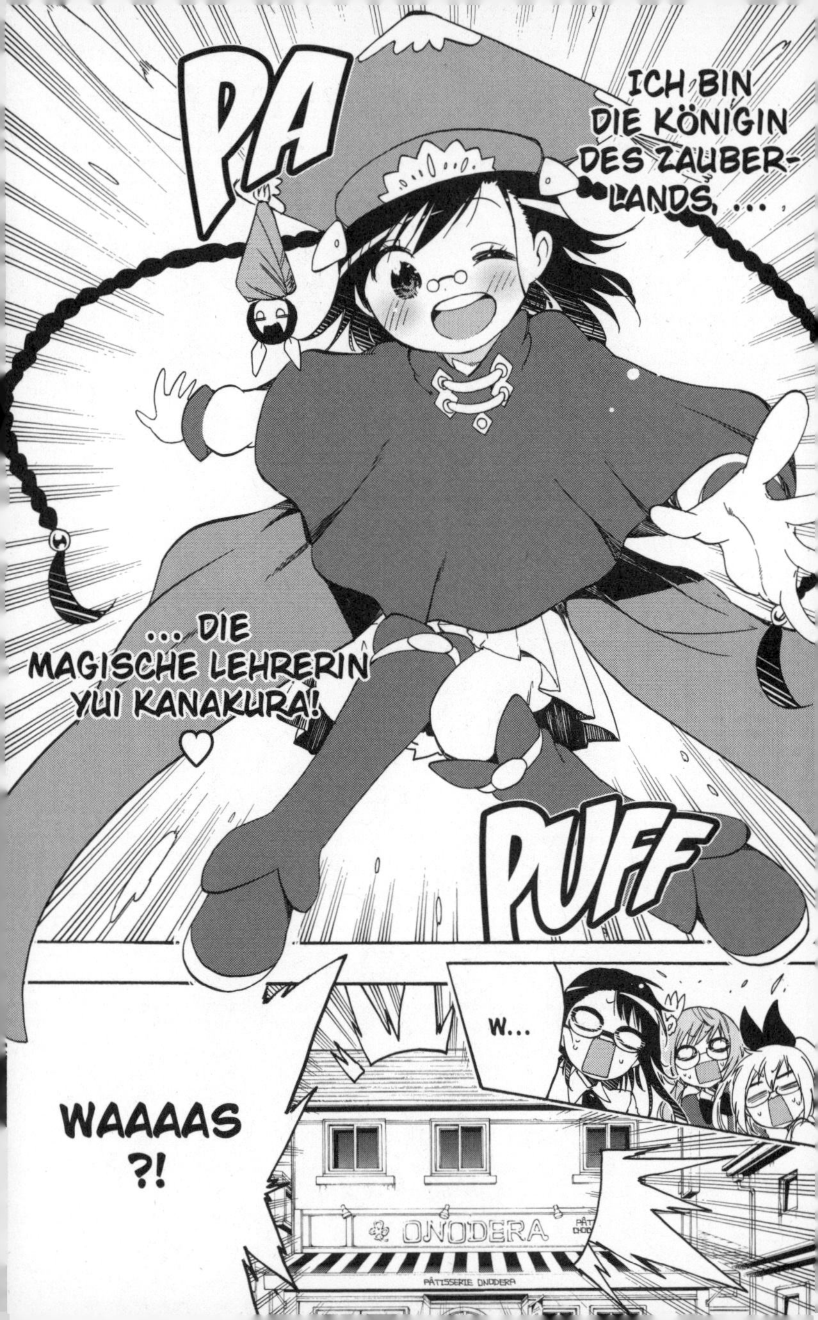
PA
ICH BIN DIE KÖNIGIN DES ZAUBER-LANDS, ...
... DIE MAGISCHE LEHRERIN YUI KANAKURA! ♡
PUFF
W...
WAAAAS ?!
ONODERA
PÂTISSERIE ONODERA

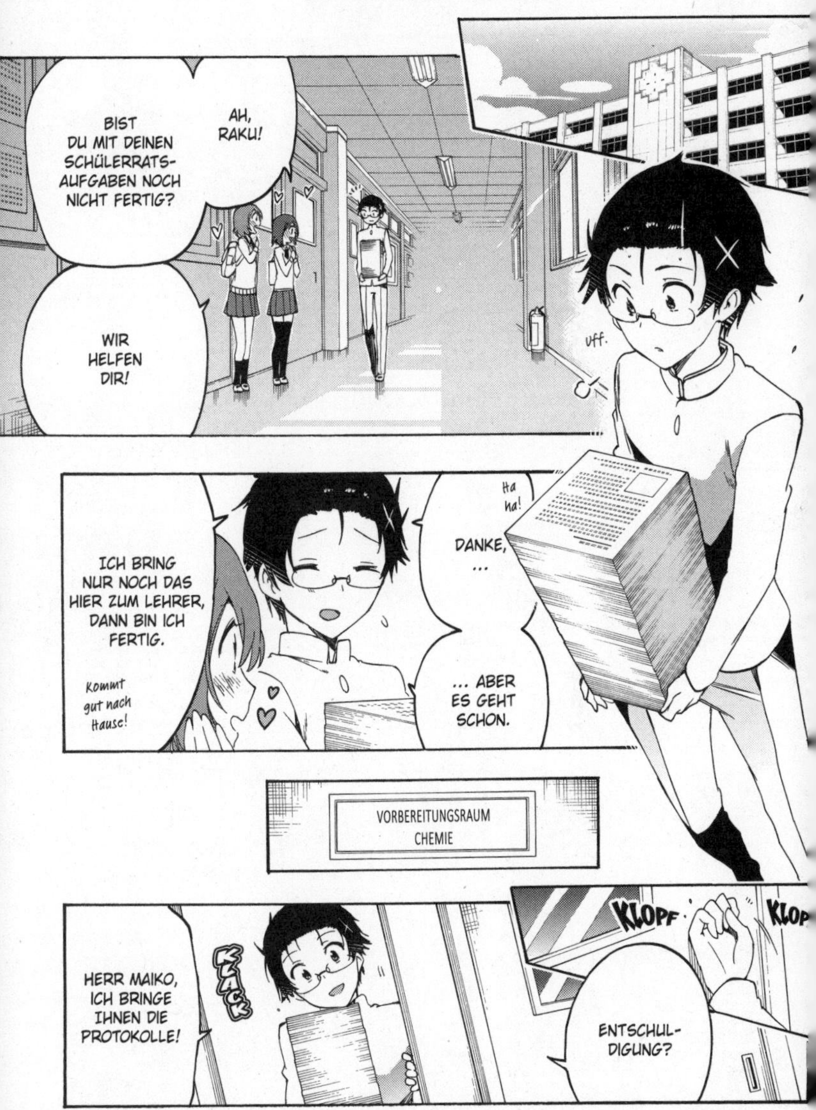
AH, RAKU!
BIST DU MIT DEINEN SCHÜLERRATS-AUFGABEN NOCH NICHT FERTIG?
WIR HELFEN DIR!
Uff.
Ha ha!
DANKE, ...
... ABER ES GEHT SCHON.
ICH BRING NUR NOCH DAS HIER ZUM LEHRER, DANN BIN ICH FERTIG.
Kommt gut nach Hause!
VORBEREITUNGSRAUM CHEMIE
KLOPF KLOP
ENTSCHUL-DIGUNG?
KLACK
HERR MAIKO, ICH BRINGE IHNEN DIE PROTOKOLLE!

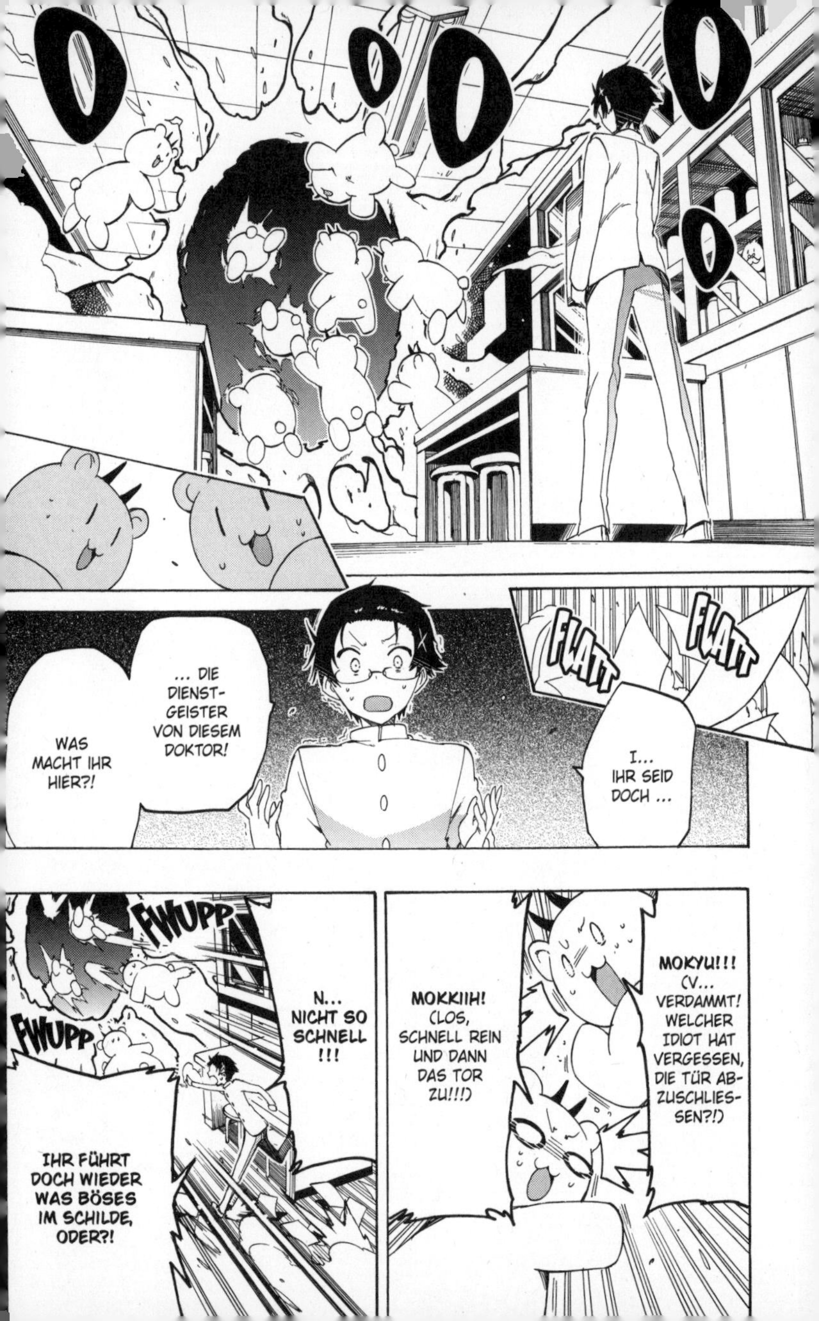

FLATT
FLATT
I... IHR SEID DOCH ...
... DIE DIENST-GEISTER VON DIESEM DOKTOR!
WAS MACHT IHR HIER?!
MOKYU!!! (V... VERDAMMT! WELCHER IDIOT HAT VERGESSEN, DIE TÜR ABZUSCHLIES-SEN?!)
MOKKIIH! (LOS, SCHNELL REIN UND DANN DAS TOR ZU!!!)
N... NICHT SO SCHNELL !!!
FWUPP
FWUPP
IHR FÜHRT DOCH WIEDER WAS BÖSES IM SCHILDE, ODER?!

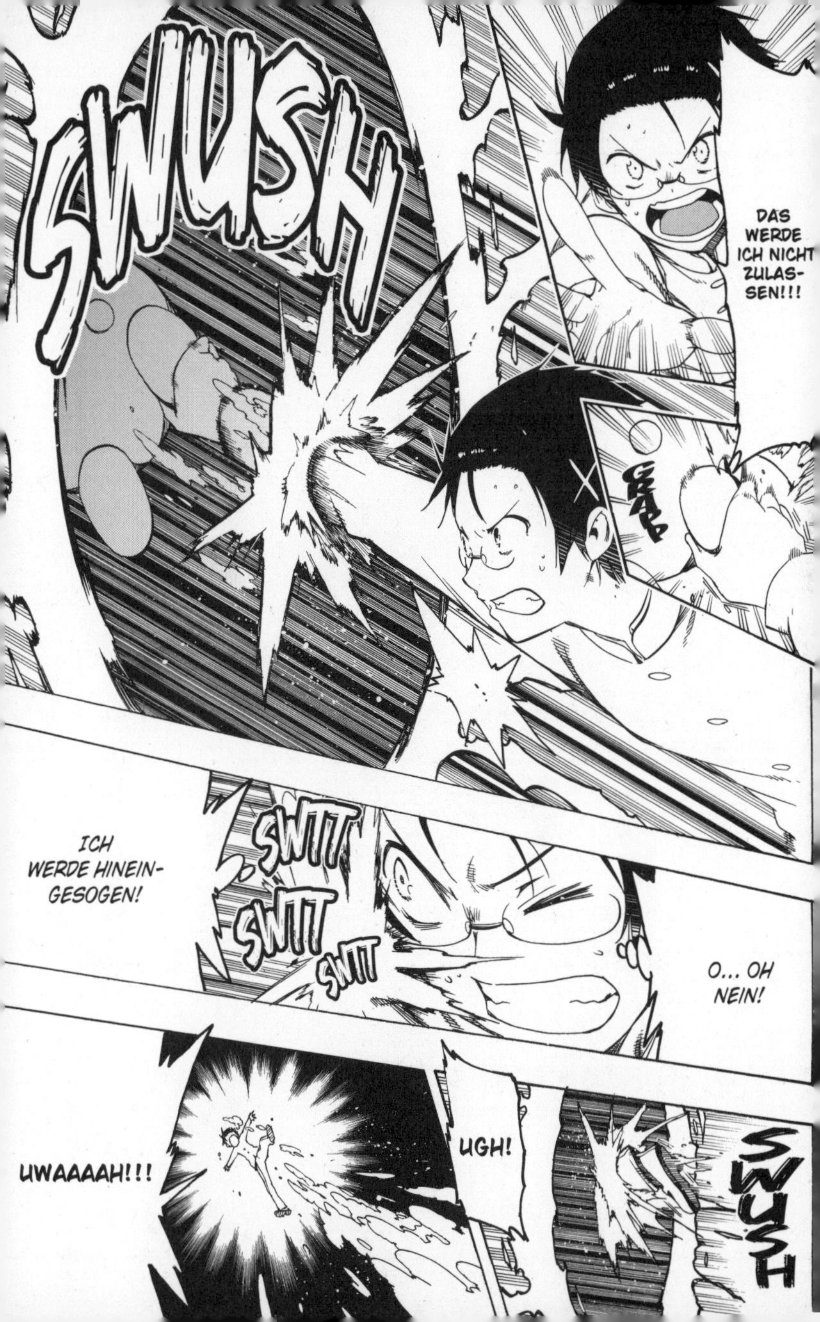
DAS WERDE ICH NICHT ZULAS-SEN!!!
GRAB
SWUSH
O... OH NEIN!
SWTT
SWTT
SWTT
ICH WERDE HINEIN-GESOGEN!
SWUSH
UGH!
UWAAAAH!!!

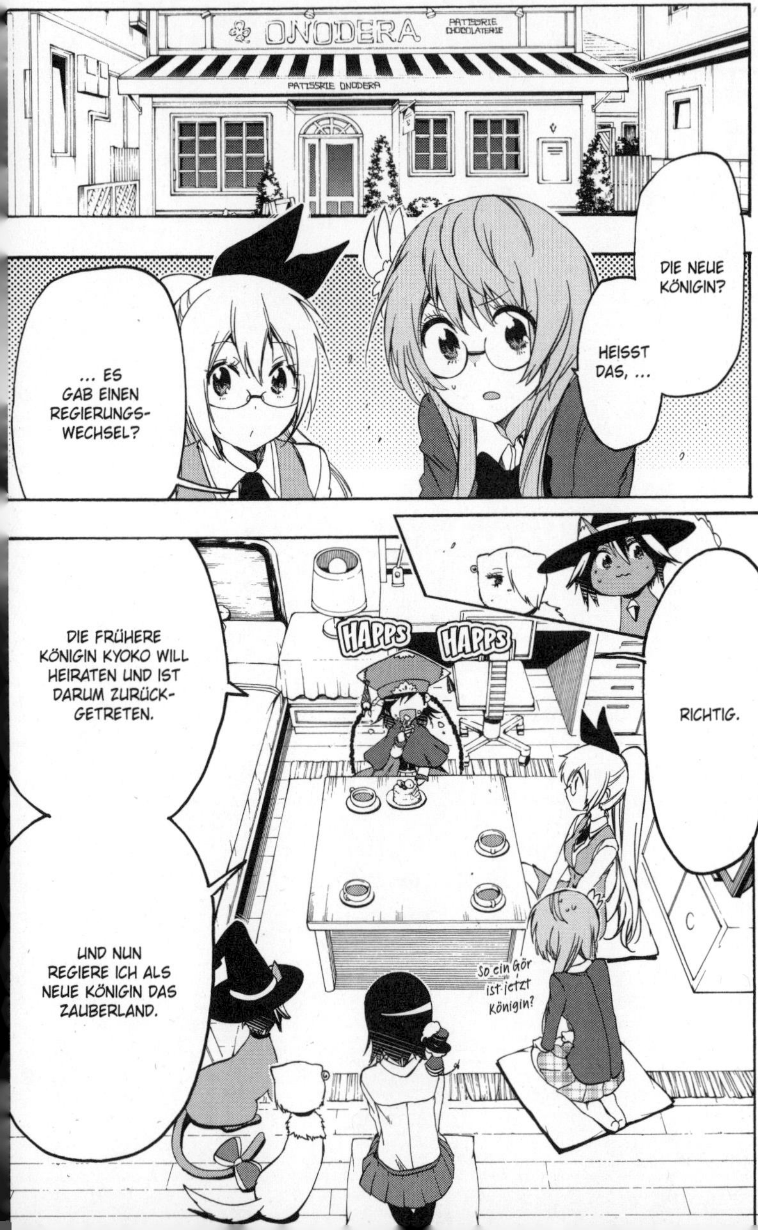

ONODERA PATISSRIE CHOCOLATERIE

PATISSRIE ONODERA

DIE NEUE KÖNIGIN?

HEISST DAS, ...

... ES GAB EINEN REGIERUNGS-WECHSEL?

RICHTIG.

HAPPS HAPPS

DIE FRÜHERE KÖNIGIN KYOKO WILL HEIRATEN UND IST DARUM ZURÜCK-GETRETEN.

UND NUN REGIERE ICH ALS NEUE KÖNIGIN DAS ZAUBERLAND.

So ein Gör ist jetzt Königin?

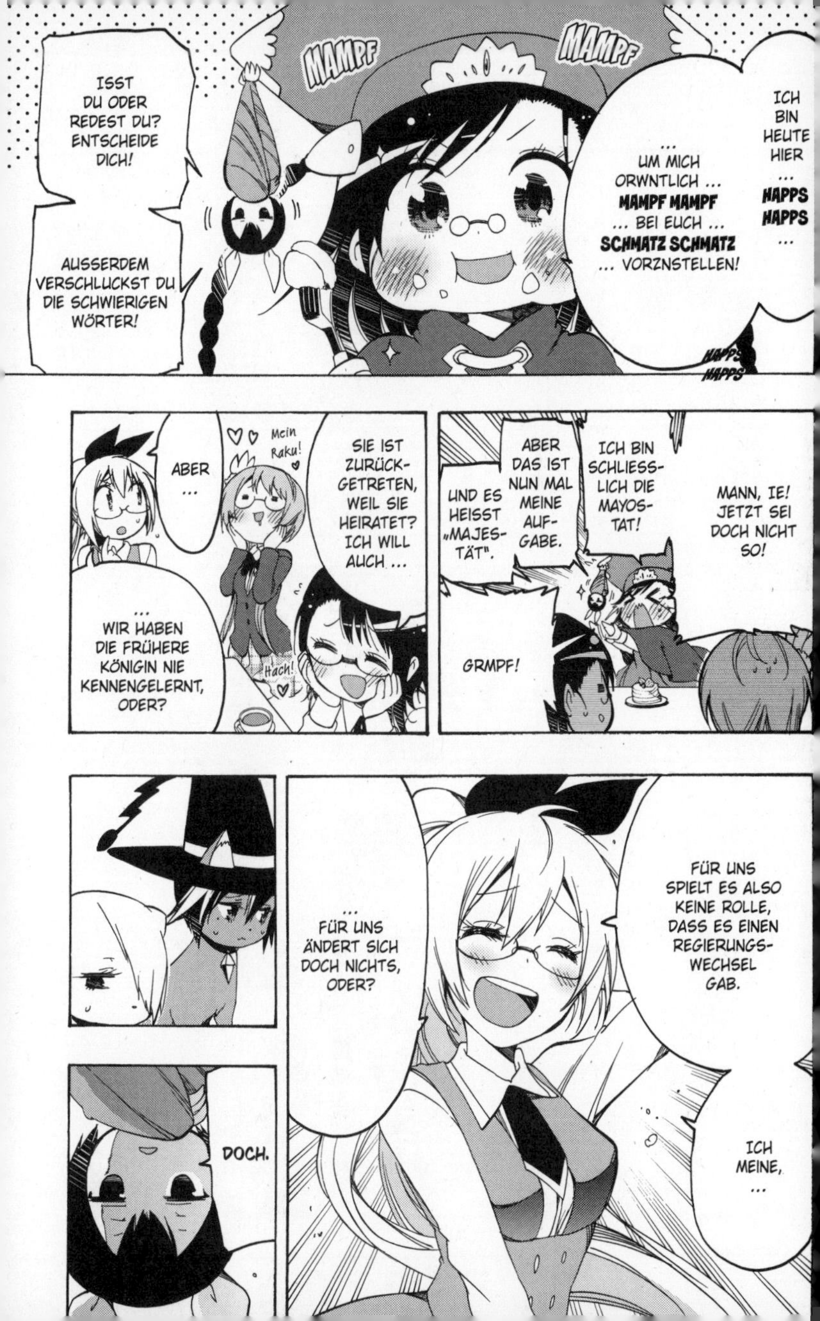

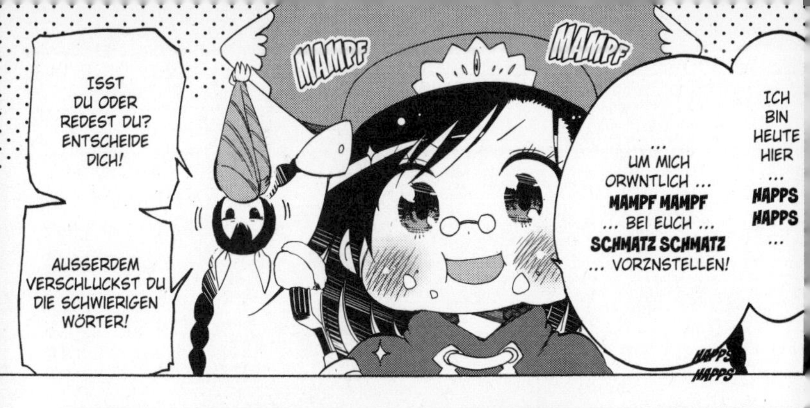
ICH BIN HEUTE HIER ... HAPPS HAPPS ...
... UM MICH ORWNTLICH ... MAMPF MAMPF ... BEI EUCH ... SCHMATZ SCHMATZ ... VORZNSTELLEN!
MAMPF
MAMPF
ISST DU ODER REDEST DU? ENTSCHEIDE DICH!
AUSSERDEM VERSCHLUCKST DU DIE SCHWIERIGEN WÖRTER!
HAPPS HAPPS

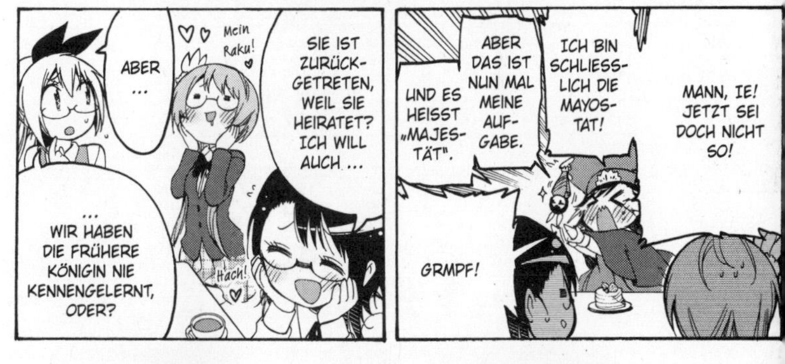
MANN, IE! JETZT SEI DOCH NICHT SO!
ICH BIN SCHLIESS-LICH DIE MAYOS-TAT!
ABER DAS IST NUN MAL MEINE AUF-GABE.
UND ES HEISST „MAJES-TÄT“.
GRMPF!
SIE IST ZURÜCK-GETRETEN, WEIL SIE HEIRATET? ICH WILL AUCH ...
Mein Raku!
Hach!
ABER ...
... WIR HABEN DIE FRÜHERE KÖNIGIN NIE KENNENGELERNT, ODER?

FÜR UNS SPIELT ES ALSO KEINE ROLLE, DASS ES EINEN REGIERUNGS-WECHSEL GAB.
ICH MEINE, ...
... FÜR UNS ÄNDERT SICH DOCH NICHTS, ODER?
DOCH.

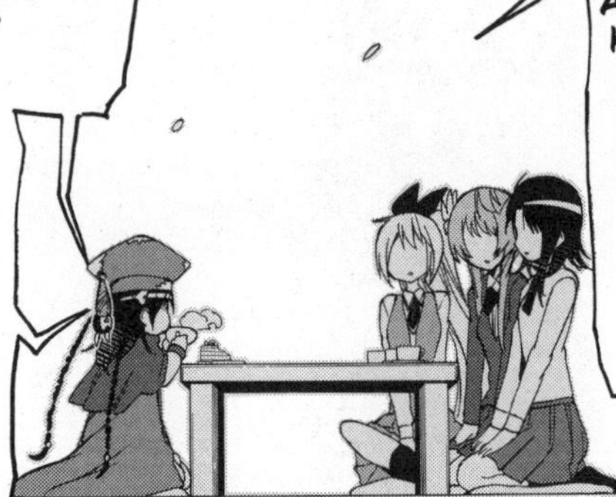
WENN DIE AMTSZEIT EINER KÖNIGIN ENDET, VERLIEREN DIE VERTRÄGE DER MAGICAL GIRLS IHRE GÜLTIGKEIT.
ES IST GESETZ, DASS MIT DER GRÜNDUNG ...
... EINES NEUEN REGIMES AUCH ALLE, DIE IN VERBINDUNG MIT DER ALTEN REGIERUNG STANDEN, AUSGETAUSCHT WERDEN.

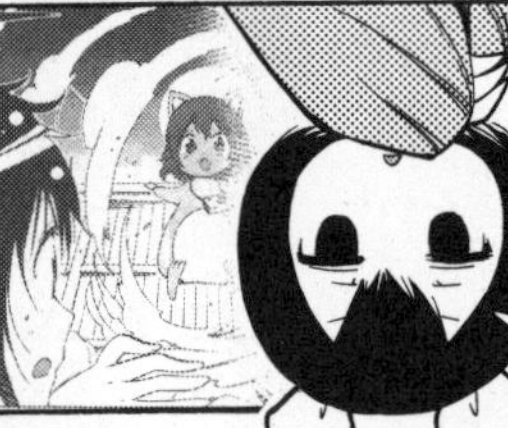
UND ...

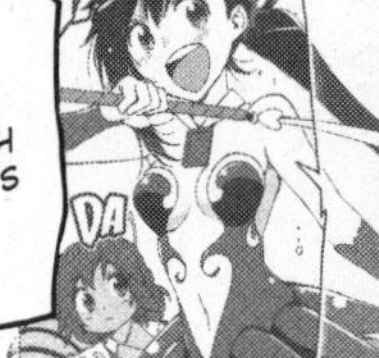
... DER AUSTAUSCH IST BEREITS ...
... KOMPLETT ABGESCHLOSSEN.
DA

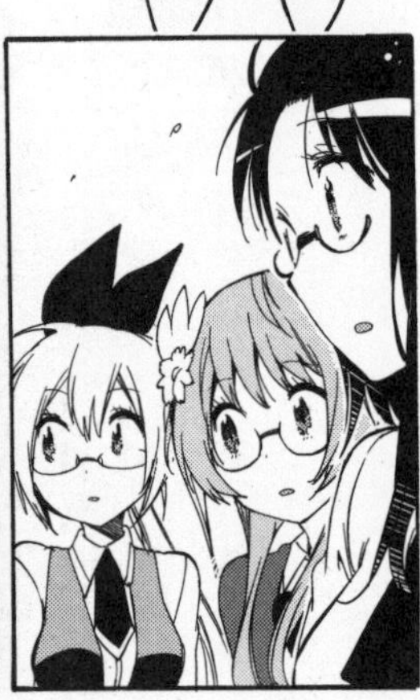

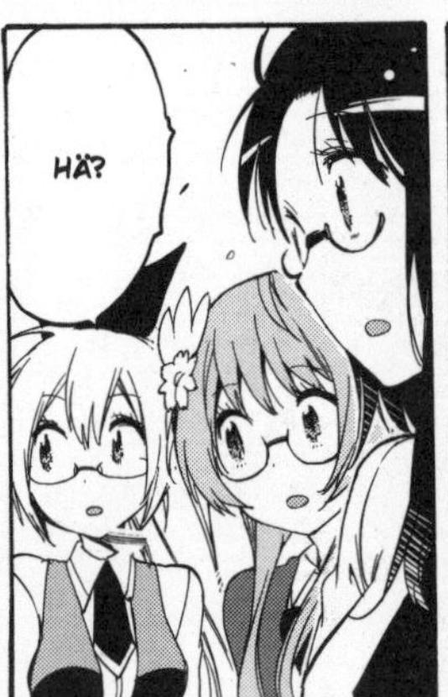
HÄ?

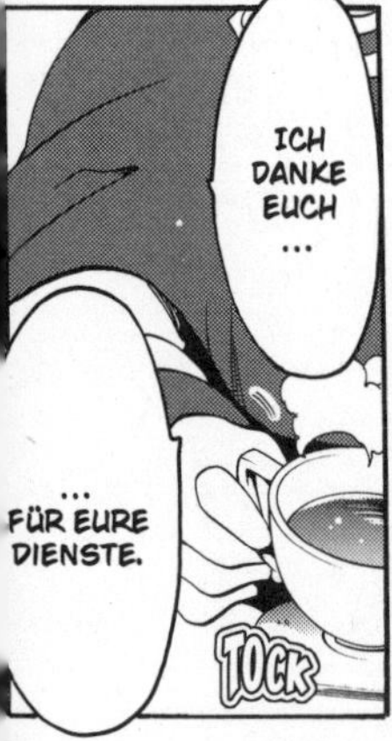
ICH DANKE EUCH ...
... FÜR EURE DIENSTE.
TOCK

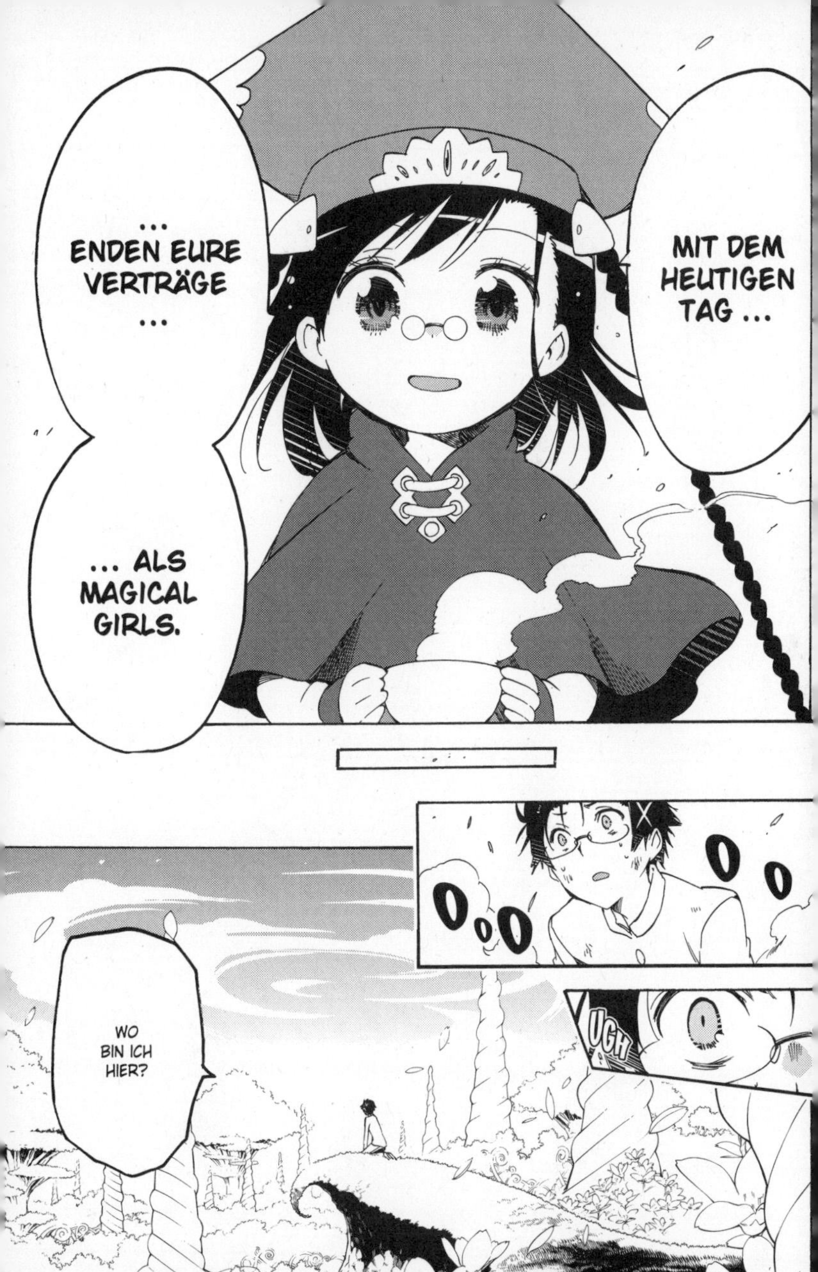

MIT DEM HEUTIGEN TAG …
… ENDEN EURE VERTRÄGE …
… ALS MAGICAL GIRLS.
UGH
WO BIN ICH HIER?

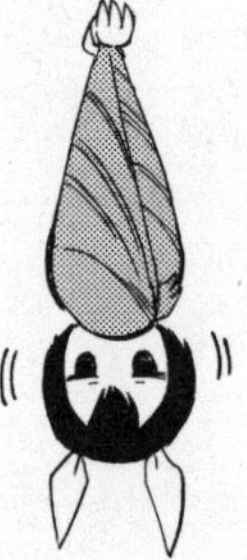

Kapitel 36: Der Krieg beginnt

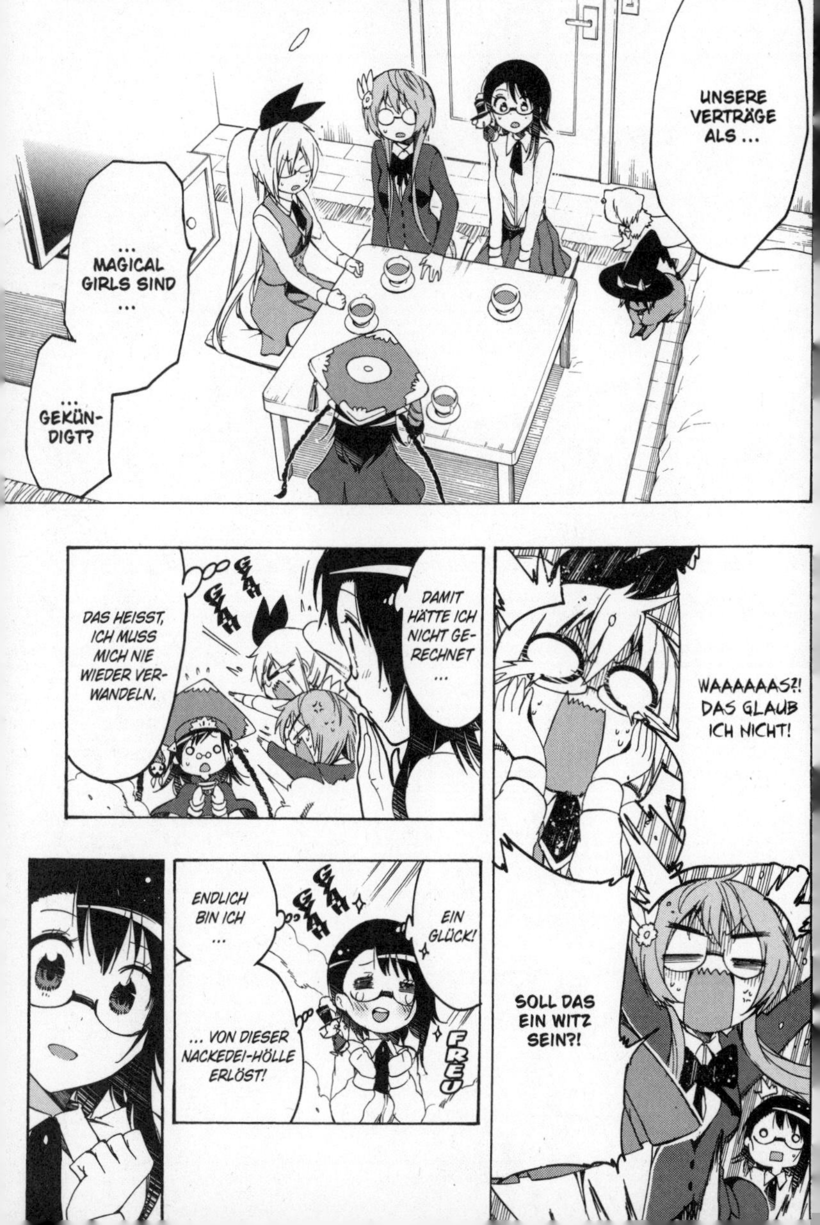

UNSERE VERTRÄGE ALS ...

... MAGICAL GIRLS SIND ...

... GEKÜNDIGT?

WAAAAAAS?! DAS GLAUB ICH NICHT!

DAMIT HÄTTE ICH NICHT GERECHNET ...

GAH GAH

DAS HEISST, ICH MUSS MICH NIE WIEDER VERWANDELN.

SOLL DAS EIN WITZ SEIN?!

EIN GLÜCK!

GAH GAH

ENDLICH BIN ICH ...

... VON DIESER NACKEDEI-HÖLLE ERLÖST!

FREI

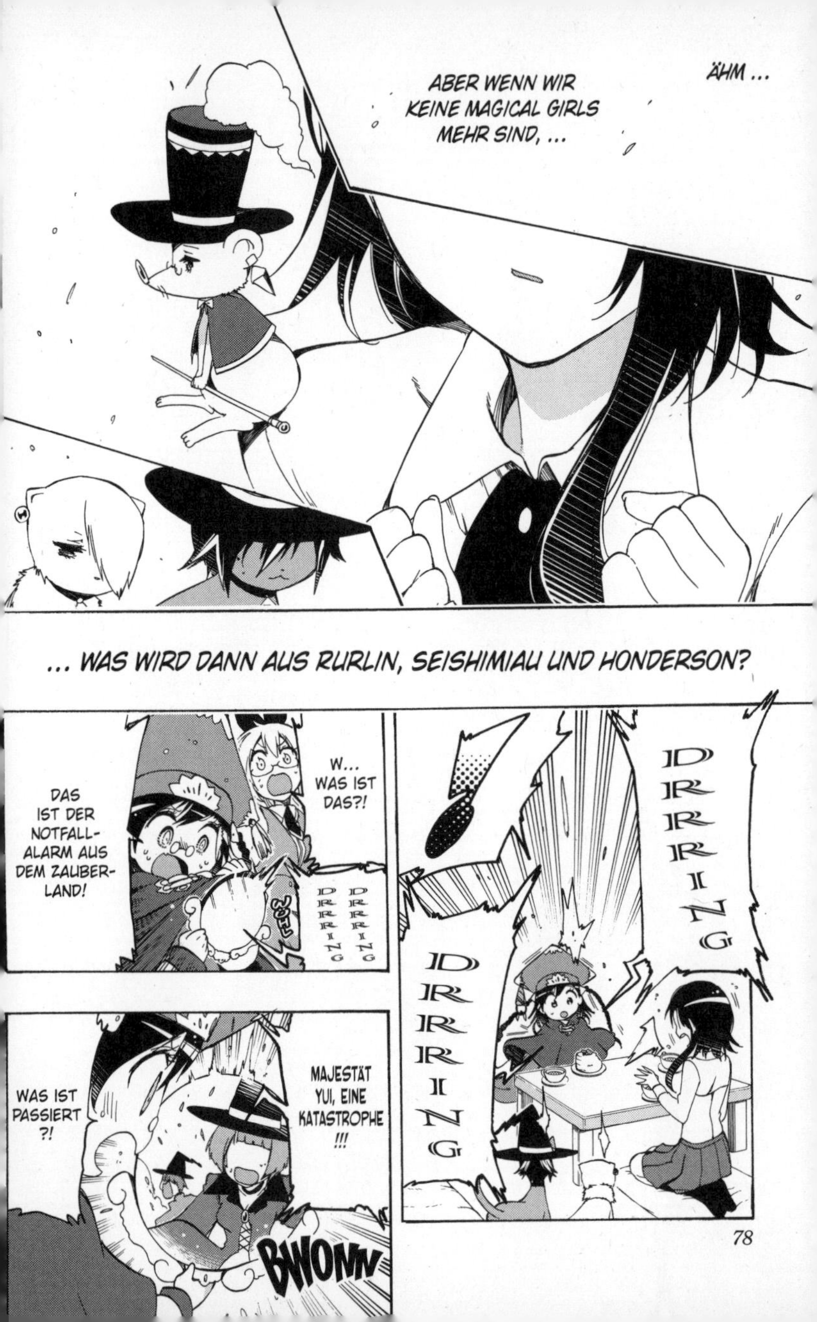

ÄHM ...

ABER WENN WIR KEINE MAGICAL GIRLS MEHR SIND, ...

... WAS WIRD DANN AUS RURLIN, SEISHIMIAU UND HONDERSON?

DRRRING

DRRRING

W... WAS IST DAS?!

DAS IST DER NOTFALL-ALARM AUS DEM ZAUBERLAND!

DRRRING DRRRING

MAJESTÄT YUI, EINE KATASTROPHE!!!

WAS IST PASSIERT?!

BWONN

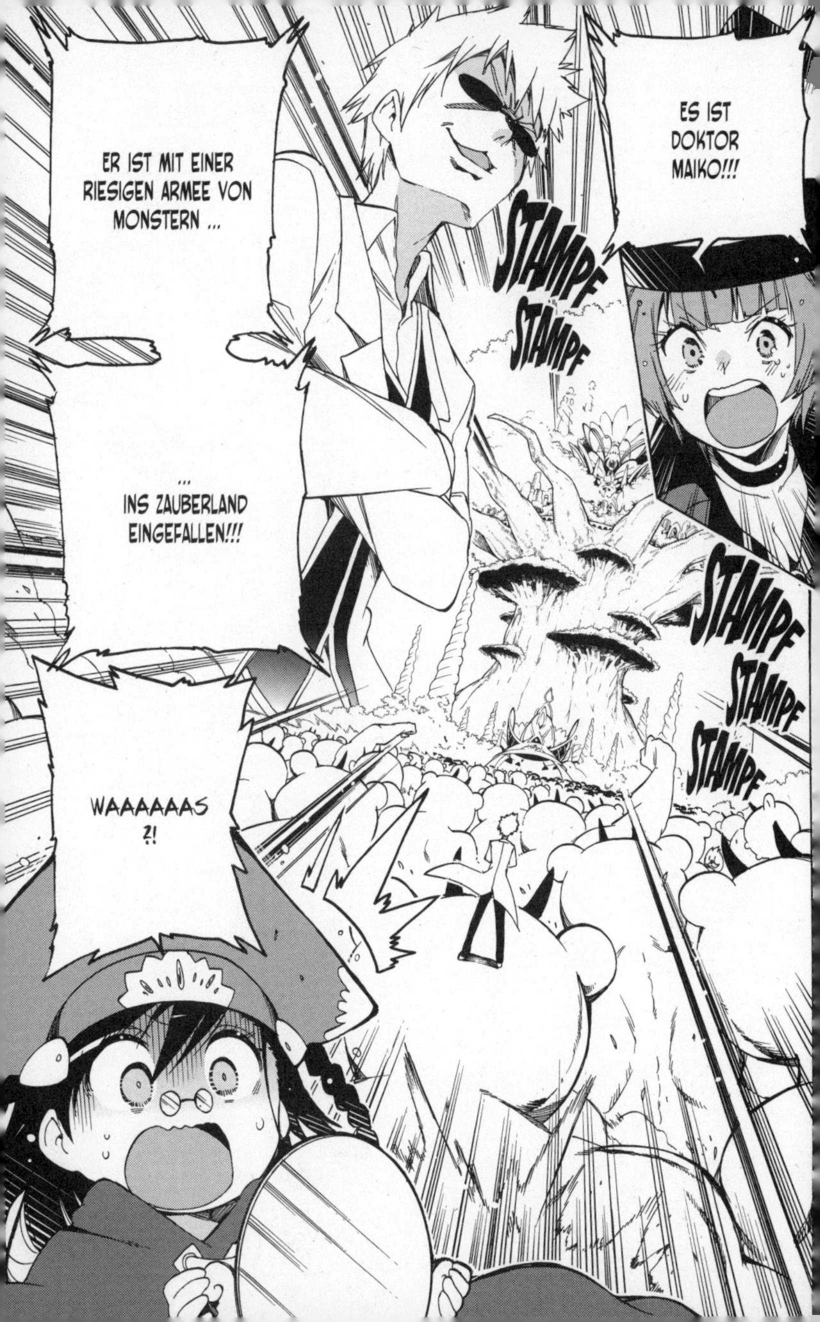

ES IST DOKTOR MAIKO!!!
STAMPF STAMPF
ER IST MIT EINER RIESIGEN ARMEE VON MONSTERN ...
... INS ZAUBERLAND EINGEFALLEN!!!
STAMPF STAMPF STAMPF
WAAAAAAS ?!

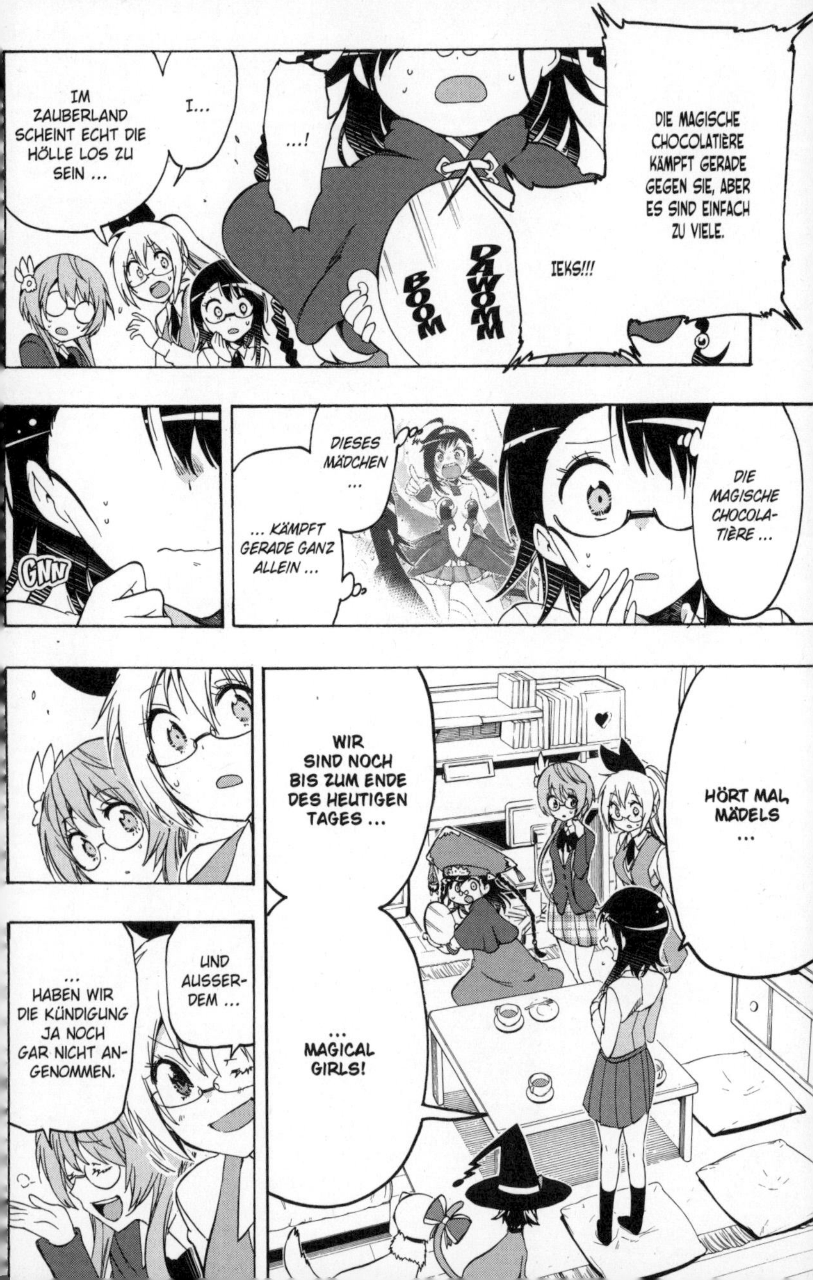

DIE MAGISCHE CHOCOLATIÈRE KÄMPFT GERADE GEGEN SIE, ABER ES SIND EINFACH ZU VIELE.

IEKS!!!

DAWOMM

BOOM

...!

I...

IM ZAUBERLAND SCHEINT ECHT DIE HÖLLE LOS ZU SEIN ...

DIE MAGISCHE CHOCOLATIÈRE ...

DIESES MÄDCHEN ...

... KÄMPFT GERADE GANZ ALLEIN ...

GNN

HÖRT MAL, MÄDELS ...

WIR SIND NOCH BIS ZUM ENDE DES HEUTIGEN TAGES ...

... MAGICAL GIRLS!

UND AUSSERDEM ...

... HABEN WIR DIE KÜNDIGUNG JA NOCH GAR NICHT ANGENOMMEN.

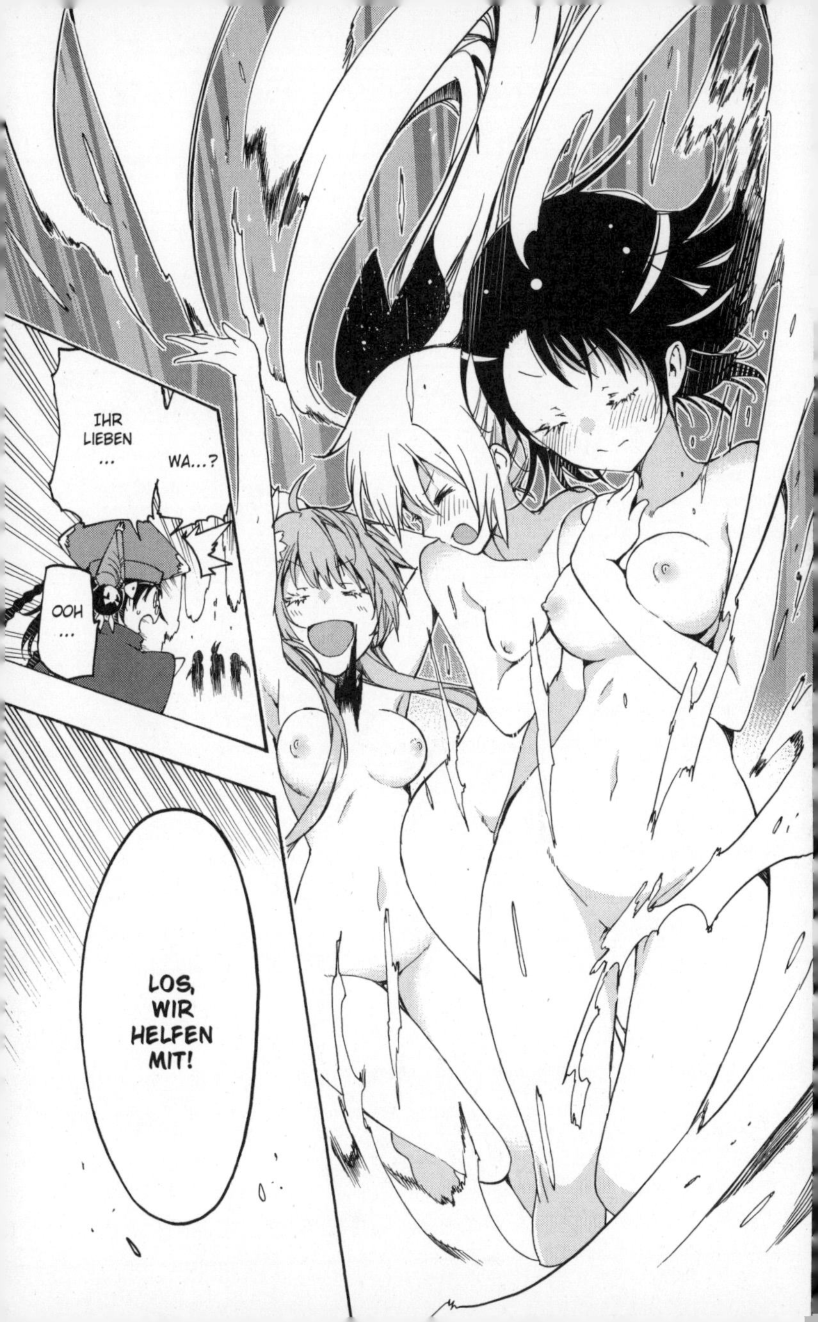
WA...?
IHR LIEBEN ...
OOH ...
LOS, WIR HELFEN MIT!

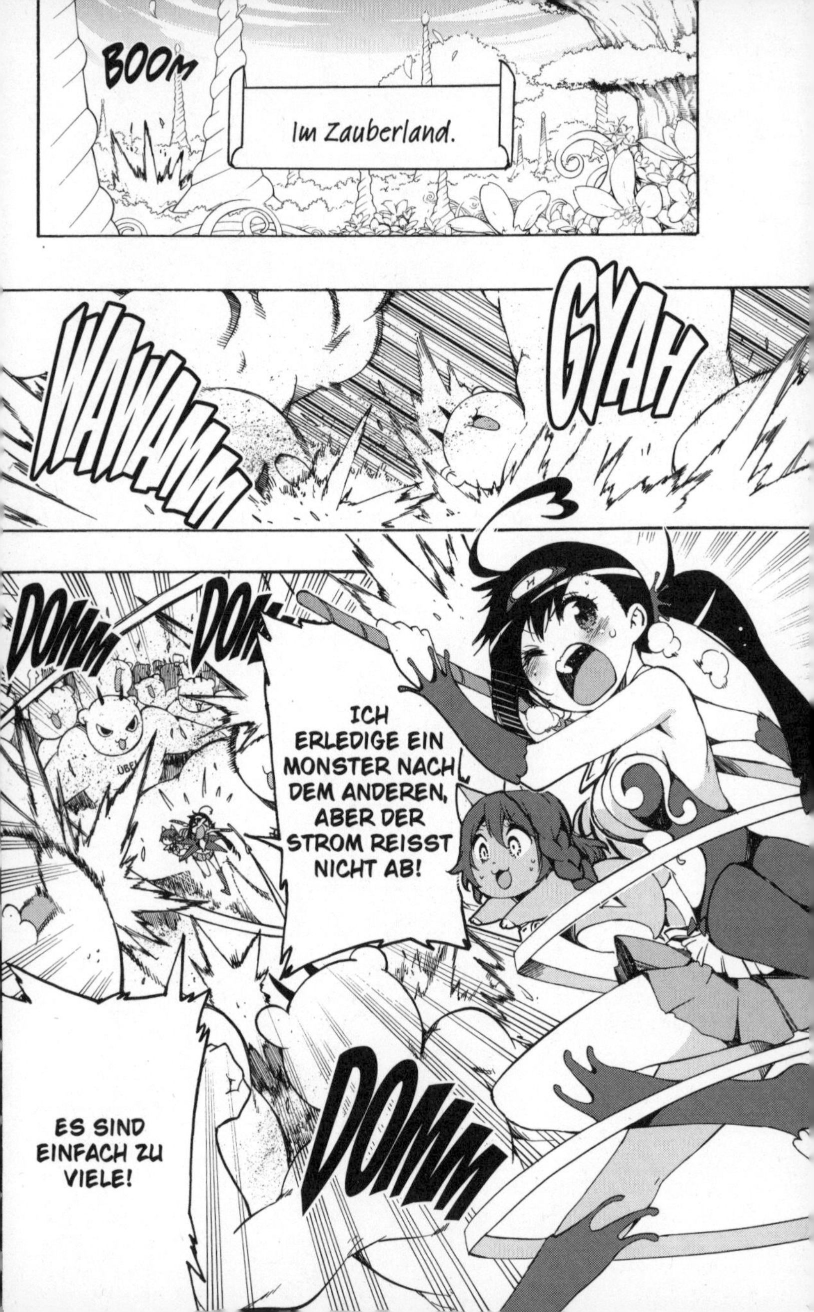
BOOM
Im Zauberland.
GYAH
DOMM
DOM...
ICH ERLEDIGE EIN MONSTER NACH DEM ANDEREN, ABER DER STROM REISST NICHT AB!
ÜBEL
DOMM
ES SIND EINFACH ZU VIELE!

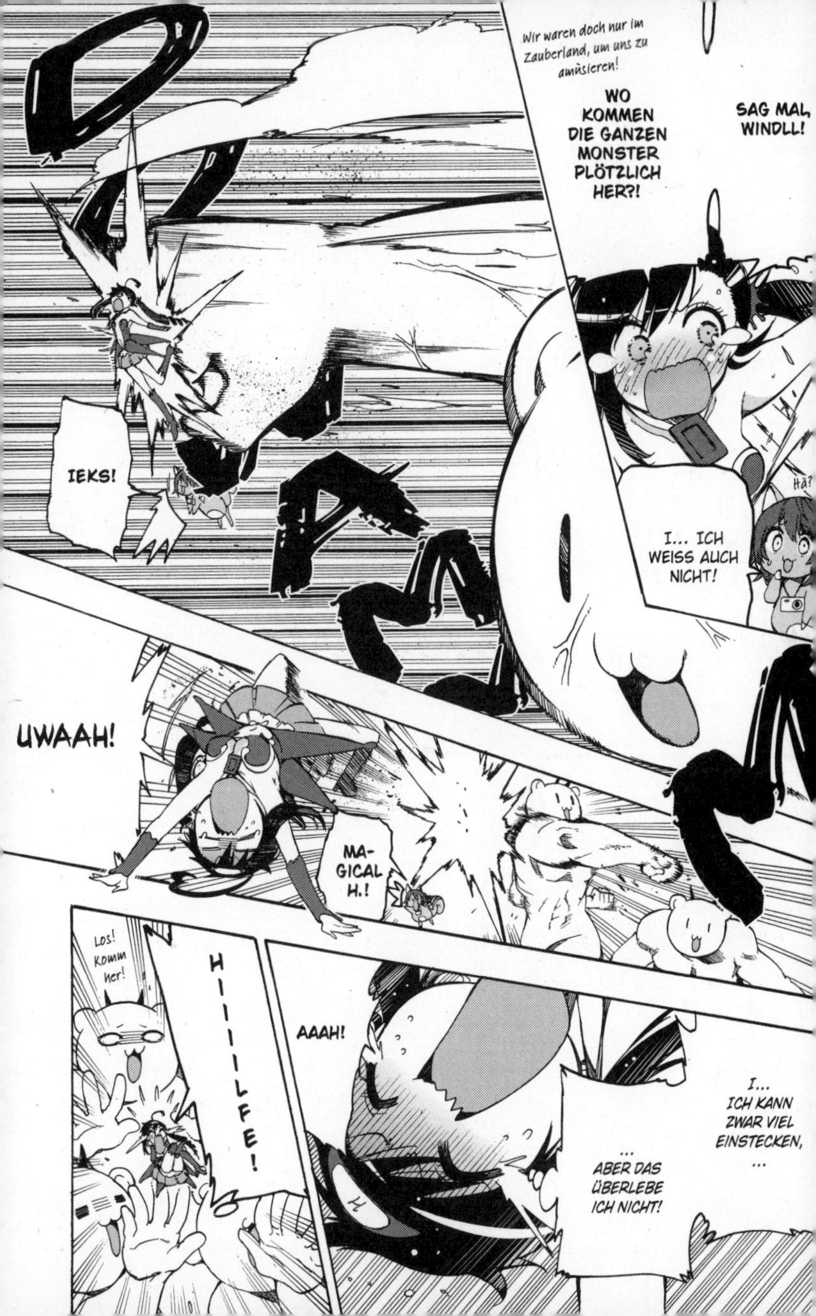

SAG MAL, WINDLL!
WO KOMMEN DIE GANZEN MONSTER PLÖTZLICH HER?!
Wir waren doch nur im Zauberland, um uns zu amüsieren!
Hä?
I... ICH WEISS AUCH NICHT!
IEKS!
MA-GICAL H.!
UWAAH!
I... ICH KANN ZWAR VIEL EINSTECKEN, ...
... ABER DAS ÜBERLEBE ICH NICHT!
AAAH!
HIIIILFE!
Los! Komm her!

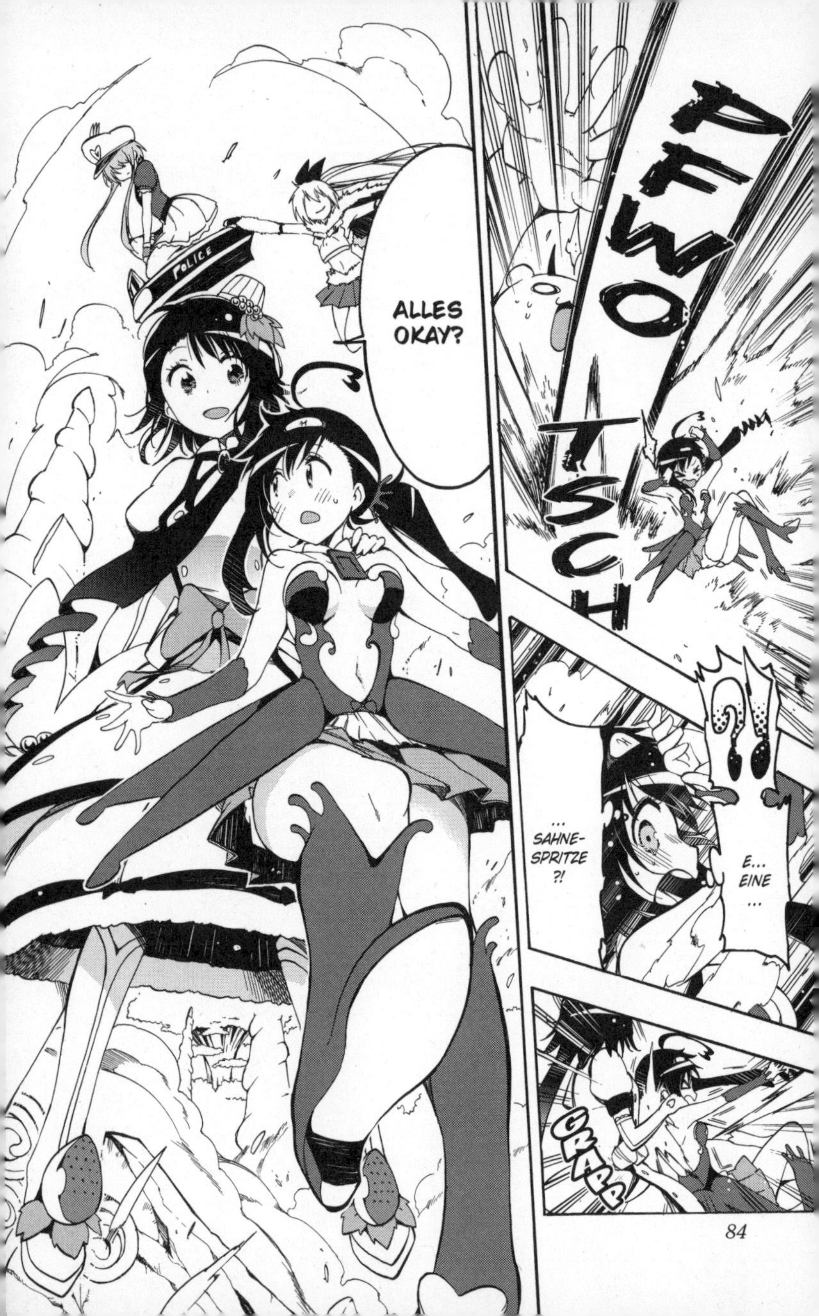
ALLES OKAY?
PFWOTTSCH
?!!
E... EINE ...
... SAHNE-SPRITZE ?!
GRAPP

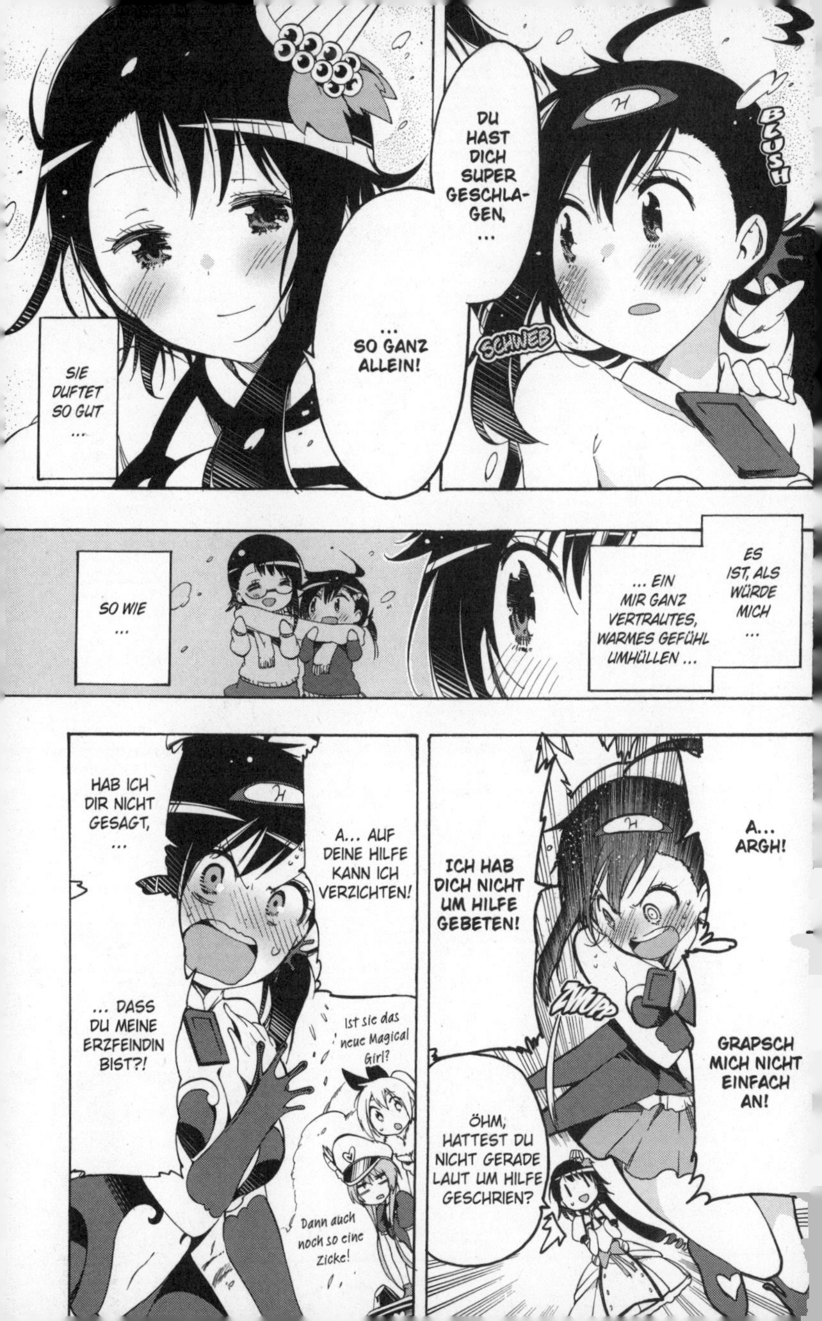

DU HAST DICH SUPER GESCHLAGEN, ...
BLUSH
SCHWEB
... SO GANZ ALLEIN!
SIE DUFTET SO GUT ...

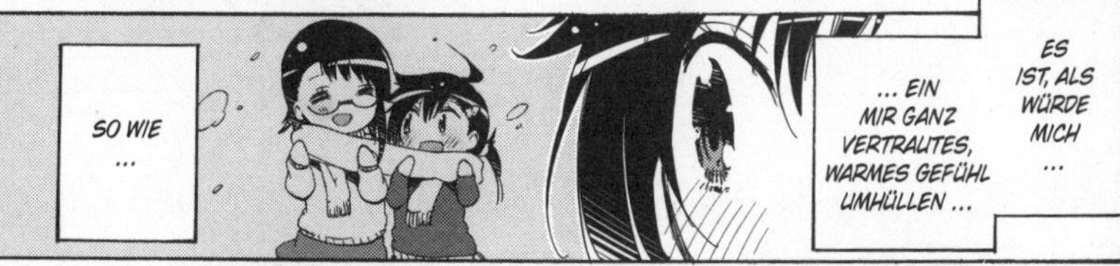

A... ARGH!
ICH HAB DICH NICHT UM HILFE GEBETEN!
ZWUPP
GRAPSCH MICH NICHT EINFACH AN!
ÖHM, HATTEST DU NICHT GERADE LAUT UM HILFE GESCHRIEN?
A... AUF DEINE HILFE KANN ICH VERZICHTEN!
HAB ICH DIR NICHT GESAGT, ...
... DASS DU MEINE ERZFEINDIN BIST?!
Ist sie das neue Magical Girl?
Dann auch noch so eine Zicke!

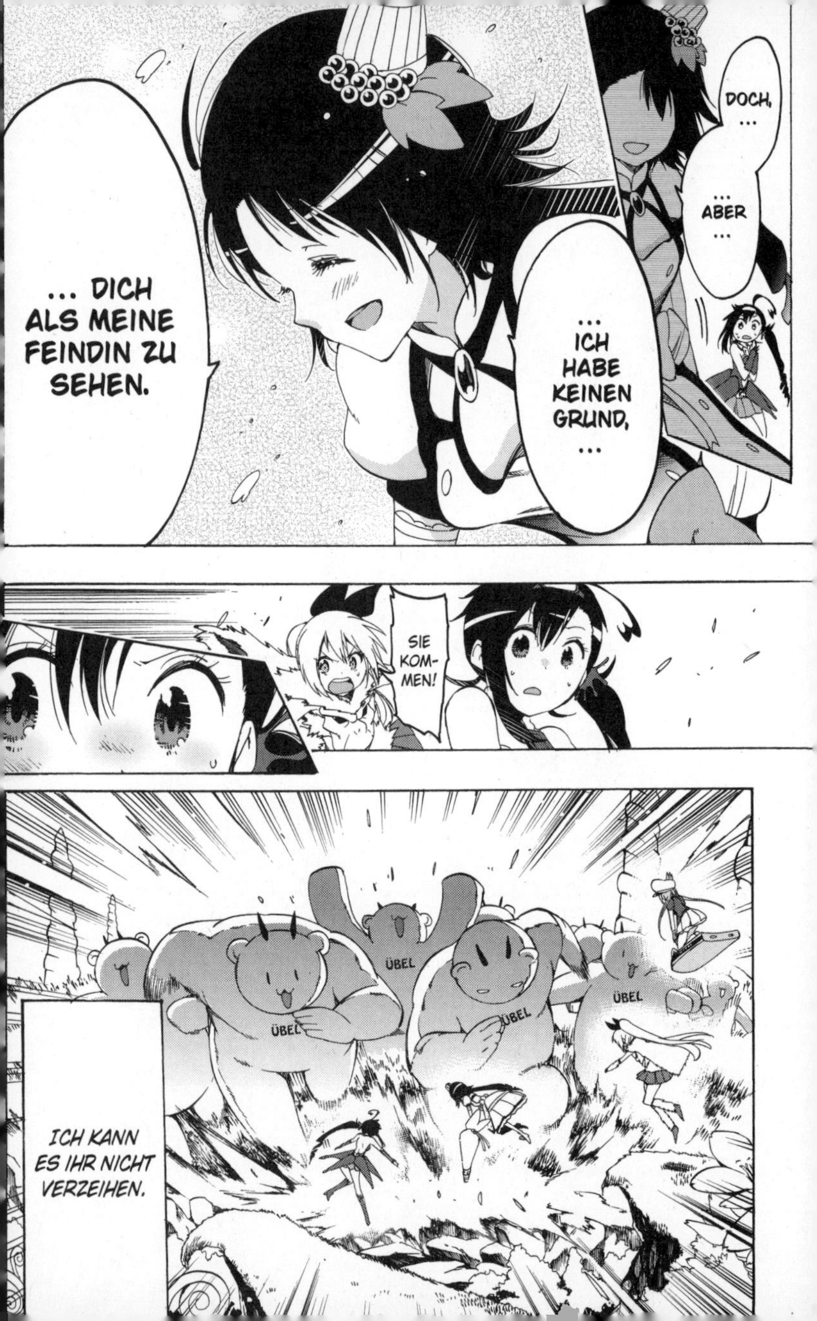

DOCH, ...

... ABER ...

... ICH HABE KEINEN GRUND, ...

... DICH ALS MEINE FEINDIN ZU SEHEN.

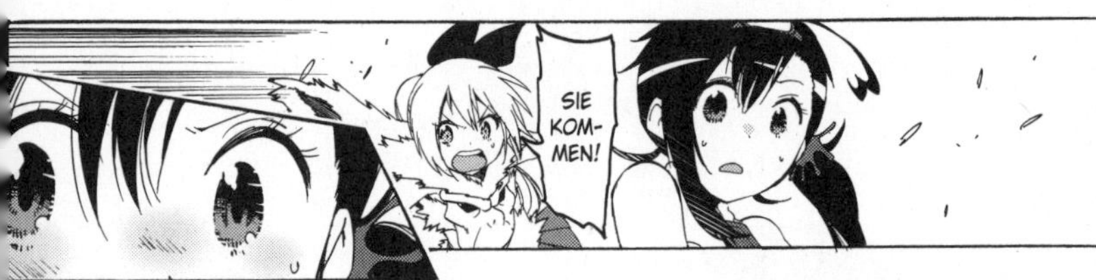

ICH KANN ES IHR NICHT VERZEIHEN.

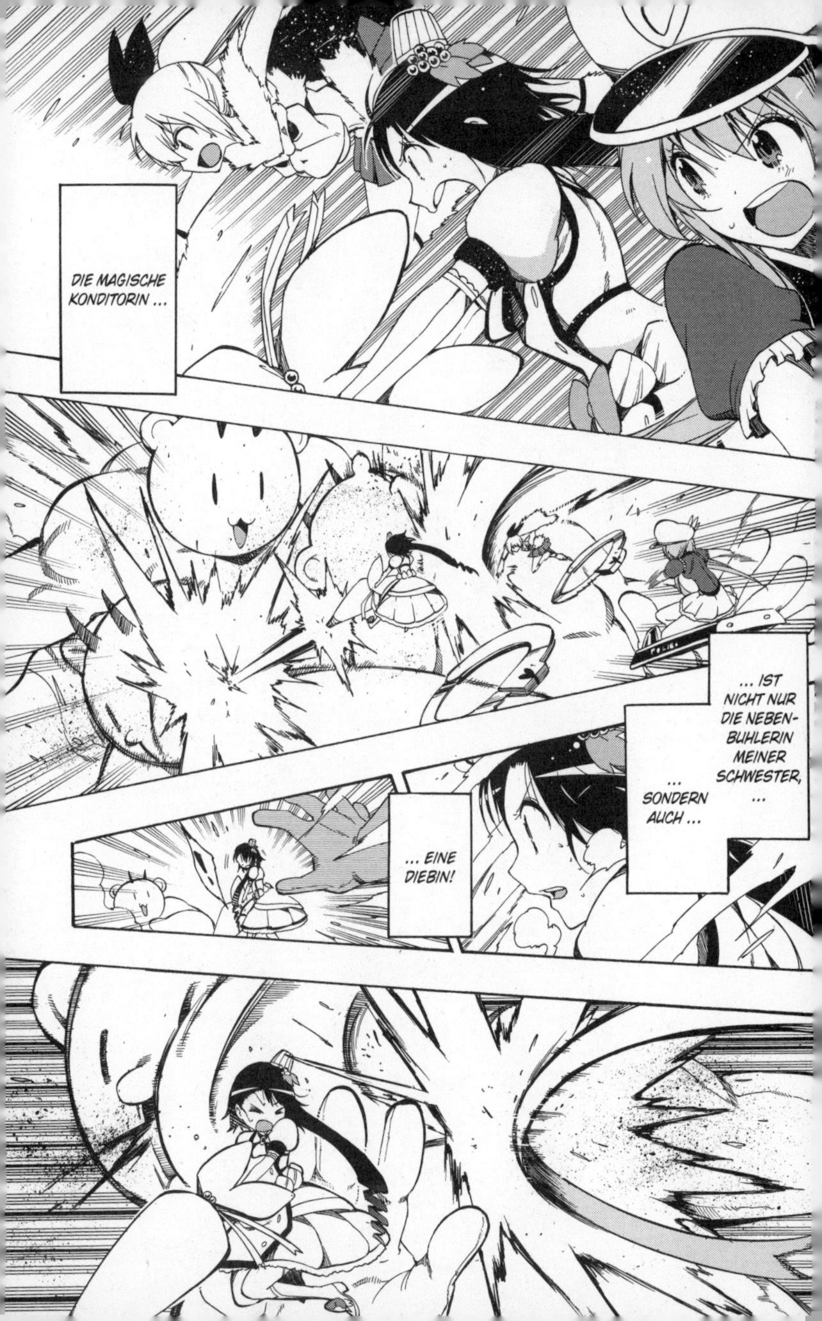
DIE MAGISCHE KONDITORIN ...
... IST NICHT NUR DIE NEBEN-BUHLERIN MEINER SCHWESTER, ...
... SONDERN AUCH ...
... EINE DIEBIN!

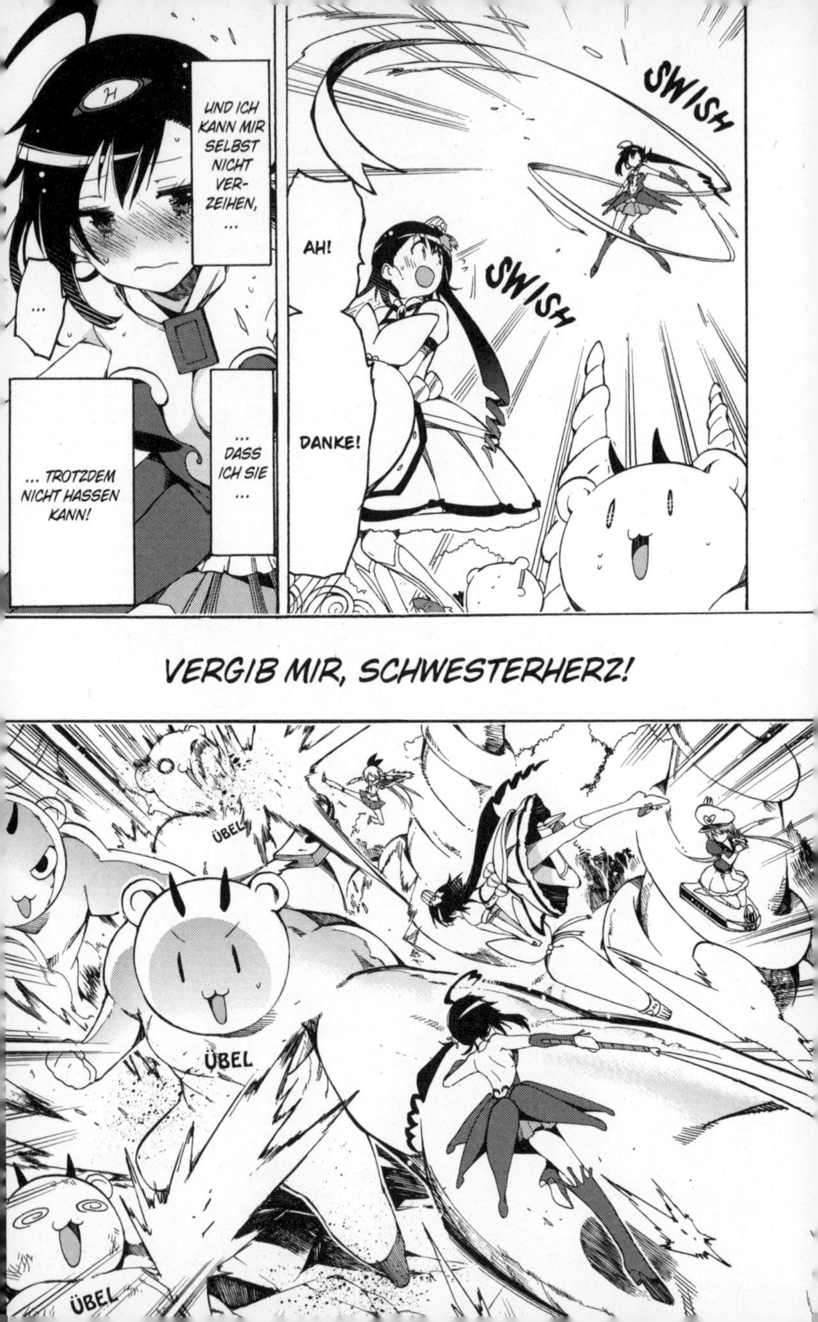

SWISH
AH!
SWISH
DANKE!
UND ICH KANN MIR SELBST NICHT VER-ZEIHEN, …
…
… DASS ICH SIE …
… TROTZDEM NICHT HASSEN KANN!

VERGIB MIR, SCHWESTERHERZ!

ÜBEL
ÜBEL
ÜBEL

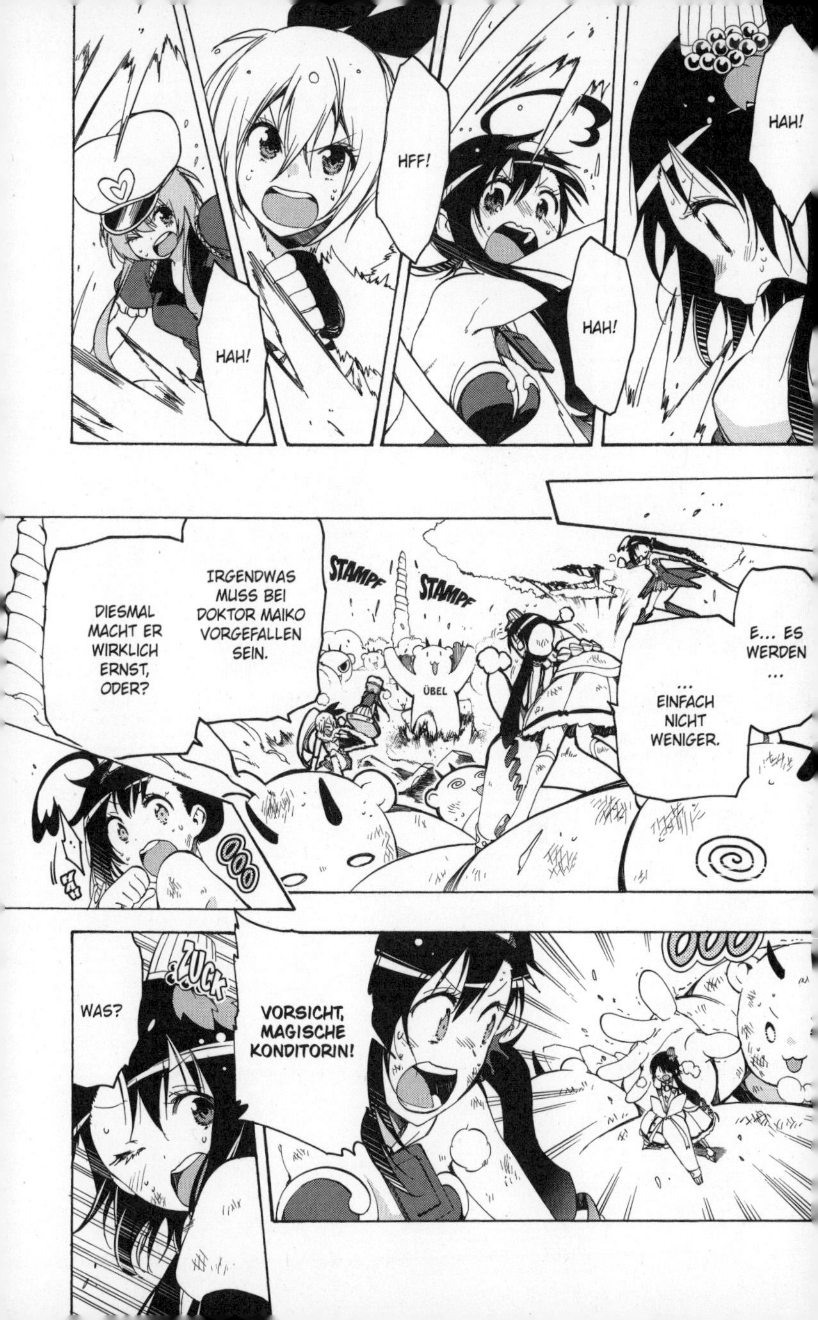

HAH!
HAH!
HFF!
HAH!
E… ES WERDEN …
… EINFACH NICHT WENIGER.
STAMPF
STAMPF
ÜBEL
IRGENDWAS MUSS BEI DOKTOR MAIKO VORGEFALLEN SEIN.
DIESMAL MACHT ER WIRKLICH ERNST, ODER?
VORSICHT, MAGISCHE KONDITORIN!
ZUCK
WAS?

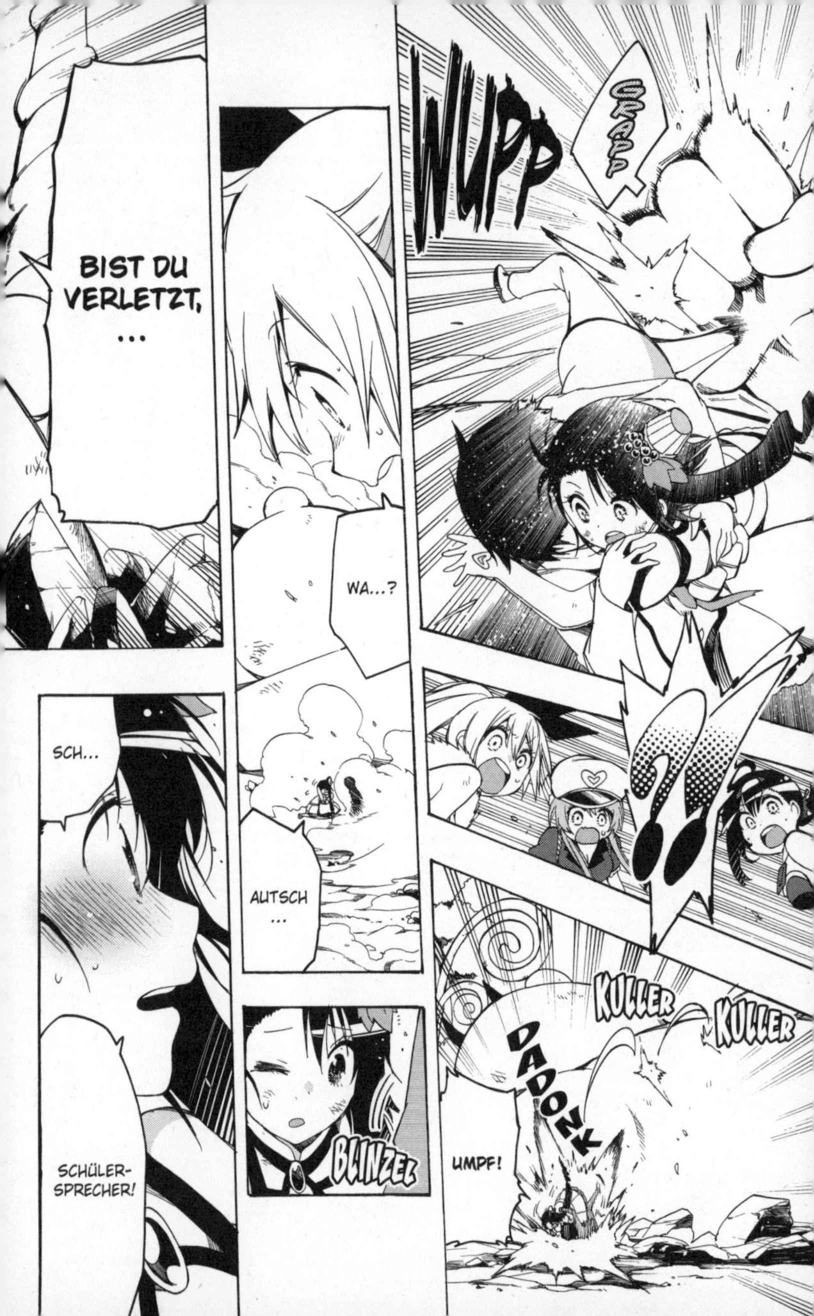

GRAAA
WUPP
BIST DU VERLETZT, ...
WA...?
KULLER KULLER
DADONK
UMPF!
AUTSCH ...
SCH...
BLINZEL
SCHÜLER-SPRECHER!

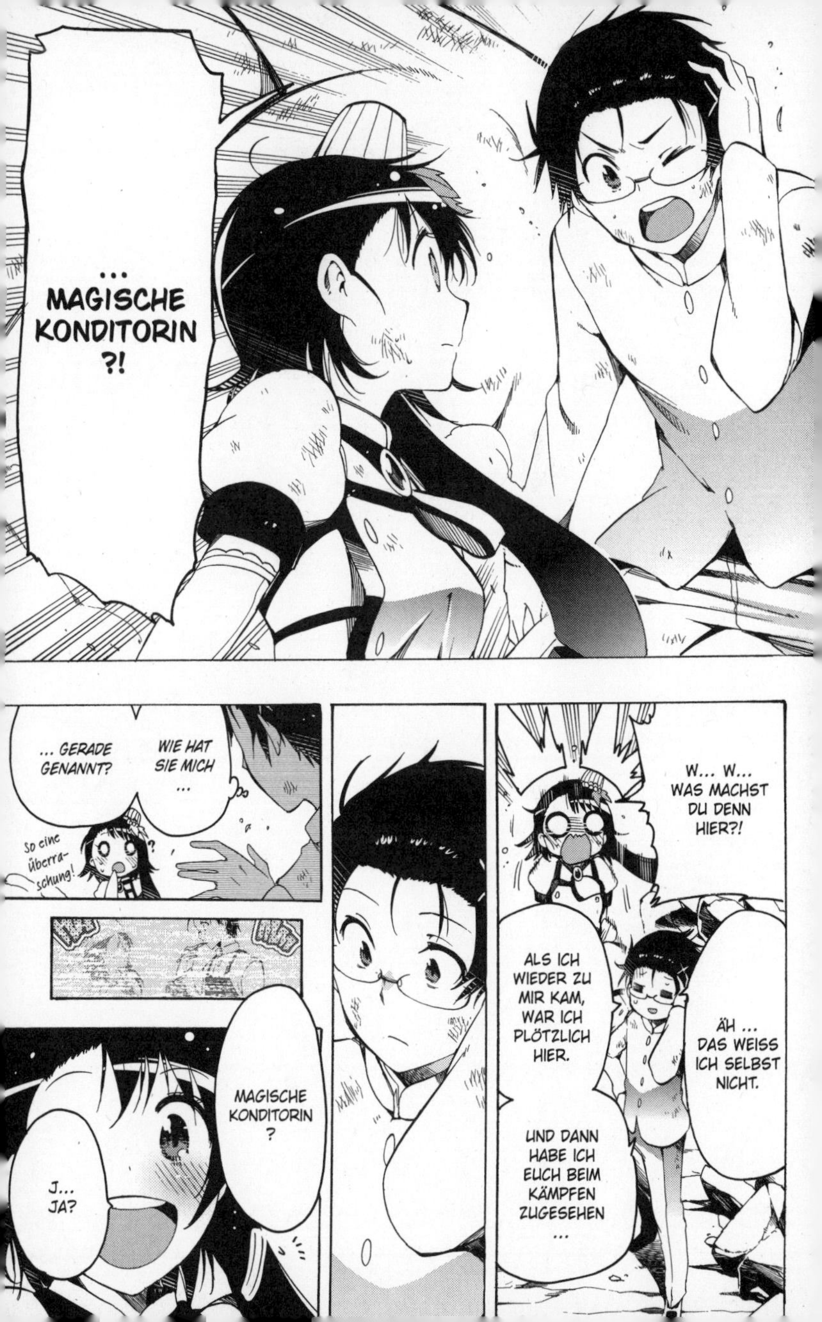

... MAGISCHE KONDITORIN ?!

W... W... WAS MACHST DU DENN HIER?!

ÄH ... DAS WEISS ICH SELBST NICHT.

ALS ICH WIEDER ZU MIR KAM, WAR ICH PLÖTZLICH HIER.

UND DANN HABE ICH EUCH BEIM KÄMPFEN ZUGESEHEN ...

MAGISCHE KONDITORIN ?

WIE HAT SIE MICH ...

... GERADE GENANNT?

So eine Überraschung!

J... JA?

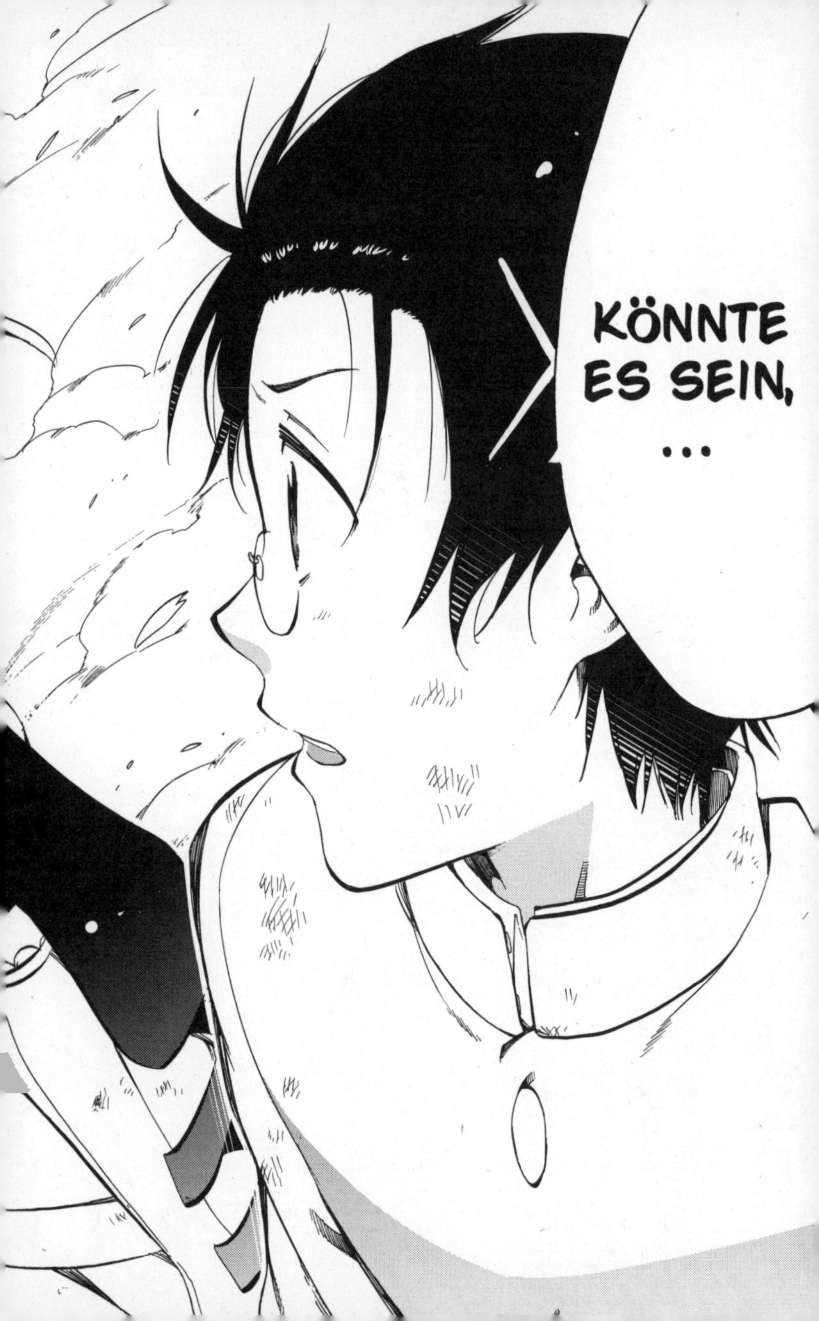
KÖNNTE ES SEIN,
...

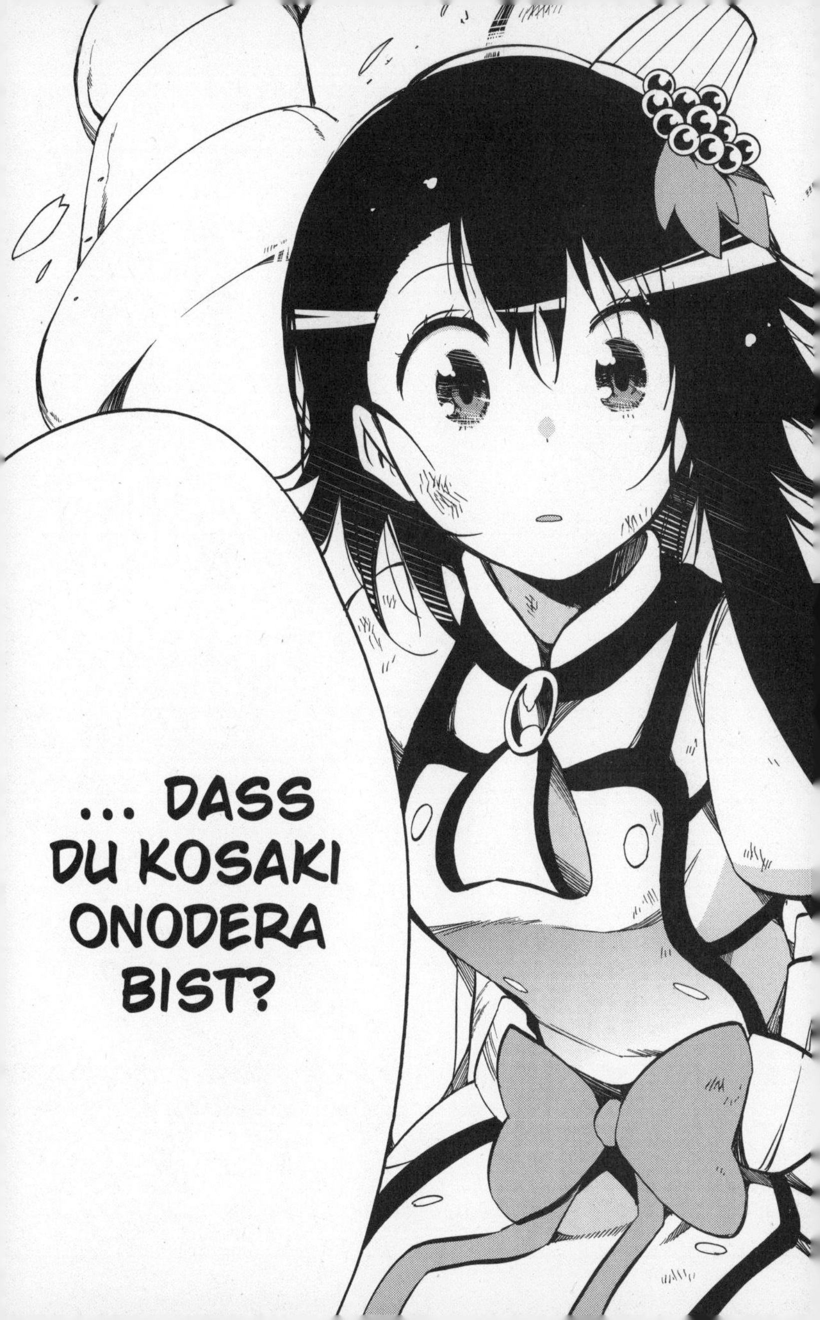
... DASS DU KOSAKI ONODERA BIST?

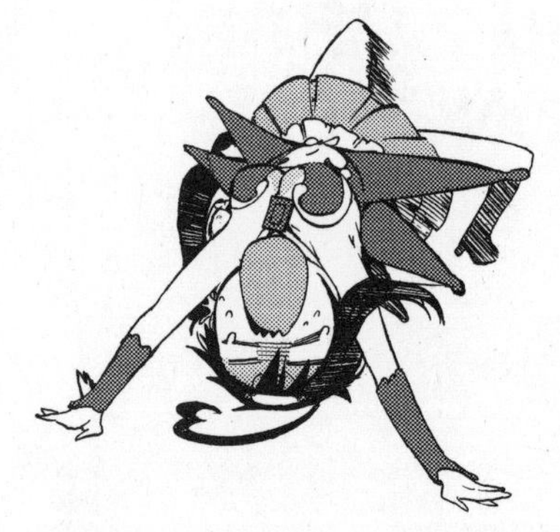

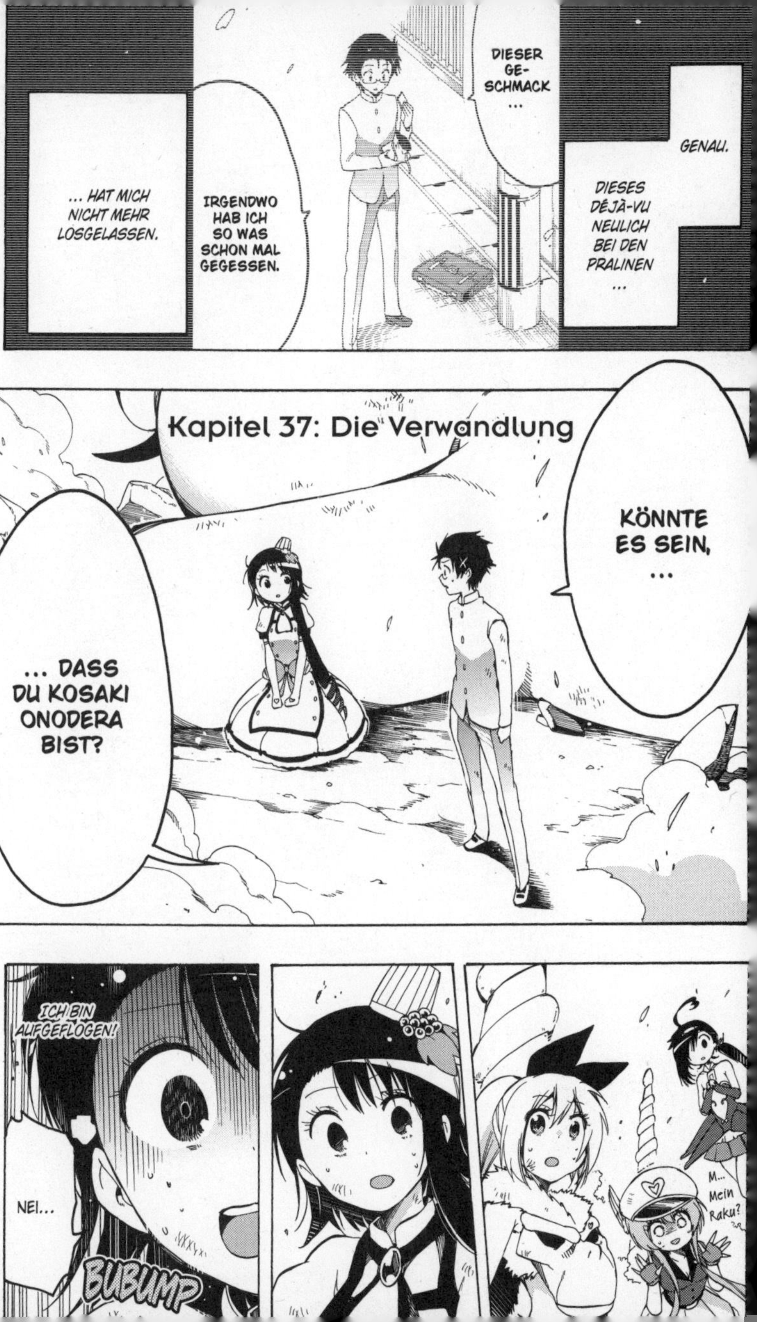

GENAU.

DIESES DÉJÀ-VU NEULICH BEI DEN PRALINEN ...

DIESER GESCHMACK ...

IRGENDWO HAB ICH SO WAS SCHON MAL GEGESSEN.

... HAT MICH NICHT MEHR LOSGELASSEN.

Kapitel 37: Die Verwandlung

KÖNNTE ES SEIN, ...

... DASS DU KOSAKI ONODERA BIST?

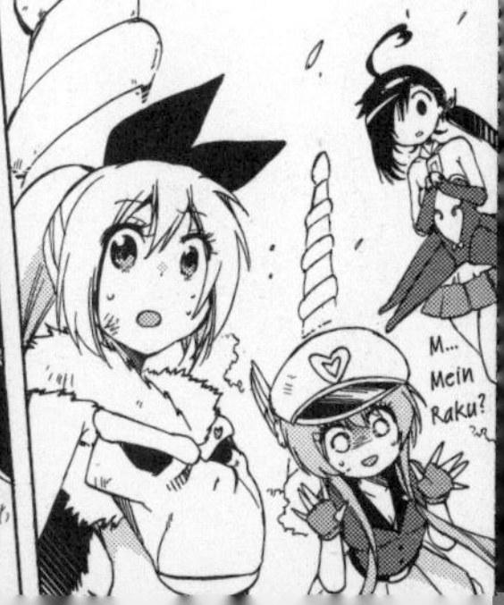

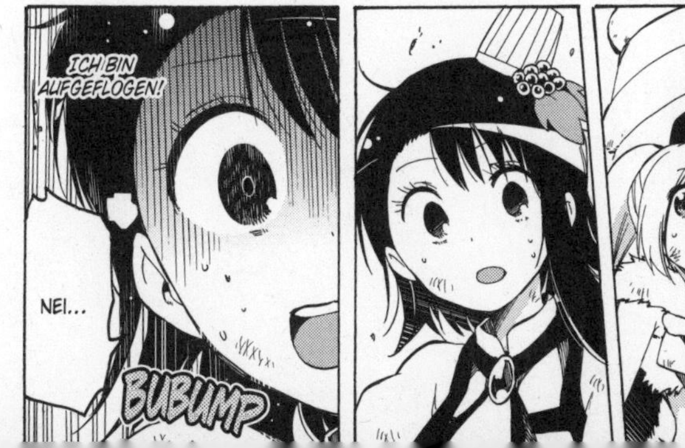

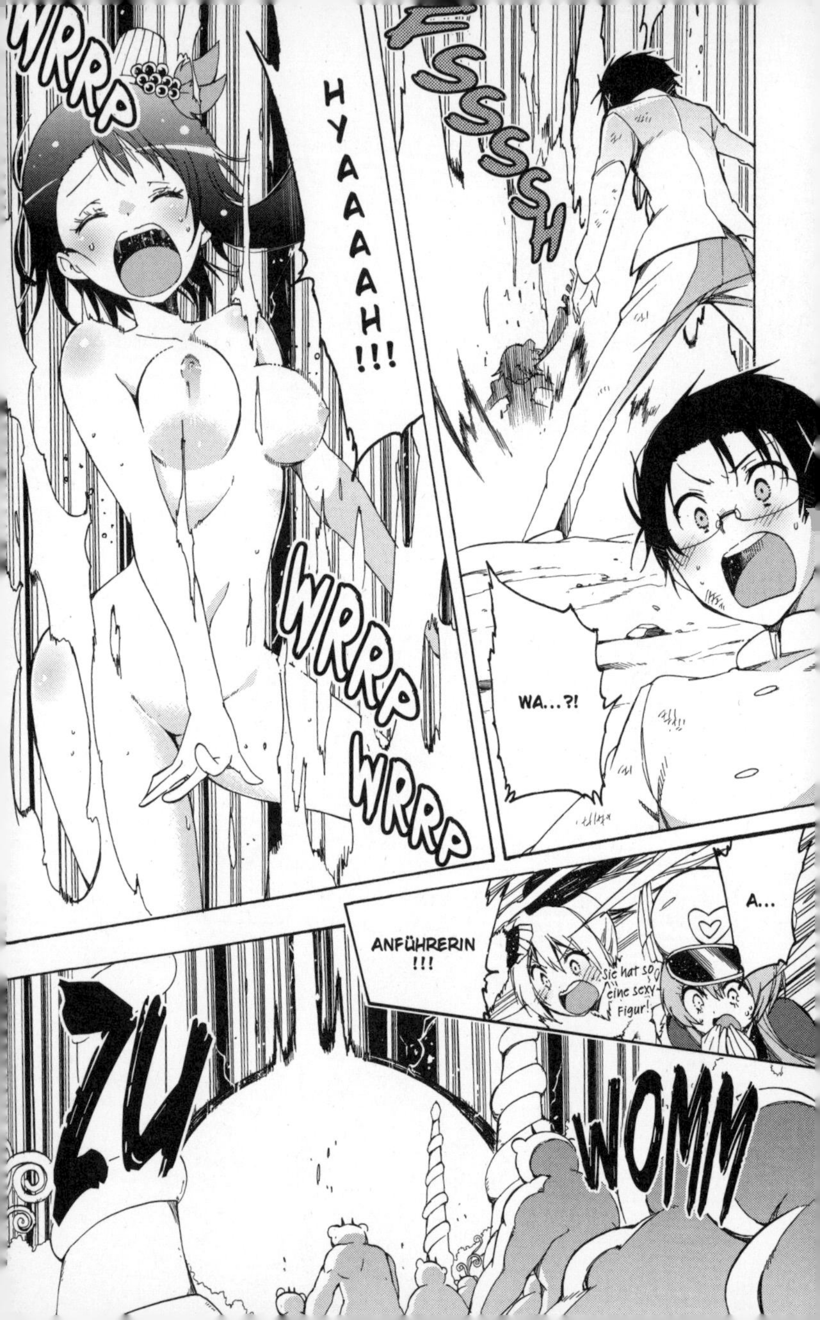
FSSSSH
WA...?!
WRRP
HYAAAAH!!!
WRRP
WRRP
A...
Sie hat so eine sexy Figur!
ANFÜHRERIN!!!
WOMM
ZU

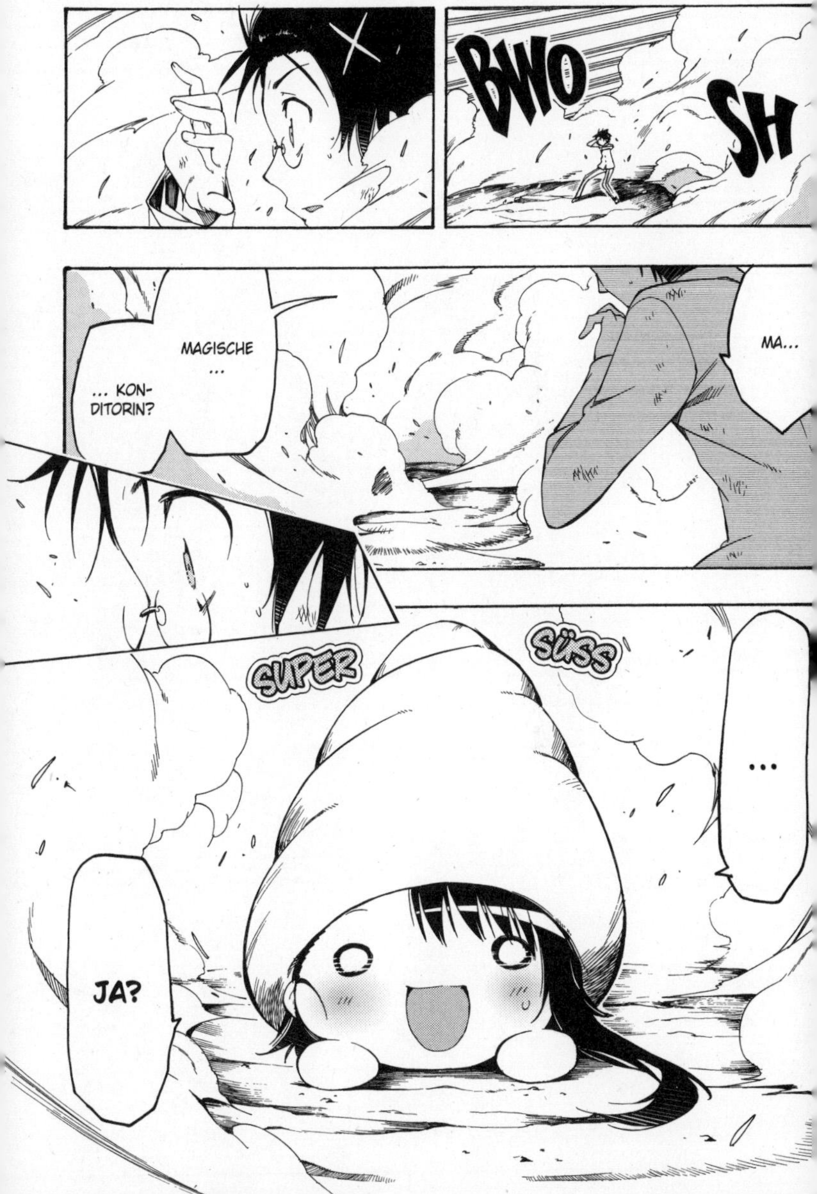

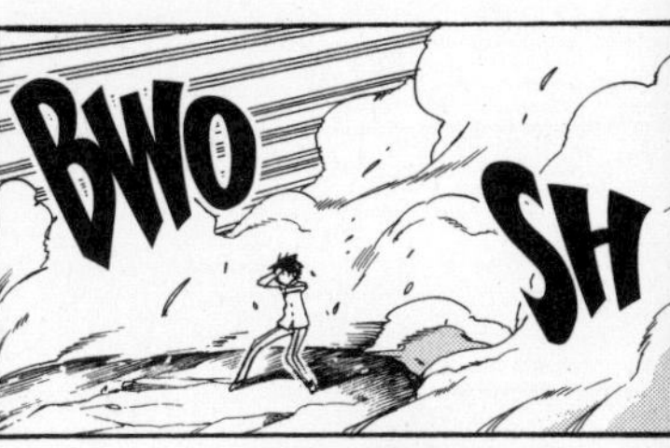

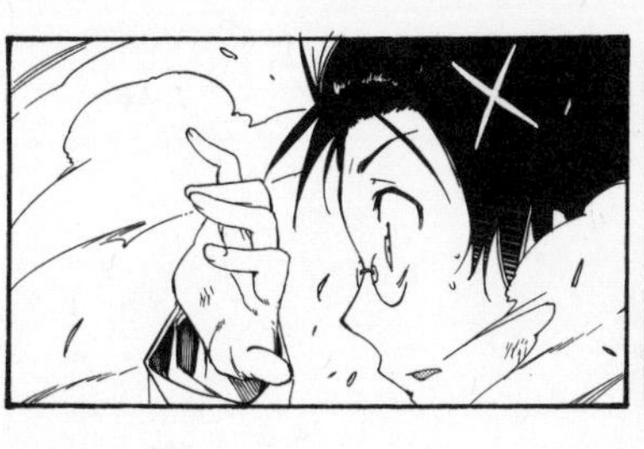

MA...

MAGISCHE ... ... KON-DITORIN?

...

SUPER SÜSS

JA?

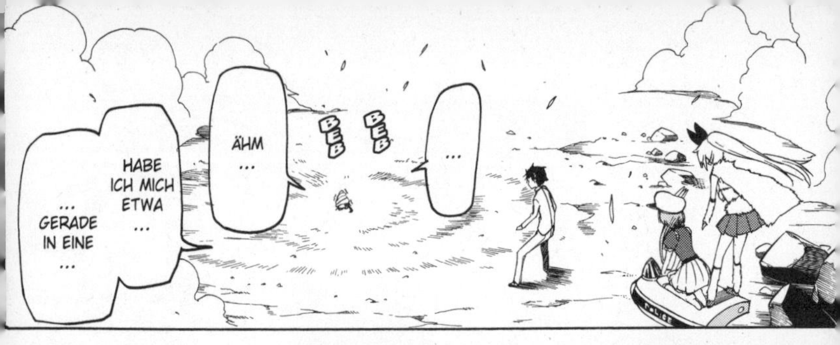
…
BEB BEB
ÄHM …
HABE ICH MICH ETWA …
… GERADE IN EINE …

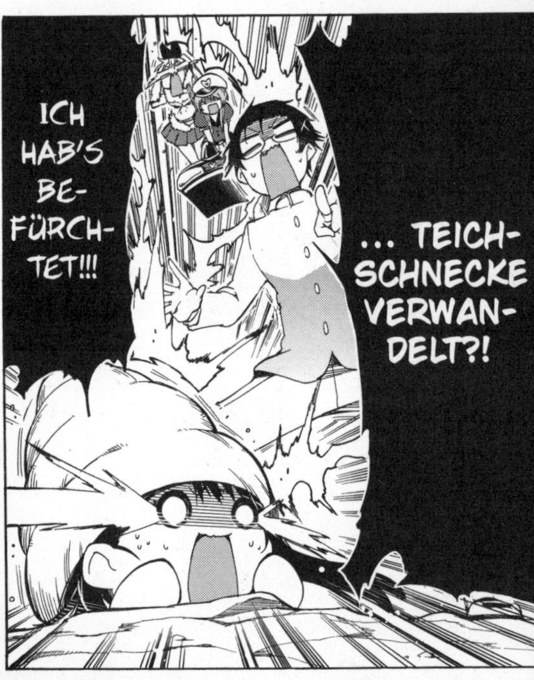
… TEICH-SCHNECKE VERWAN-DELT?!
ICH HAB'S BE-FÜRCH-TET!!!

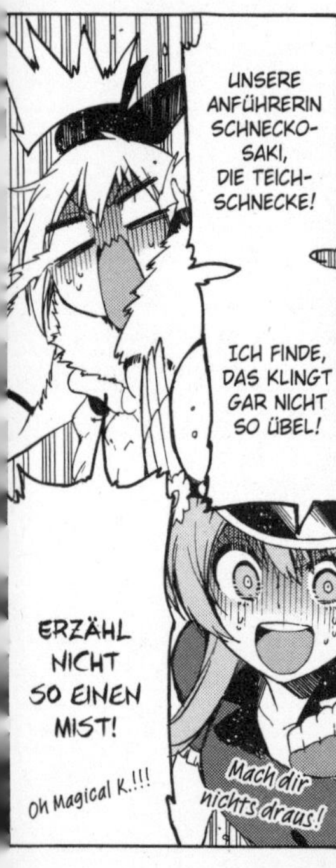
UNSERE ANFÜHRERIN SCHNECKO-SAKI, DIE TEICH-SCHNECKE!
ICH FINDE, DAS KLINGT GAR NICHT SO ÜBEL!
ERZÄHL NICHT SO EINEN MIST!
Mach dir nichts draus!
Oh Magical K.!!!

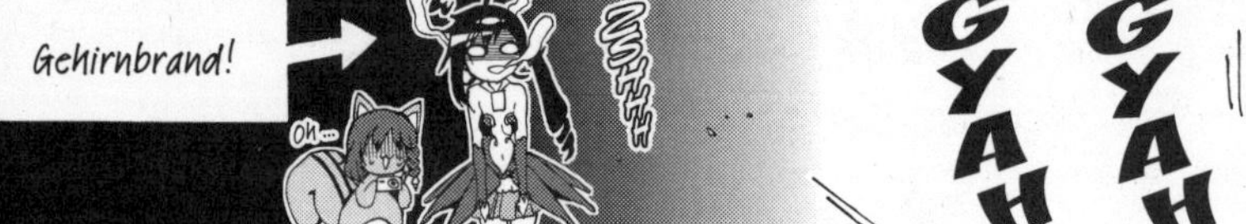
GYAH GYAH
Gehirnbrand!
Oh…

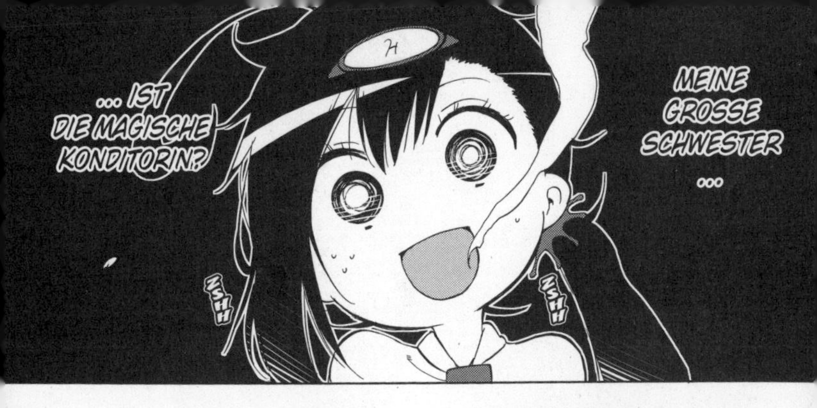

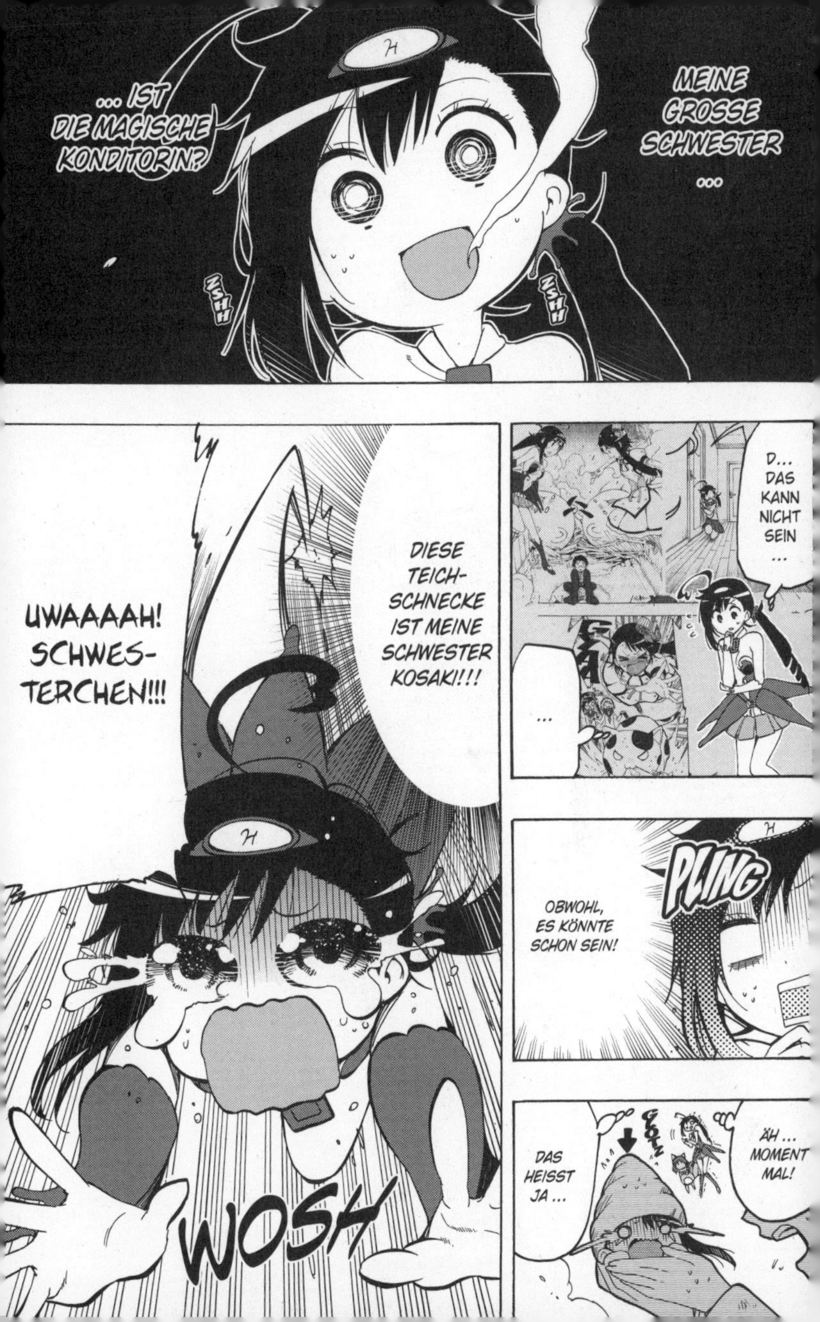

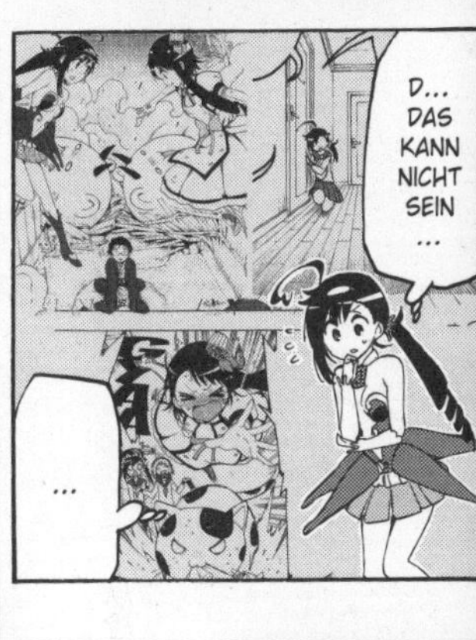

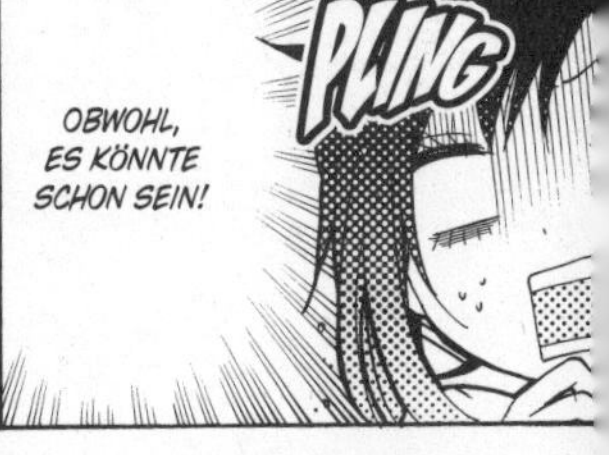

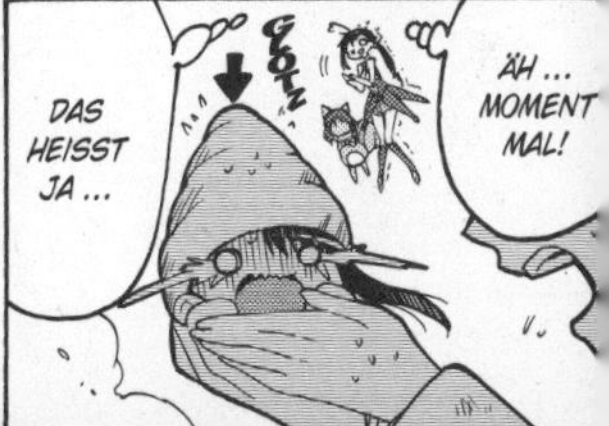

DIESE TEICH-SCHNECKE IST MEINE SCHWESTER KOSAKI!!!

UWAAAAH! SCHWES-TERCHEN!!!

WOSH

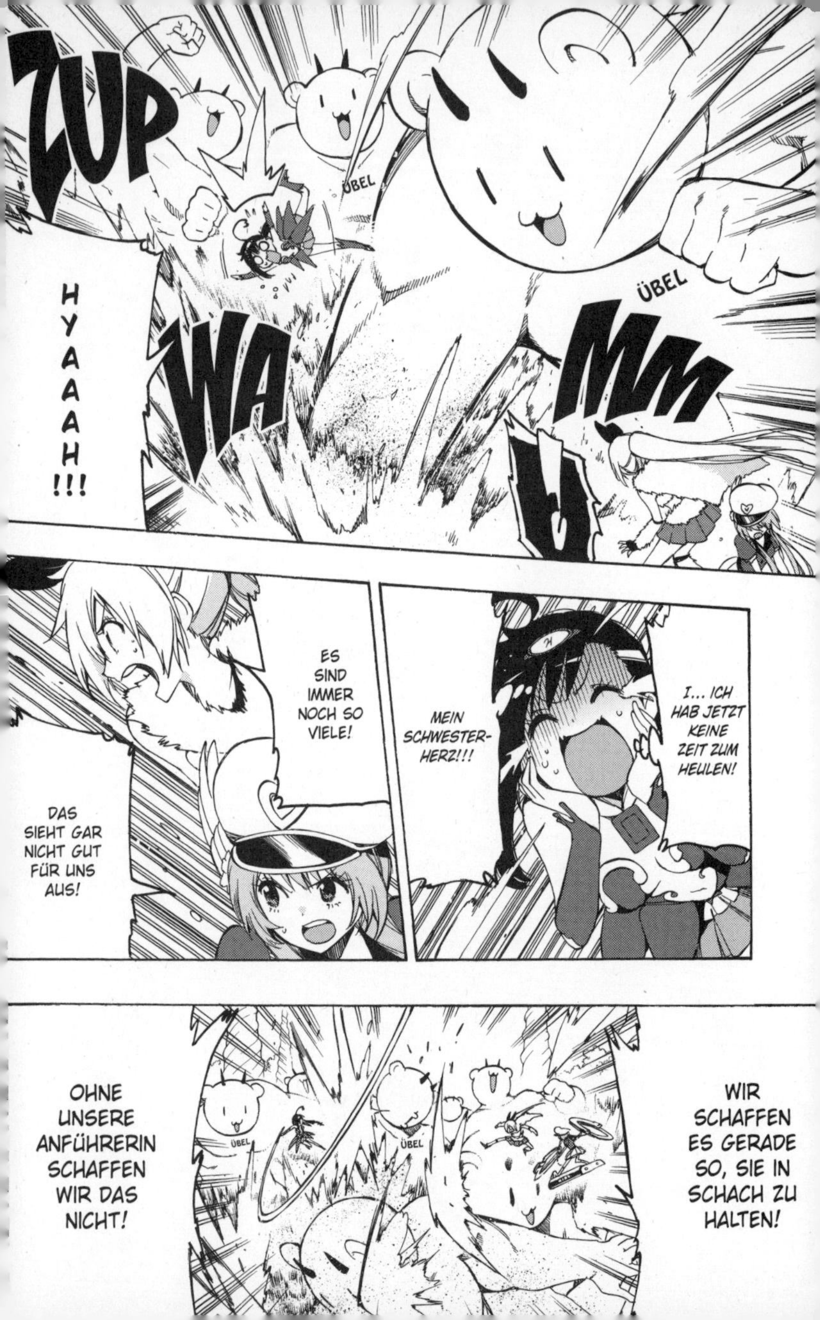

ZUP
ÜBEL
ÜBEL
WAMM
HYAAAAH!!!

I... ICH HAB JETZT KEINE ZEIT ZUM HEULEN!
MEIN SCHWESTER-HERZ!!!
ES SIND IMMER NOCH SO VIELE!
DAS SIEHT GAR NICHT GUT FÜR UNS AUS!

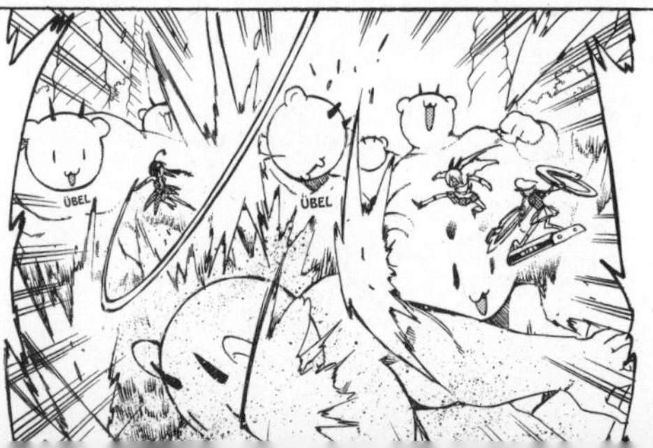

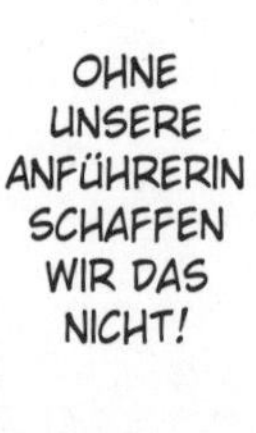

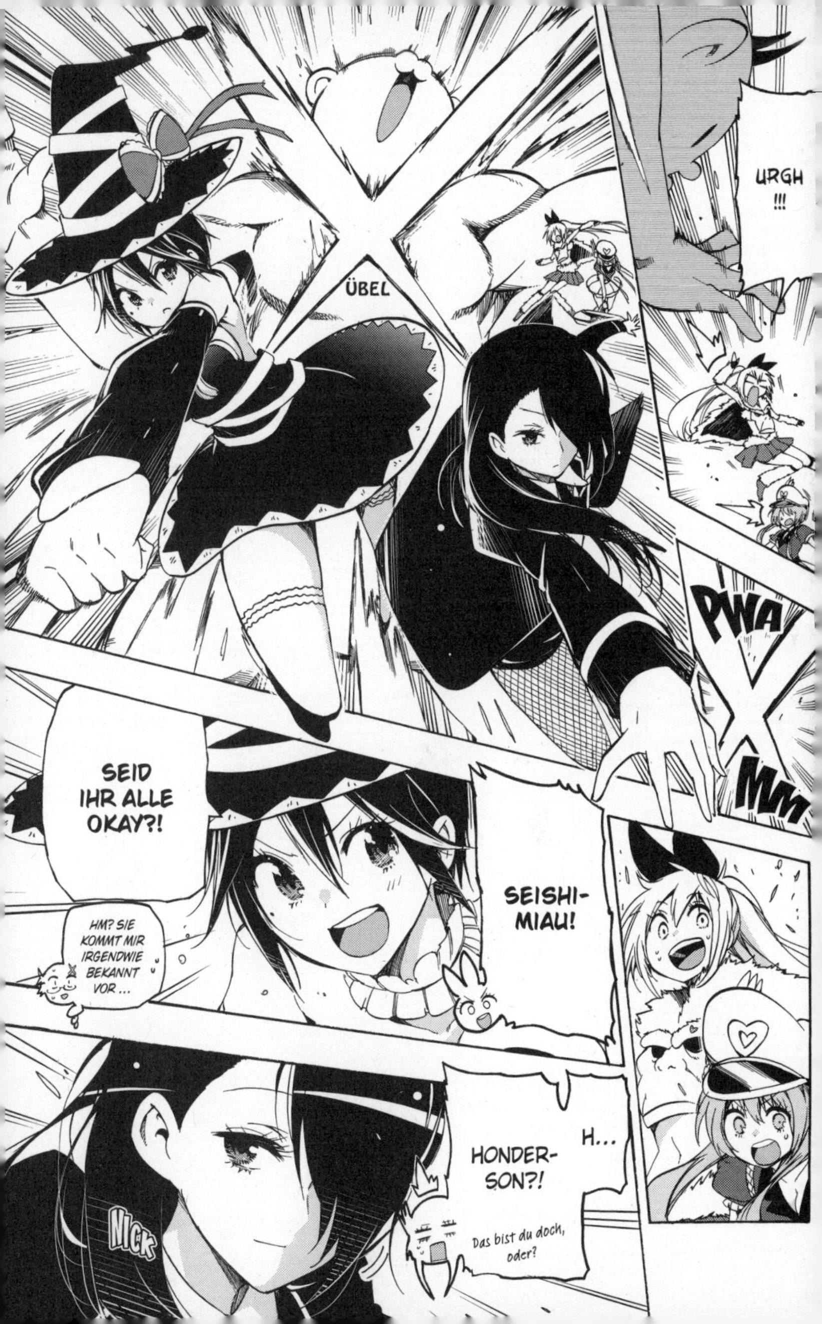
URGH !!!
ÜBEL
PWA
MM
SEID IHR ALLE OKAY?!
SEISHI-MIAU!
HM? SIE KOMMT MIR IRGENDWIE BEKANNT VOR ...
H...
HONDER-SON?!
Das bist du doch, oder?
NICK

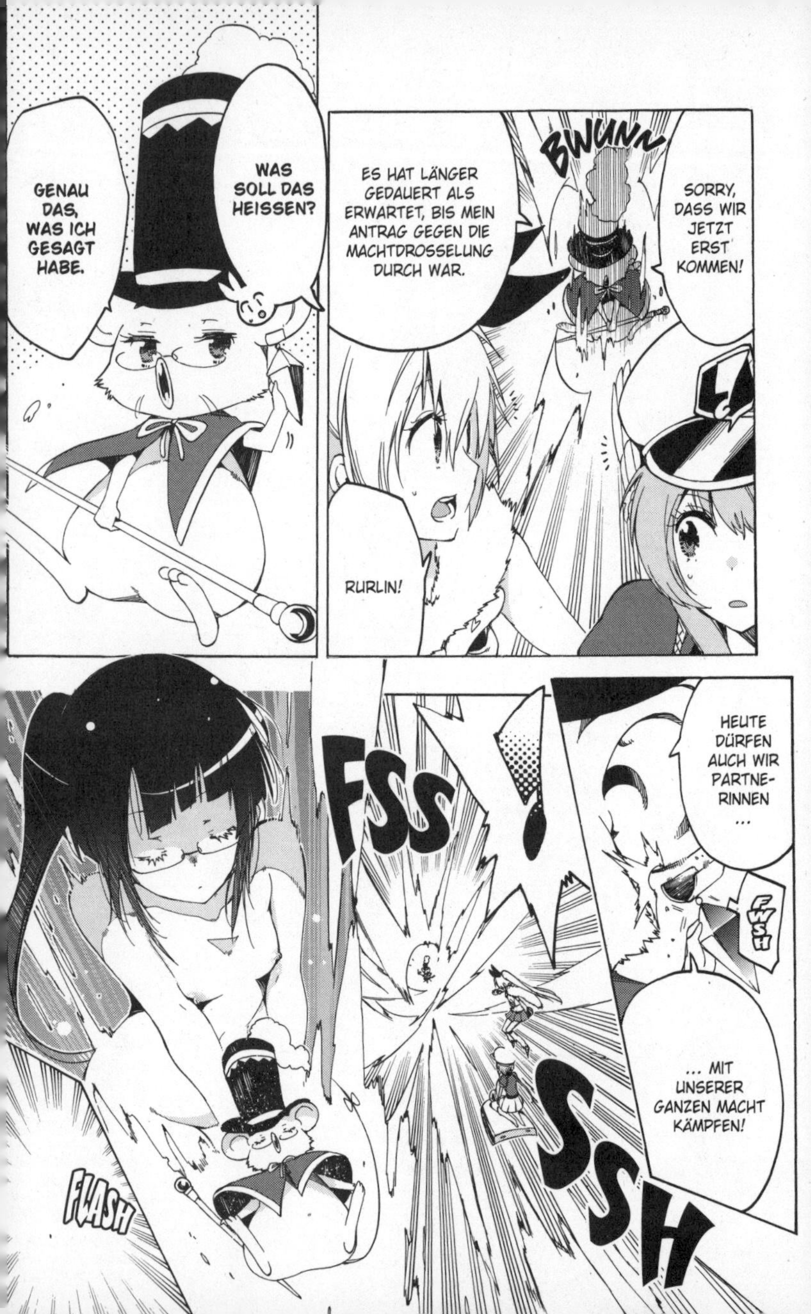
BWUNN
SORRY, DASS WIR JETZT ERST KOMMEN!
ES HAT LÄNGER GEDAUERT ALS ERWARTET, BIS MEIN ANTRAG GEGEN DIE MACHTDROSSELUNG DURCH WAR.
RURLIN!
WAS SOLL DAS HEISSEN?
GENAU DAS, WAS ICH GESAGT HABE.
HEUTE DÜRFEN AUCH WIR PARTNERINNEN ...
FWSH
... MIT UNSERER GANZEN MACHT KÄMPFEN!
FSS
SSSH
FLASH

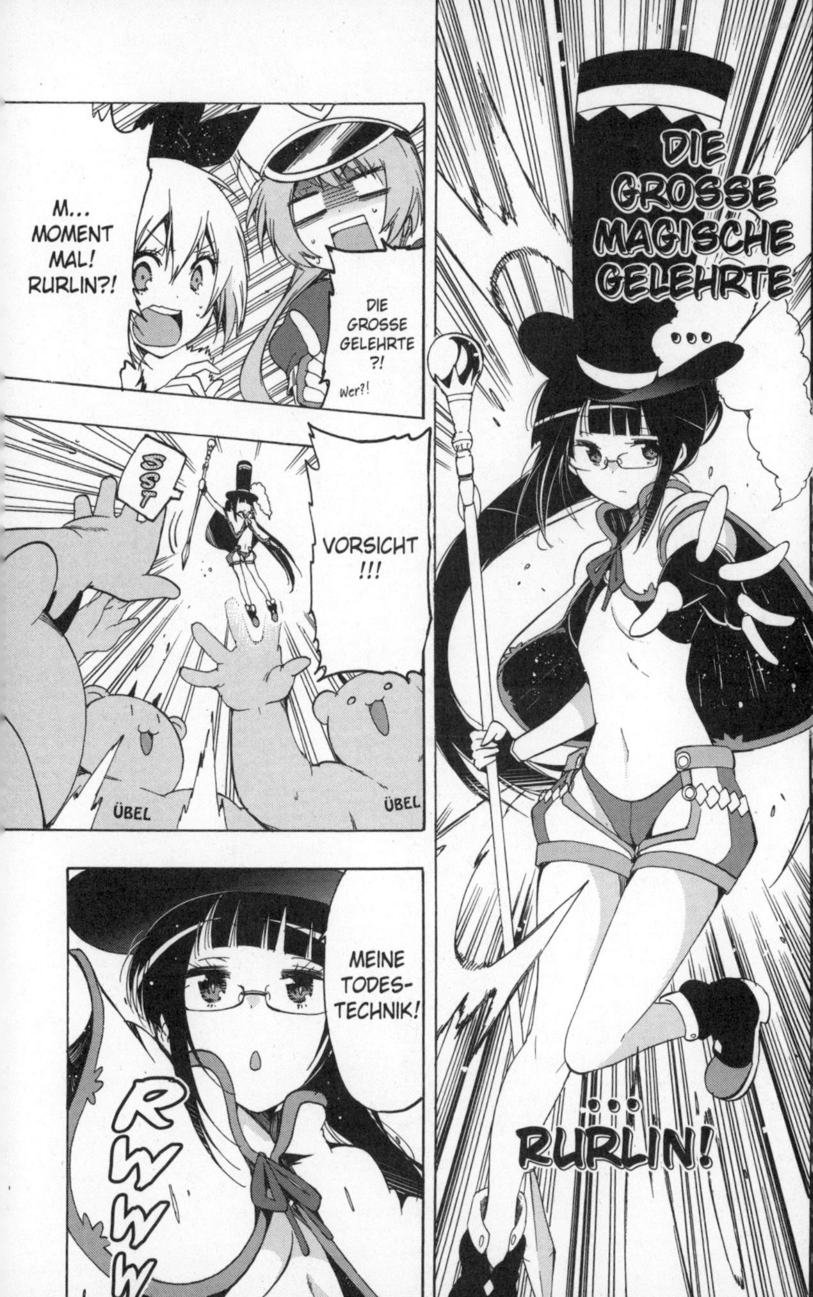
DIE GROSSE MAGISCHE GELEHRTE
...
... RURLIN!
DIE GROSSE GELEHRTE ?!
Wer?!
M... MOMENT MAL! RURLIN?!
VORSICHT !!!
SST
ÜBEL
ÜBEL
MEINE TODES-TECHNIK!
RWWWW

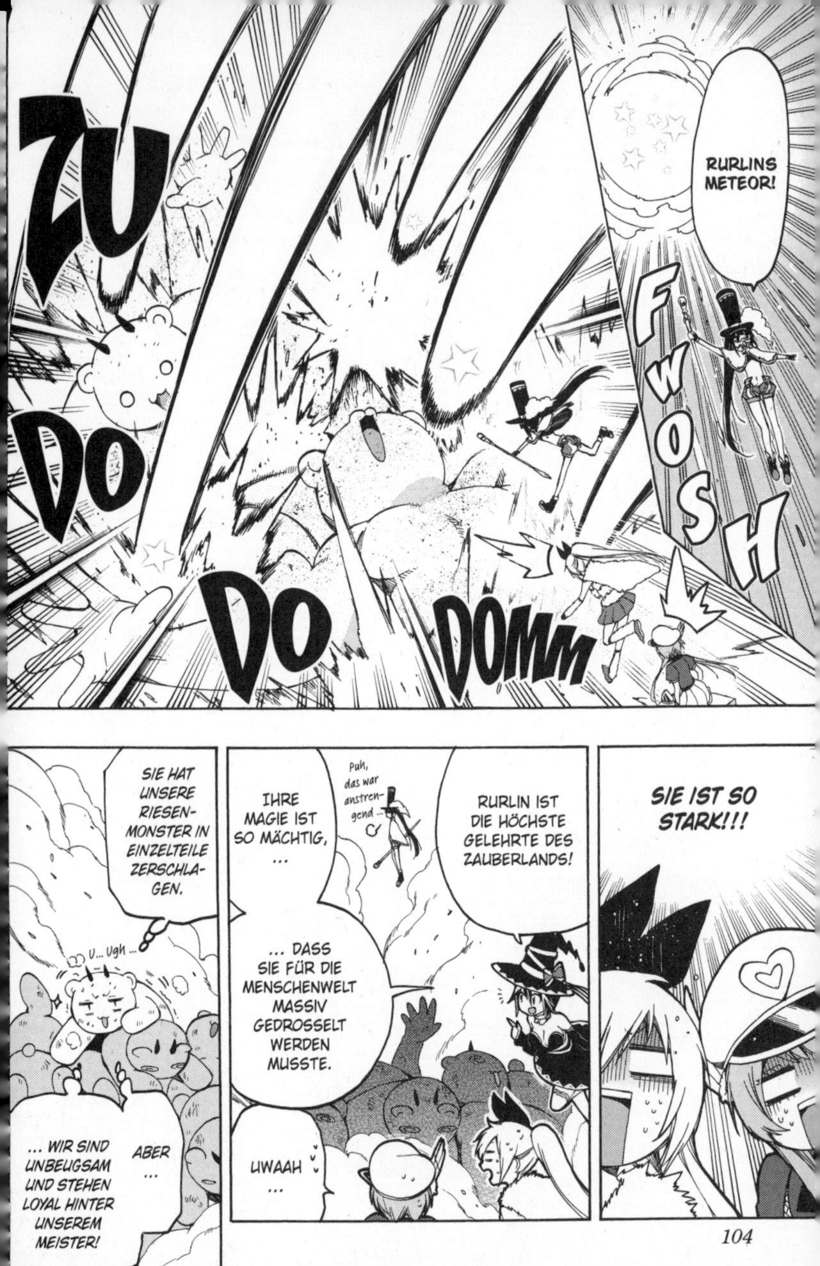

RURLINS METEOR!

FWOSH

ZU

DO

DO

DOMM

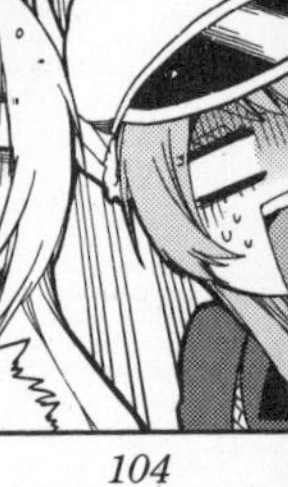

RURLIN IST DIE HÖCHSTE GELEHRTE DES ZAUBERLANDS!

Puh, das war anstrengend ...

IHRE MAGIE IST SO MÄCHTIG, ...

... DASS SIE FÜR DIE MENSCHENWELT MASSIV GEDROSSELT WERDEN MUSSTE.

UWAAH ...

SIE HAT UNSERE RIESEN-MONSTER IN EINZELTEILE ZERSCHLA-GEN.

U... Ugh ...

ABER ...

... WIR SIND UNBEUGSAM UND STEHEN LOYAL HINTER UNSEREM MEISTER!

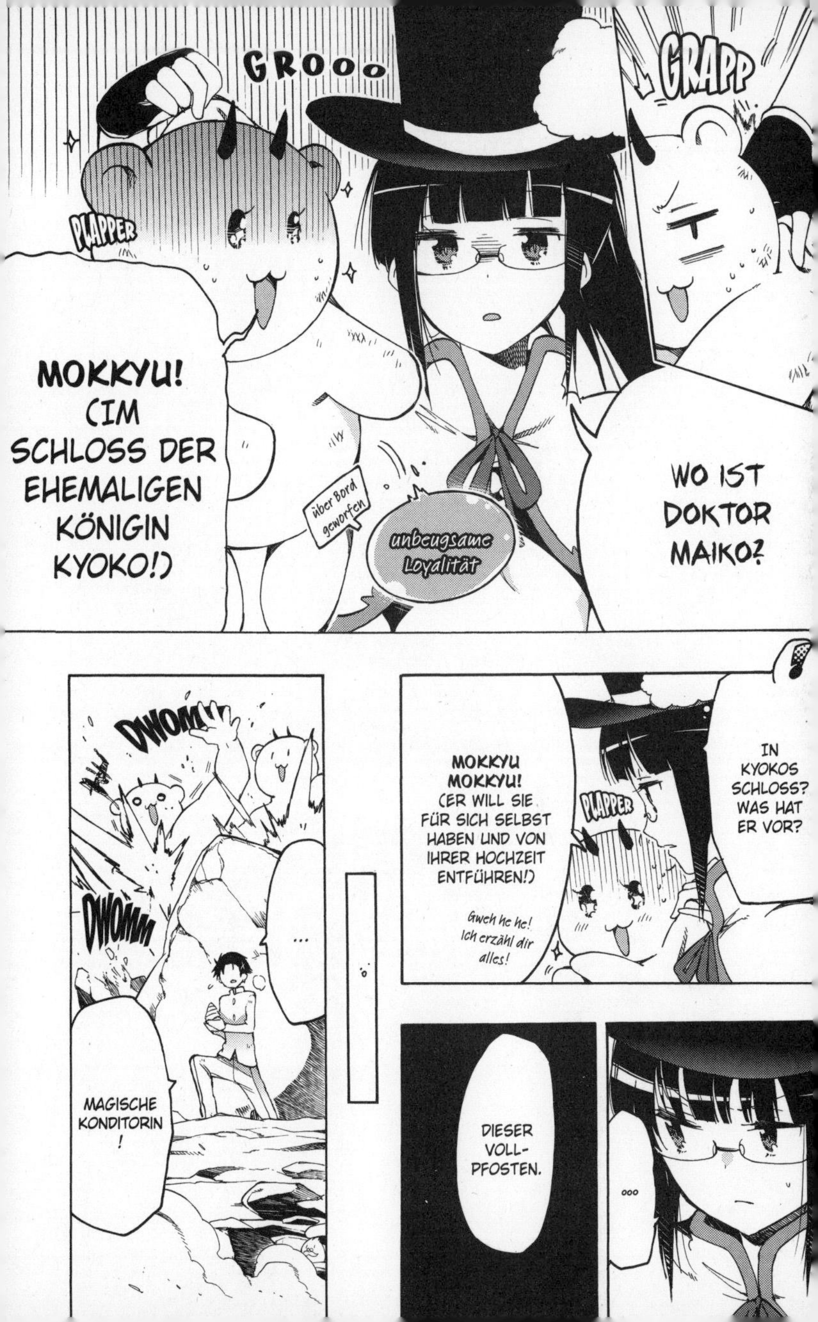

GRAPP

GROOO

WO IST DOKTOR MAIKO?

PLAPPER

MOKKYU! (IM SCHLOSS DER EHEMALIGEN KÖNIGIN KYOKO!)

über Bord geworfen

unbeugsame Loyalität

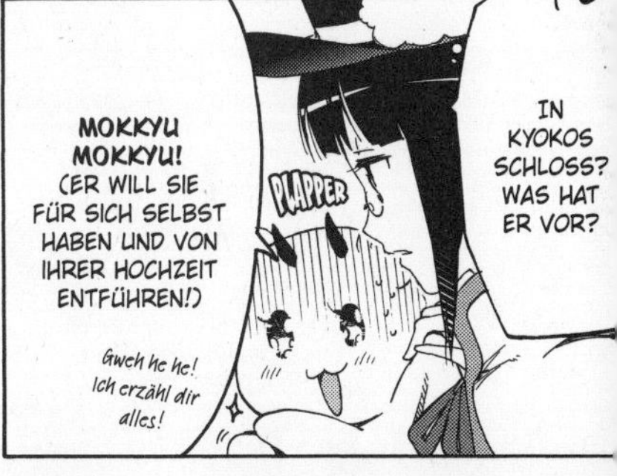

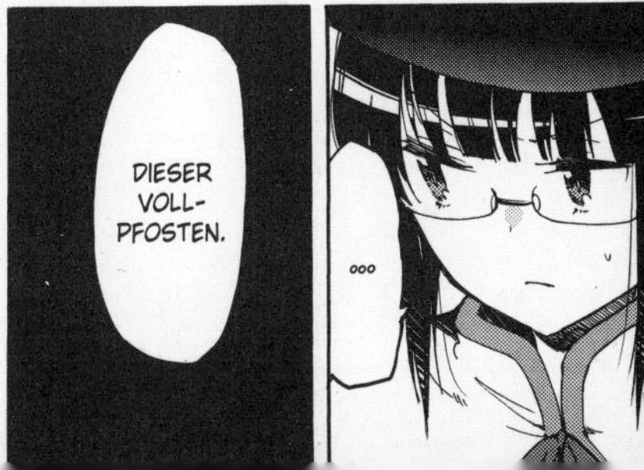

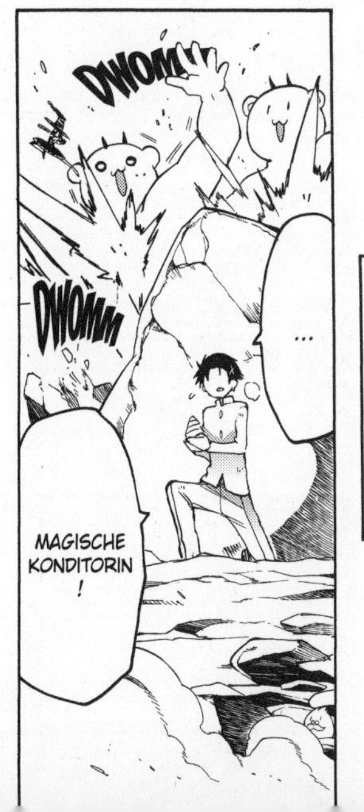

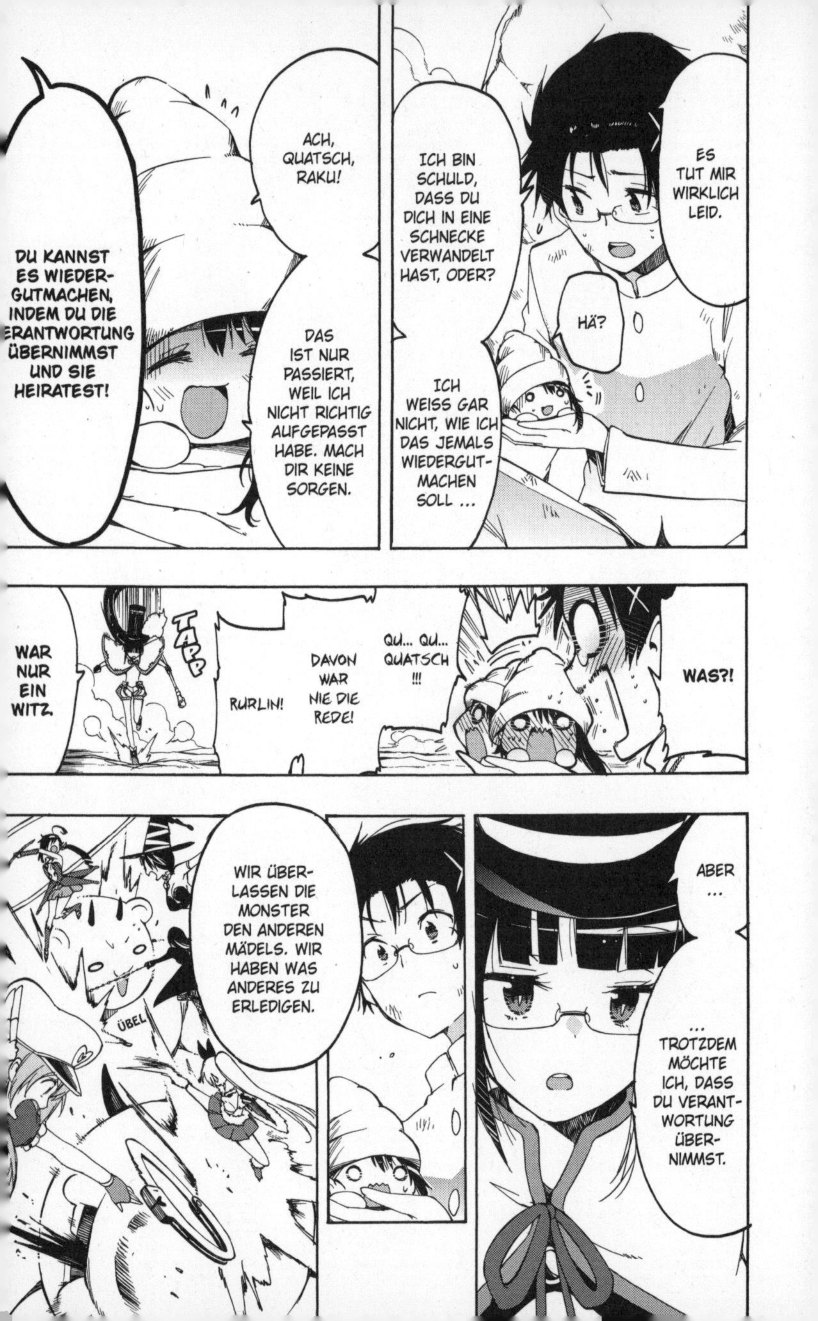

ES TUT MIR WIRKLICH LEID.
HÄ?
ICH BIN SCHULD, DASS DU DICH IN EINE SCHNECKE VERWANDELT HAST, ODER?
ICH WEISS GAR NICHT, WIE ICH DAS JEMALS WIEDERGUTMACHEN SOLL …
ACH, QUATSCH, RAKU!
DAS IST NUR PASSIERT, WEIL ICH NICHT RICHTIG AUFGEPASST HABE. MACH DIR KEINE SORGEN.
DU KANNST ES WIEDERGUTMACHEN, INDEM DU DIE VERANTWORTUNG ÜBERNIMMST UND SIE HEIRATEST!
WAS?!
QU… QU… QUATSCH !!!
DAVON WAR NIE DIE REDE!
RURLIN!
TAPP
WAR NUR EIN WITZ.
ABER …
… TROTZDEM MÖCHTE ICH, DASS DU VERANTWORTUNG ÜBERNIMMST.
WIR ÜBERLASSEN DIE MONSTER DEN ANDEREN MÄDELS. WIR HABEN WAS ANDERES ZU ERLEDIGEN.
ÜBEL

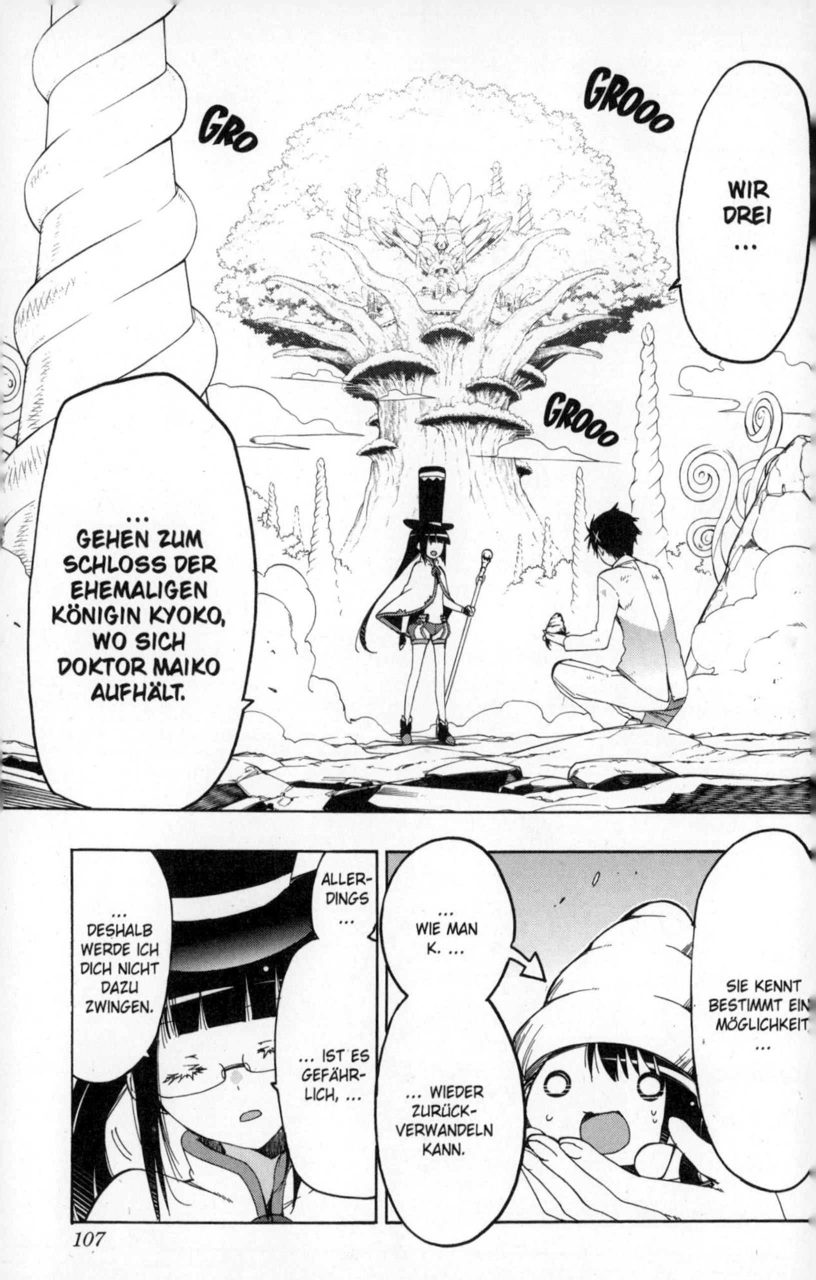

GROOO

GRO

WIR DREI ...

GROOO

... GEHEN ZUM SCHLOSS DER EHEMALIGEN KÖNIGIN KYOKO, WO SICH DOKTOR MAIKO AUFHÄLT.

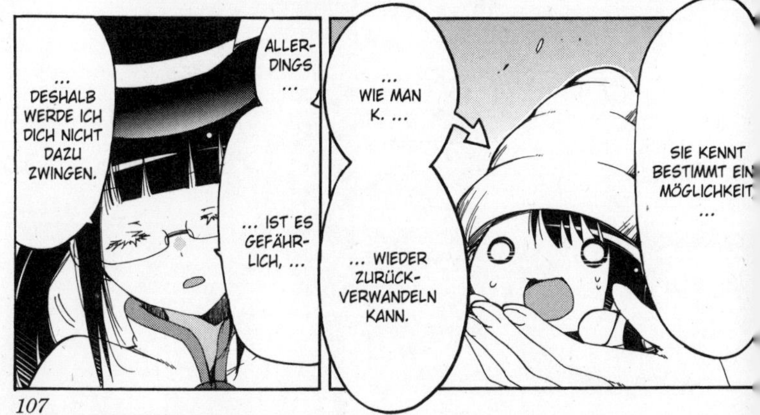

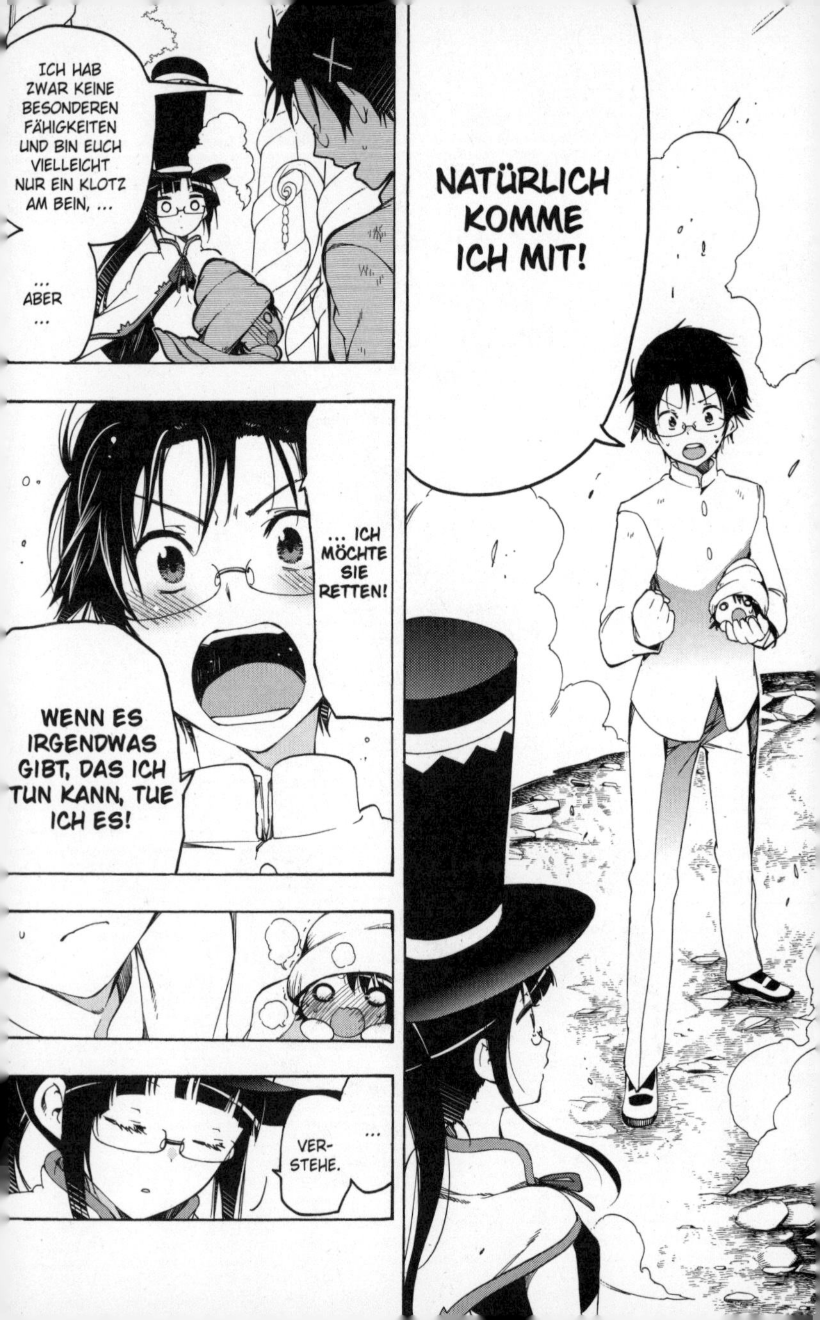

NATÜRLICH KOMME ICH MIT!

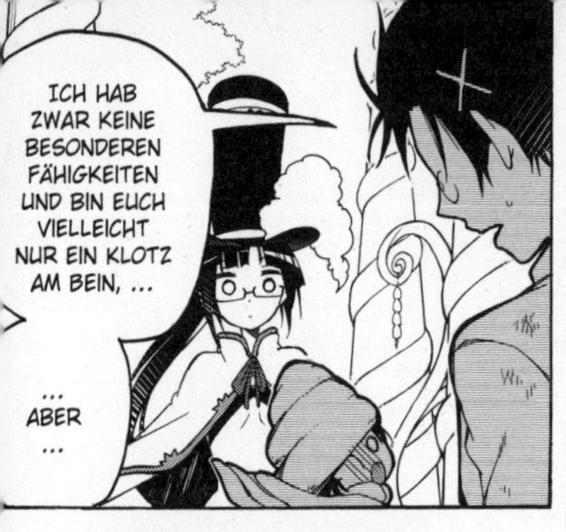
ICH HAB ZWAR KEINE BESONDEREN FÄHIGKEITEN UND BIN EUCH VIELLEICHT NUR EIN KLOTZ AM BEIN, ...
... ABER ...

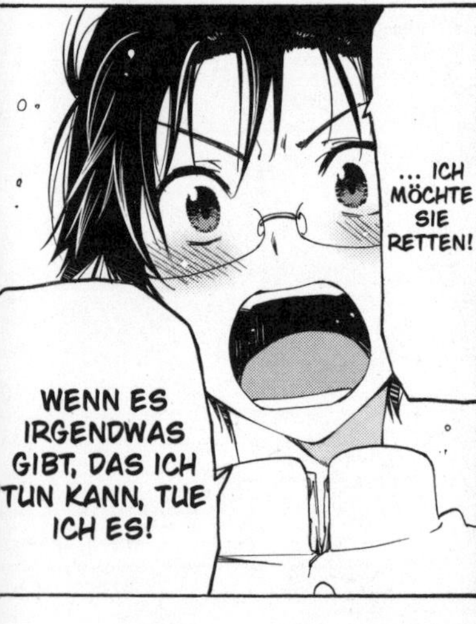
... ICH MÖCHTE SIE RETTEN!
WENN ES IRGENDWAS GIBT, DAS ICH TUN KANN, TUE ICH ES!

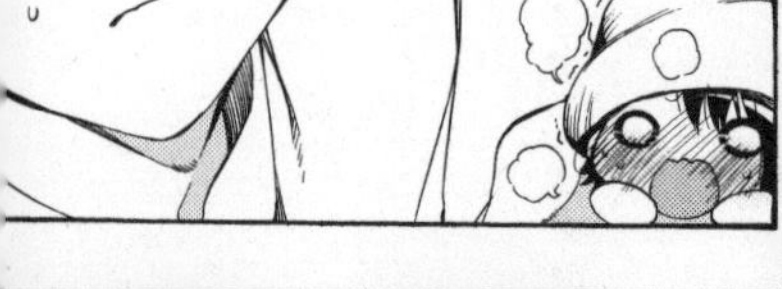

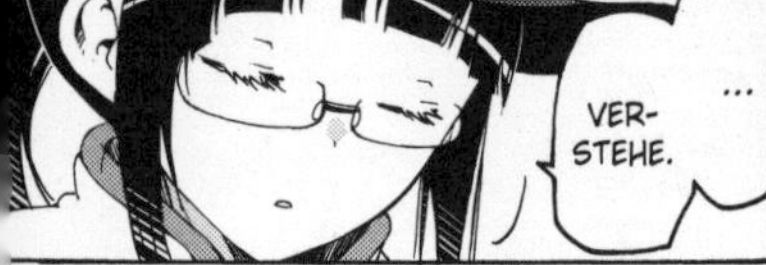
... VER-STEHE.

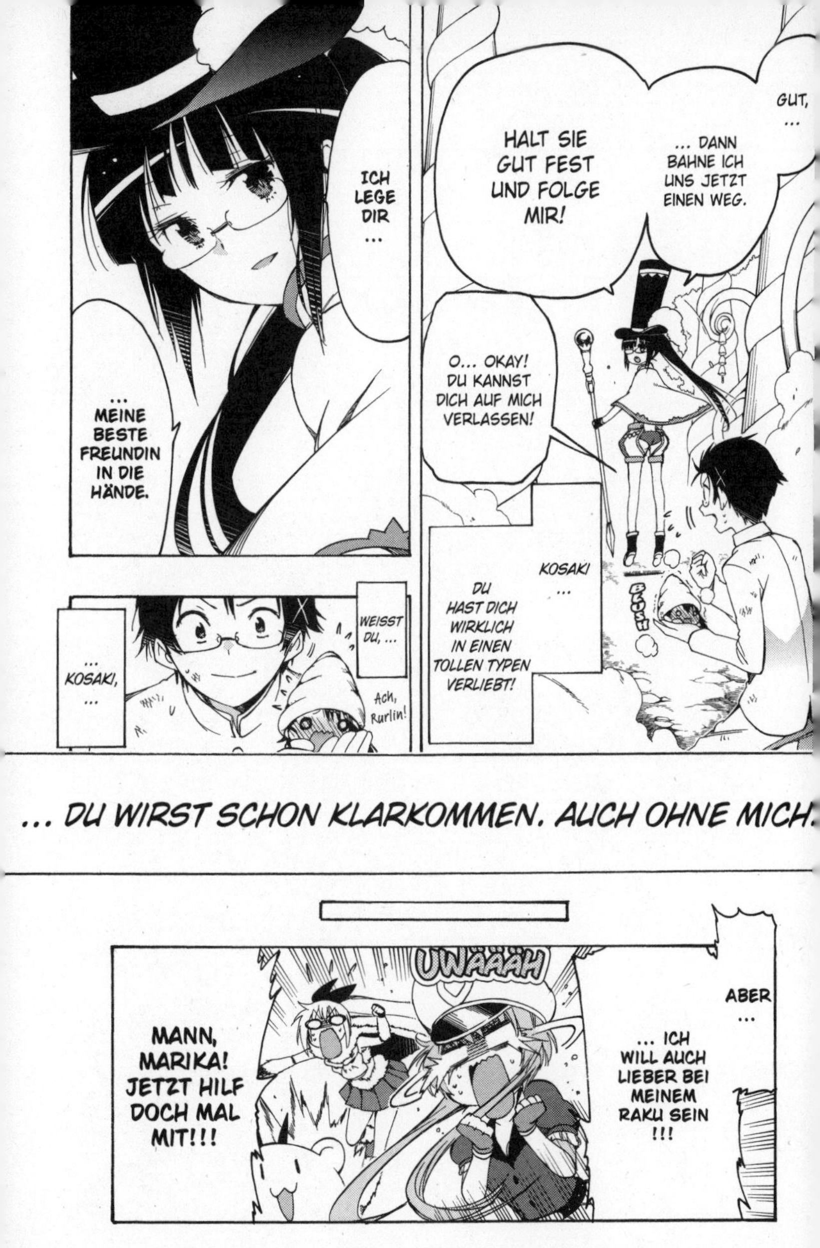

GUT, ...

... DANN BAHNE ICH UNS JETZT EINEN WEG.

HALT SIE GUT FEST UND FOLGE MIR!

O... OKAY! DU KANNST DICH AUF MICH VERLASSEN!

ICH LEGE DIR ...

... MEINE BESTE FREUNDIN IN DIE HÄNDE.

KOSAKI ...

DU HAST DICH WIRKLICH IN EINEN TOLLEN TYPEN VERLIEBT!

BLUSH

WEISST DU, ...

Ach, Rurlin!

... KOSAKI, ...

... DU WIRST SCHON KLARKOMMEN. AUCH OHNE MICH.

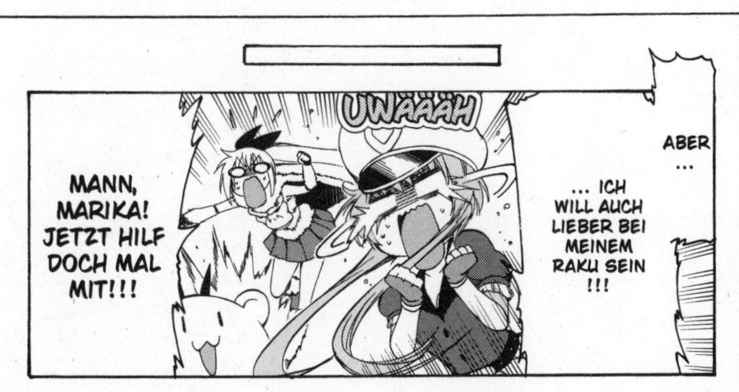

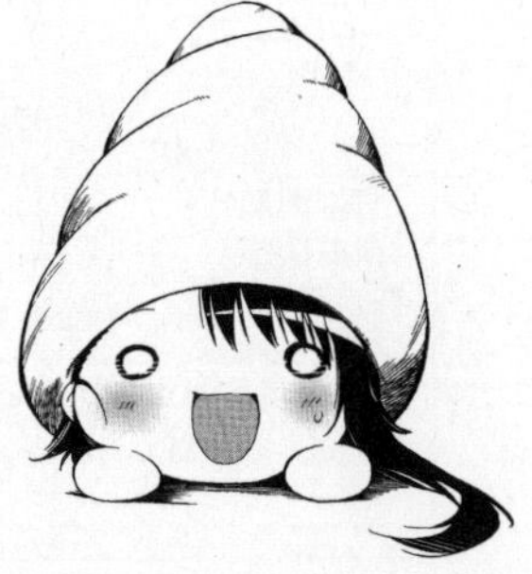

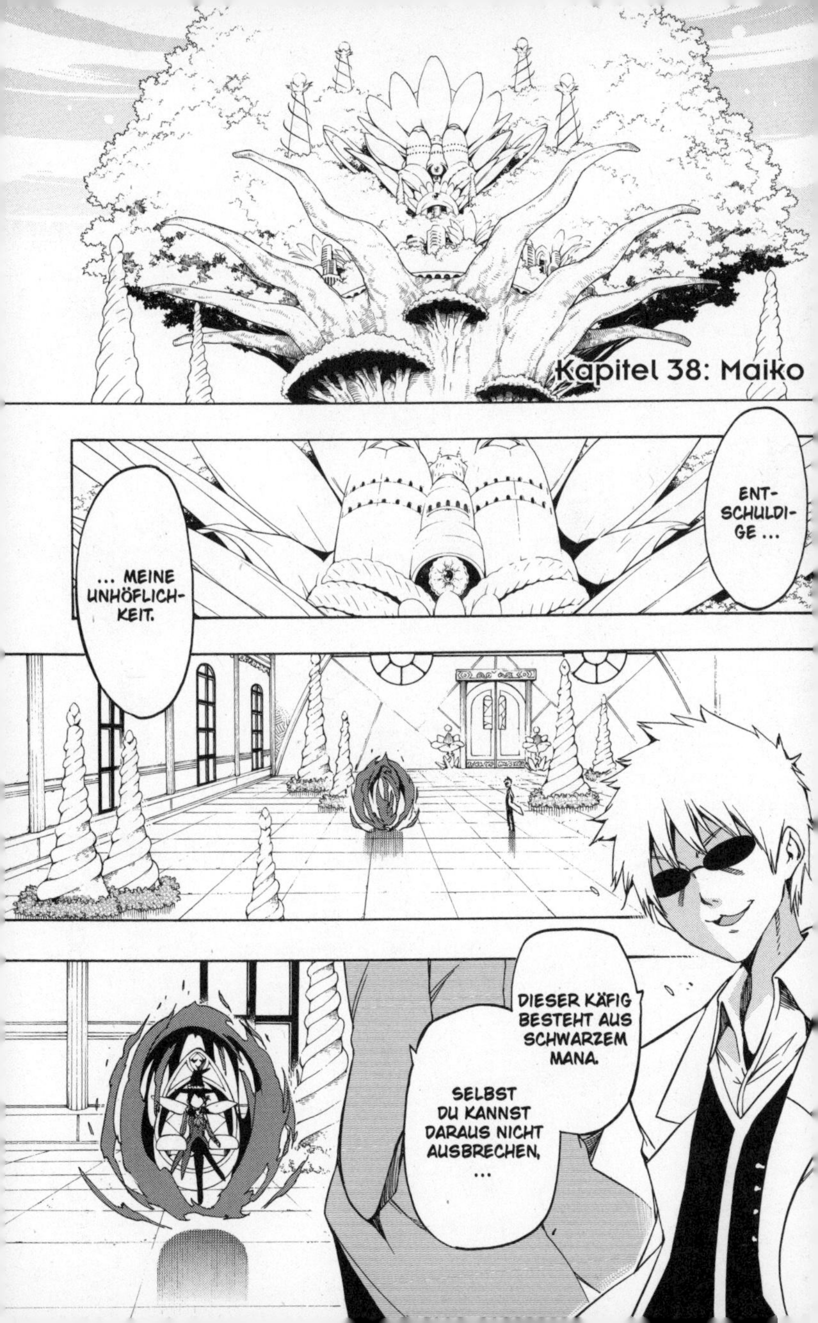
Kapitel 38: Maiko
ENT-SCHULDIGE ...
... MEINE UNHÖFLICH-KEIT.
DIESER KÄFIG BESTEHT AUS SCHWARZEM MANA.
SELBST DU KANNST DARAUS NICHT AUSBRECHEN, ...

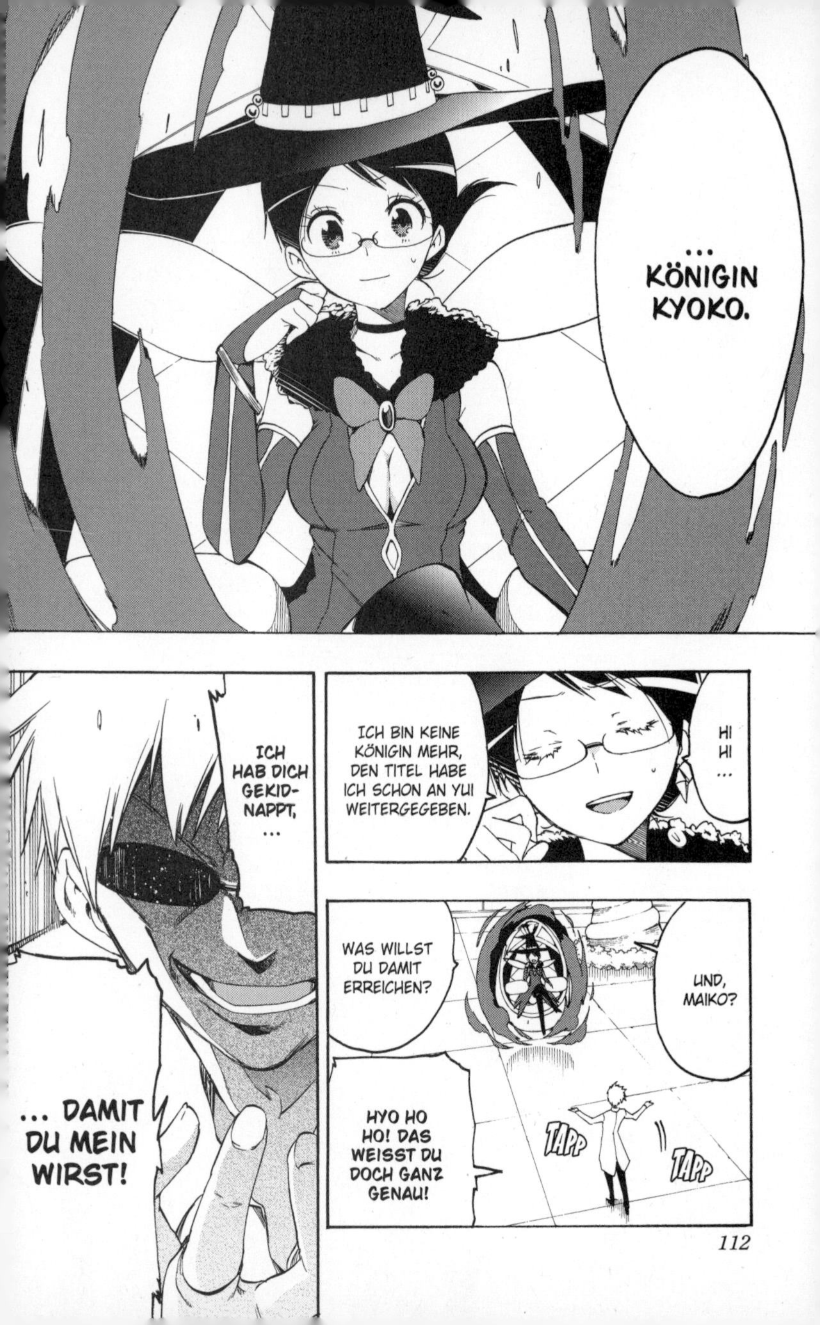

... KÖNIGIN KYOKO.

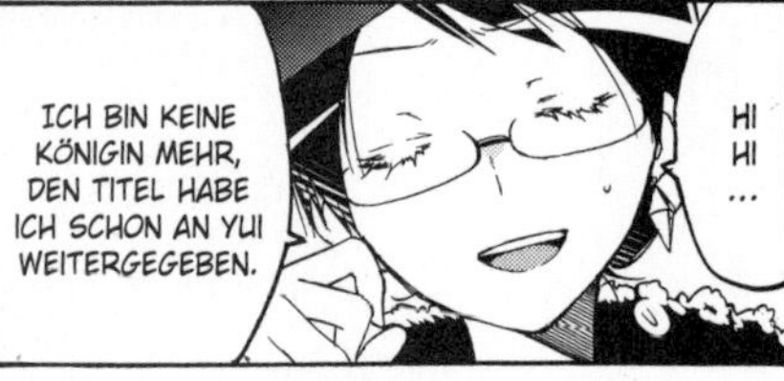

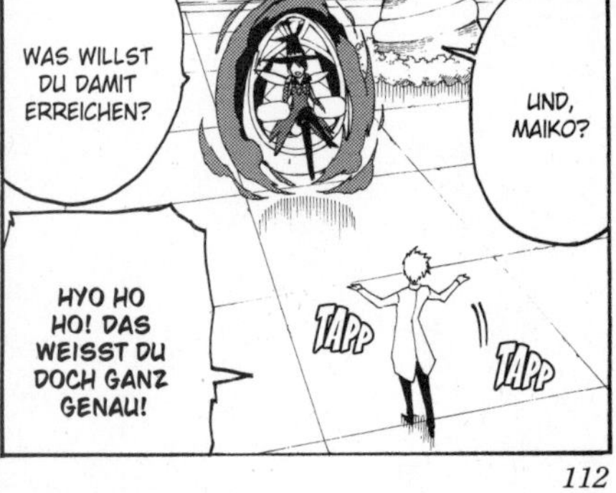

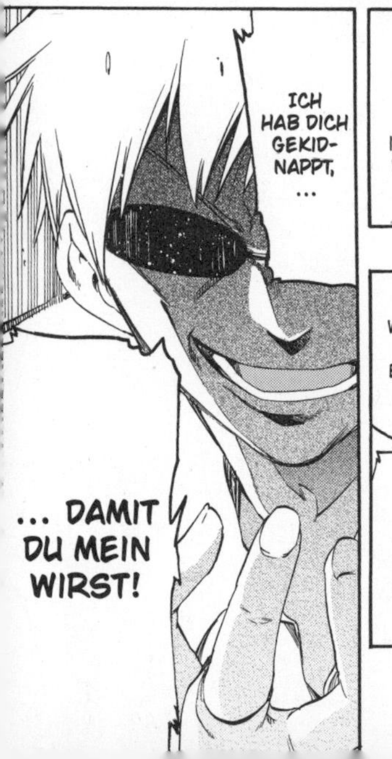

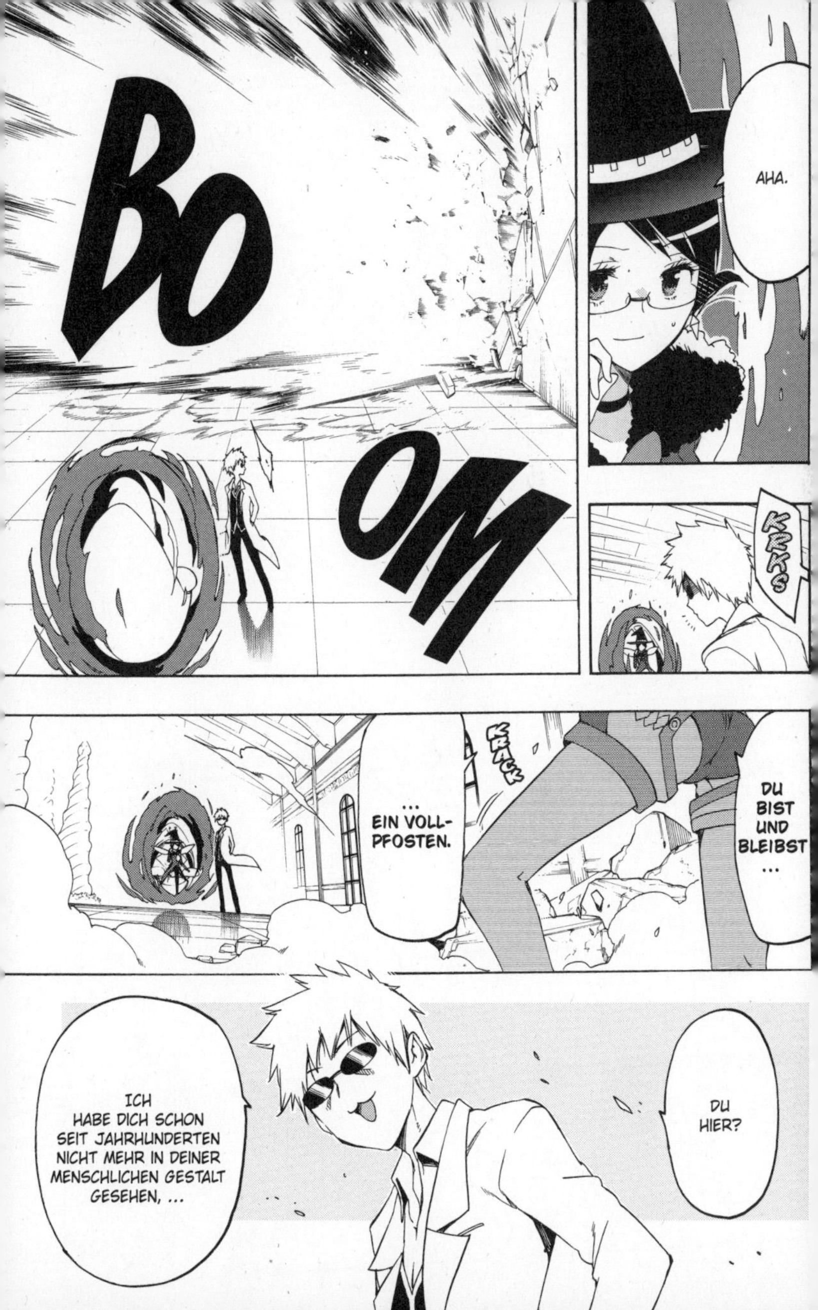
BO
OM
AHA.
KRKS
KRACK
DU BIST UND BLEIBST ...
... EIN VOLL-PFOSTEN.
DU HIER?
ICH HABE DICH SCHON SEIT JAHRHUNDERTEN NICHT MEHR IN DEINER MENSCHLICHEN GESTALT GESEHEN, ...

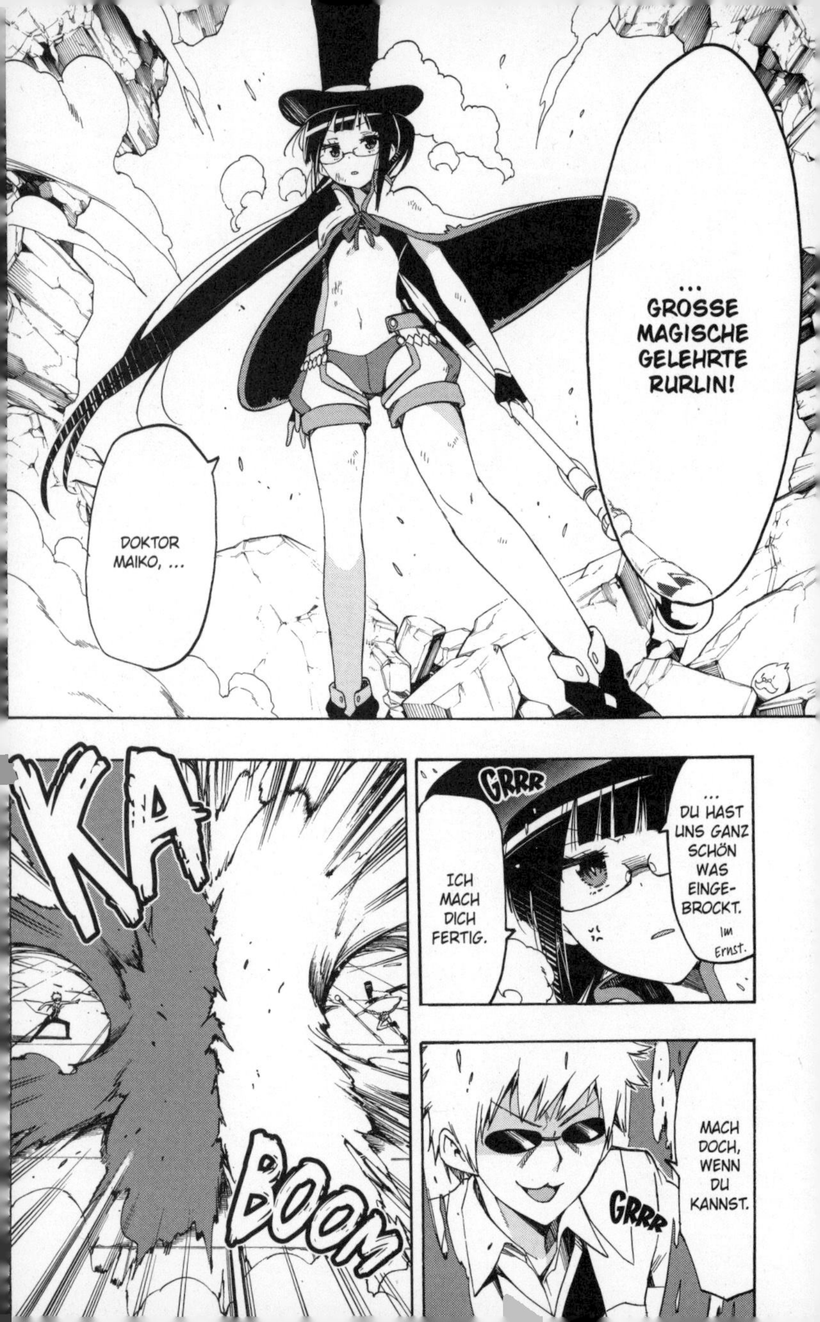

... GROSSE MAGISCHE GELEHRTE RURLIN!
DOKTOR MAIKO, ...
GRRR
... DU HAST UNS GANZ SCHÖN WAS EINGE-BROCKT.
Im Ernst.
ICH MACH DICH FERTIG.
KA
BOOM
MACH DOCH, WENN DU KANNST.
GRRR

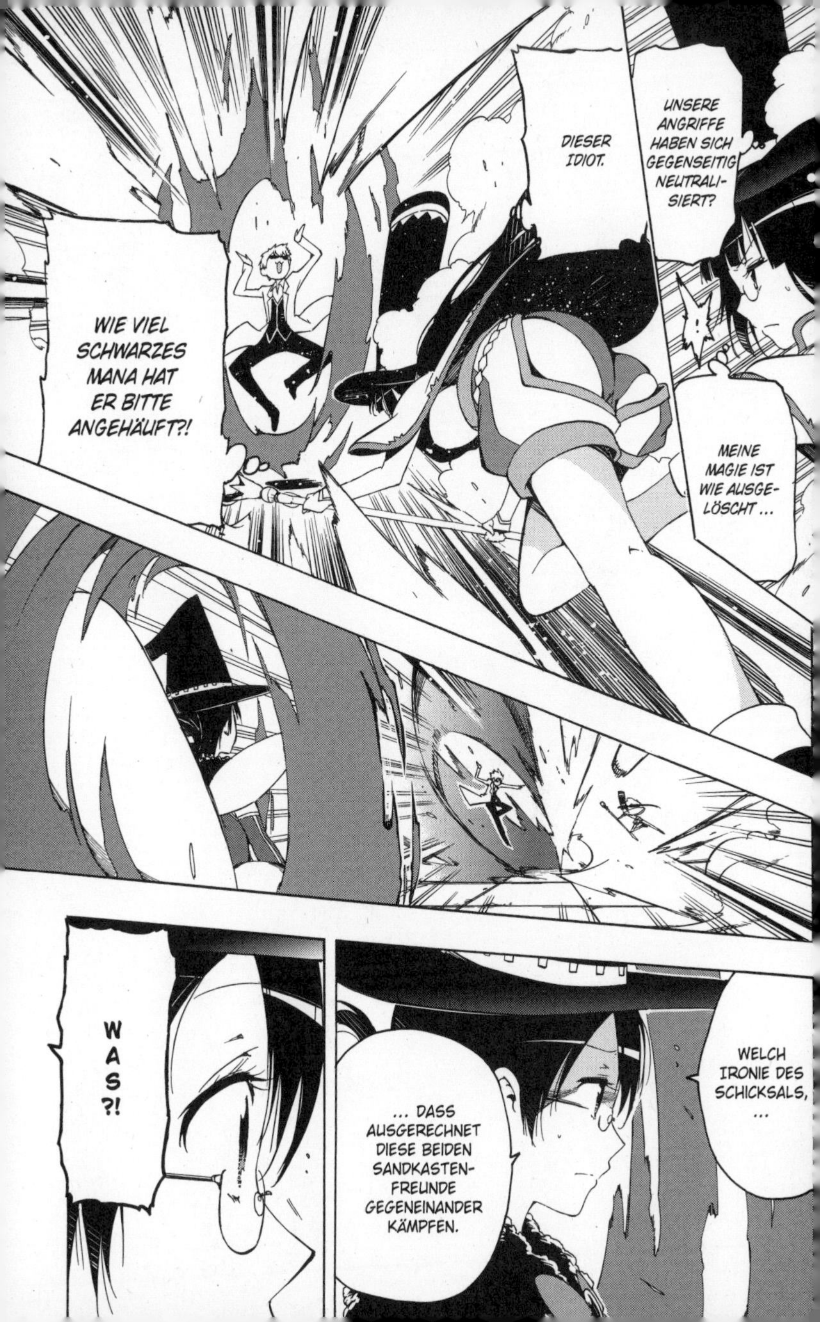
UNSERE ANGRIFFE HABEN SICH GEGENSEITIG NEUTRALISIERT?
DIESER IDIOT.
WIE VIEL SCHWARZES MANA HAT ER BITTE ANGEHÄUFT?!
MEINE MAGIE IST WIE AUSGELÖSCHT …
WELCH IRONIE DES SCHICKSALS, …
… DASS AUSGERECHNET DIESE BEIDEN SANDKASTENFREUNDE GEGENEINANDER KÄMPFEN.
WAS?!

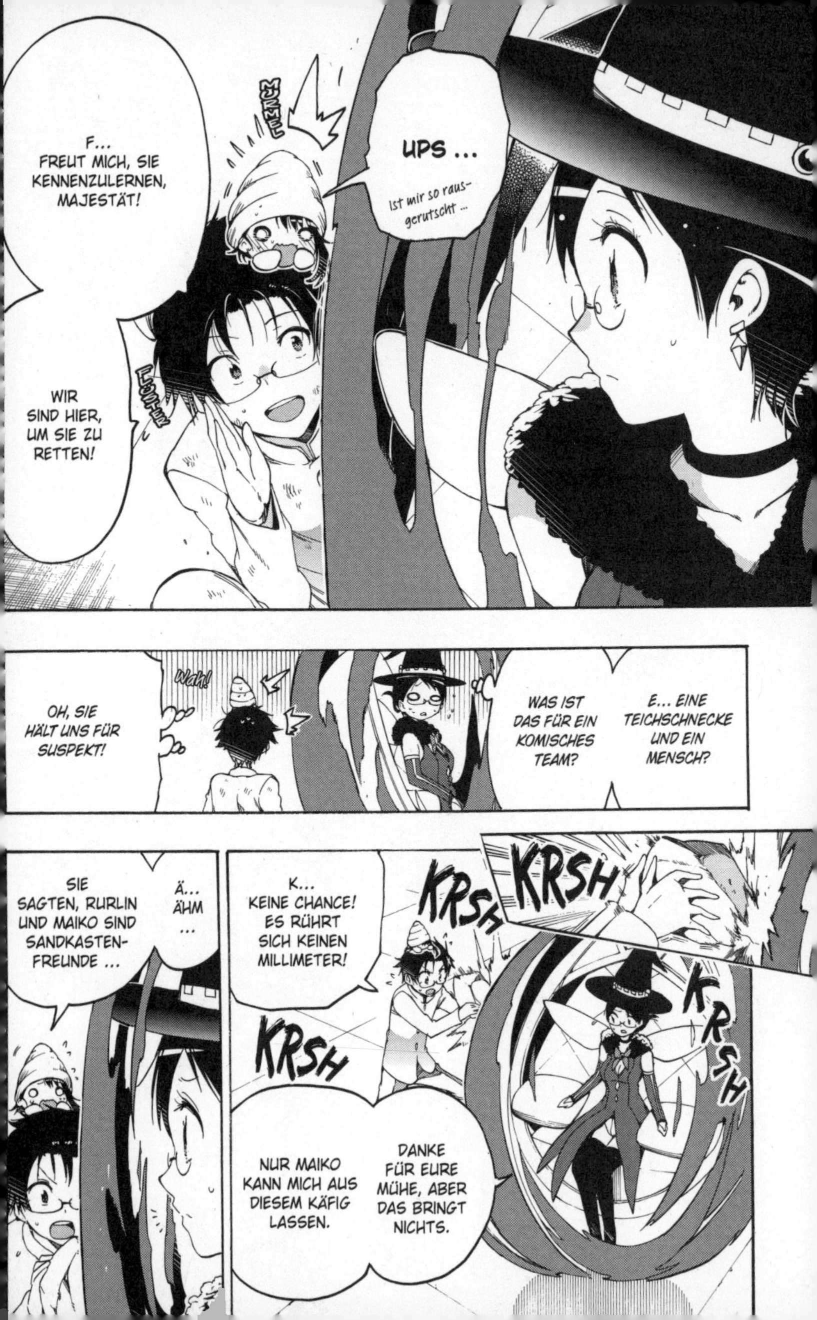

UPS ...
Ist mir so rausgerutscht ...
MURMEL
F... FREUT MICH, SIE KENNENZULERNEN, MAJESTÄT!
FLÜSTER
WIR SIND HIER, UM SIE ZU RETTEN!

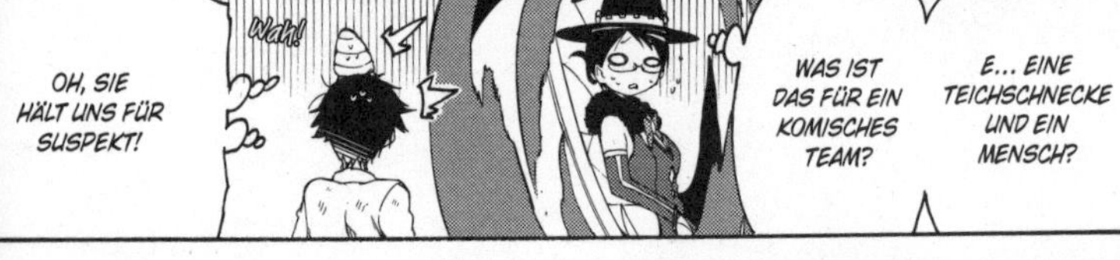

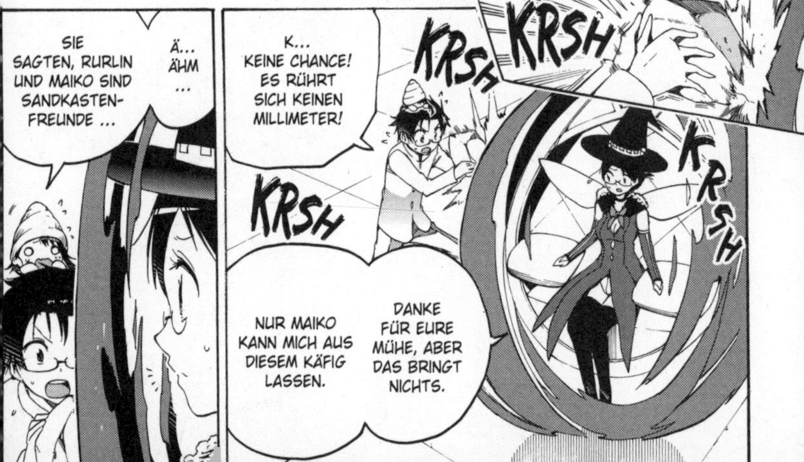

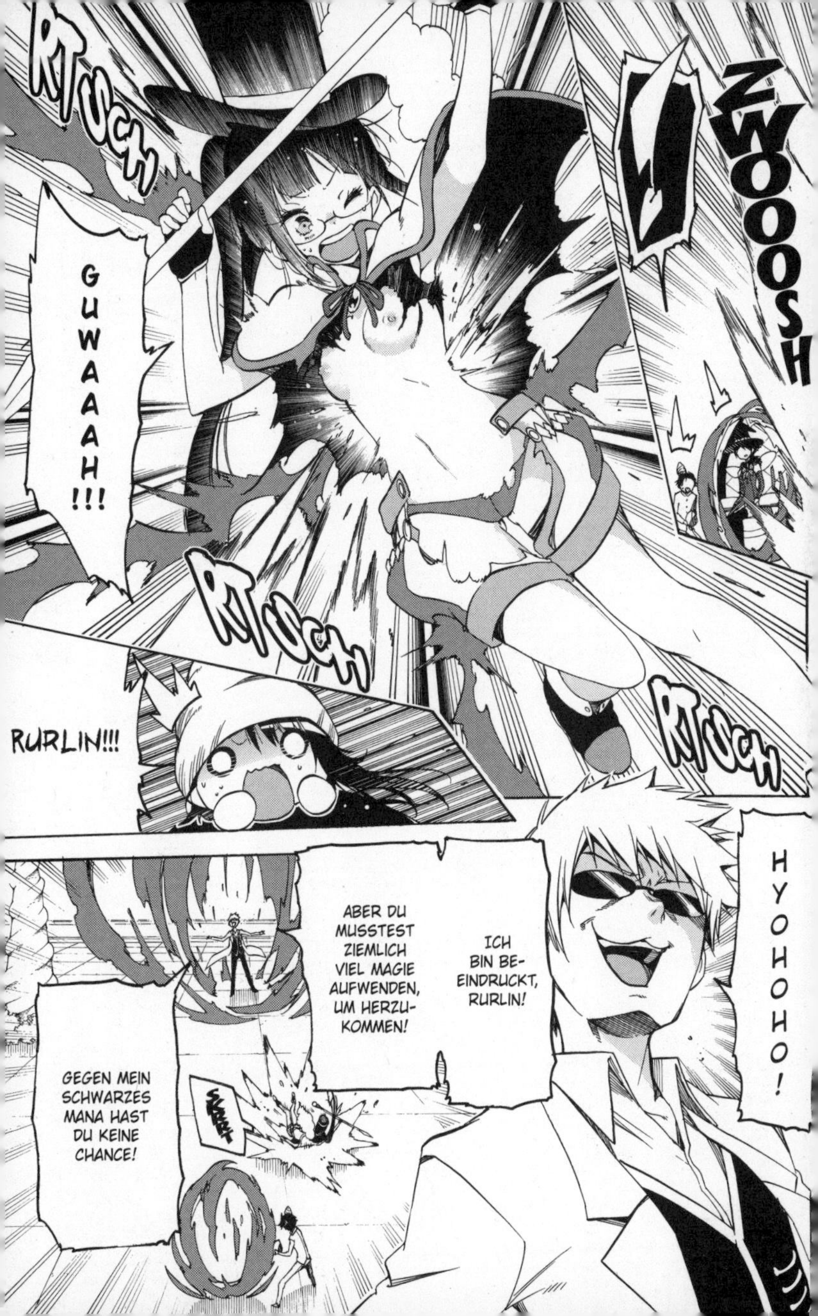
ZWOOOOSH
RITSCH
GUWAAAAAH!!!
RITSCH
RITSCH
RURLIN!!!
HYOHOHO!
ICH BIN BEEINDRUCKT, RURLIN!
ABER DU MUSSTEST ZIEMLICH VIEL MAGIE AUFWENDEN, UM HERZUKOMMEN!
GEGEN MEIN SCHWARZES MANA HAST DU KEINE CHANCE!

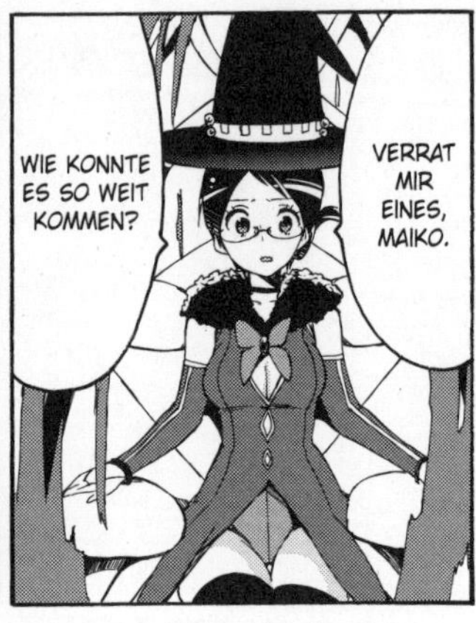
VERRAT MIR EINES, MAIKO.
WIE KONNTE ES SO WEIT KOMMEN?

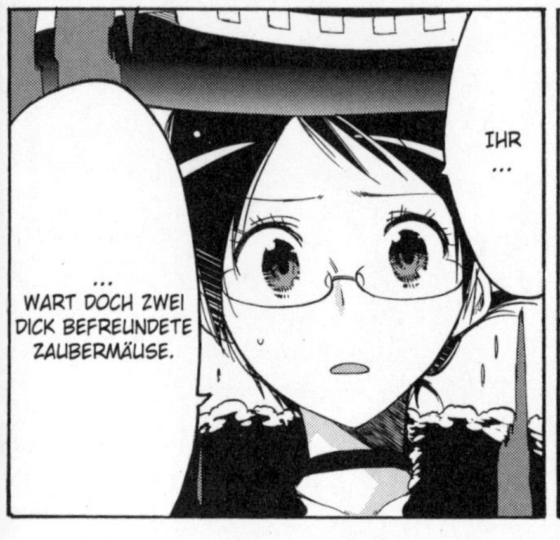
IHR ...
... WART DOCH ZWEI DICK BEFREUNDETE ZAUBERMÄUSE.

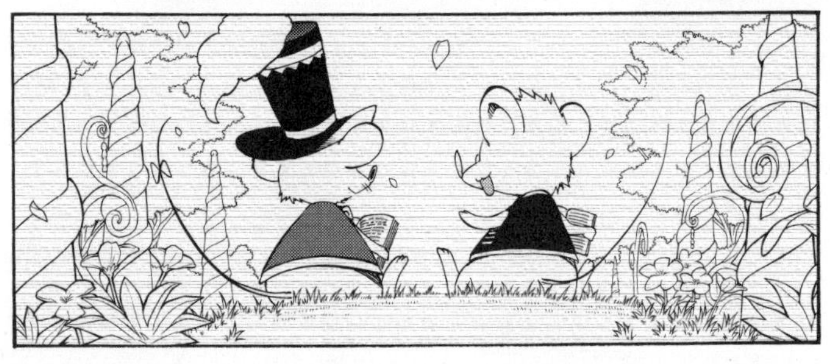

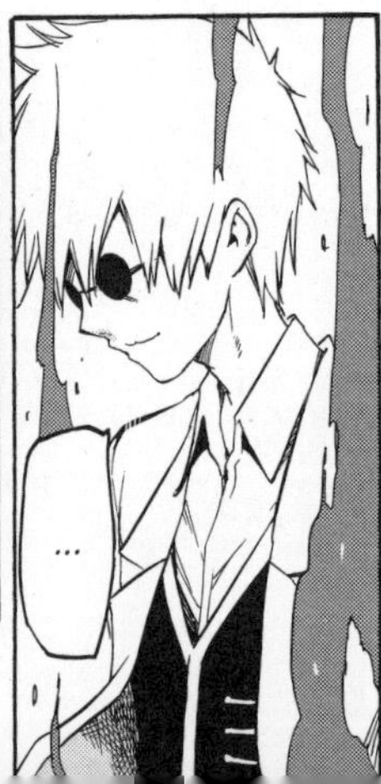
...

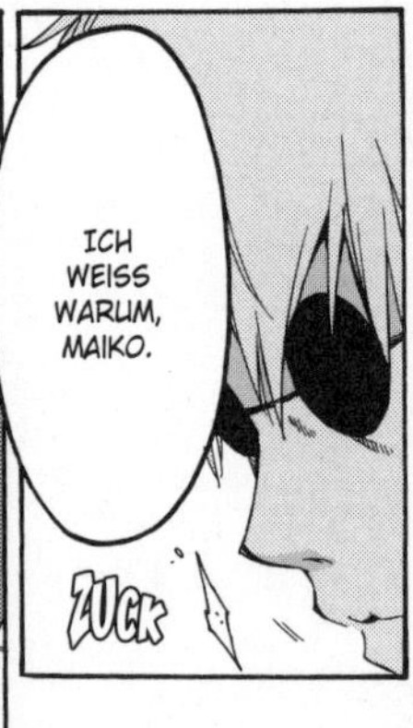
ICH WEISS WARUM, MAIKO.
ZUCK

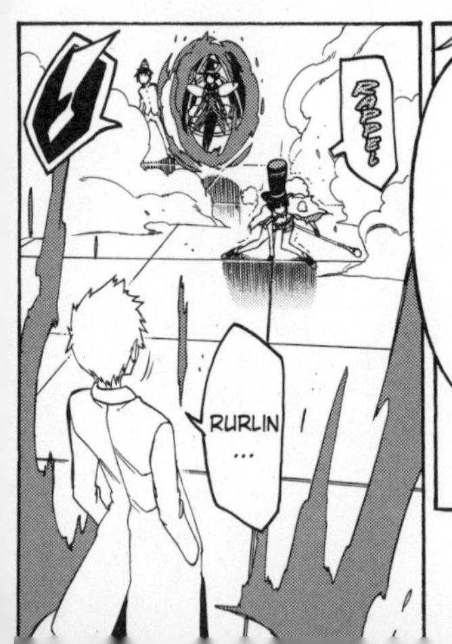
ZAPPEL!
RURLIN ...

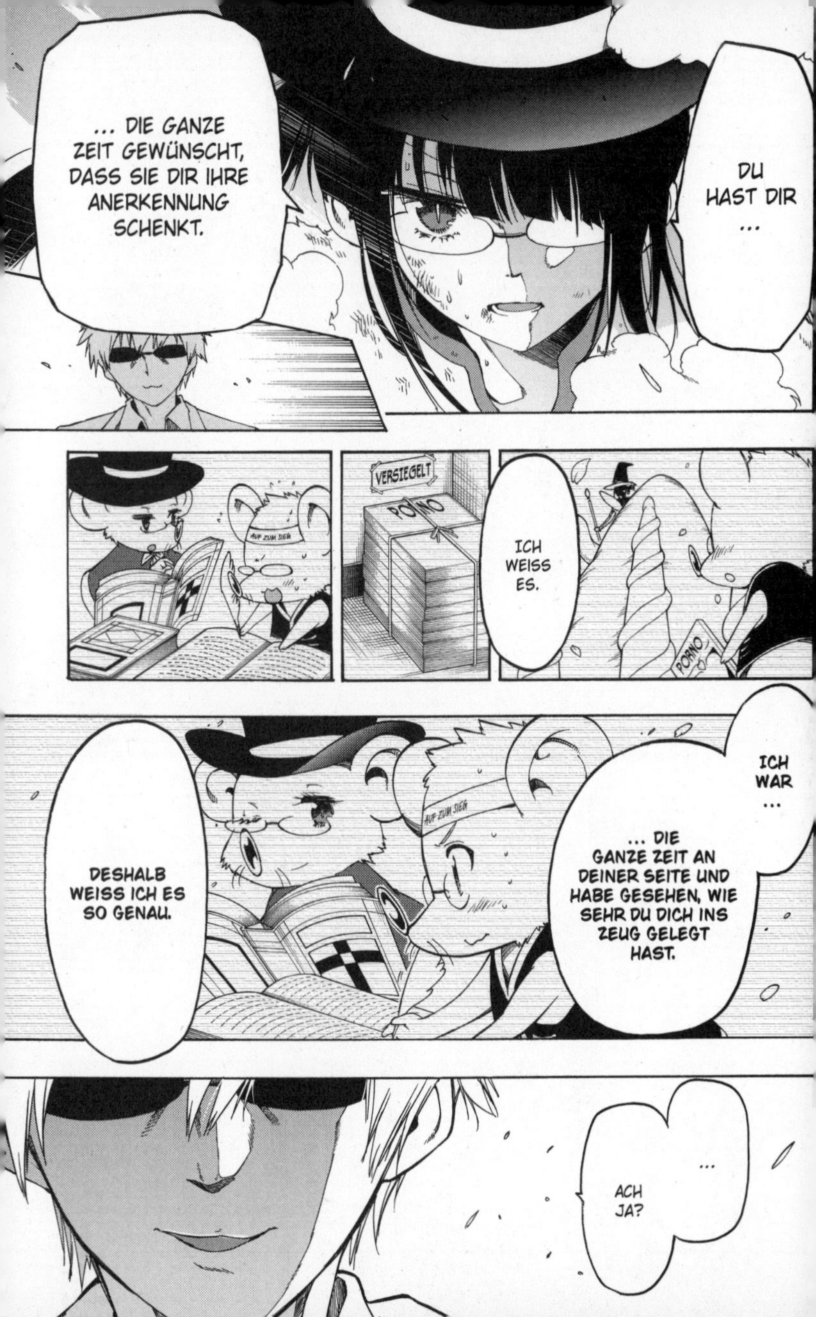
DU HAST DIR ...
... DIE GANZE ZEIT GEWÜNSCHT, DASS SIE DIR IHRE ANERKENNUNG SCHENKT.
ICH WEISS ES.
PORNO
VERSIEGELT
PORNO
AUF ZUM SIEG
ICH WAR ...
... DIE GANZE ZEIT AN DEINER SEITE UND HABE GESEHEN, WIE SEHR DU DICH INS ZEUG GELEGT HAST.
AUF ZUM SIEG
DESHALB WEISS ICH ES SO GENAU.
... ACH JA?

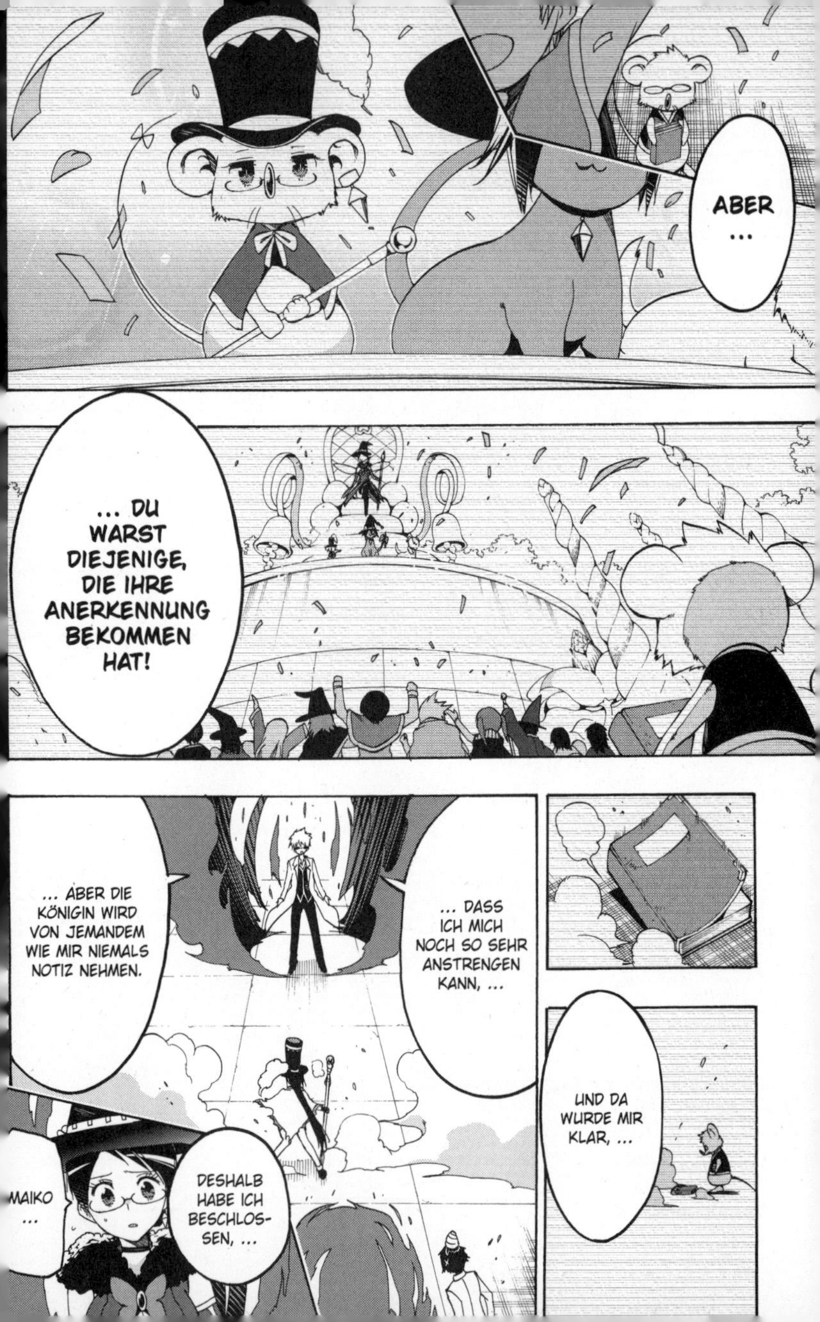

ABER ...

... DU WARST DIEJENIGE, DIE IHRE ANERKENNUNG BEKOMMEN HAT!

UND DA WURDE MIR KLAR, ...

... DASS ICH MICH NOCH SO SEHR ANSTRENGEN KANN, ...

... ABER DIE KÖNIGIN WIRD VON JEMANDEM WIE MIR NIEMALS NOTIZ NEHMEN.

DESHALB HABE ICH BESCHLOS-SEN, ...

MAIKO ...

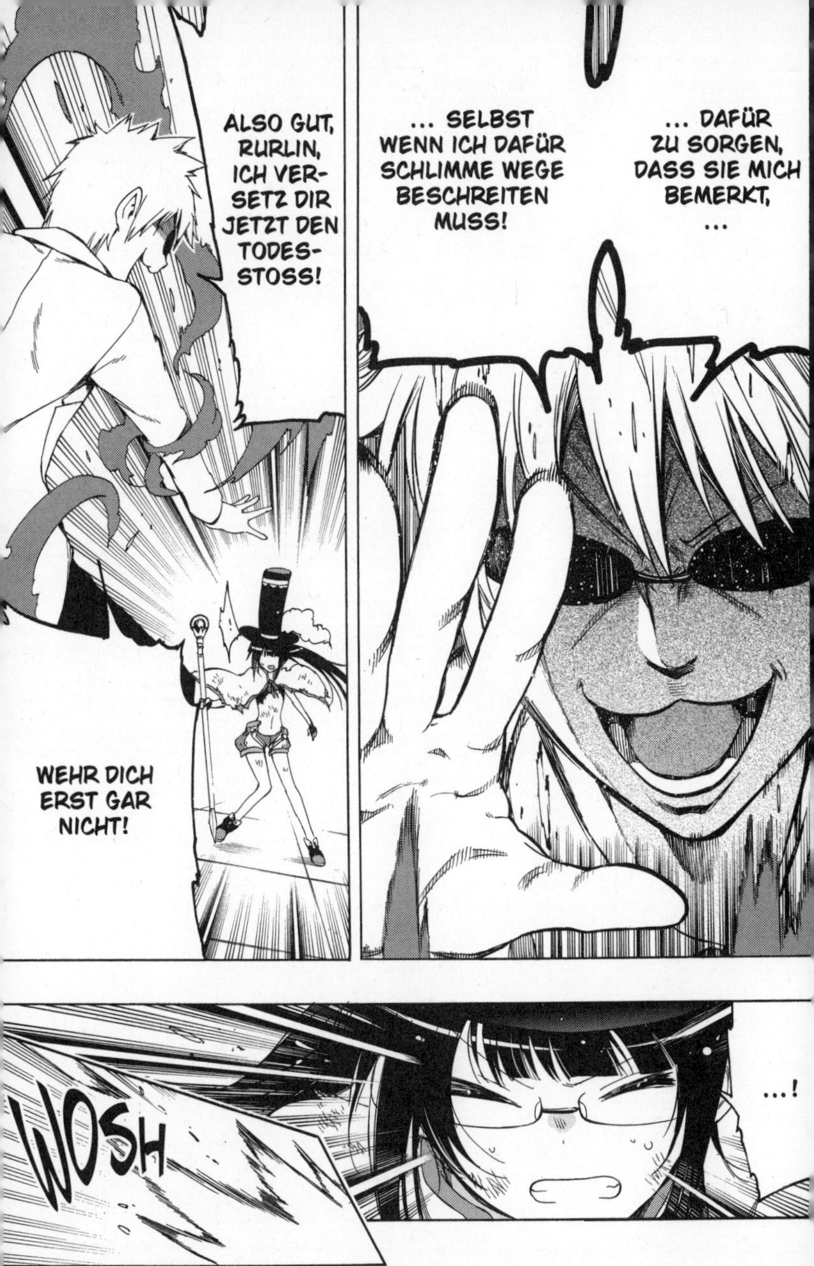
… DAFÜR ZU SORGEN, DASS SIE MICH BEMERKT, …
… SELBST WENN ICH DAFÜR SCHLIMME WEGE BESCHREITEN MUSS!
ALSO GUT, RURLIN, ICH VERSETZ DIR JETZT DEN TODESSTOSS!
WEHR DICH ERST GAR NICHT!
…!
WOSH

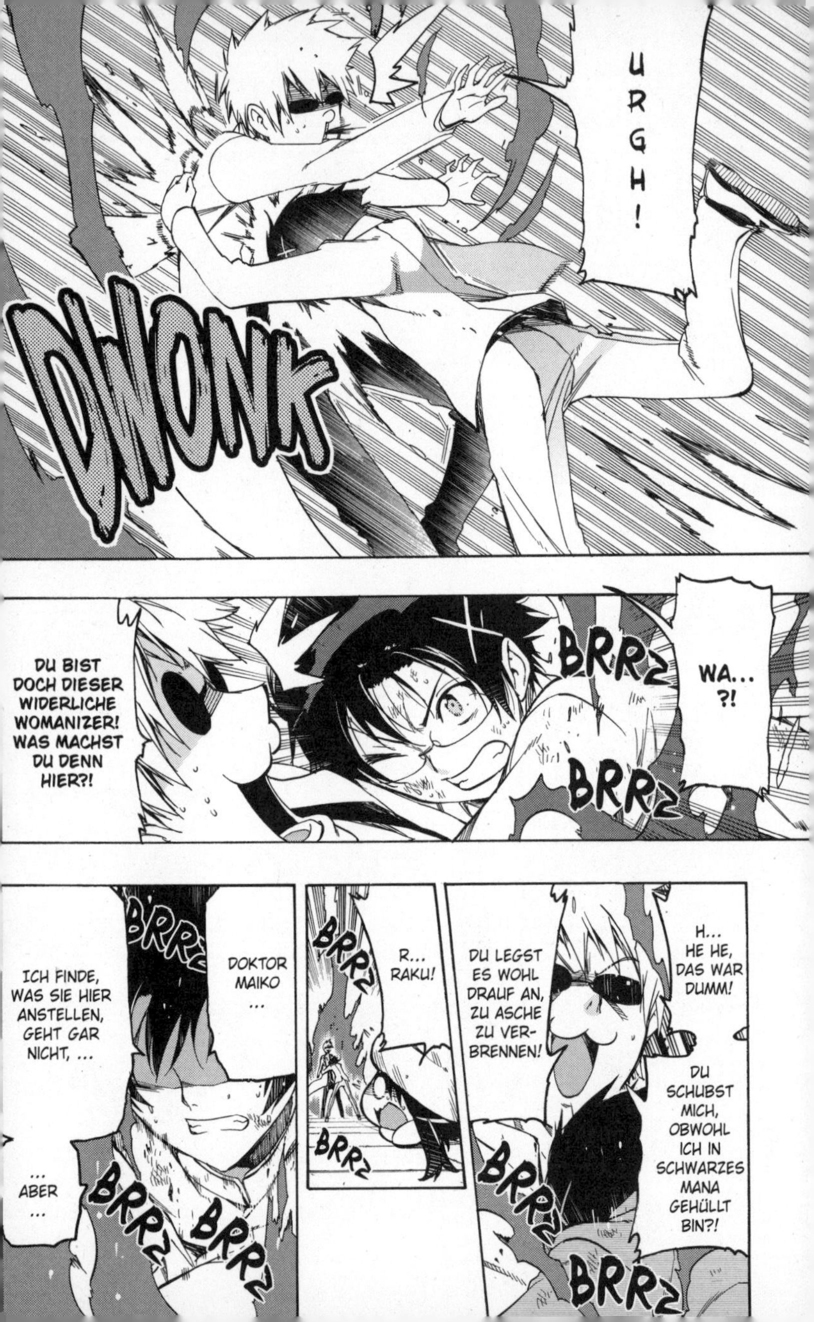

URGH!
DWONK

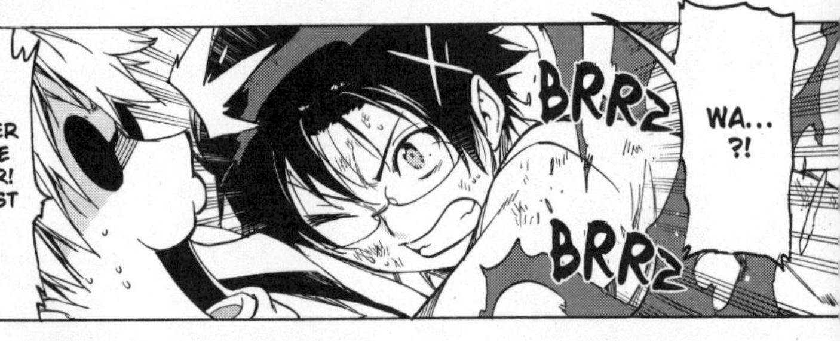
WA...?!
BRRZ
BRRZ
DU BIST DOCH DIESER WIDERLICHE WOMANIZER! WAS MACHST DU DENN HIER?!

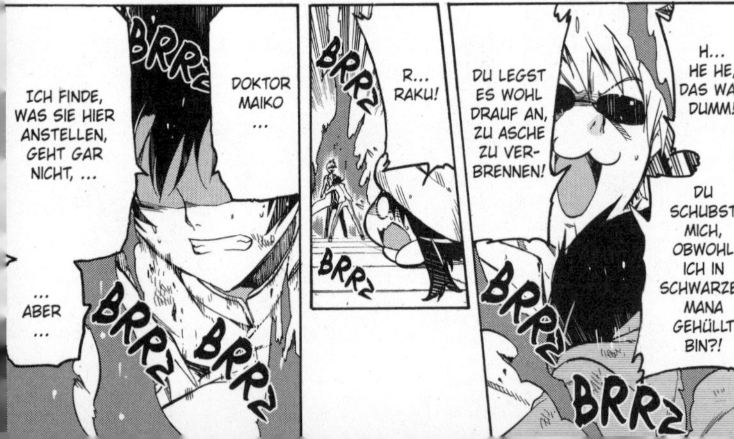
H... HE HE, DAS WAR DUMM!
DU SCHUBST MICH, OBWOHL ICH IN SCHWARZES MANA GEHÜLLT BIN?!
DU LEGST ES WOHL DRAUF AN, ZU ASCHE ZU VERBRENNEN!
BRRZ
BRRZ
R... RAKU!
BRRZ
BRRZ
DOKTOR MAIKO ...
ICH FINDE, WAS SIE HIER ANSTELLEN, GEHT GAR NICHT, ...
... ABER ...
BRRZ
BRRZ
BRRZ
BRRZ

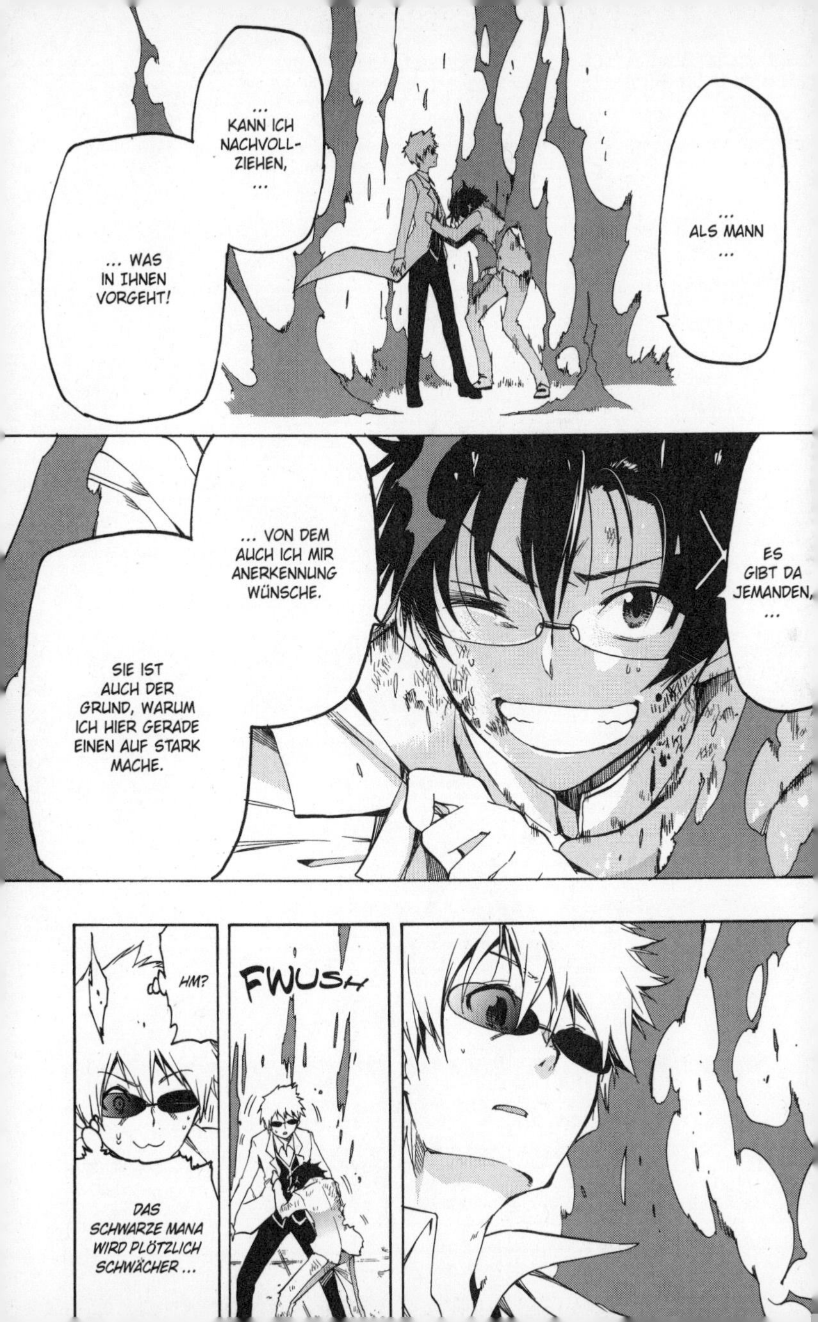

… ALS MANN …

… KANN ICH NACHVOLLZIEHEN, …

… WAS IN IHNEN VORGEHT!

ES GIBT DA JEMANDEN, …

… VON DEM AUCH ICH MIR ANERKENNUNG WÜNSCHE.

SIE IST AUCH DER GRUND, WARUM ICH HIER GERADE EINEN AUF STARK MACHE.

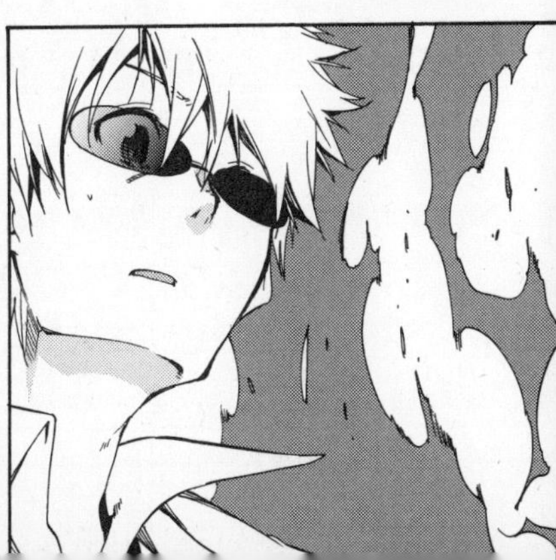

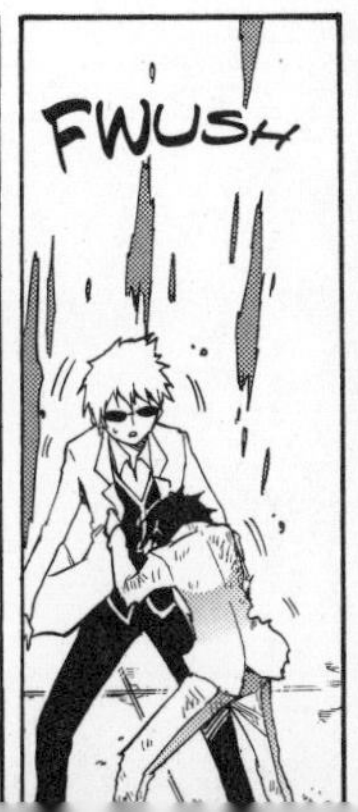

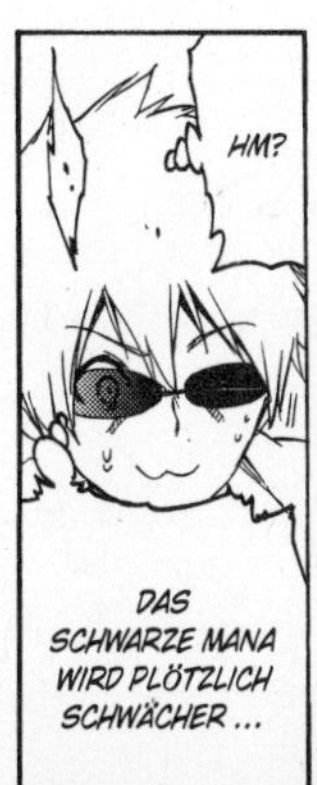

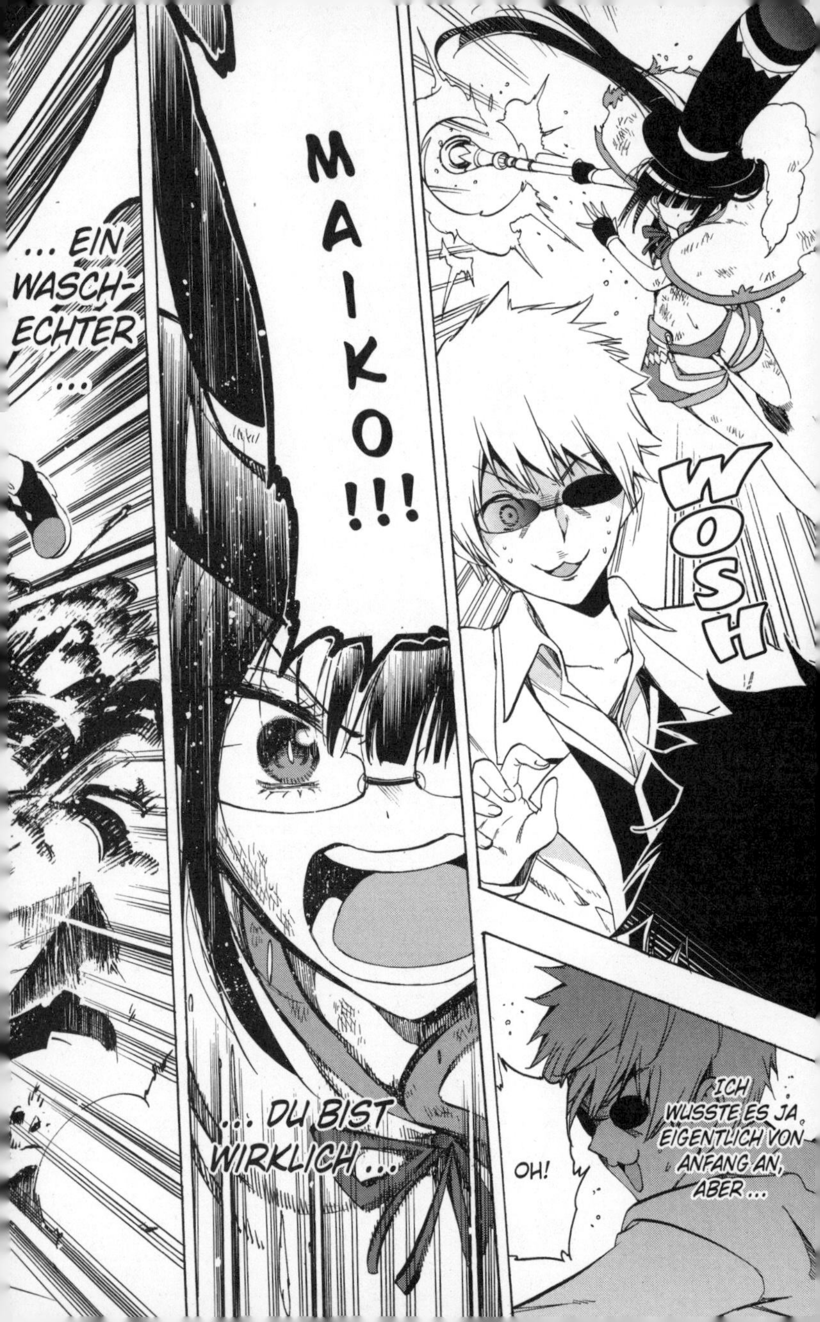
WOSH
MAIKO!!!
... EIN WASCH-ECHTER ...
ICH WUSSTE ES JA EIGENTLICH VON ANFANG AN, ABER ...
OH!
... DU BIST WIRKLICH ...

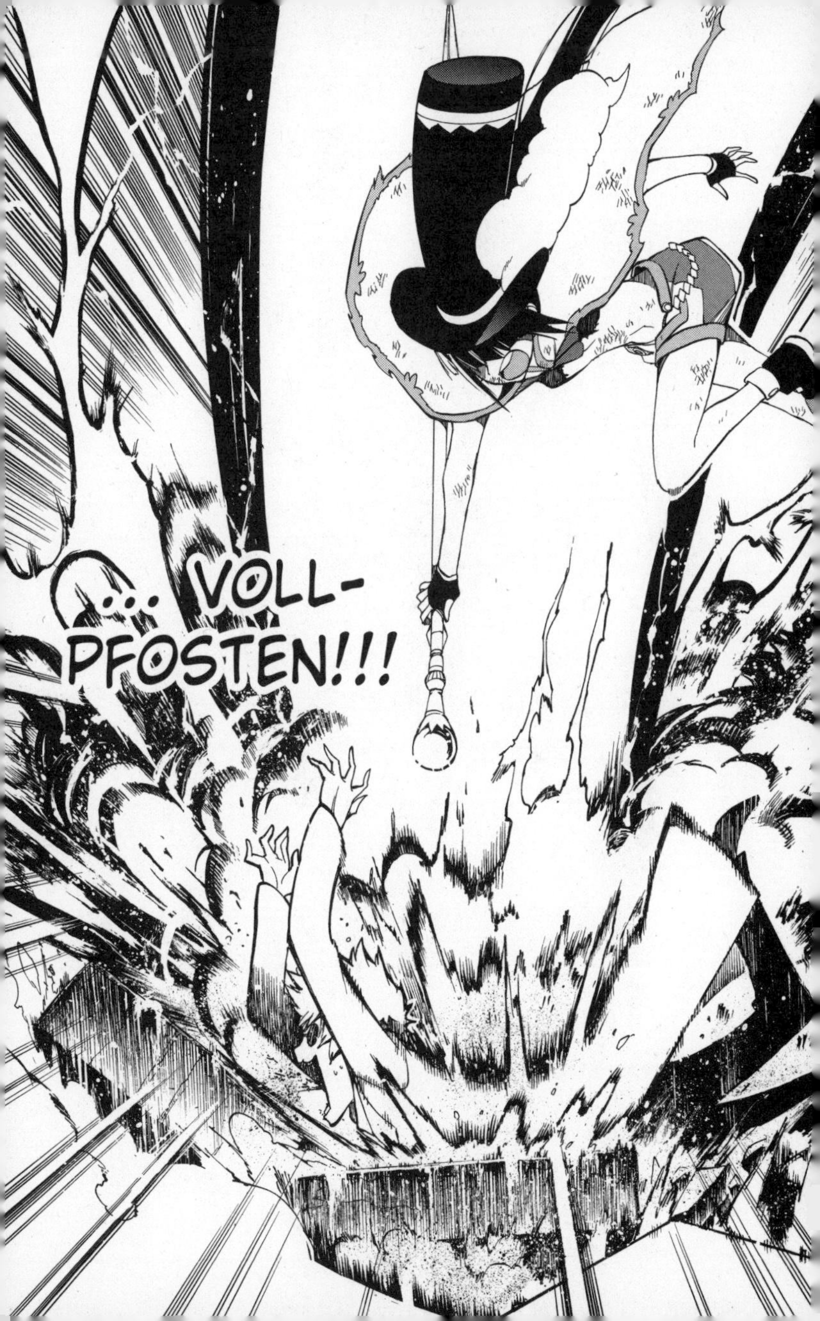
... VOLL-
PFOSTEN!!!

Wenn das rauskommt 2

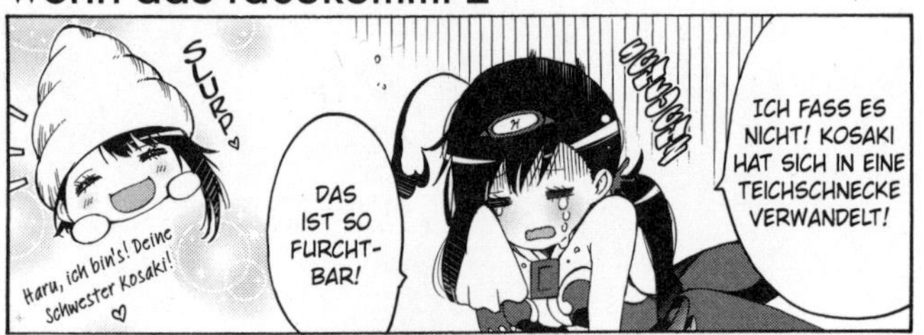

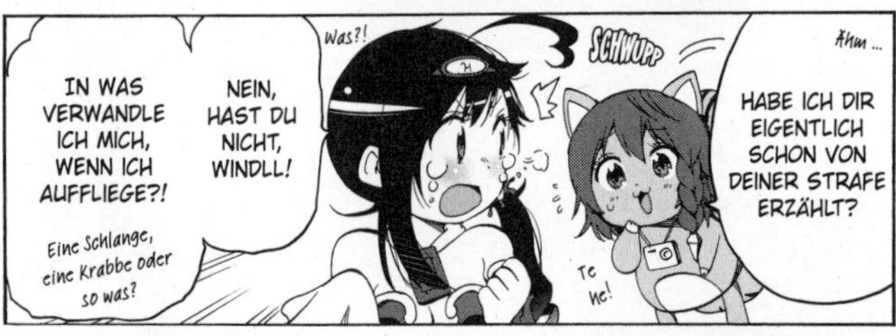

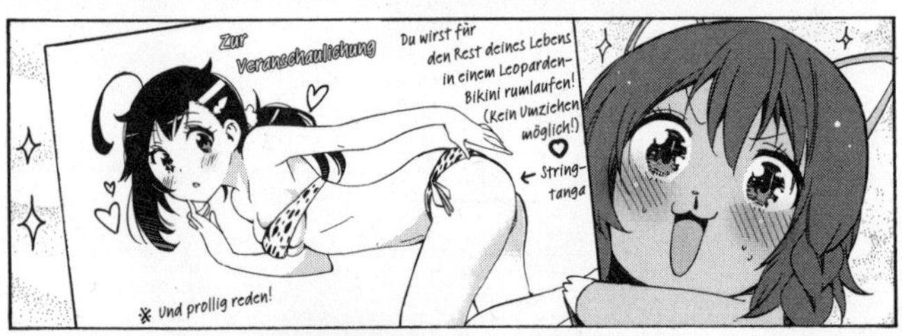

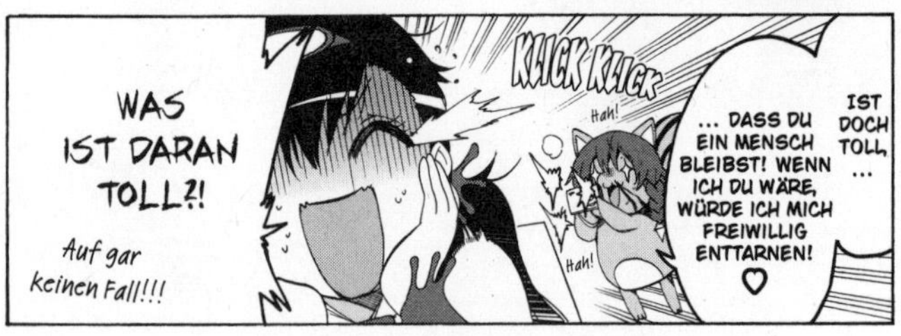

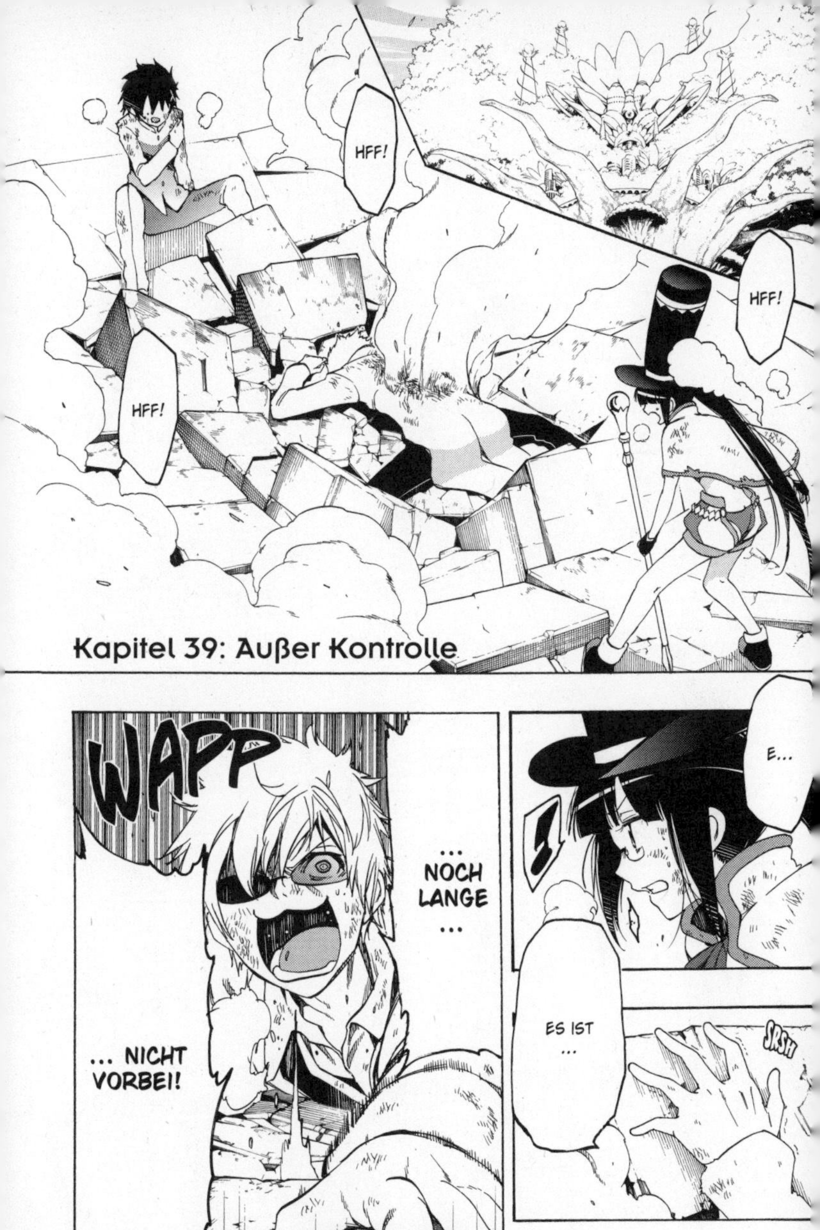
HFF!
HFF!
HFF!
Kapitel 39: Außer Kontrolle
E…
ES IST …
SRSH
WAPP
… NOCH LANGE …
… NICHT VORBEI!

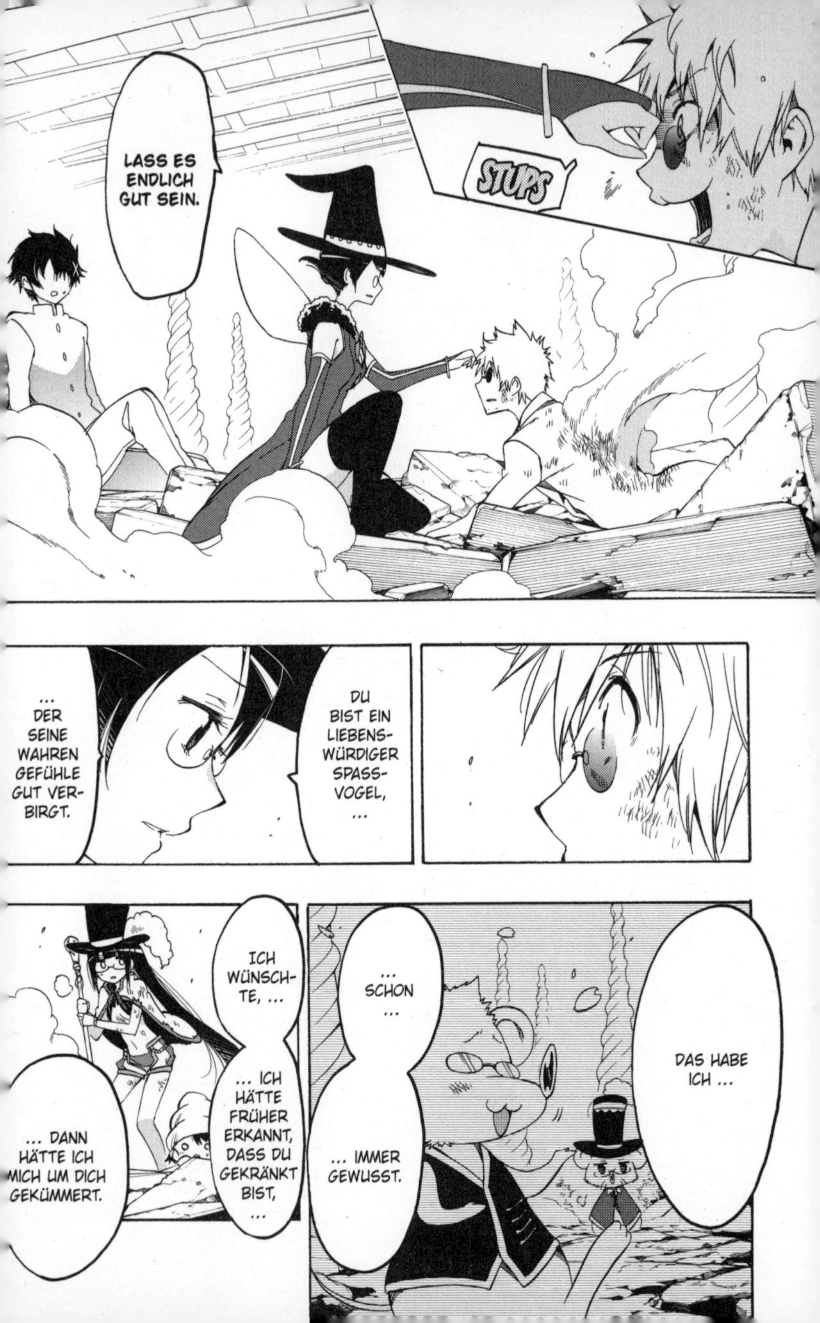

STUPS

LASS ES ENDLICH GUT SEIN.

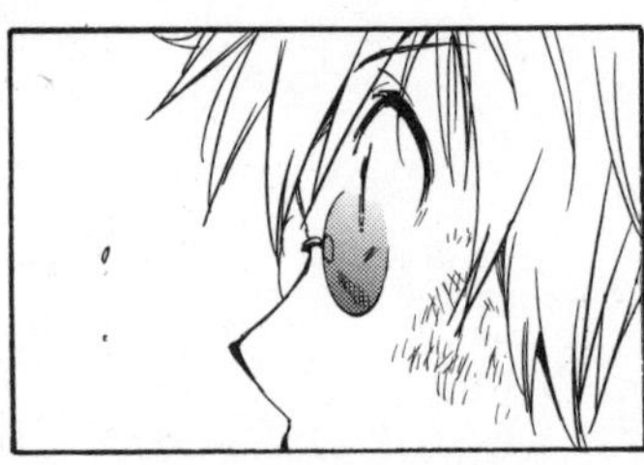

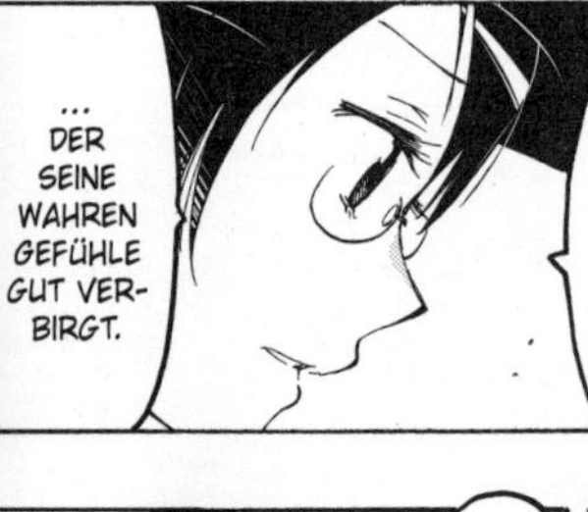

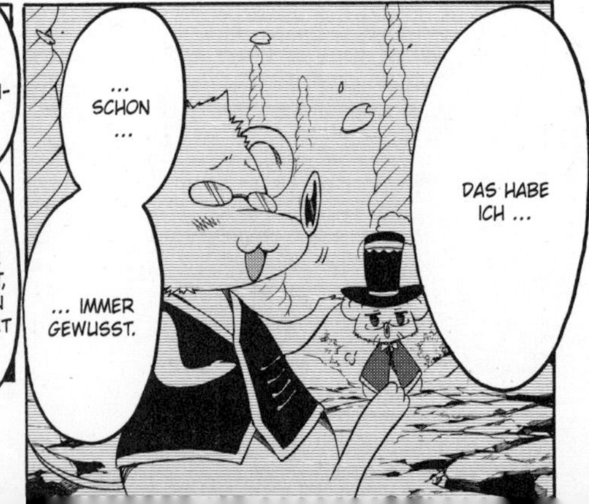

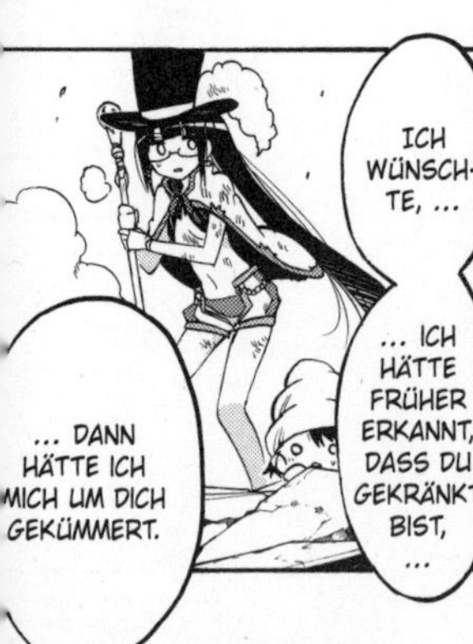

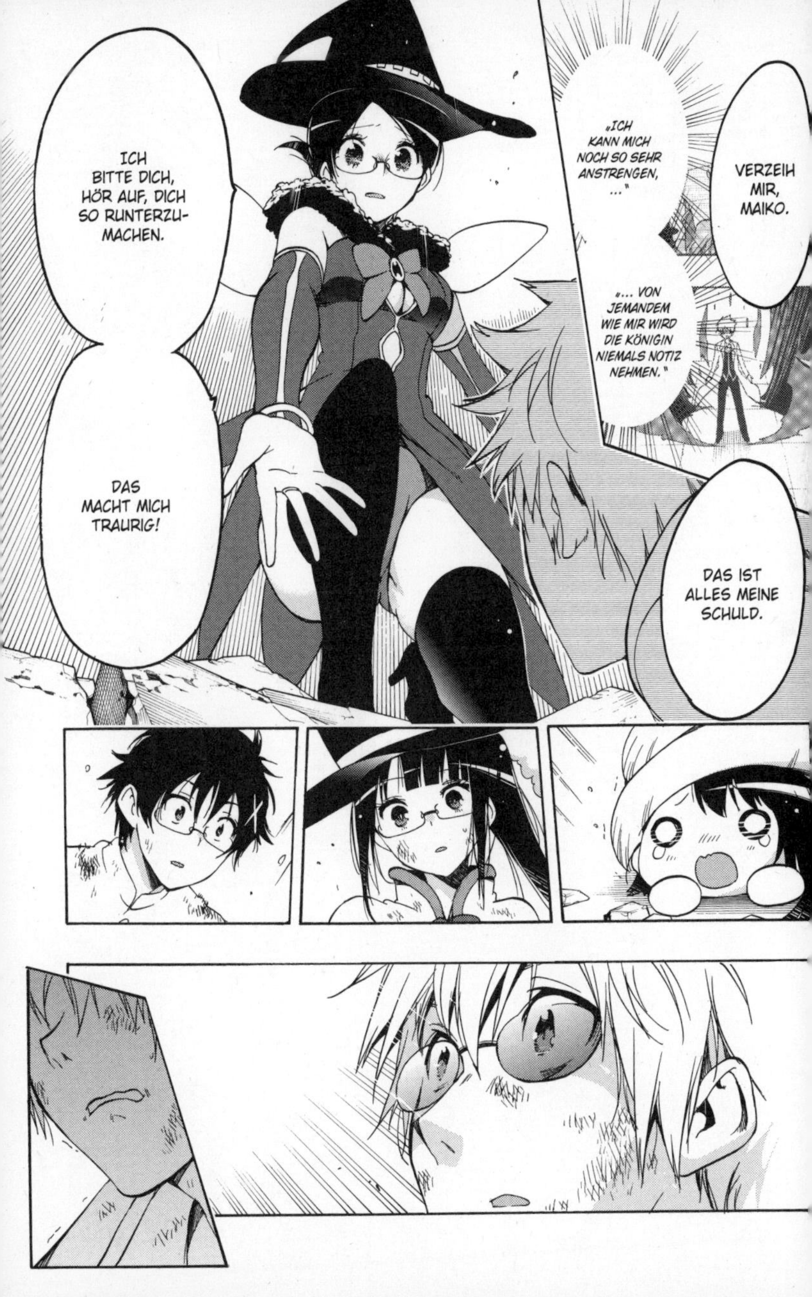
VERZEIH MIR, MAIKO.
„ICH KANN MICH NOCH SO SEHR ANSTRENGEN, ..."
„... VON JEMANDEM WIE MIR WIRD DIE KÖNIGIN NIEMALS NOTIZ NEHMEN."
DAS IST ALLES MEINE SCHULD.
ICH BITTE DICH, HÖR AUF, DICH SO RUNTERZU-MACHEN.
DAS MACHT MICH TRAURIG!

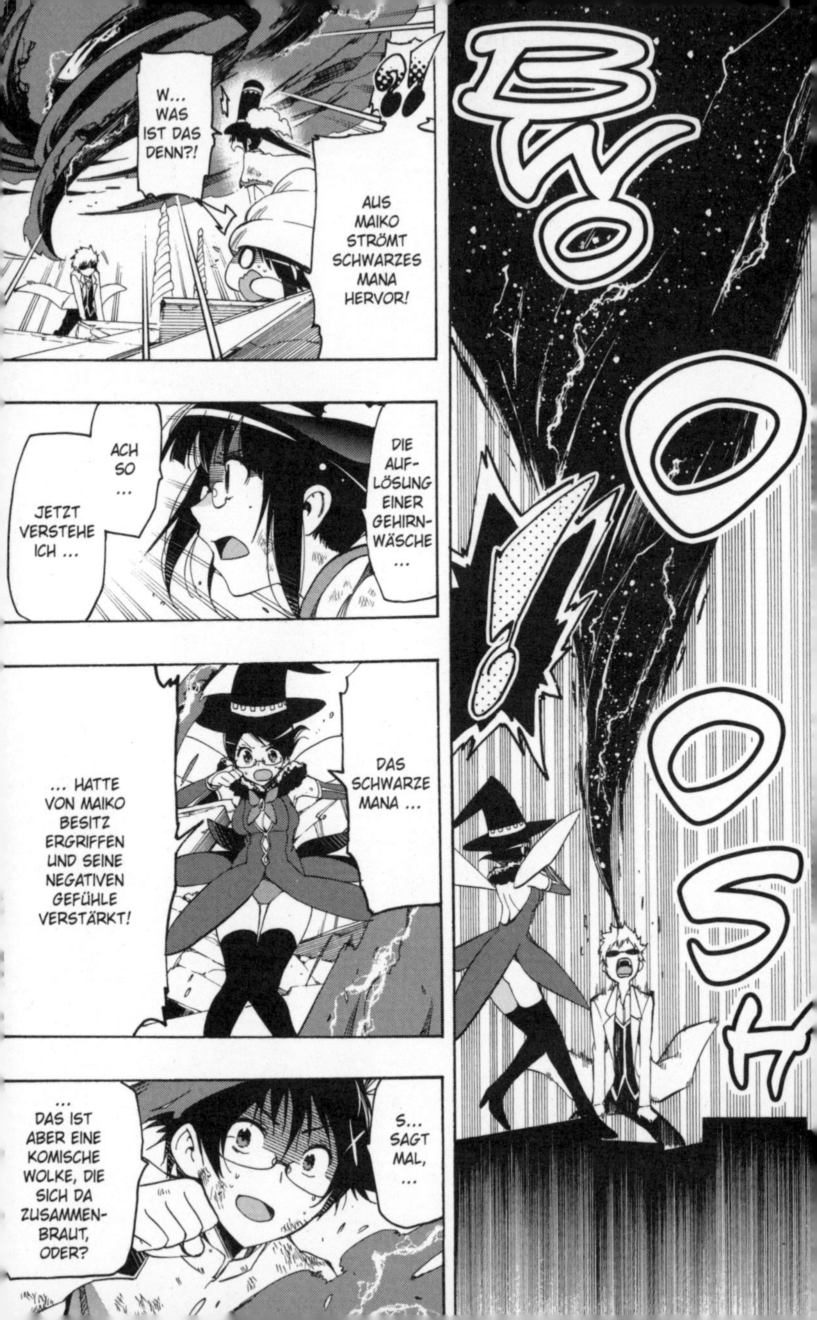

BWOOOSH!

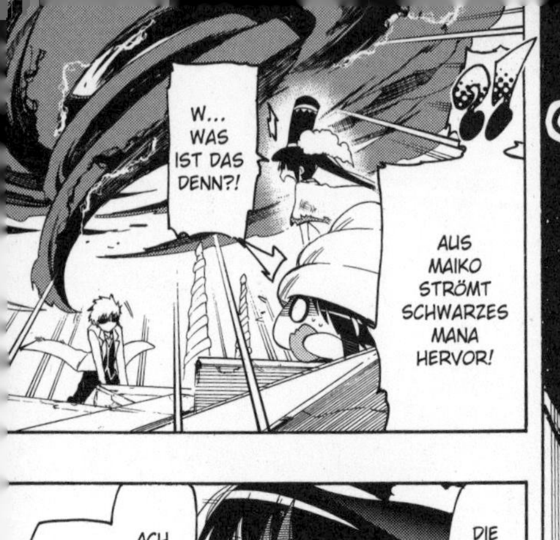
AUS MAIKO STRÖMT SCHWARZES MANA HERVOR!
W... WAS IST DAS DENN?!

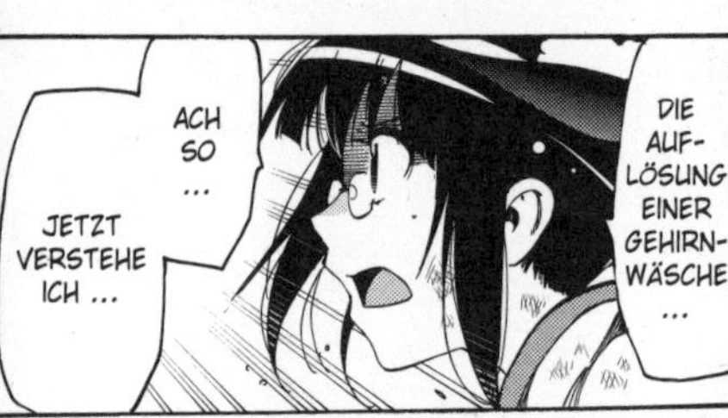
DIE AUF-LÖSUNG EINER GEHIRN-WÄSCHE ...
ACH SO ... JETZT VERSTEHE ICH ...

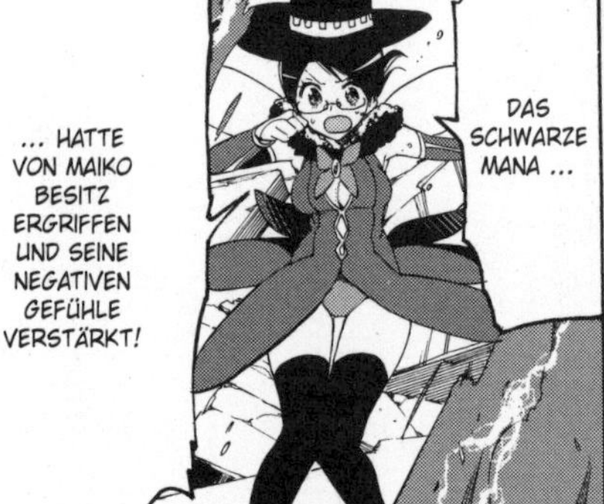
DAS SCHWARZE MANA ...
... HATTE VON MAIKO BESITZ ERGRIFFEN UND SEINE NEGATIVEN GEFÜHLE VERSTÄRKT!

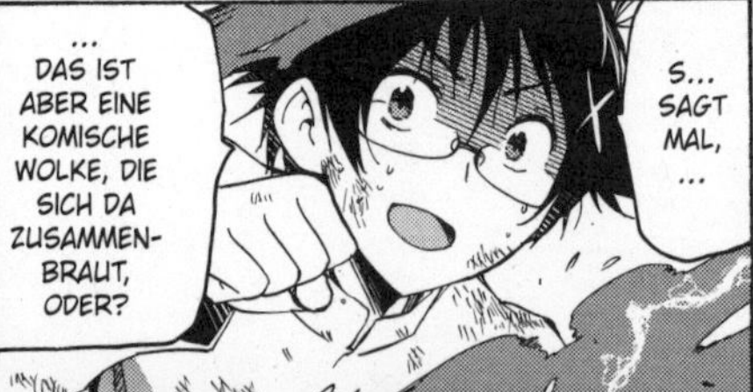
S... SAGT MAL, ...
... DAS IST ABER EINE KOMISCHE WOLKE, DIE SICH DA ZUSAMMEN-BRAUT, ODER?

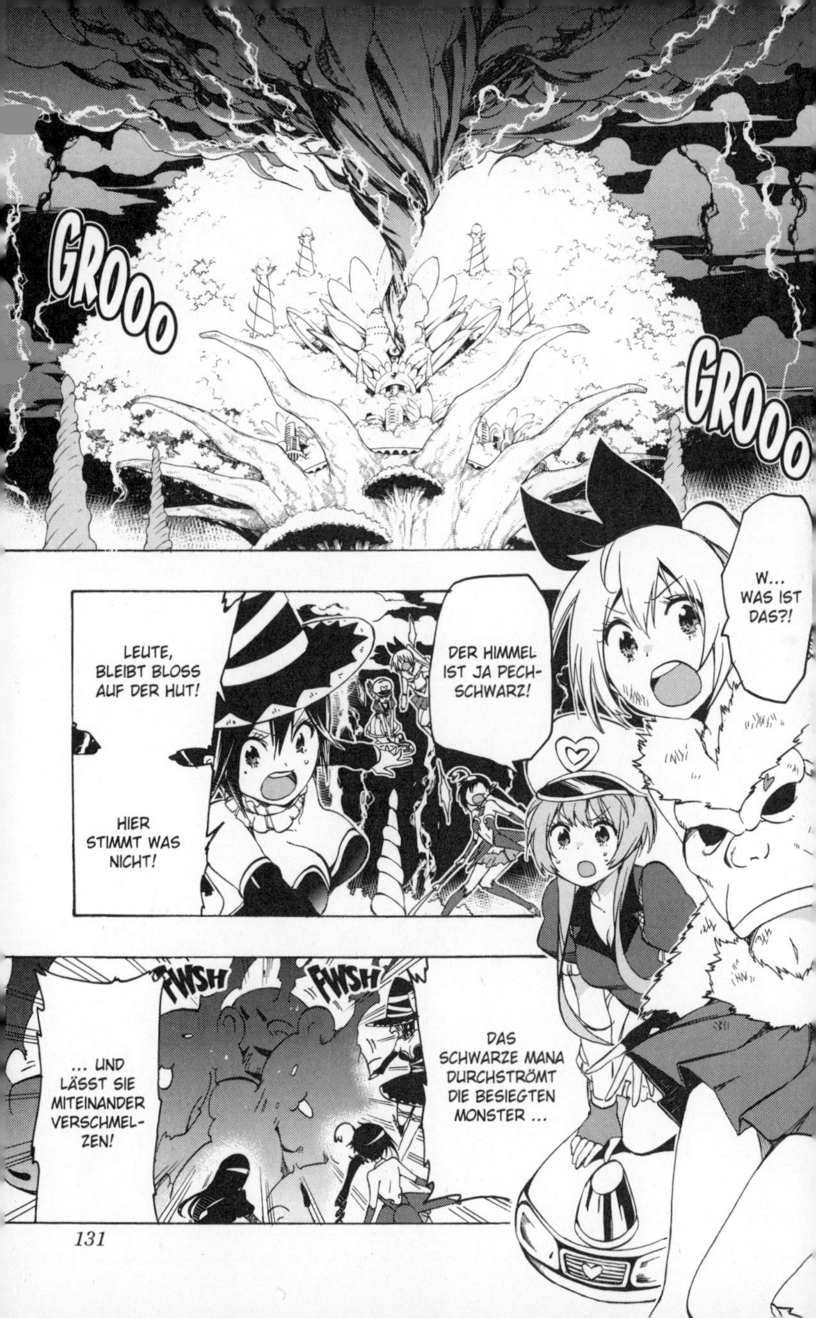
GROOO
GROOO
W... WAS IST DAS?!
DER HIMMEL IST JA PECH-SCHWARZ!
LEUTE, BLEIBT BLOSS AUF DER HUT!
HIER STIMMT WAS NICHT!
FWSH
FWSH
DAS SCHWARZE MANA DURCHSTRÖMT DIE BESIEGTEN MONSTER ...
... UND LÄSST SIE MITEINANDER VERSCHMEL-ZEN!

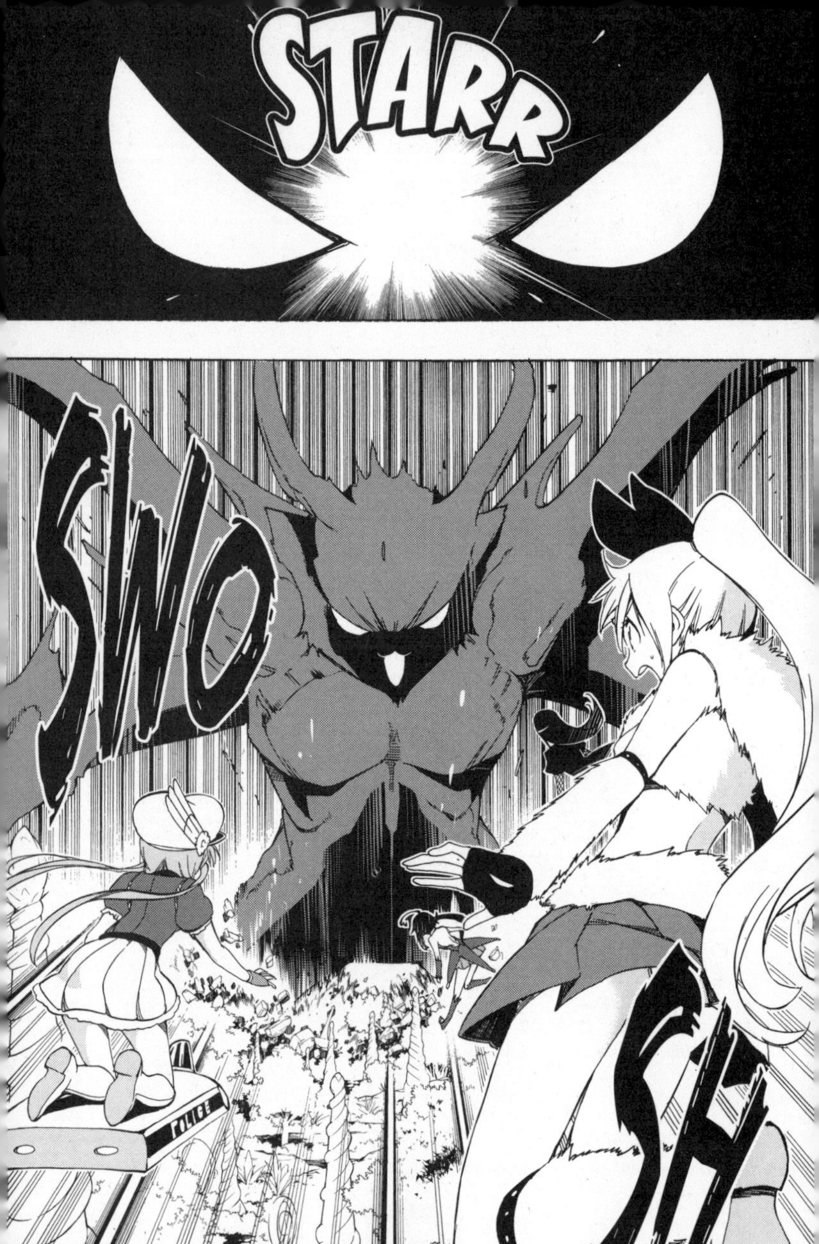
STARR
SWO
SH
POLICE

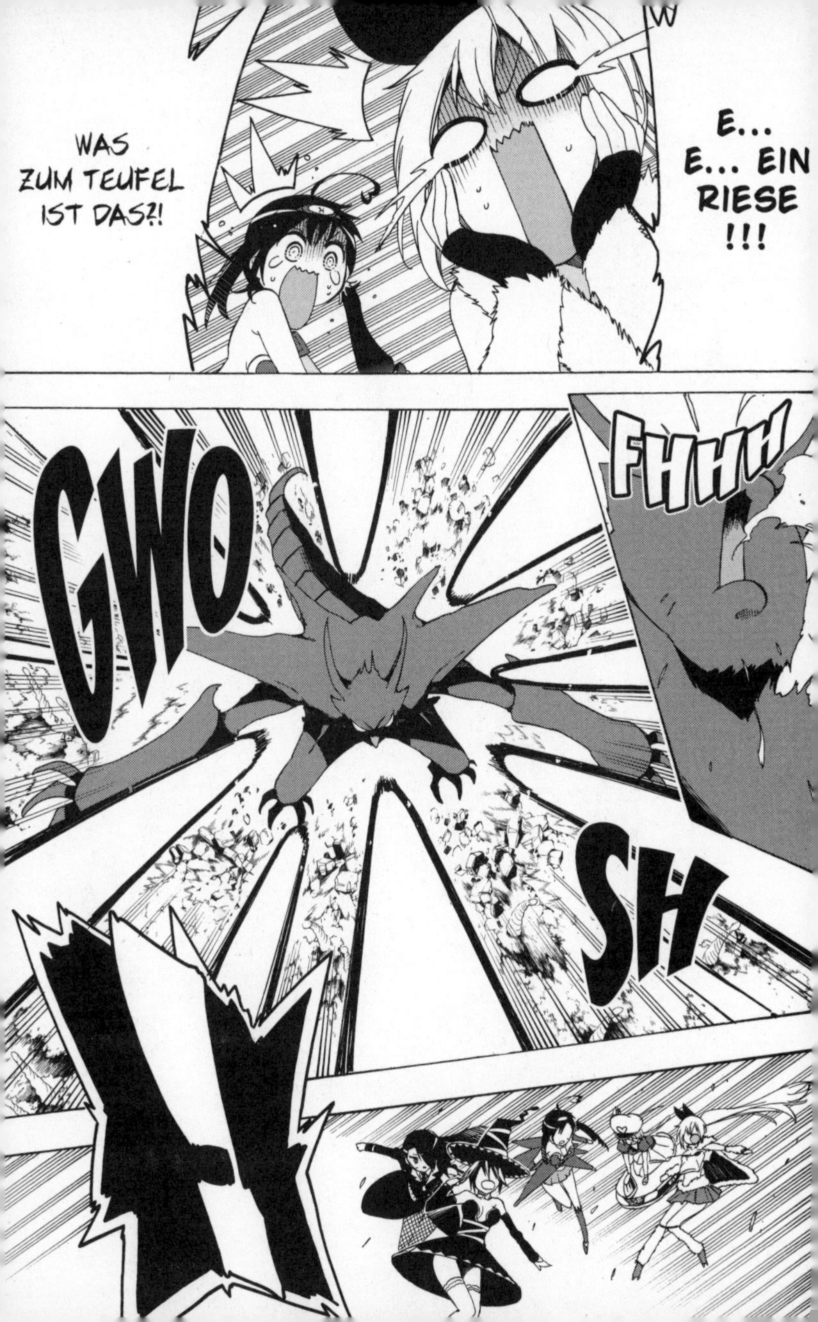

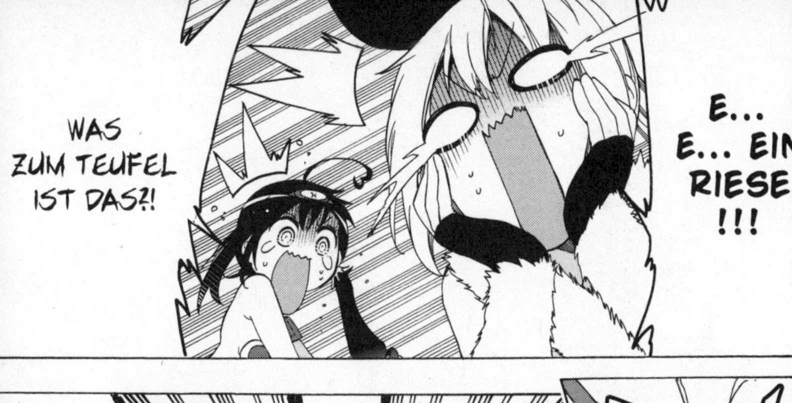
E... E... EIN RIESE!!!
WAS ZUM TEUFEL IST DAS?!
FHHH
GWO-
SH

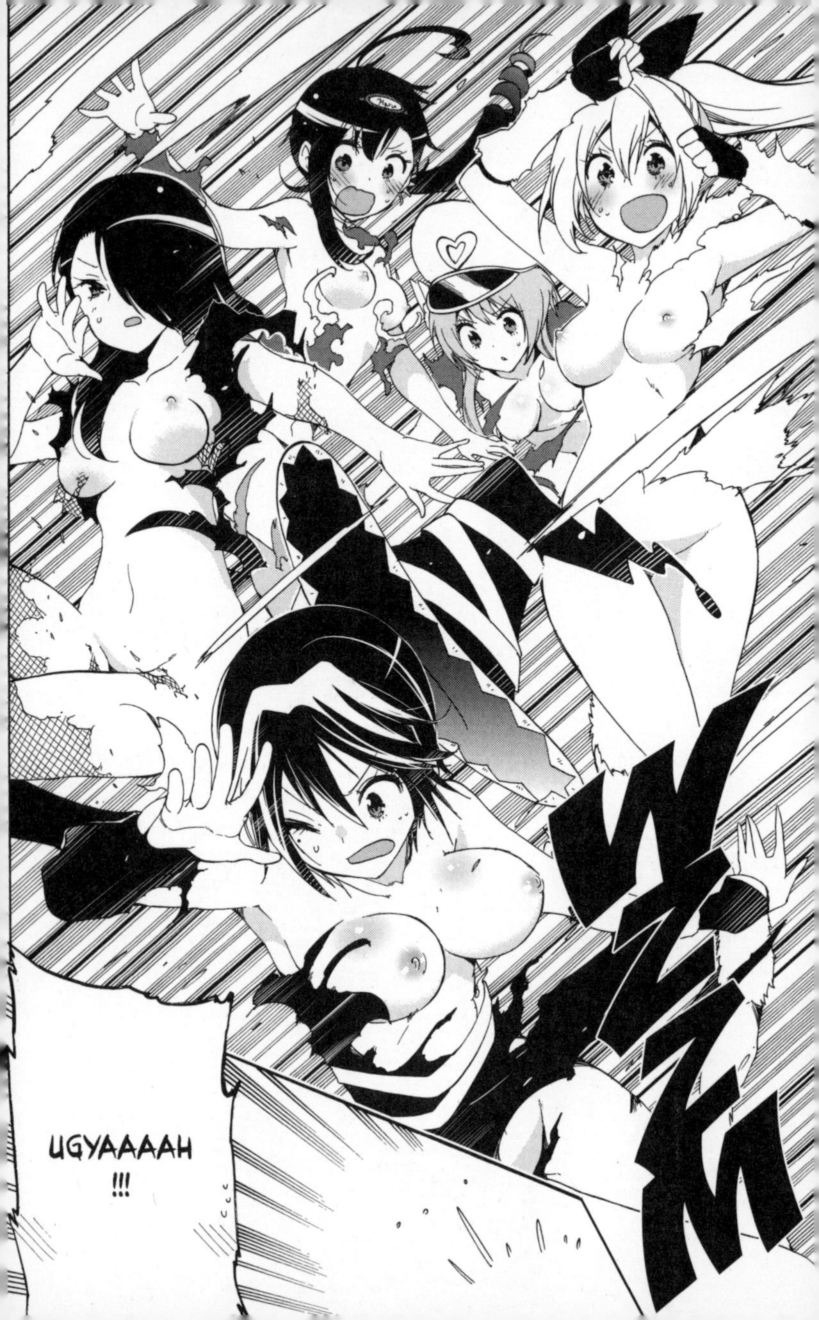
UGYAAAAH !!!

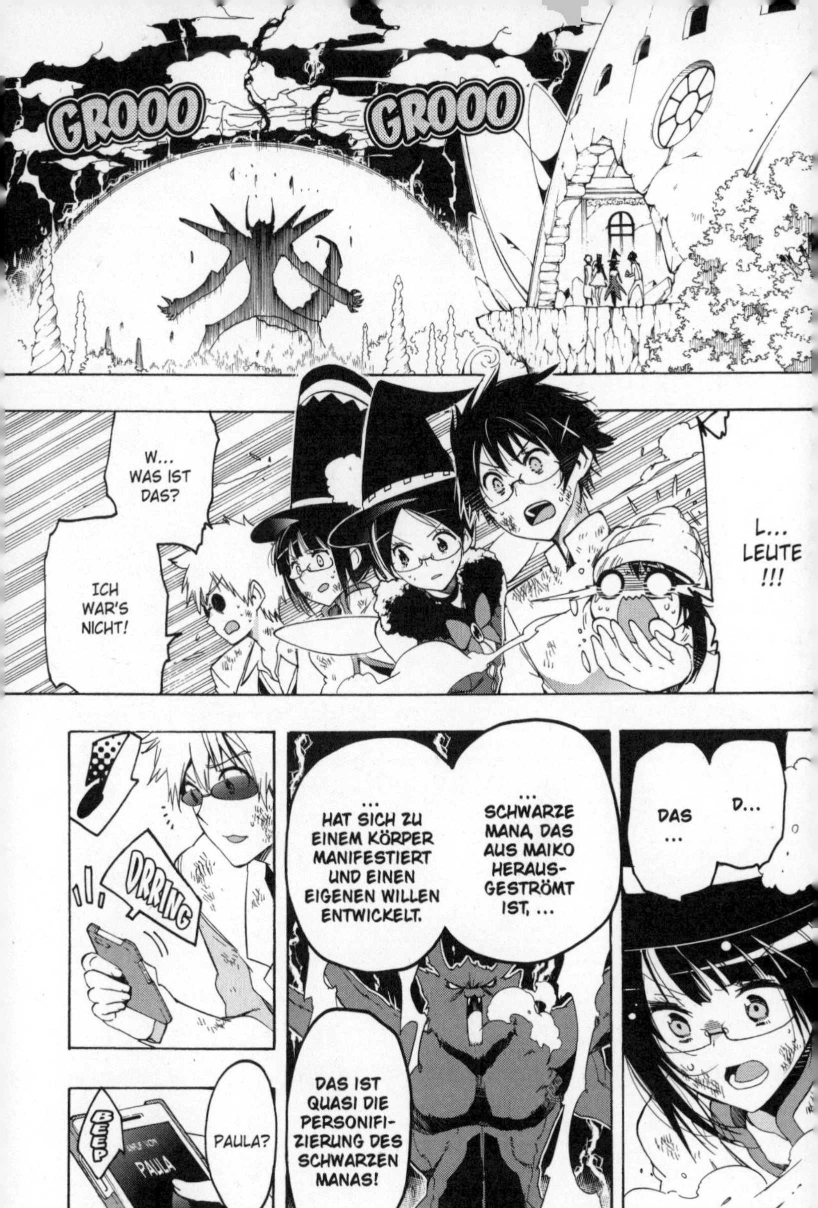

GROOO GROOO

L... LEUTE!!!

W... WAS IST DAS?

ICH WAR'S NICHT!

D...

DAS ...

... SCHWARZE MANA, DAS AUS MAIKO HERAUSGESTRÖMT IST, ...

... HAT SICH ZU EINEM KÖRPER MANIFESTIERT UND EINEN EIGENEN WILLEN ENTWICKELT.

DAS IST QUASI DIE PERSONIFIZIERUNG DES SCHWARZEN MANAS!

DRRING

BEEP

PAULA

PAULA?

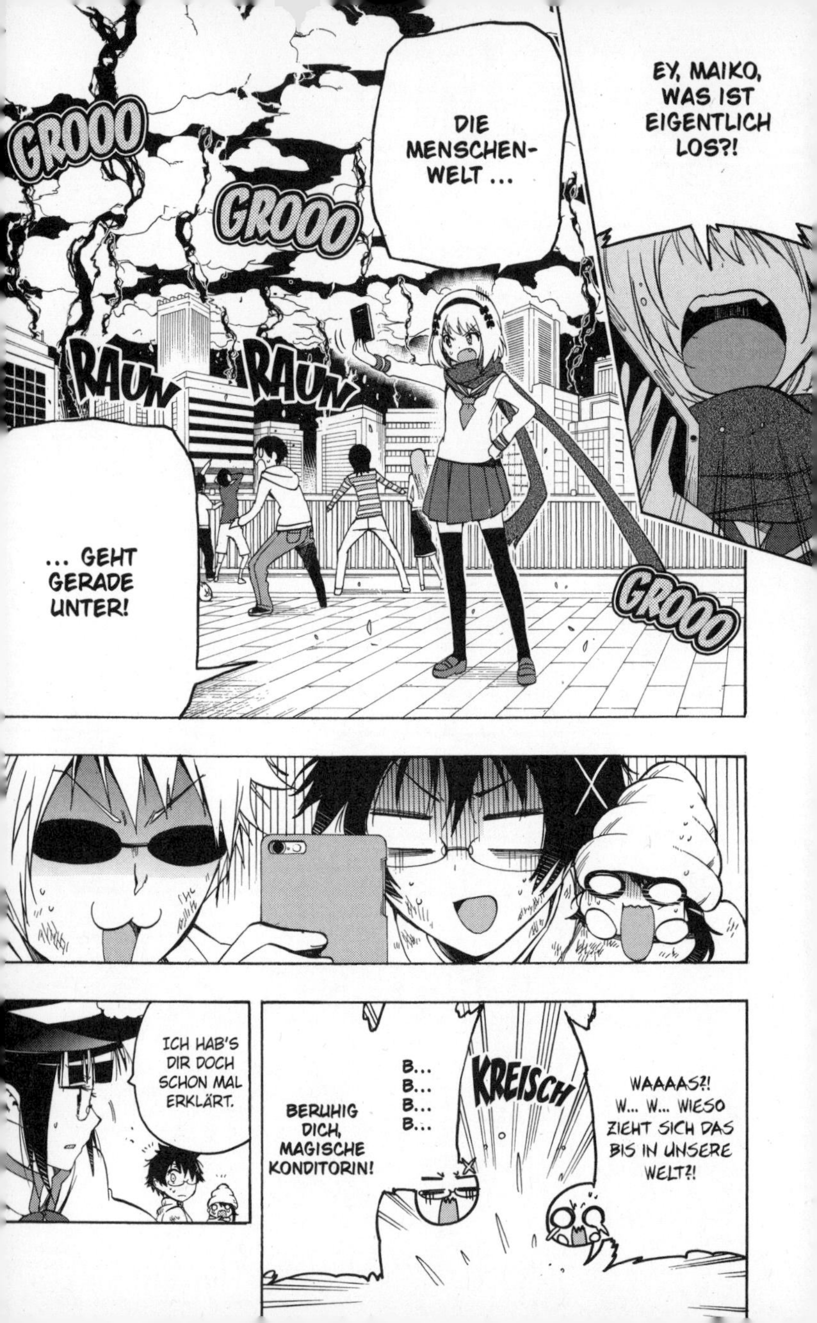

EY, MAIKO, WAS IST EIGENTLICH LOS?!
GROOO
GROOO
DIE MENSCHEN-WELT …
RAUN
RAUN
GROOO
… GEHT GERADE UNTER!

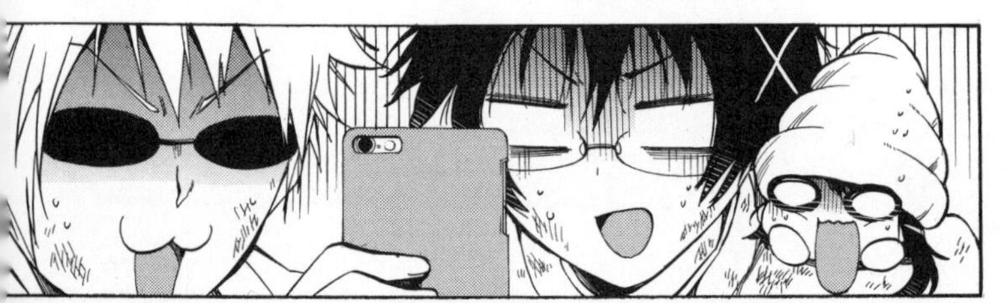

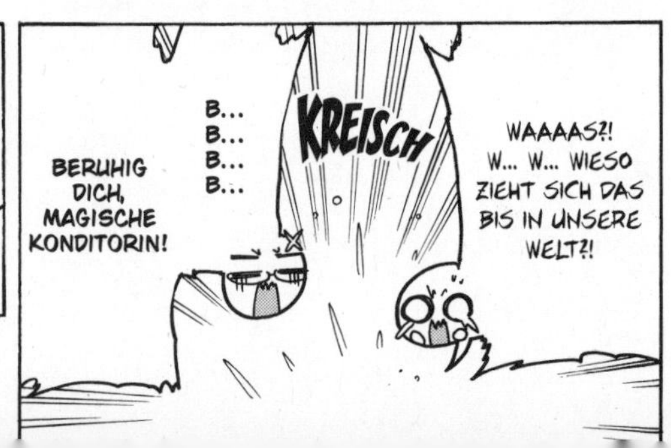

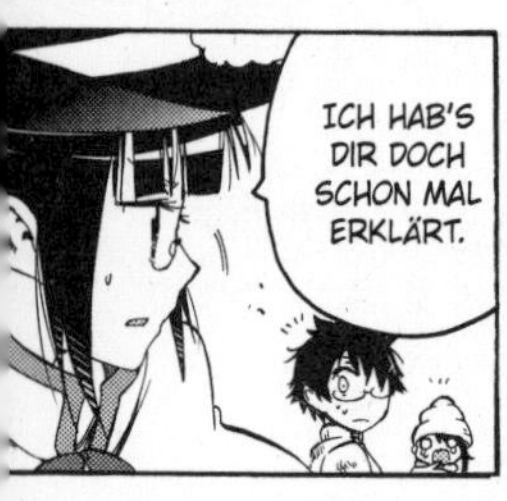

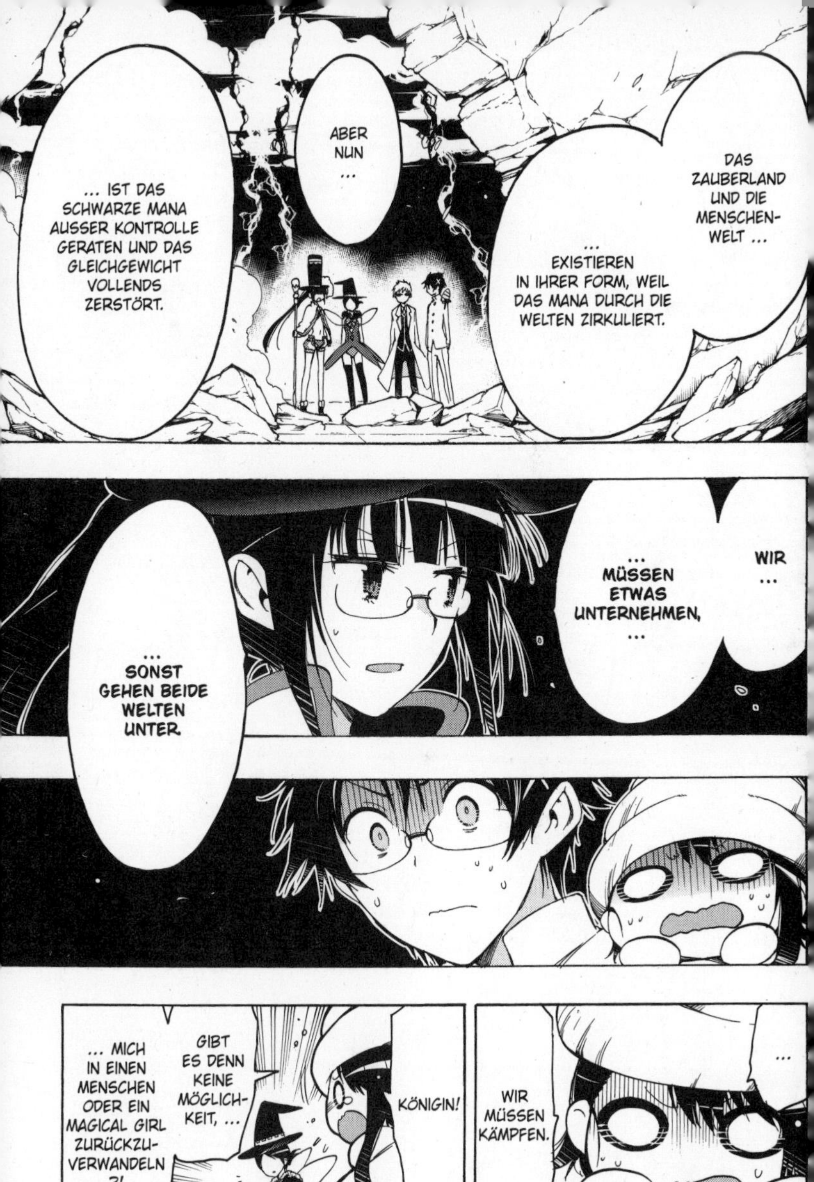

DAS ZAUBERLAND UND DIE MENSCHENWELT …

… EXISTIEREN IN IHRER FORM, WEIL DAS MANA DURCH DIE WELTEN ZIRKULIERT.

ABER NUN …

… IST DAS SCHWARZE MANA AUSSER KONTROLLE GERATEN UND DAS GLEICHGEWICHT VOLLENDS ZERSTÖRT.

WIR …

… MÜSSEN ETWAS UNTERNEHMEN, …

… SONST GEHEN BEIDE WELTEN UNTER.

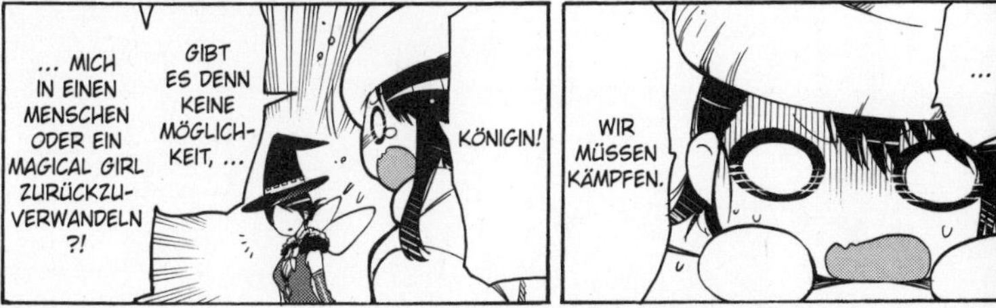

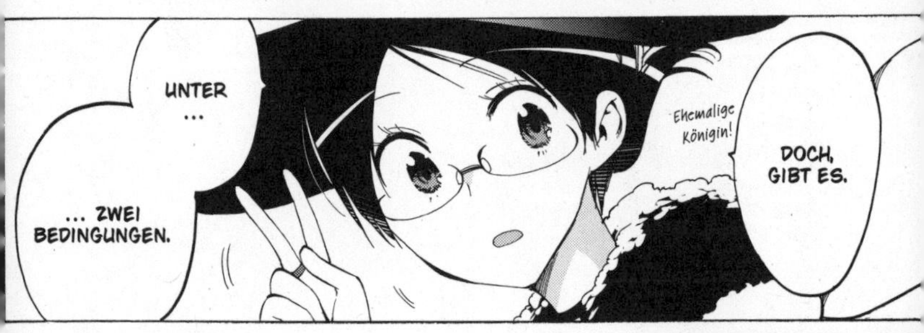

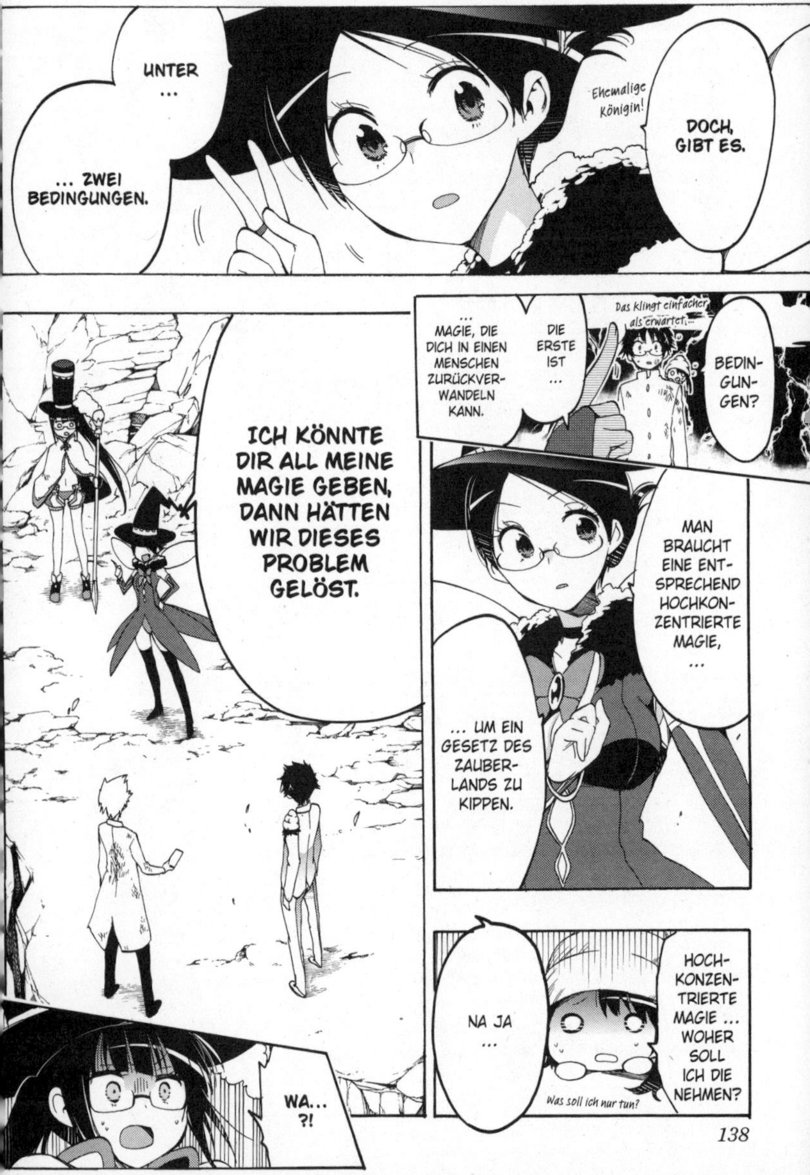

BEDINGUNGEN?

Das klingt einfacher als erwartet...

DIE ERSTE IST ...

... MAGIE, DIE DICH IN EINEN MENSCHEN ZURÜCKVERWANDELN KANN.

MAN BRAUCHT EINE ENTSPRECHEND HOCHKONZENTRIERTE MAGIE, ...

... UM EIN GESETZ DES ZAUBERLANDS ZU KIPPEN.

ICH KÖNNTE DIR ALL MEINE MAGIE GEBEN, DANN HÄTTEN WIR DIESES PROBLEM GELÖST.

HOCHKONZENTRIERTE MAGIE ... WOHER SOLL ICH DIE NEHMEN?

Was soll ich nur tun?

NA JA ...

WA... ?!

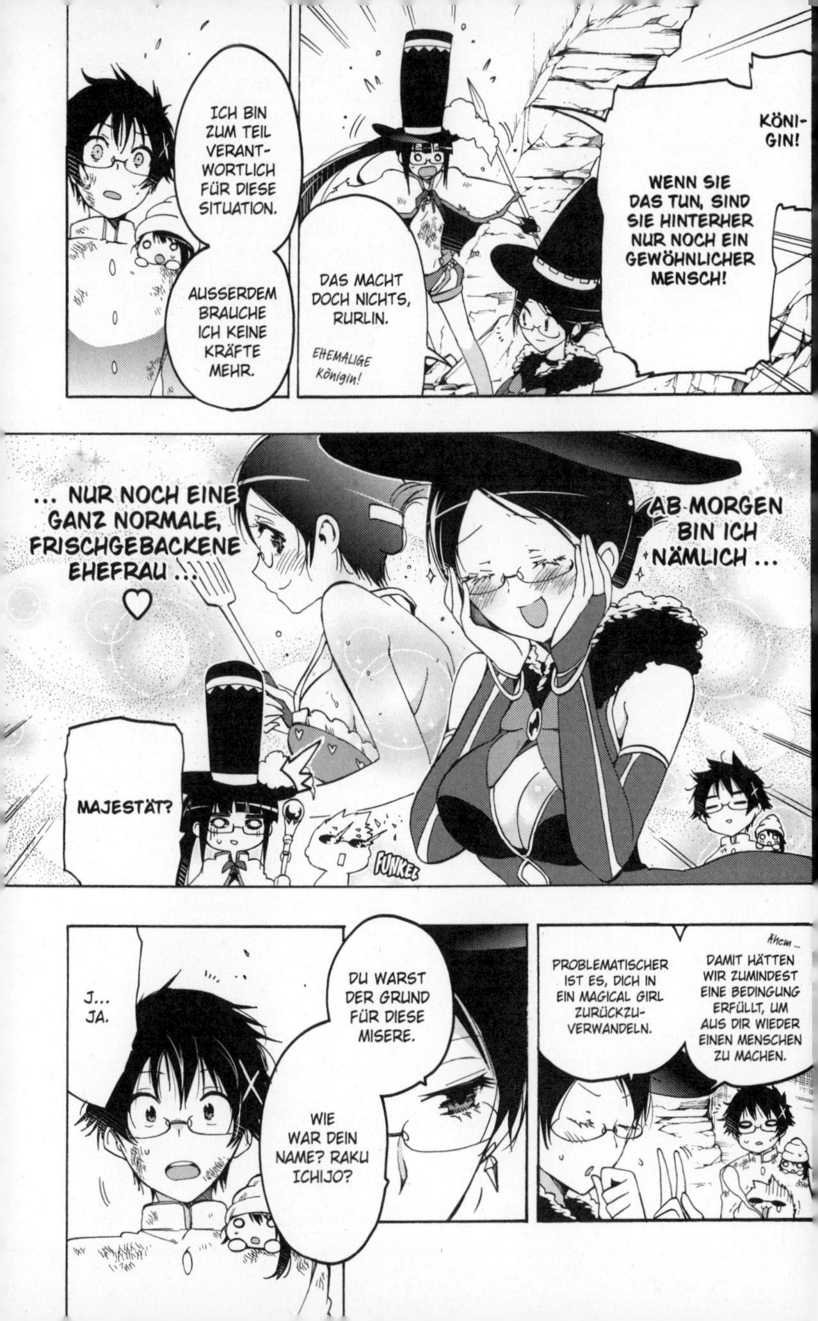

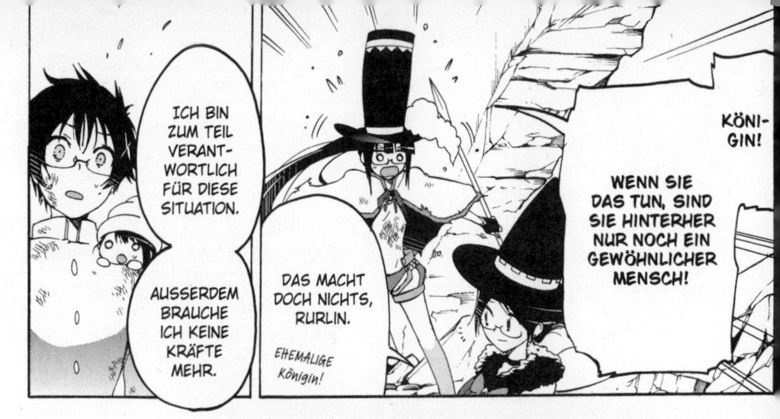
KÖNIGIN!
WENN SIE DAS TUN, SIND SIE HINTERHER NUR NOCH EIN GEWÖHNLICHER MENSCH!
DAS MACHT DOCH NICHTS, RURLIN.
EHEMALIGE Königin!
ICH BIN ZUM TEIL VERANTWORTLICH FÜR DIESE SITUATION.
AUSSERDEM BRAUCHE ICH KEINE KRÄFTE MEHR.

AB MORGEN BIN ICH NÄMLICH …
… NUR NOCH EINE GANZ NORMALE, FRISCHGEBACKENE EHEFRAU … ♡
MAJESTÄT?
FUNKEL

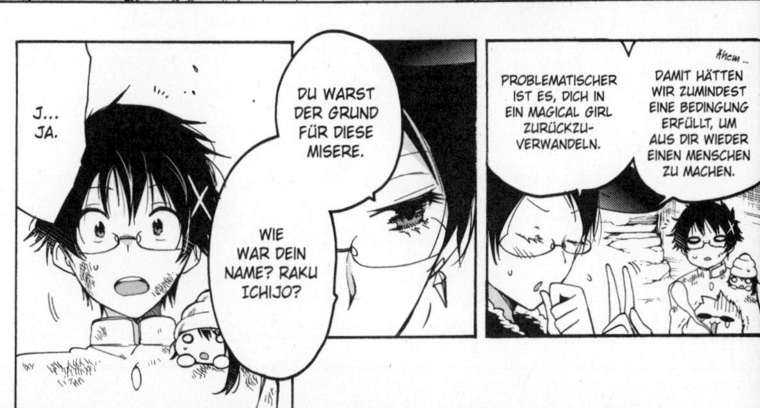
Ähem …
DAMIT HÄTTEN WIR ZUMINDEST EINE BEDINGUNG ERFÜLLT, UM AUS DIR WIEDER EINEN MENSCHEN ZU MACHEN.
PROBLEMATISCHER IST ES, DICH IN EIN MAGICAL GIRL ZURÜCKZUVERWANDELN.
DU WARST DER GRUND FÜR DIESE MISERE.
WIE WAR DEIN NAME? RAKU ICHIJO?
J… JA.

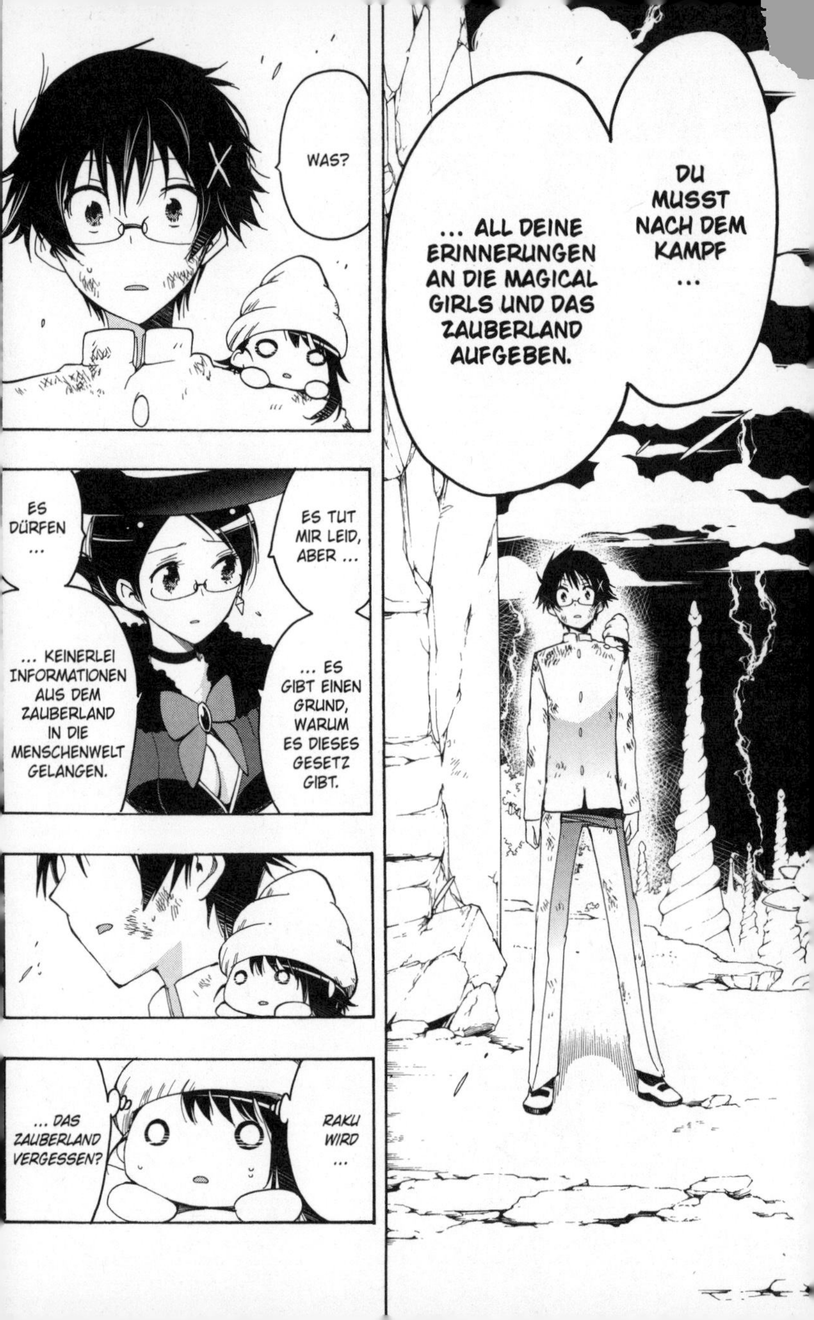

DU MUSST NACH DEM KAMPF ...
... ALL DEINE ERINNERUNGEN AN DIE MAGICAL GIRLS UND DAS ZAUBERLAND AUFGEBEN.

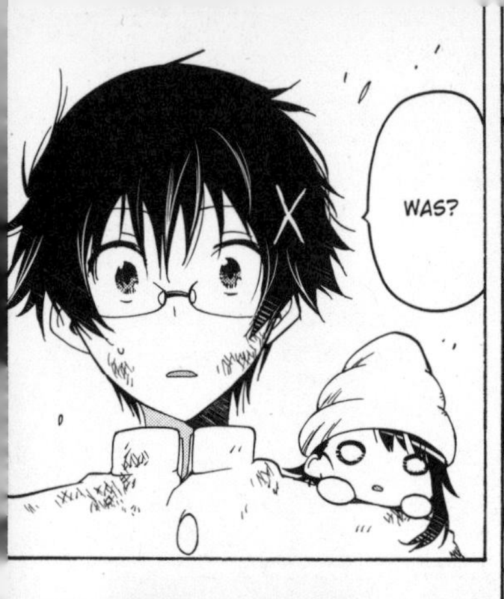

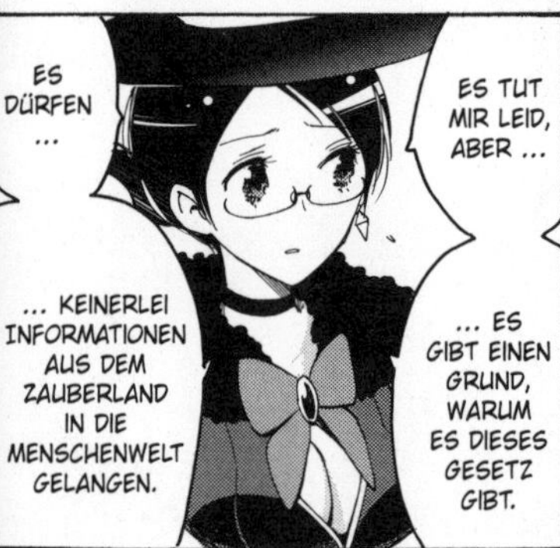

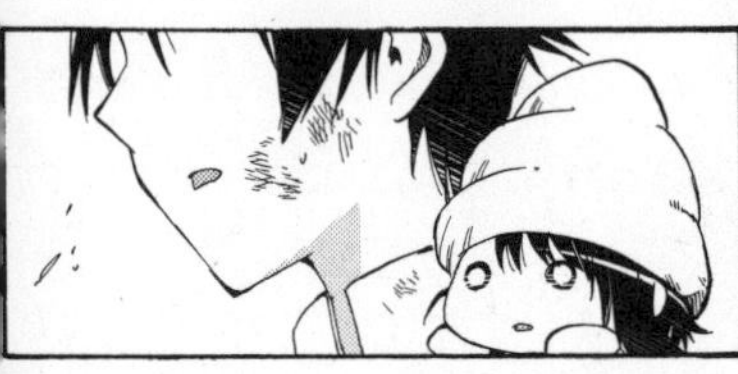

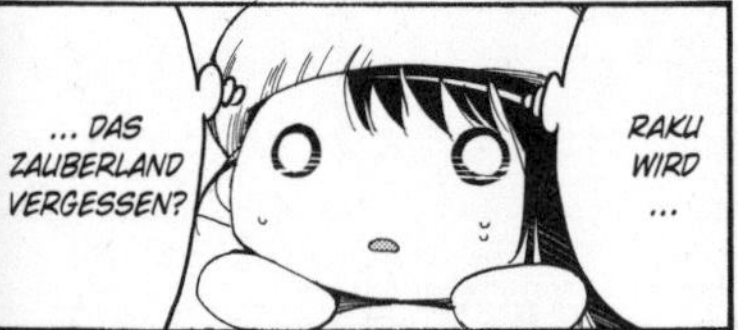

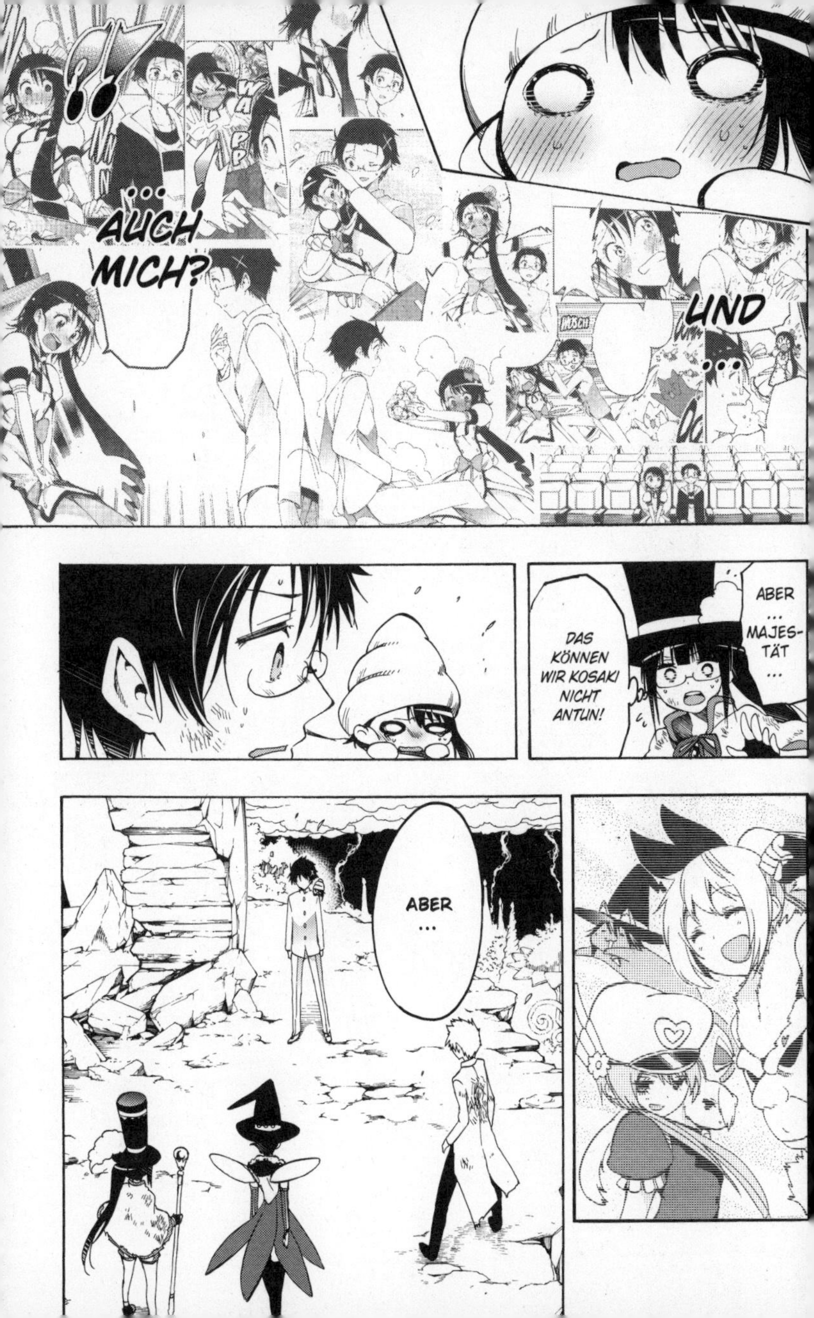

UND

...

...AUCH MICH?

WAPP

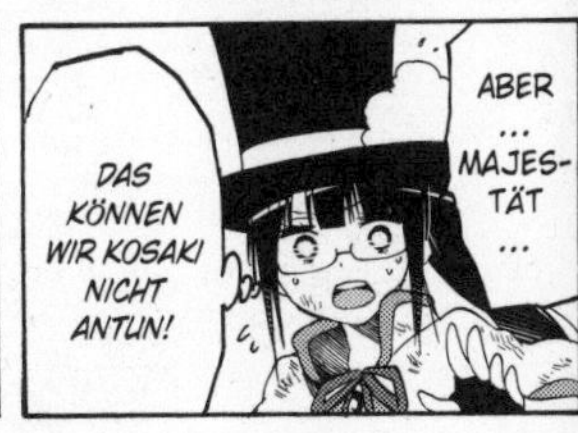

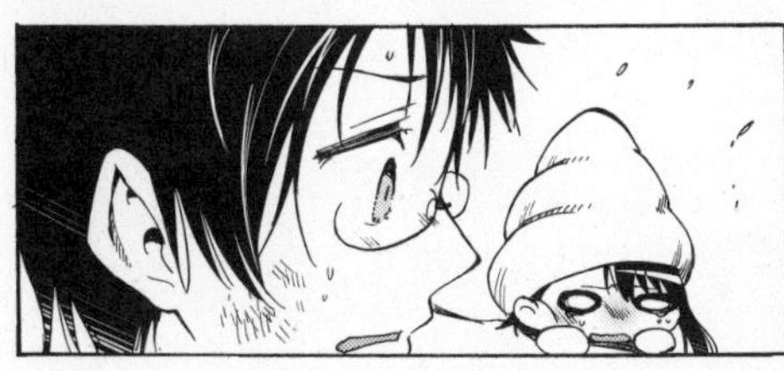

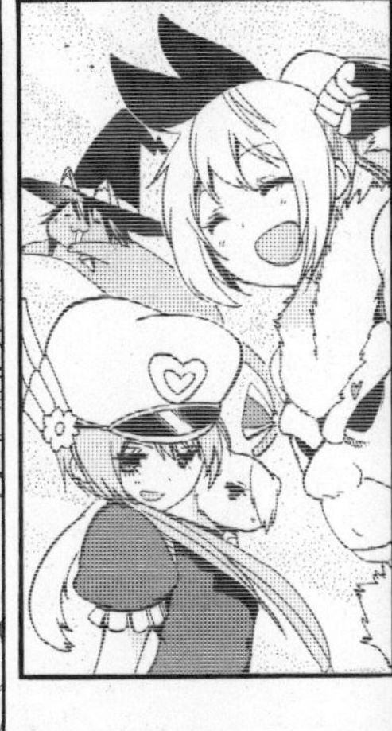

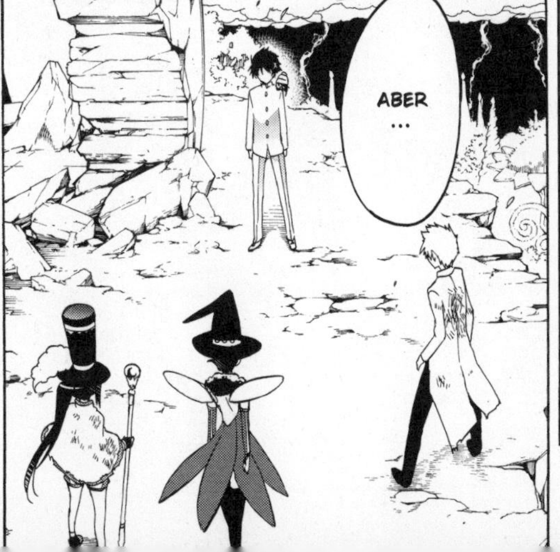

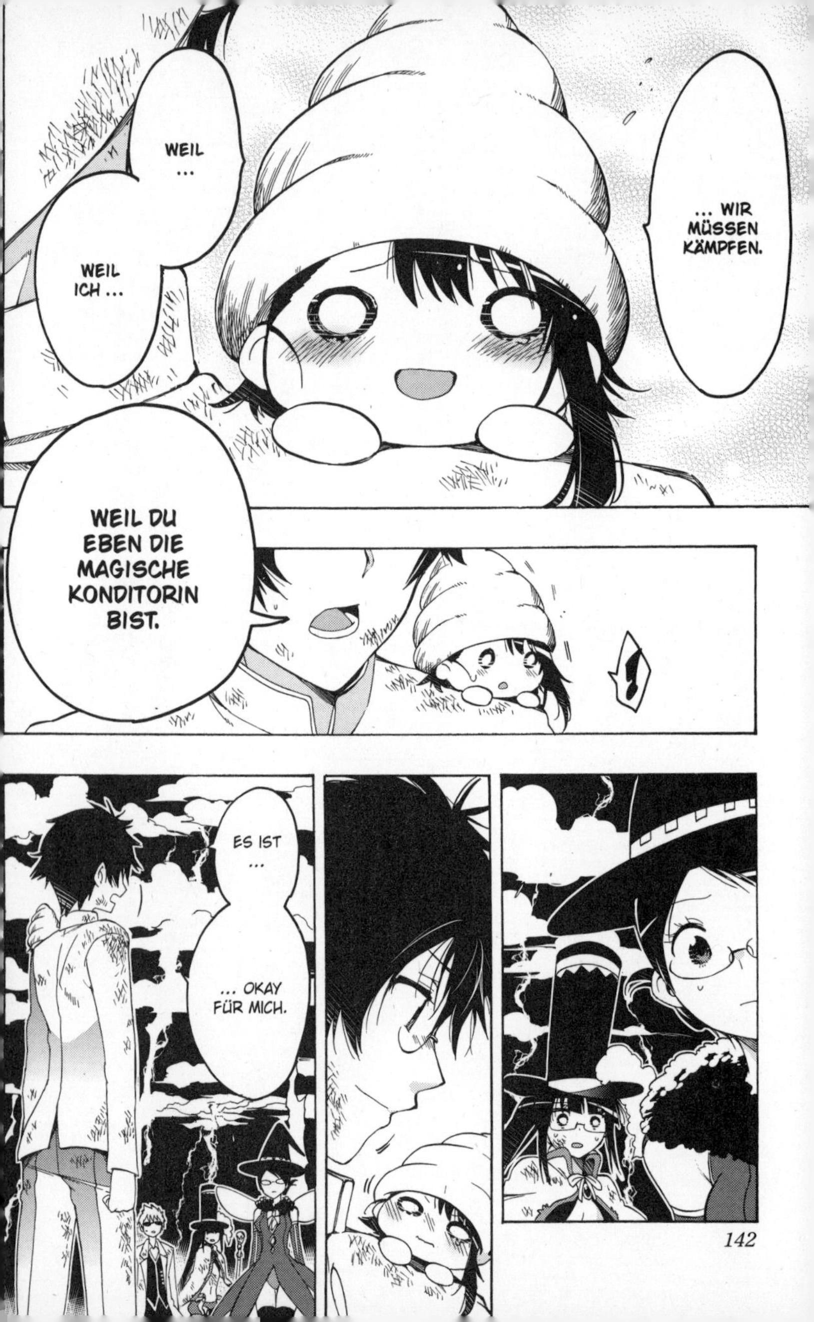

... WIR MÜSSEN KÄMPFEN.

WEIL ...

WEIL ICH ...

WEIL DU EBEN DIE MAGISCHE KONDITORIN BIST.

!

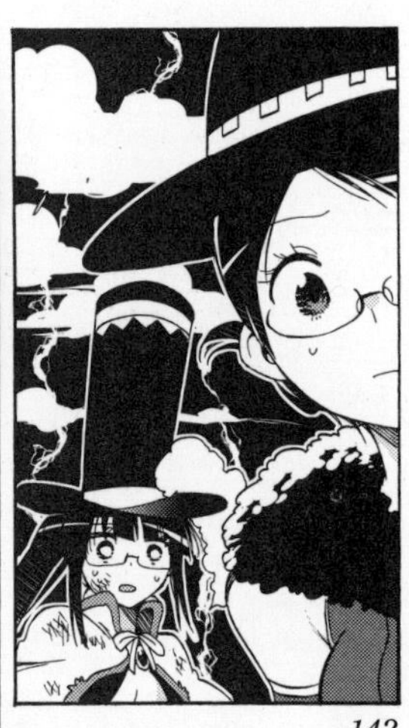

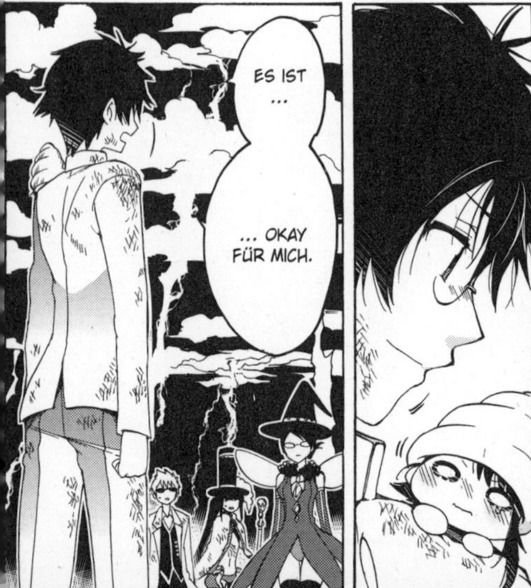

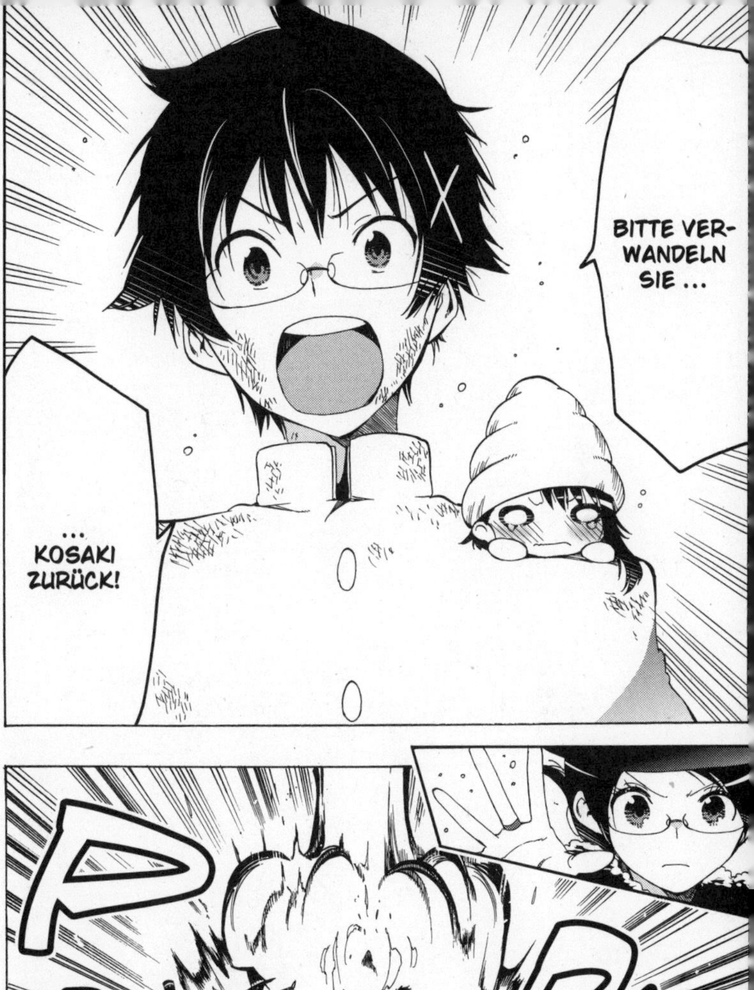

BITTE VER-WANDELN SIE …

… KOSAKI ZURÜCK!

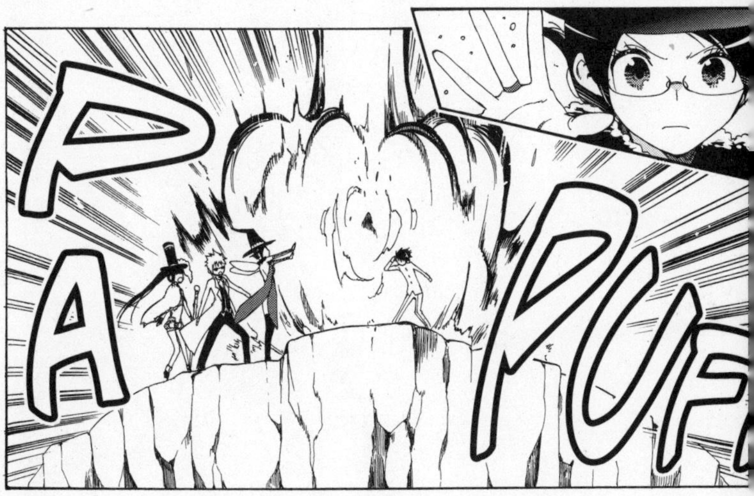

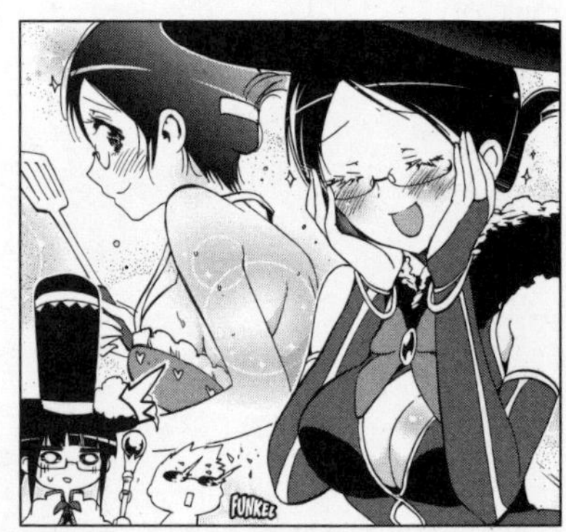
FUNKEE

Kapitel 40: Die Entscheidungsschlacht

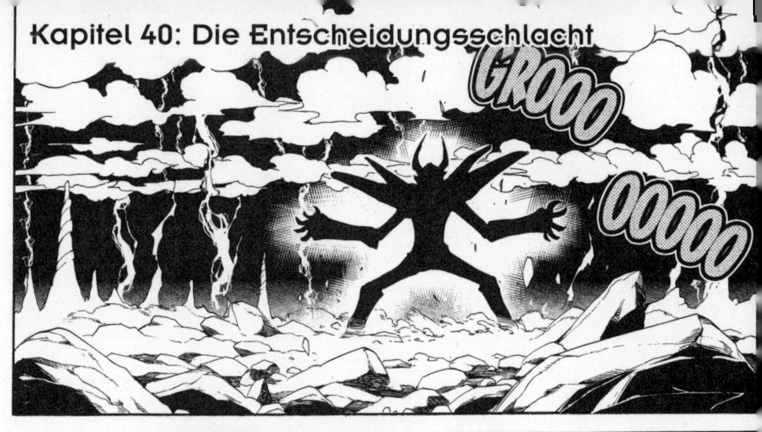

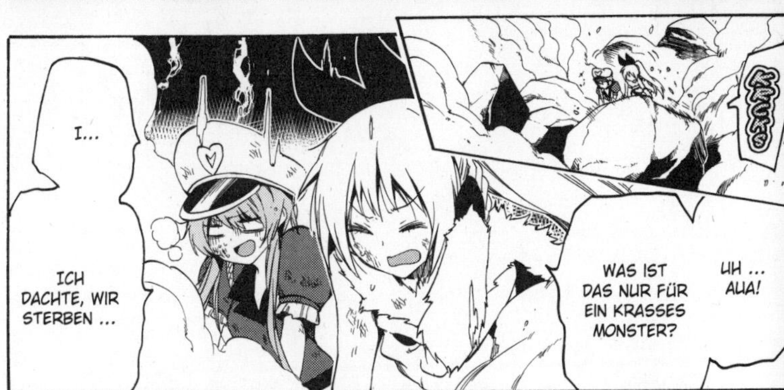

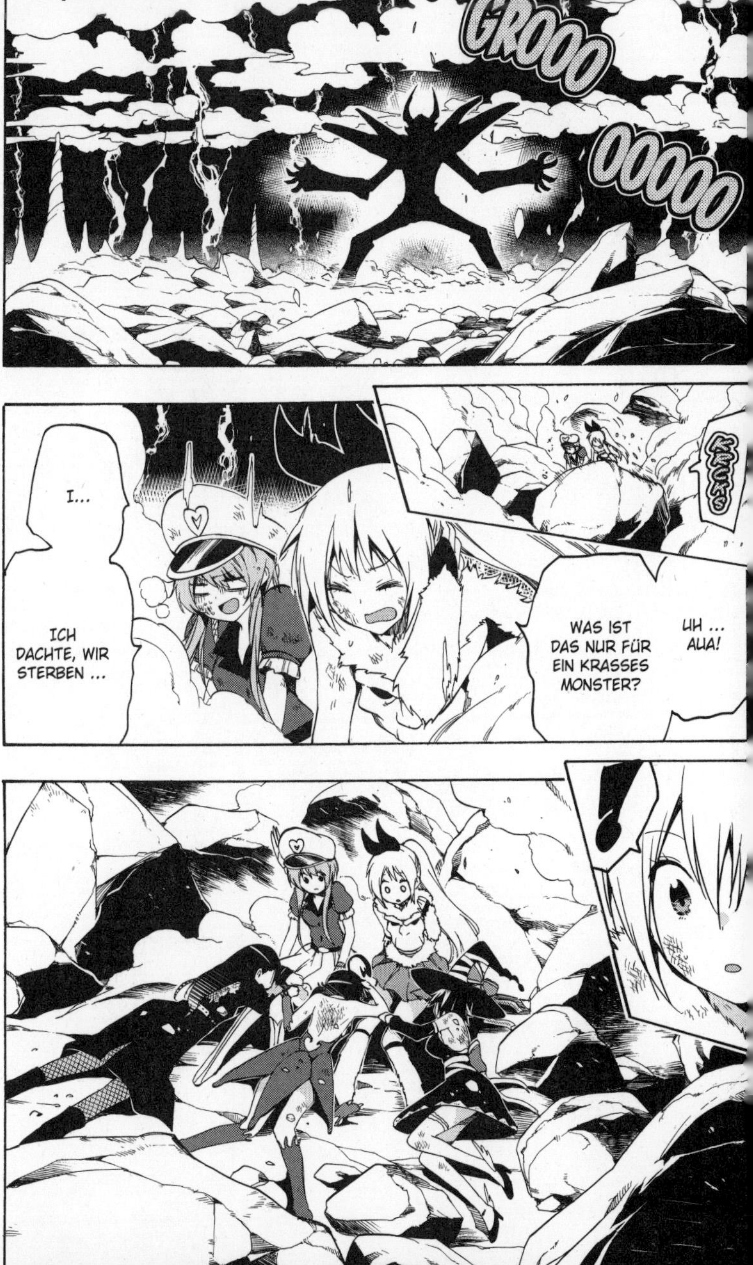

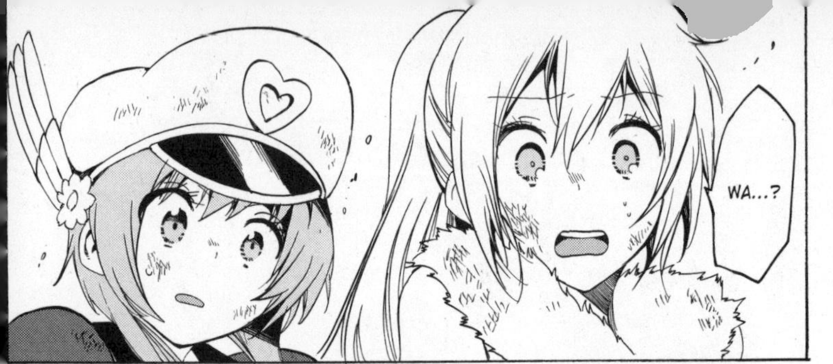
WA...?

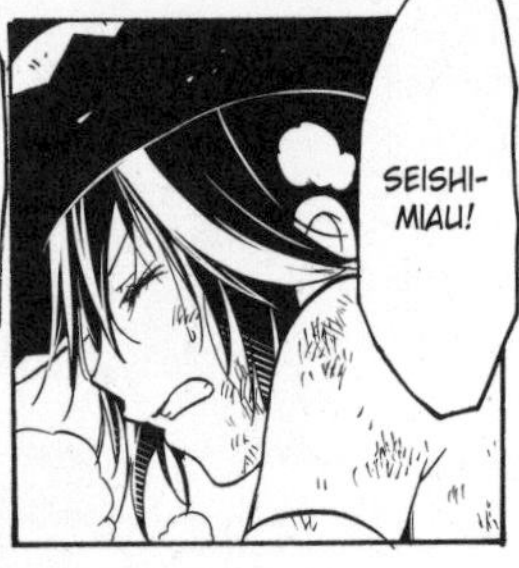
SEISHI-
MIAU!

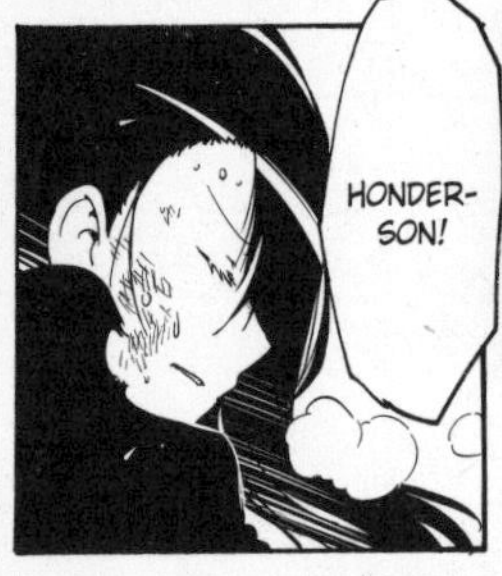
HONDER-
SON!

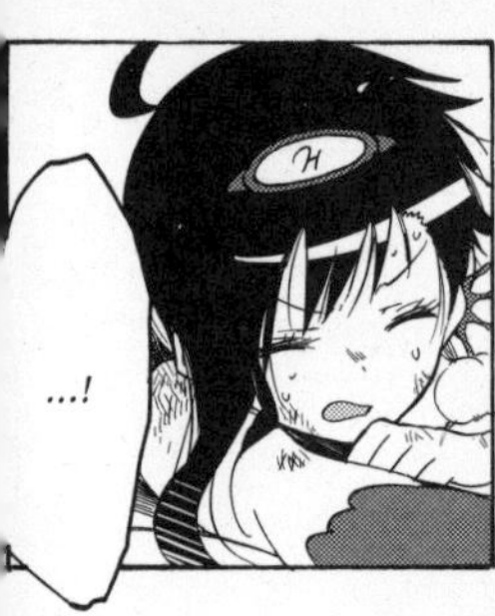
...!

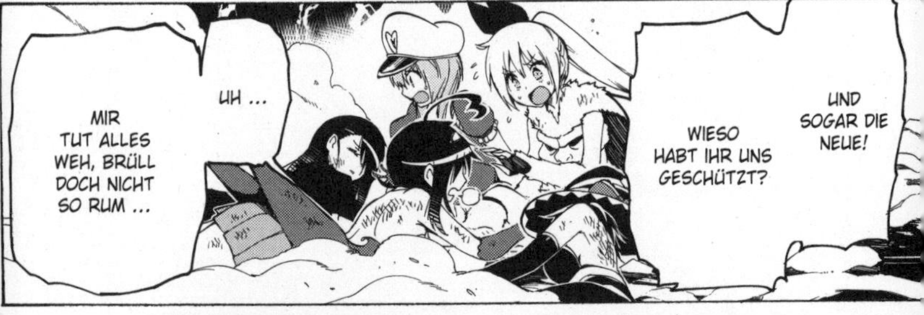
UND SOGAR DIE NEUE!
WIESO HABT IHR UNS GESCHÜTZT?
UH ...
MIR TUT ALLES WEH, BRÜLL DOCH NICHT SO RUM ...

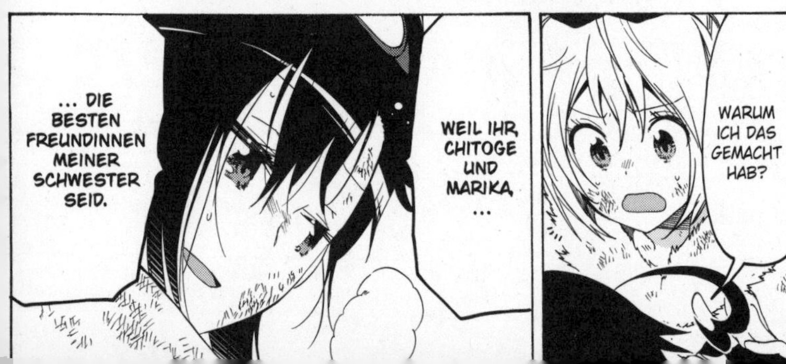
WARUM ICH DAS GEMACHT HAB?
WEIL IHR, CHITOGE UND MARIKA, ...
... DIE BESTEN FREUNDINNEN MEINER SCHWESTER SEID.

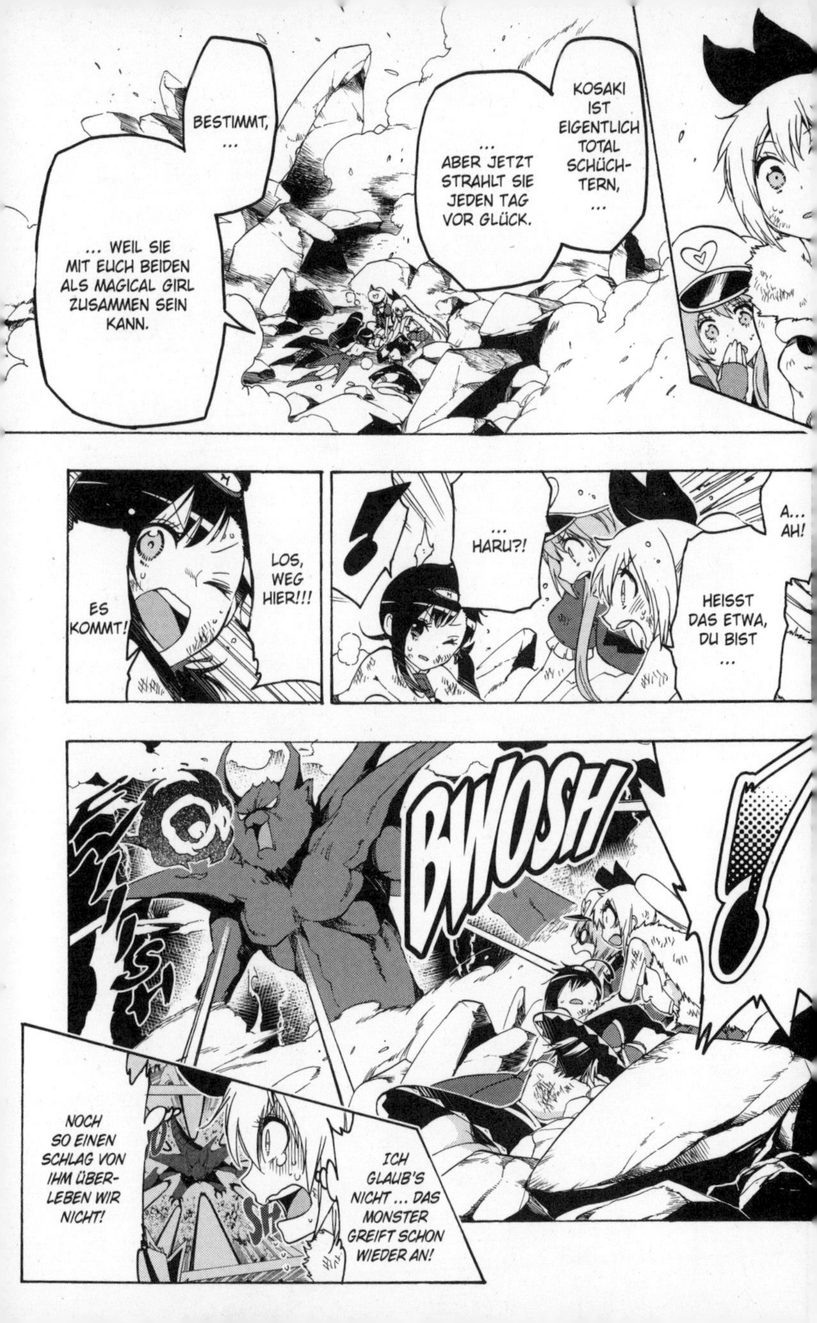

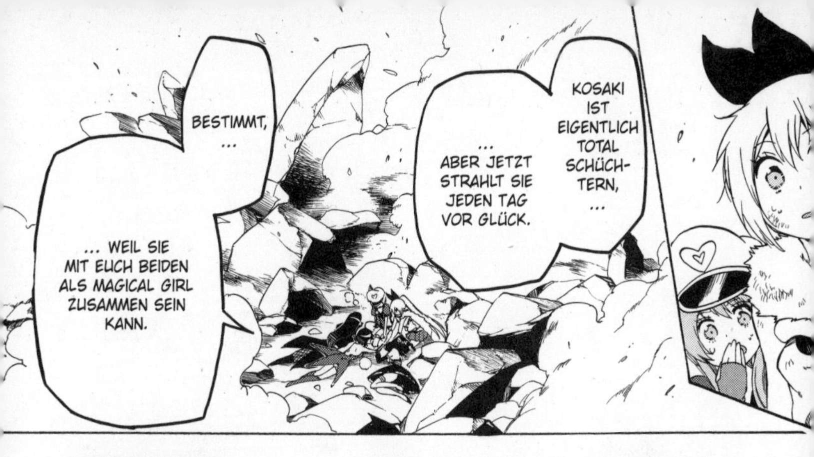

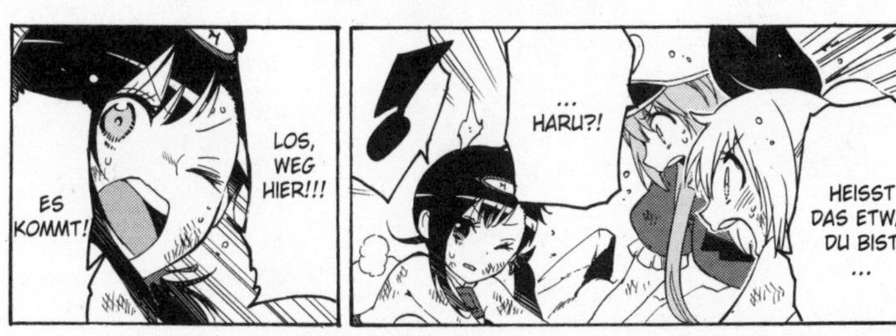

BWOSH

ICH GLAUB'S NICHT ... DAS MONSTER GREIFT SCHON WIEDER AN!

NOCH SO EINEN SCHLAG VON IHM ÜBER-LEBEN WIR NICHT!

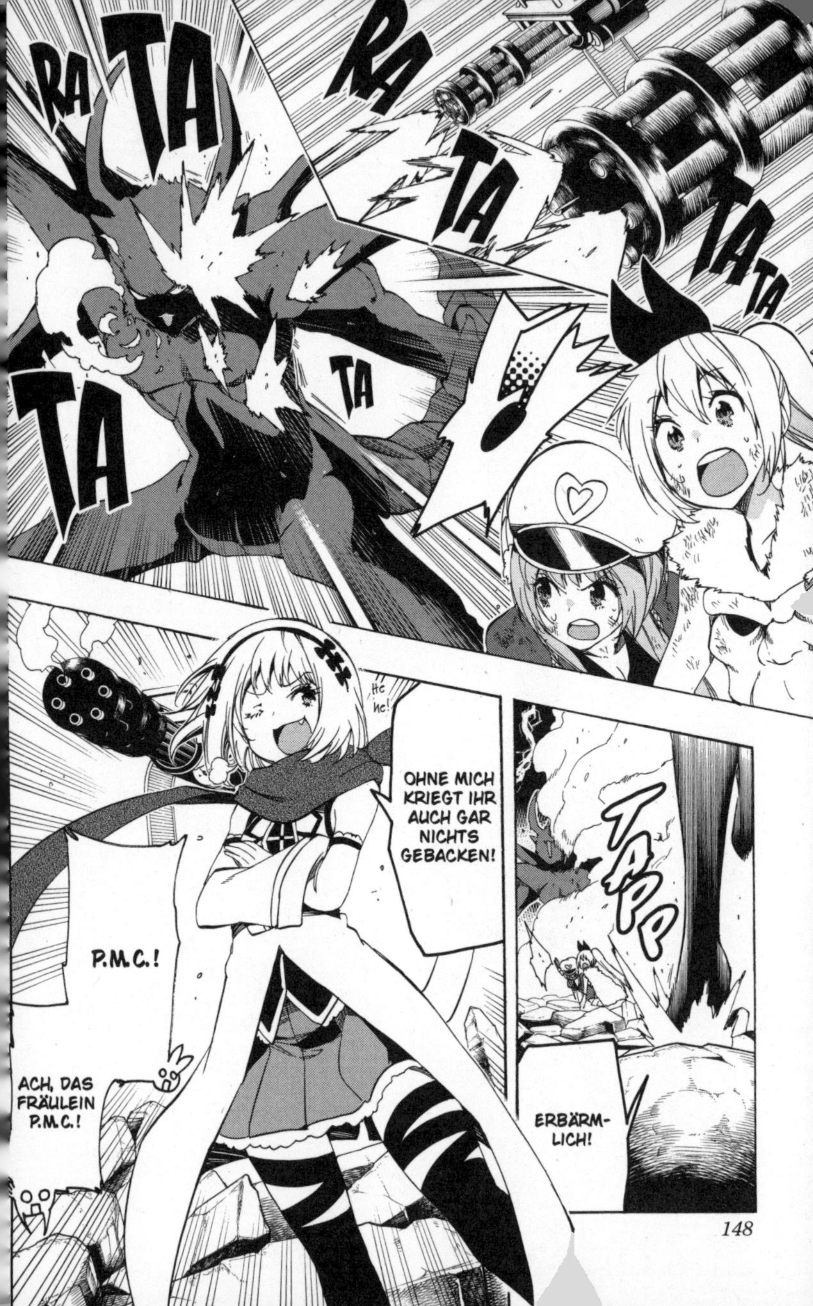
RA
TA
TA
TA
TA
RA
TA
TA
TA
TA
!
TAPP
ERBÄRM-LICH!
He he!
OHNE MICH KRIEGT IHR AUCH GAR NICHTS GEBACKEN!
P.M.C.!
ACH, DAS FRÄULEIN P.M.C.!

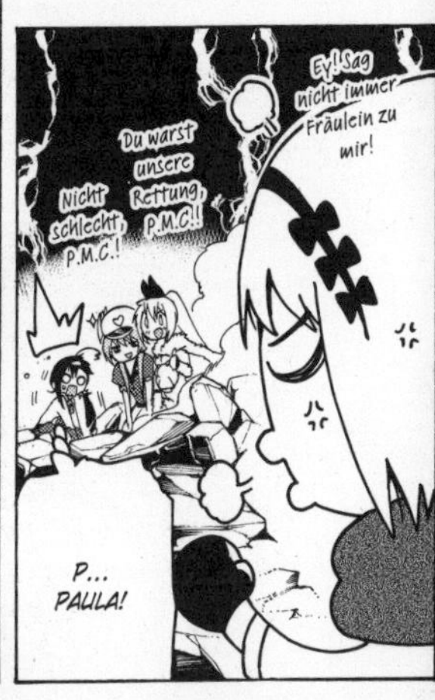
Ey! Sag nicht immer Fräulein zu mir!
Du warst unsere Rettung, P.M.C.!
Nicht schlecht, P.M.C.!
P... PAULA!

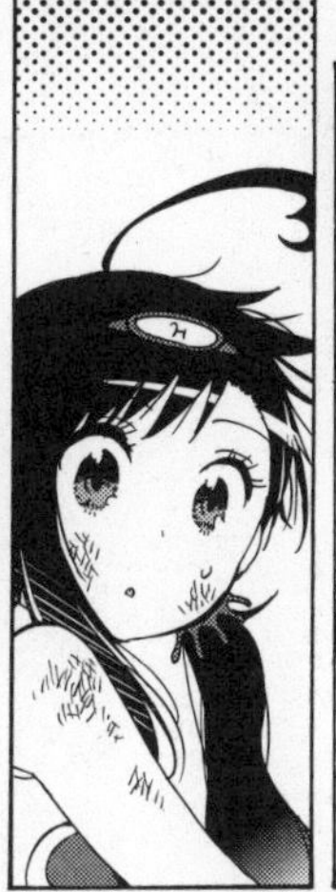
WOW.
Ist ja der Wahnsinn ...

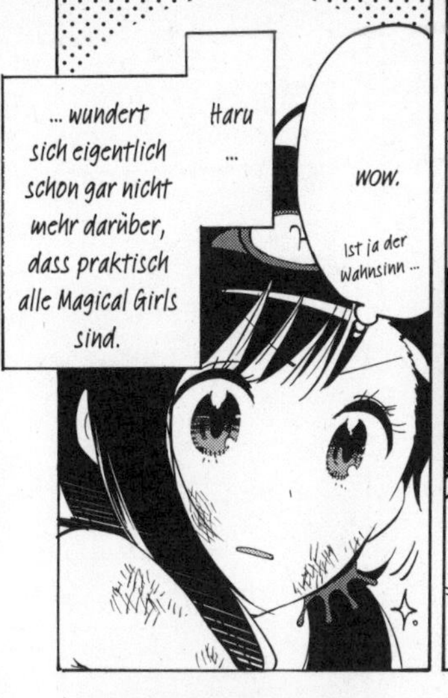
Haru ...
... wundert sich eigentlich schon gar nicht mehr darüber, dass praktisch alle Magical Girls sind.

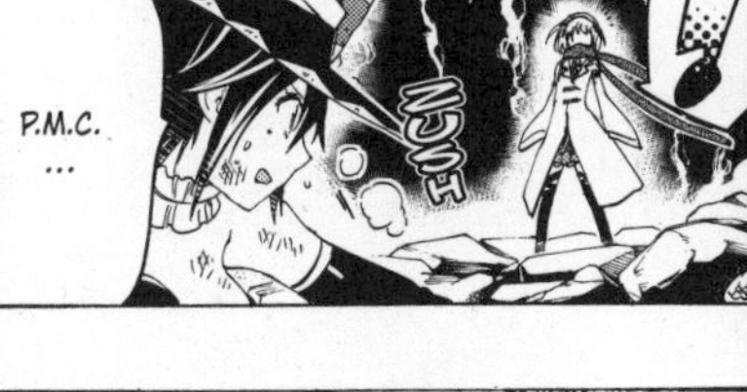
P.M.C. ...

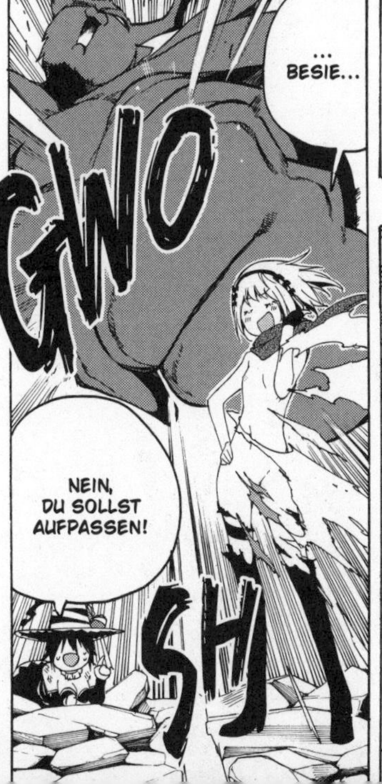
... BESIE...
GWO
NEIN, DU SOLLST AUFPASSEN!
SH

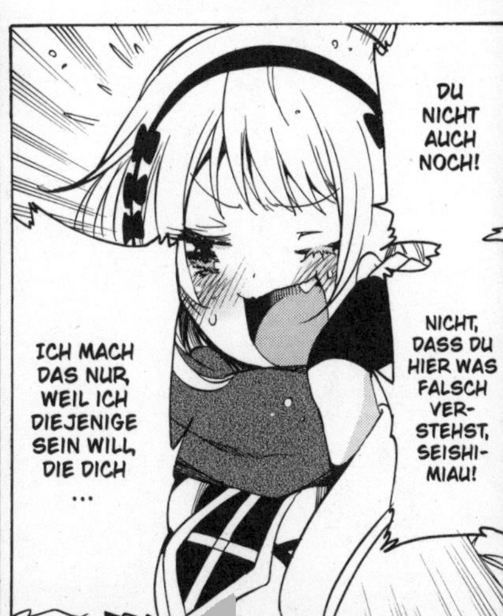
DU NICHT AUCH NOCH!
NICHT, DASS DU HIER WAS FALSCH VER-STEHST, SEISHI-MIAU!
ICH MACH DAS NUR, WEIL ICH DIEJENIGE SEIN WILL, DIE DICH ...

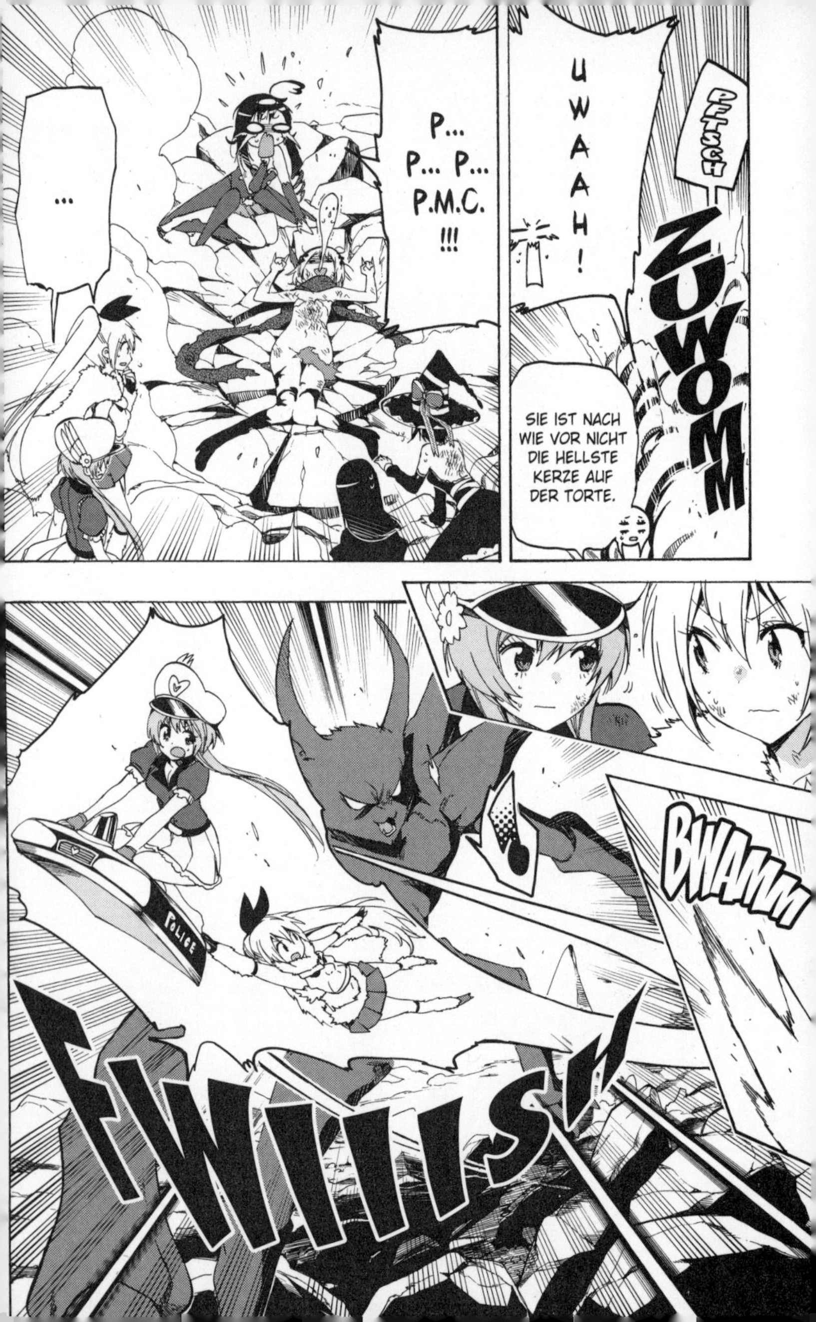

PFTSCH
ZUWOMM
UWAAAH!
SIE IST NACH WIE VOR NICHT DIE HELLSTE KERZE AUF DER TORTE.
P... P... P... P.M.C. !!!
...
BWAMM
FWIIIIS

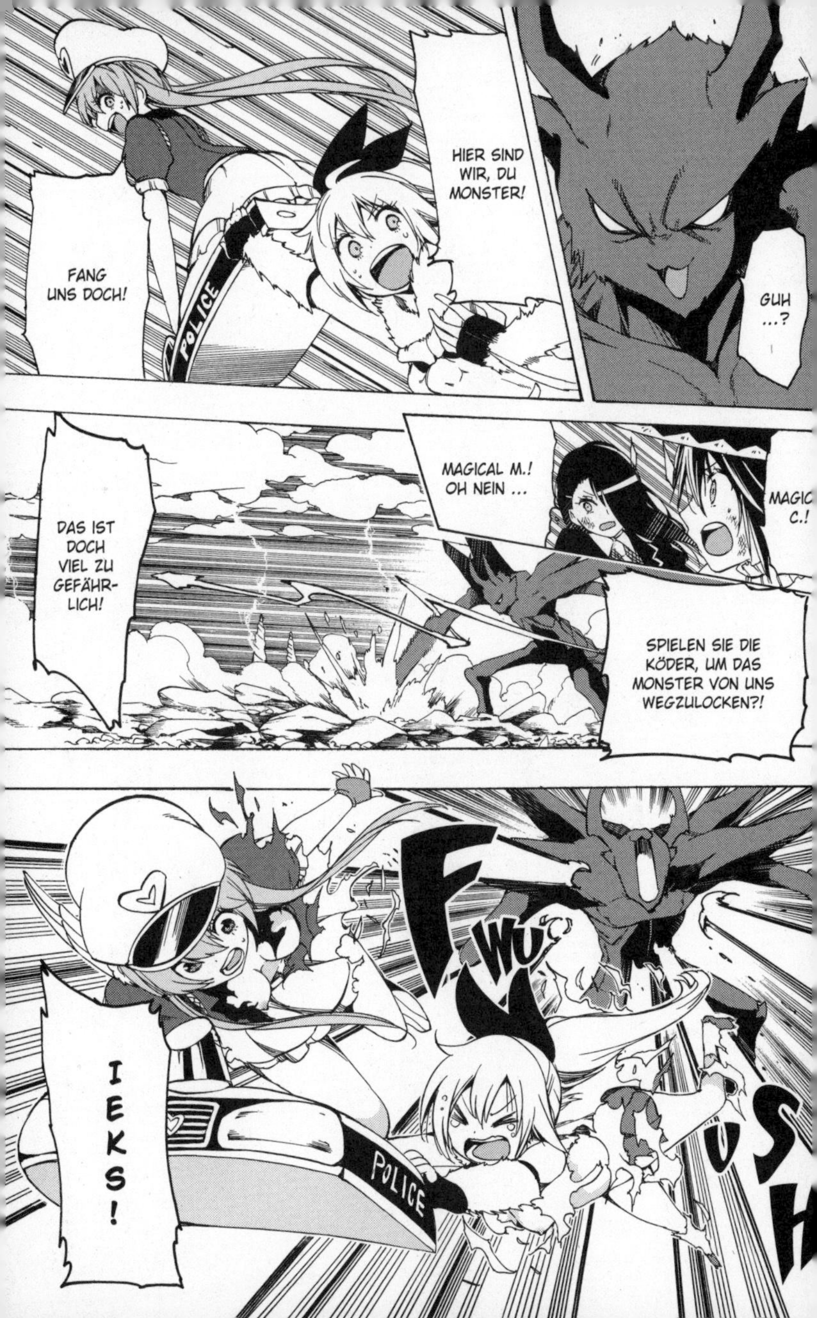
HIER SIND WIR, DU MONSTER!
FANG UNS DOCH!
GUH ...?
MAGIC C.!
MAGICAL M.! OH NEIN ...
SPIELEN SIE DIE KÖDER, UM DAS MONSTER VON UNS WEGZULOCKEN?!
DAS IST DOCH VIEL ZU GEFÄHR-LICH!
FWUUSH
IEKS!

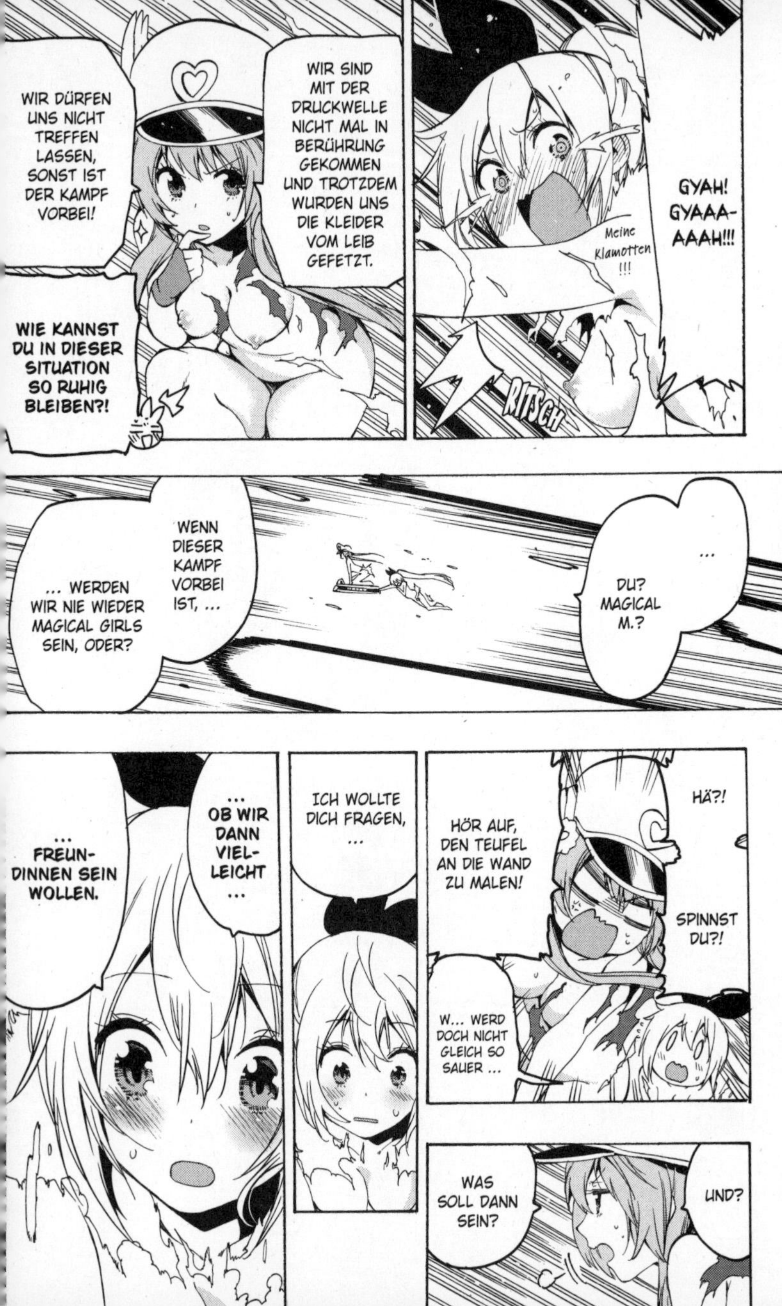
GYAH! GYAAA-AAAH!!!
Meine Klamotten !!!
RITSCH
WIR SIND MIT DER DRUCKWELLE NICHT MAL IN BERÜHRUNG GEKOMMEN UND TROTZDEM WURDEN UNS DIE KLEIDER VOM LEIB GEFETZT.
WIR DÜRFEN UNS NICHT TREFFEN LASSEN, SONST IST DER KAMPF VORBEI!
WIE KANNST DU IN DIESER SITUATION SO RUHIG BLEIBEN?!
...
DU? MAGICAL M.?
WENN DIESER KAMPF VORBEI IST, ...
... WERDEN WIR NIE WIEDER MAGICAL GIRLS SEIN, ODER?
HÄ?!
HÖR AUF, DEN TEUFEL AN DIE WAND ZU MALEN!
SPINNST DU?!
W... WERD DOCH NICHT GLEICH SO SAUER ...
UND?
WAS SOLL DANN SEIN?
ICH WOLLTE DICH FRAGEN, ...
... OB WIR DANN VIELLEICHT ...
... FREUNDINNEN SEIN WOLLEN.

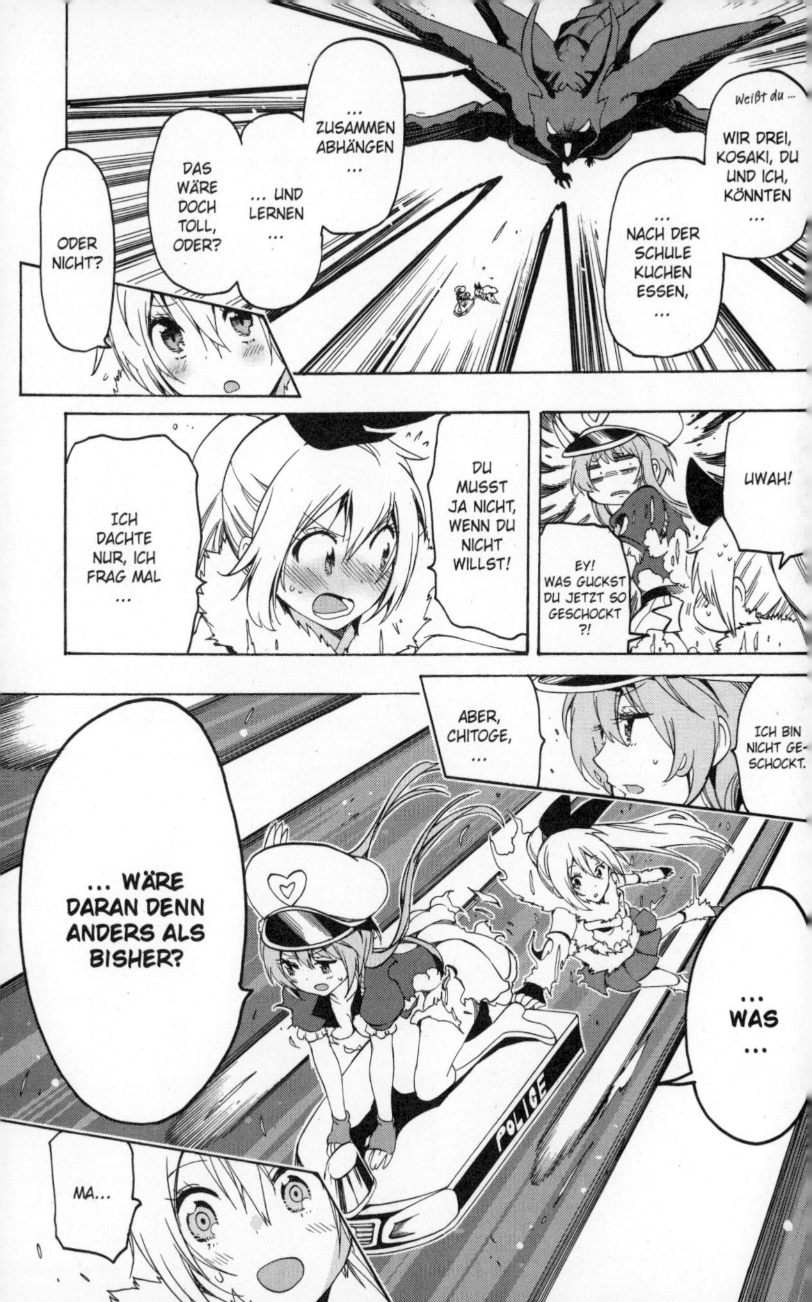
Weißt du ...
WIR DREI, KOSAKI, DU UND ICH, KÖNNTEN ...
... NACH DER SCHULE KUCHEN ESSEN, ...
... ZUSAMMEN ABHÄNGEN ...
... UND LERNEN ...
DAS WÄRE DOCH TOLL, ODER?
ODER NICHT?
UWAH!
EY! WAS GUCKST DU JETZT SO GESCHOCKT ?!
DU MUSST JA NICHT, WENN DU NICHT WILLST!
ICH DACHTE NUR, ICH FRAG MAL ...
ICH BIN NICHT GE-SCHOCKT.
ABER, CHITOGE, ...
... WÄRE DARAN DENN ANDERS ALS BISHER?
... WAS ...
MA...
POLICE

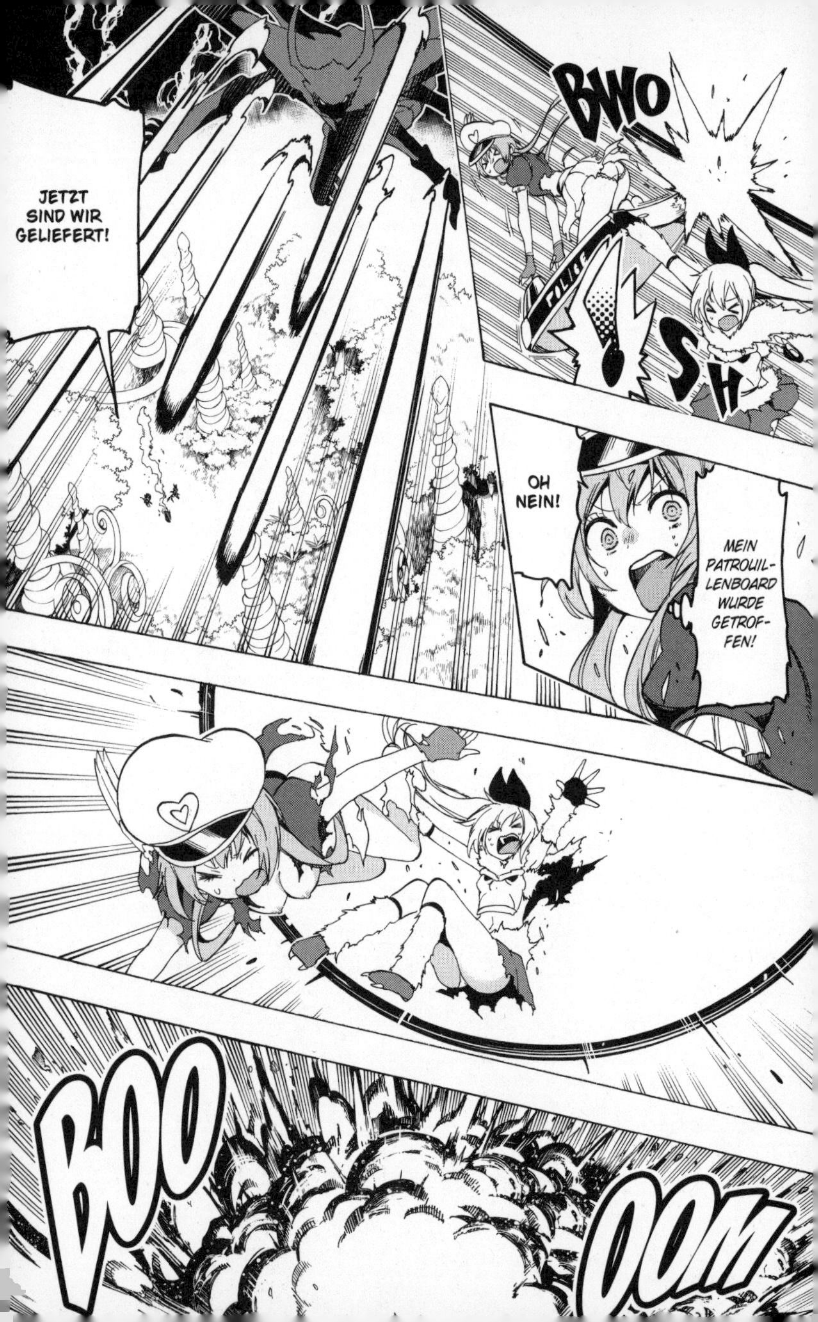
BWO
SH
JETZT SIND WIR GELIEFERT!
OH NEIN!
MEIN PATROUIL-LENBOARD WURDE GETROF-FEN!
POLICE
BOO
OOM

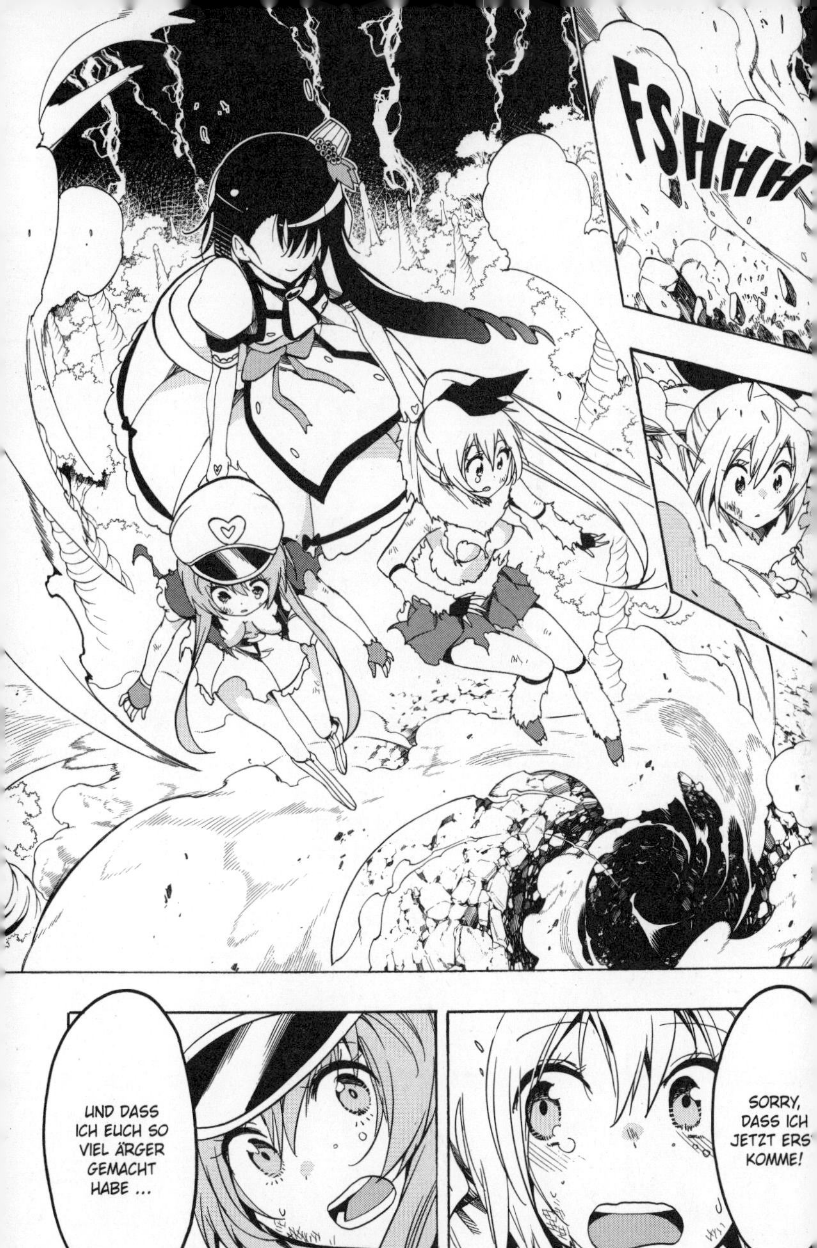
FSHHH
SORRY, DASS ICH JETZT ERS KOMME!
UND DASS ICH EUCH SO VIEL ÄRGER GEMACHT HABE ...

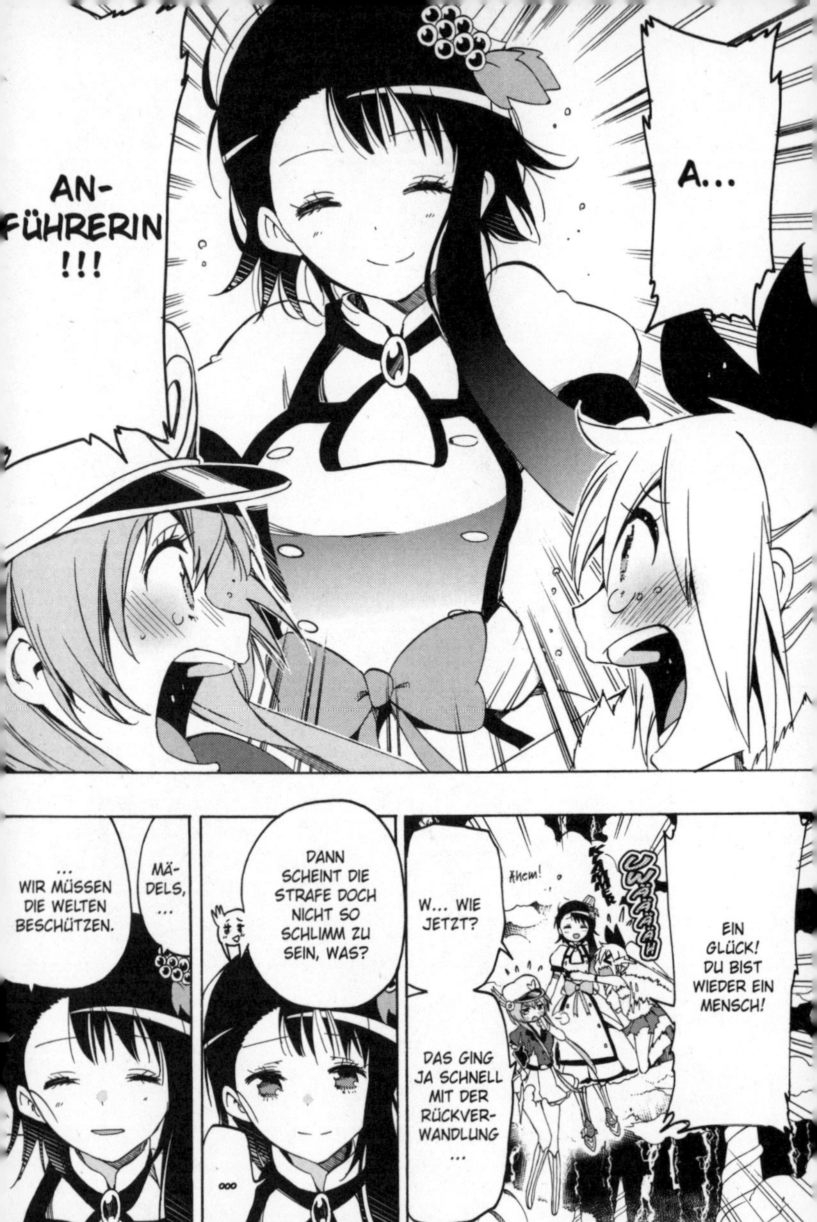
A...
AN-
FÜHRERIN
!!!
EIN GLÜCK! DU BIST WIEDER EIN MENSCH!
Ahem!
W... WIE JETZT?
DAS GING JA SCHNELL MIT DER RÜCKVER-WANDLUNG ...
DANN SCHEINT DIE STRAFE DOCH NICHT SO SCHLIMM ZU SEIN, WAS?
...
MÄ-DELS, ...
... WIR MÜSSEN DIE WELTEN BESCHÜTZEN.

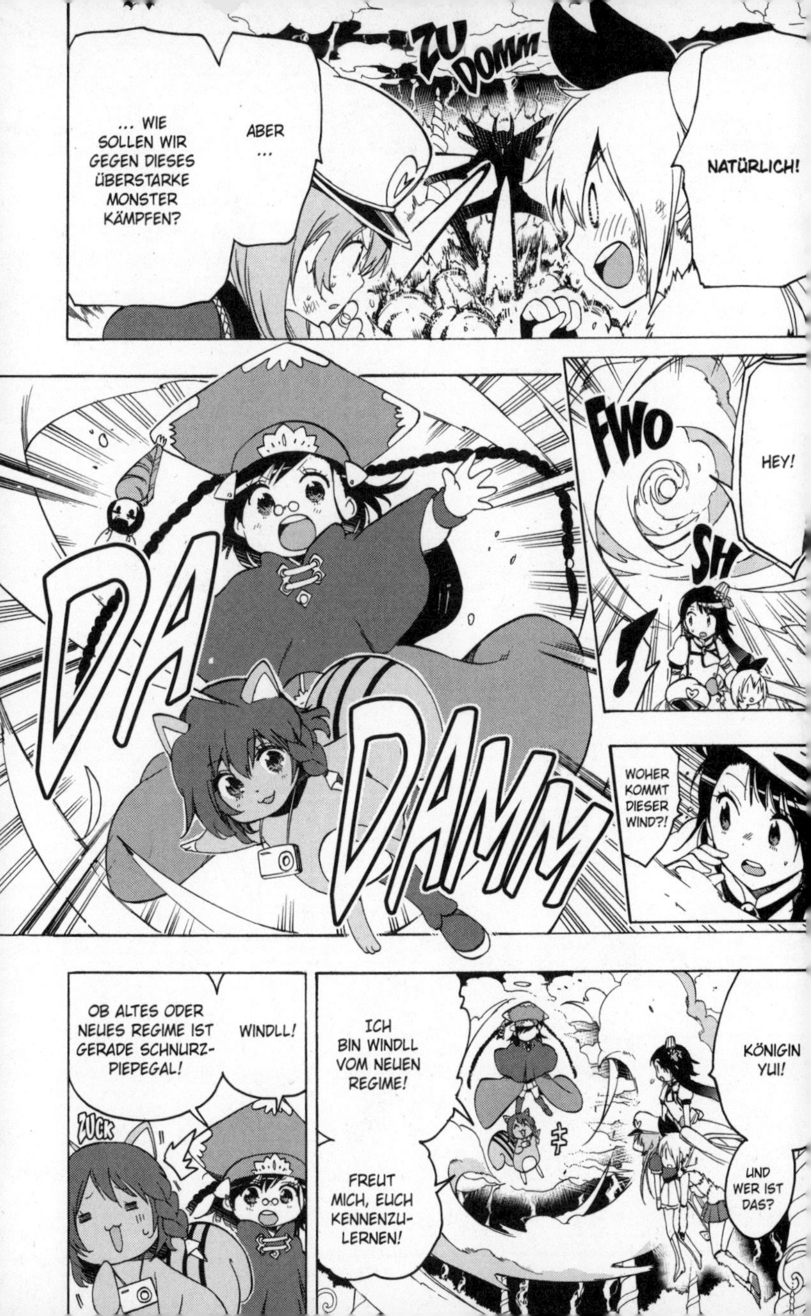
ZU DOMM
NATÜRLICH!
ABER ...
... WIE SOLLEN WIR GEGEN DIESES ÜBERSTARKE MONSTER KÄMPFEN?
HEY!
FWO
SH
WOHER KOMMT DIESER WIND?!
DA
DAMM
KÖNIGIN YUI!
UND WER IST DAS?
ICH BIN WINDLL VOM NEUEN REGIME!
FREUT MICH, EUCH KENNENZU-LERNEN!
WINDLL!
OB ALTES ODER NEUES REGIME IST GERADE SCHNURZ-PIEPEGAL!
ZUCK

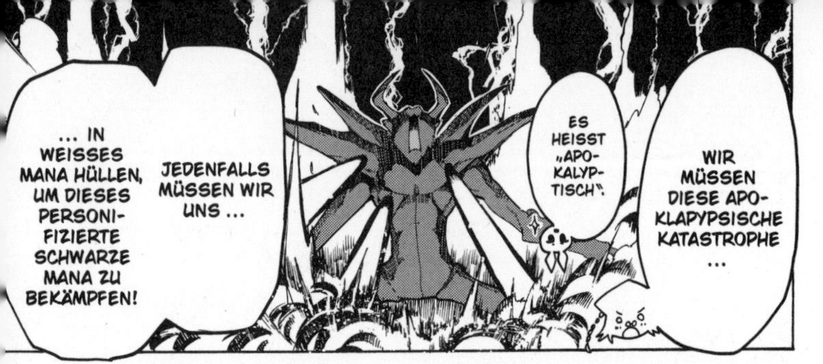
WIR MÜSSEN DIESE APO-KLAPYPSISCHE KATASTROPHE ...
ES HEISST „APO-KALYP-TISCH".
JEDENFALLS MÜSSEN WIR UNS ...
... IN WEISSES MANA HÜLLEN, UM DIESES PERSONI-FIZIERTE SCHWARZE MANA ZU BEKÄMPFEN!

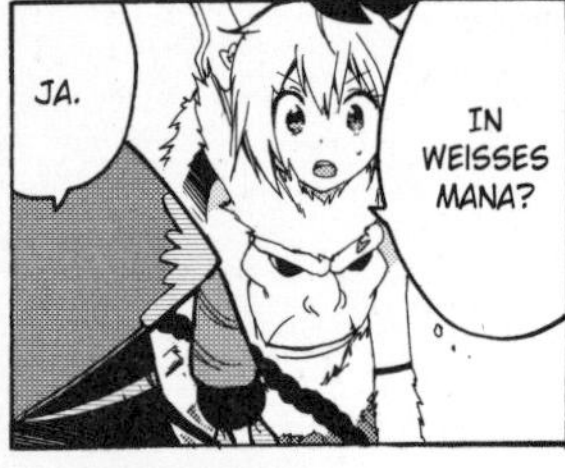
IN WEISSES MANA?
JA.

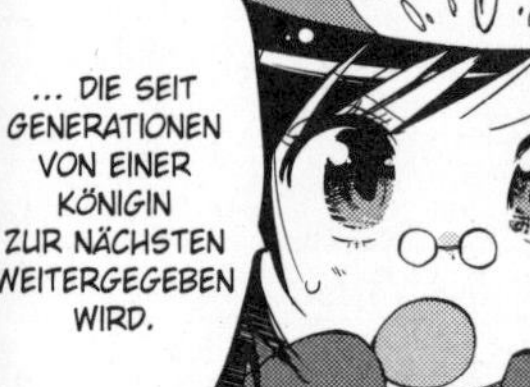
DAMIT IHR EINE CHANCE GEGEN DIESES MONSTER HABT, GEBE ICH EUCH DIESE KAMPF-RÜSTUNGEN AUS WEISSEM MANA, ...
... DIE SEIT GENERATIONEN VON EINER KÖNIGIN ZUR NÄCHSTEN WEITERGEGEBEN WIRD.

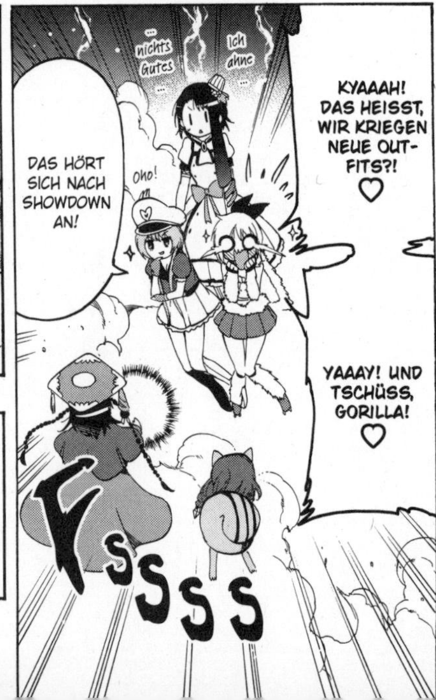
KYAAAH! DAS HEISST, WIR KRIEGEN NEUE OUT-FITS?! ♡
Ich ahne ...
... nichts Gutes ...
Oho!
DAS HÖRT SICH NACH SHOWDOWN AN!
YAAAY! UND TSCHÜSS, GORILLA! ♡
FSSSSS

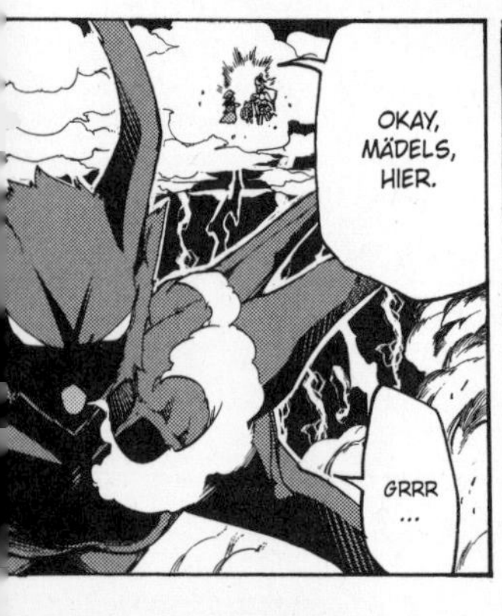
OKAY, MÄDELS, HIER.
GRRR ...

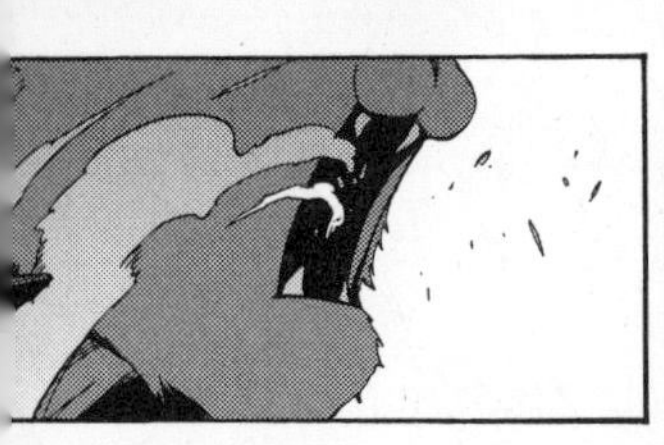

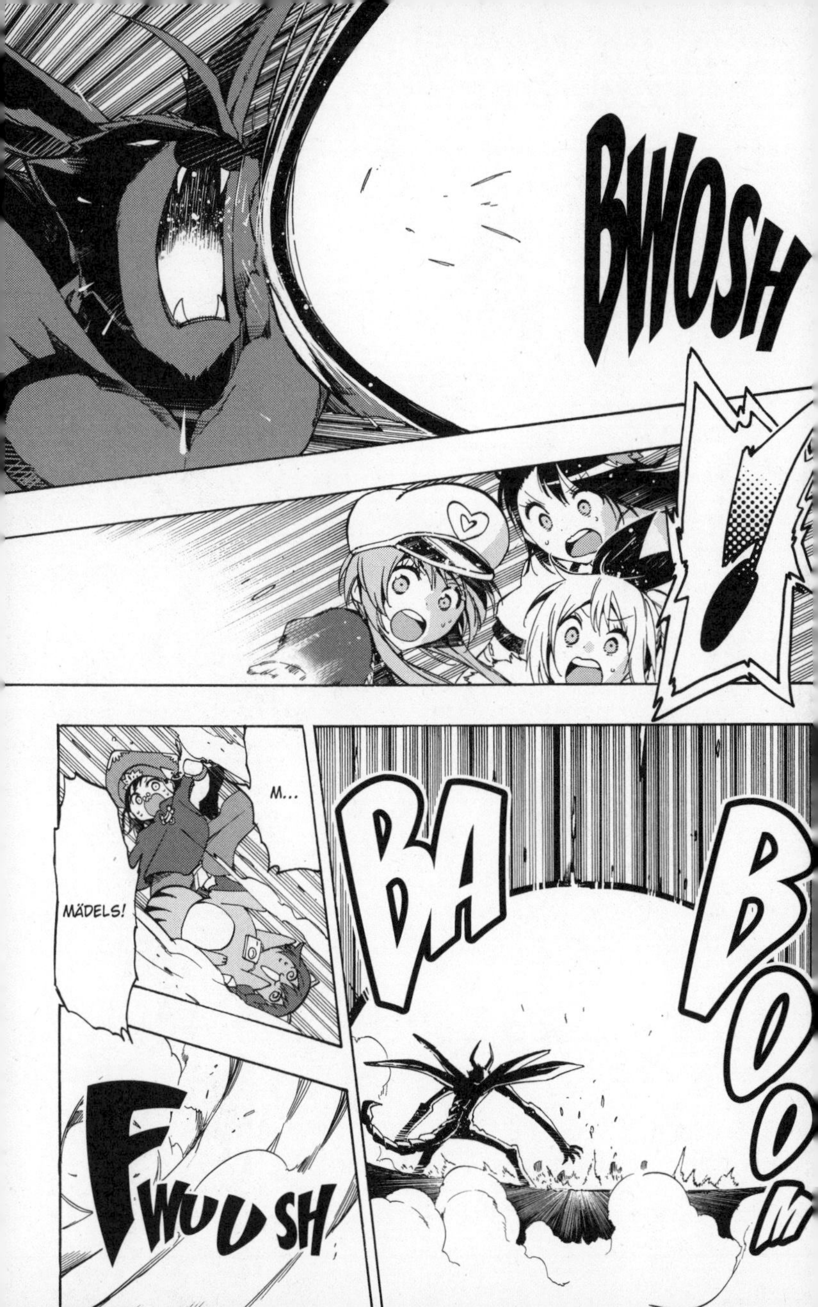

BWOSH
!
BA
BOOOM
M...
MÄDELS!
FWUUSH

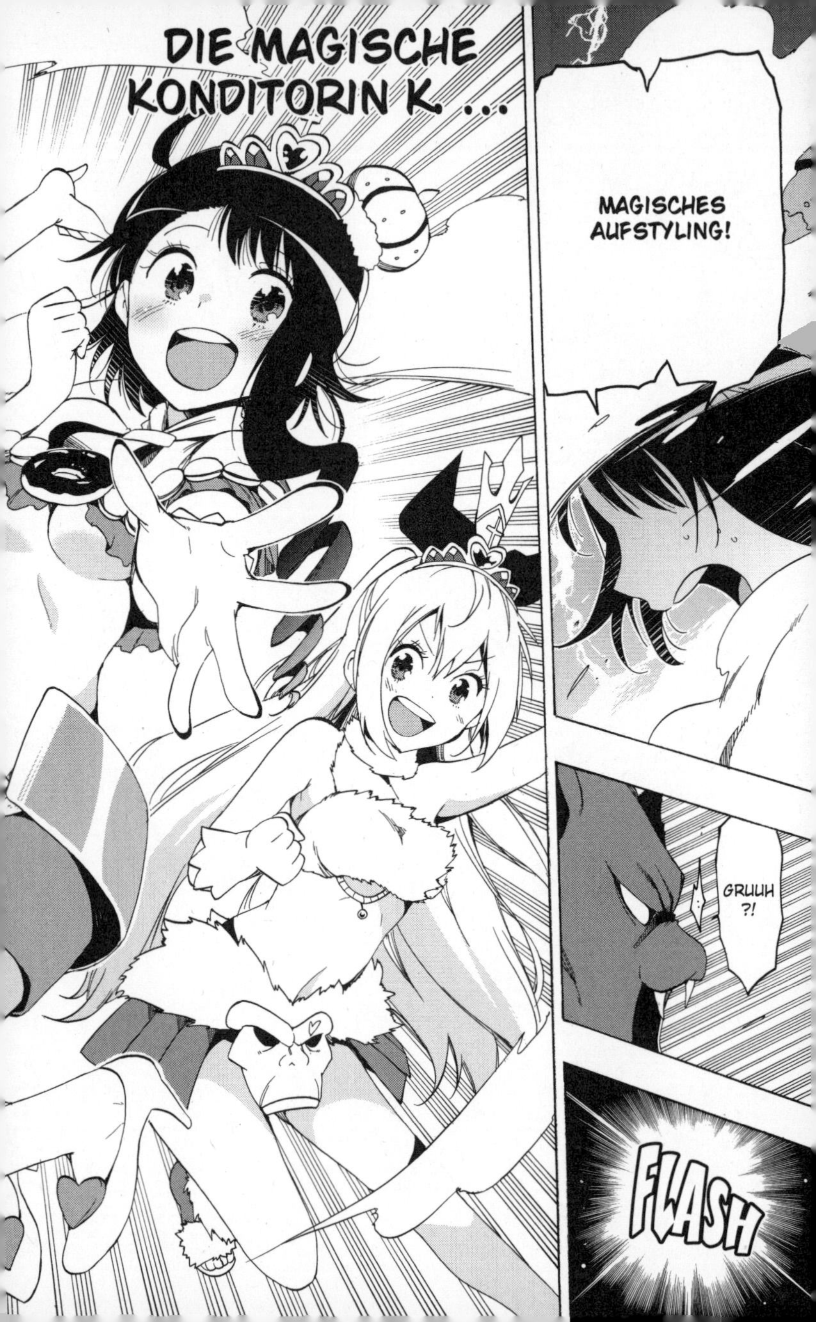

MAGISCHES AUFSTYLING!
GRUUH ?!
FLASH
DIE MAGISCHE KONDITORIN K. ...

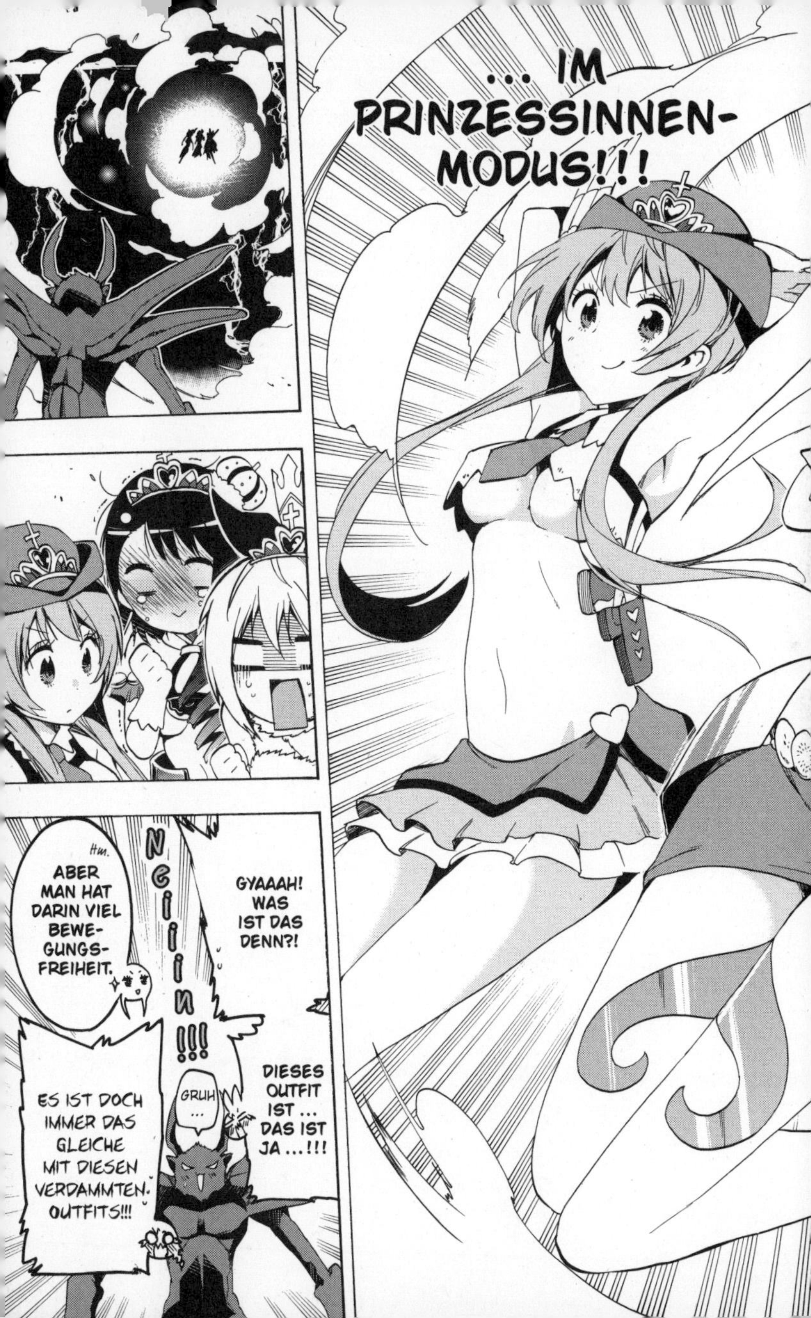
... IM PRINZESSINNEN-MODUS!!!
Neiiin!!!
GYAAAH! WAS IST DAS DENN?!
Hm.
ABER MAN HAT DARIN VIEL BEWE-GUNGS-FREIHEIT.
DIESES OUTFIT IST ... DAS IST JA ...!!!
GRUH ...
ES IST DOCH IMMER DAS GLEICHE MIT DIESEN VERDAMMTEN OUTFITS!!!

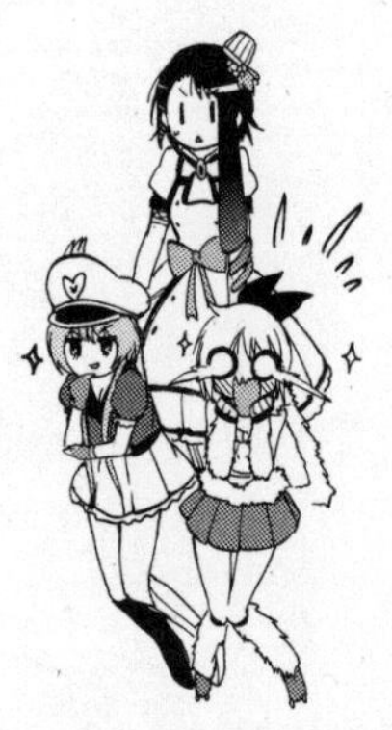

Kapitel 41: Abschied

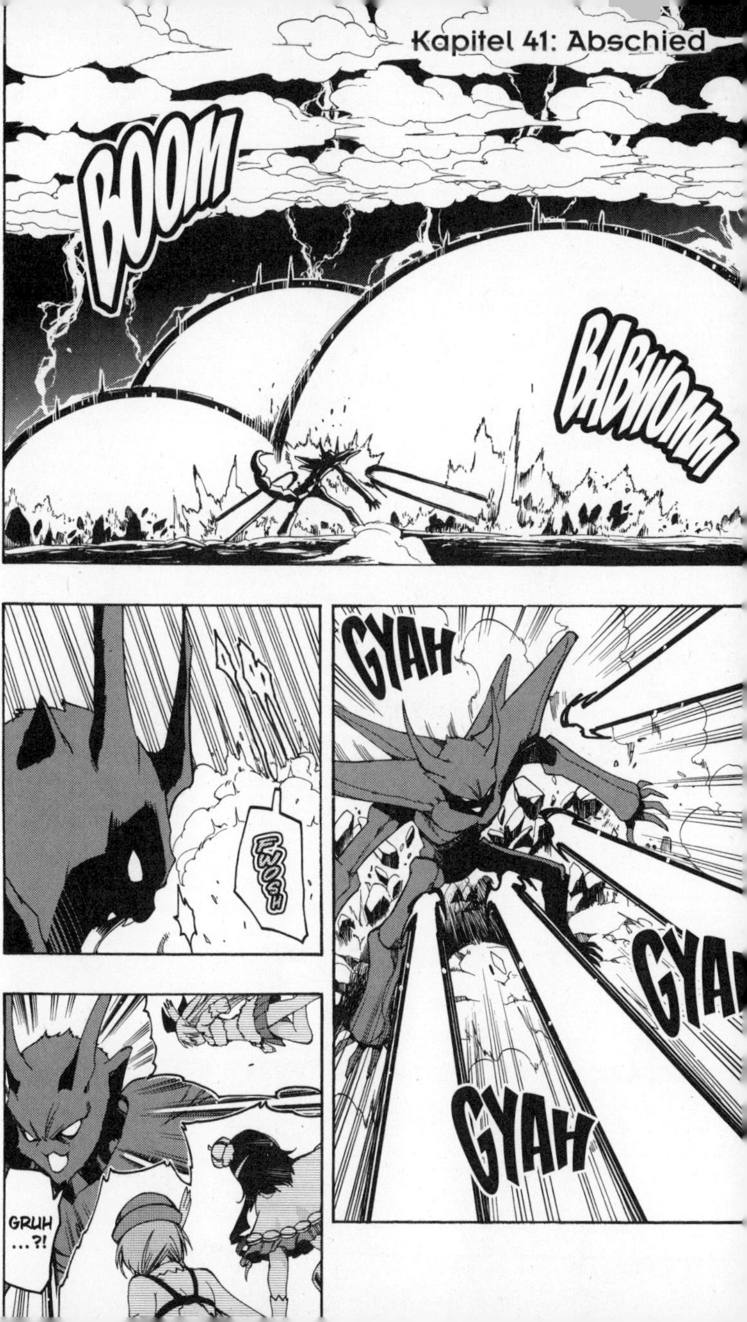

BOOM

BABWOMM

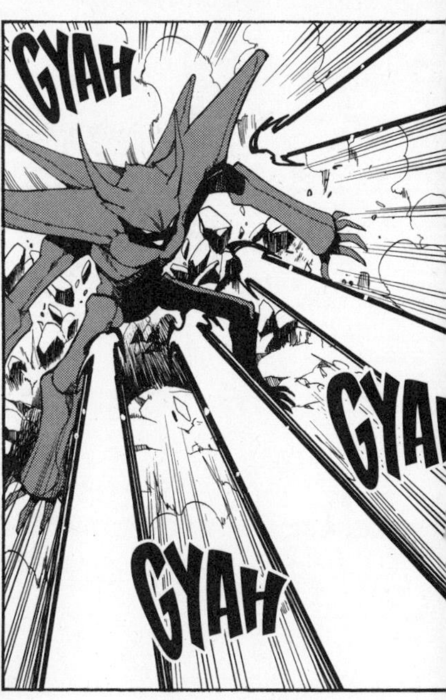

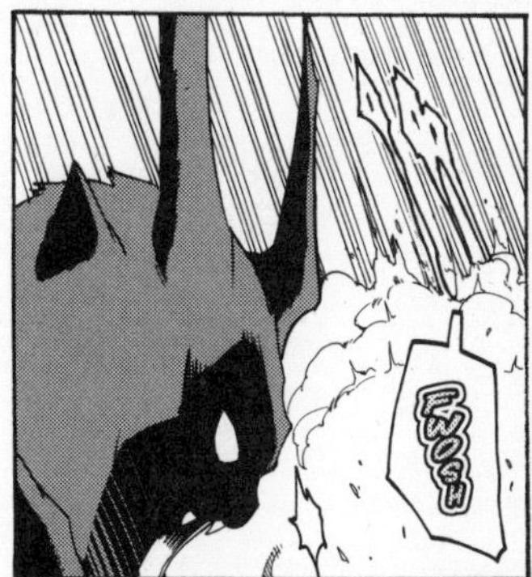

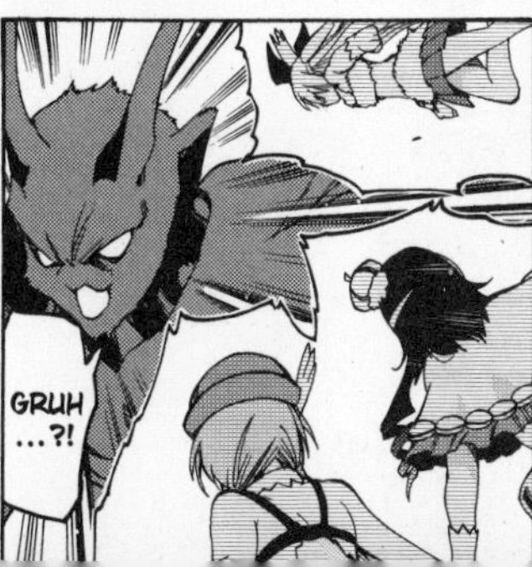

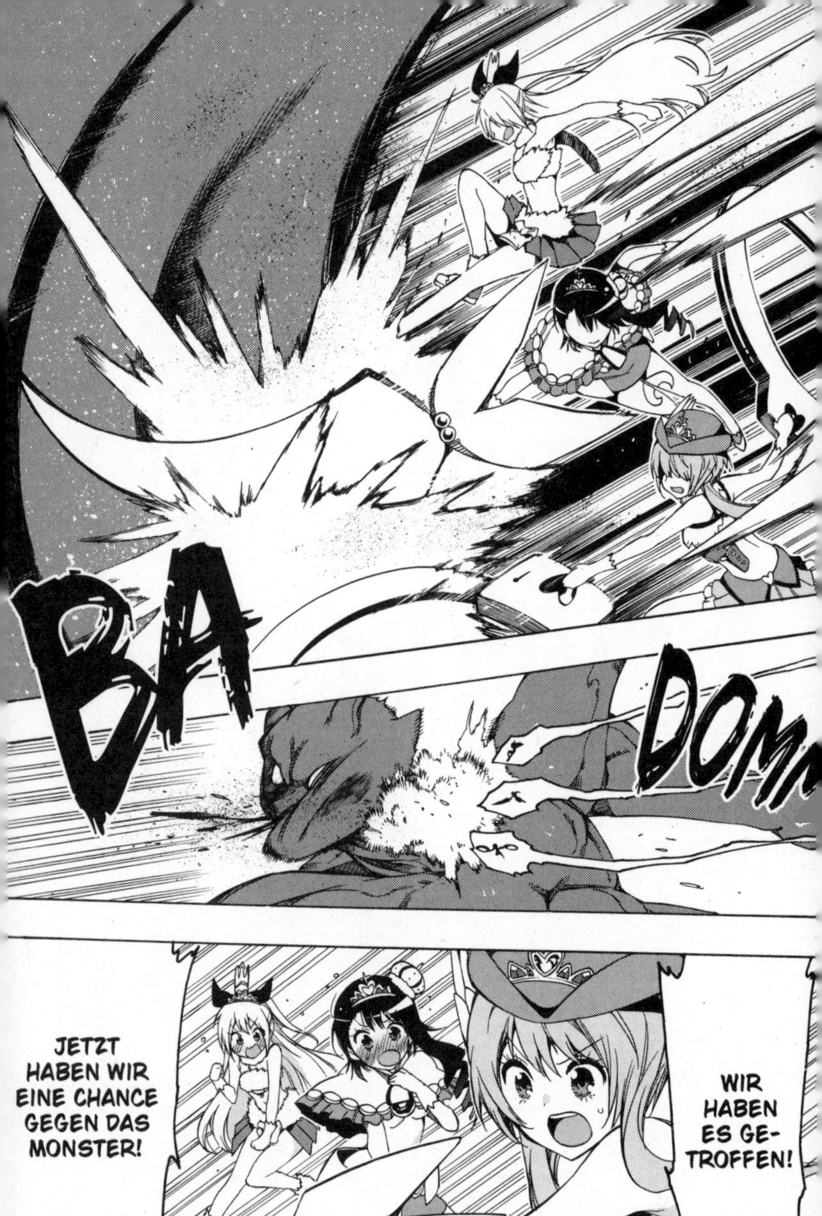
BA
DOM
WIR HABEN ES GETROFFEN!
JETZT HABEN WIR EINE CHANCE GEGEN DAS MONSTER!

Kapitel 41: Abschied

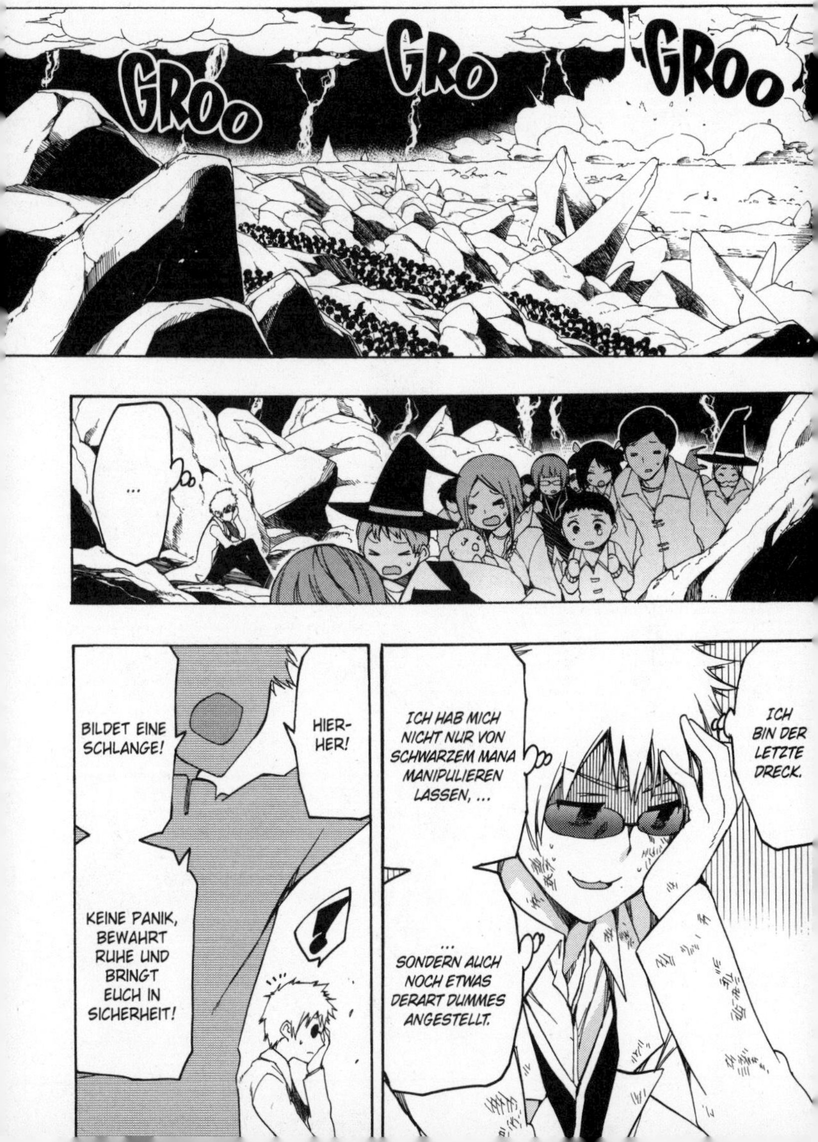

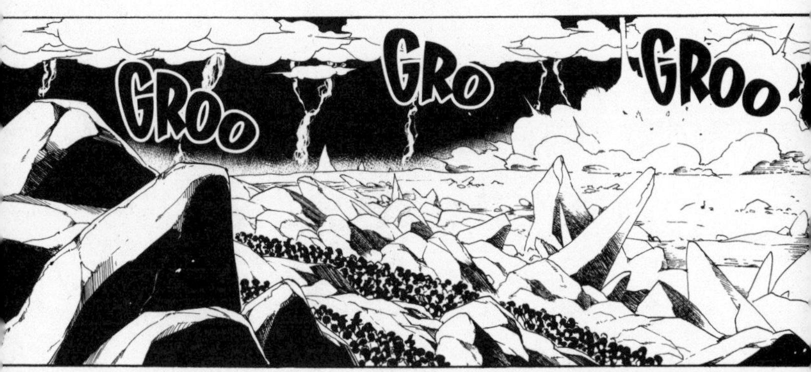

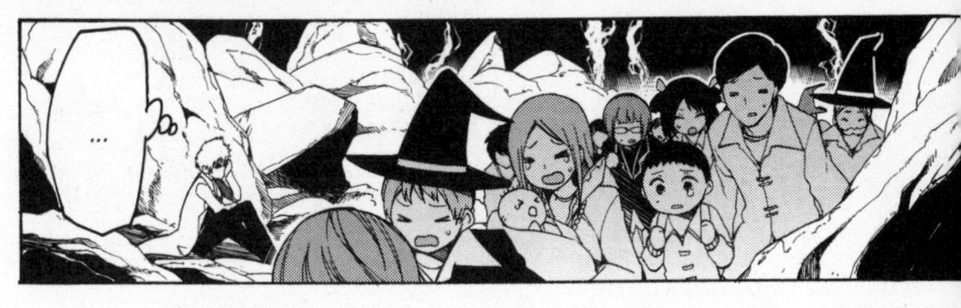

ICH BIN DER LETZTE DRECK.

ICH HAB MICH NICHT NUR VON SCHWARZEM MANA MANIPULIEREN LASSEN, ...

... SONDERN AUCH NOCH ETWAS DERART DUMMES ANGESTELLT.

HIER-HER!

BILDET EINE SCHLANGE!

KEINE PANIK, BEWAHRT RUHE UND BRINGT EUCH IN SICHERHEIT!

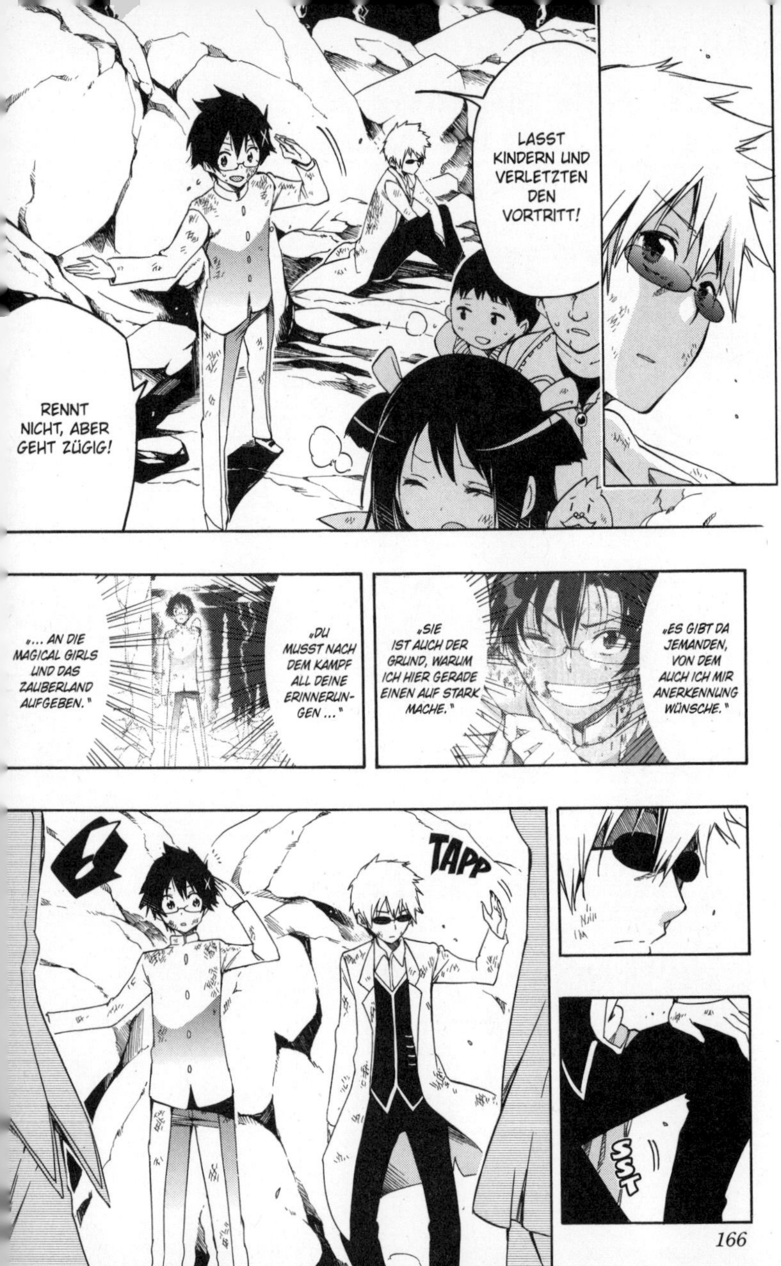

LASST KINDERN UND VERLETZTEN DEN VORTRITT!

RENNT NICHT, ABER GEHT ZÜGIG!

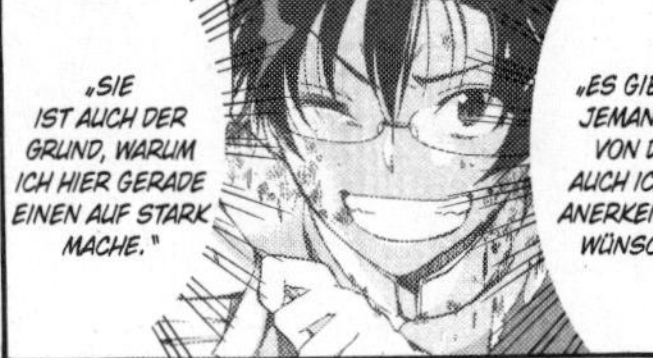

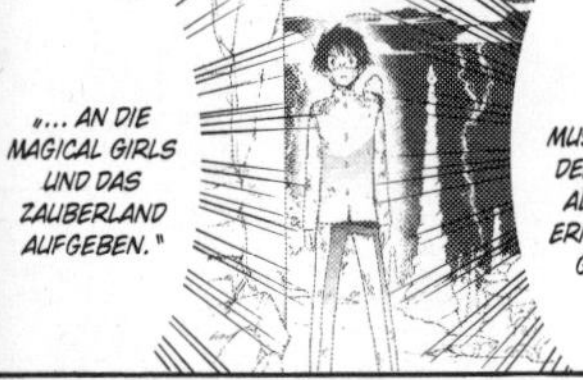

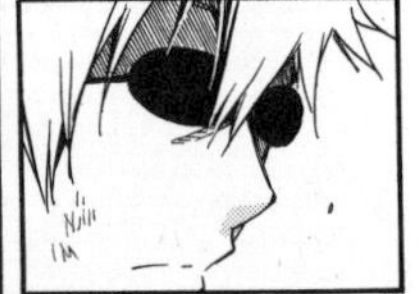

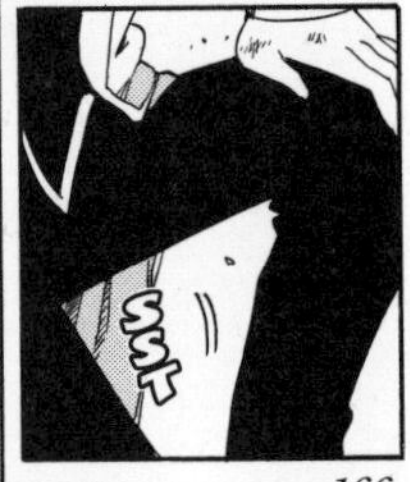

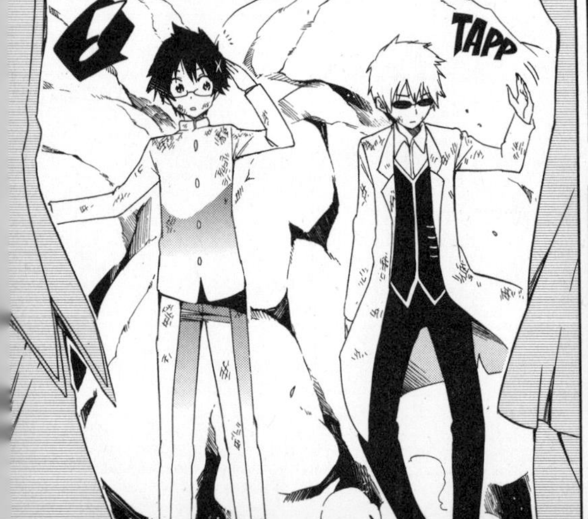

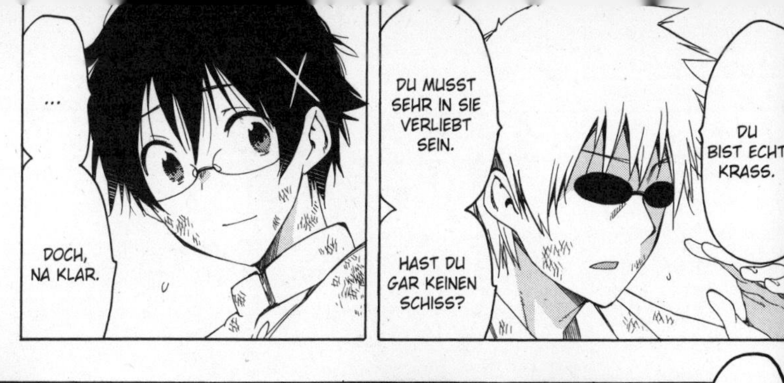
DU BIST ECHT KRASS.
DU MUSST SEHR IN SIE VERLIEBT SEIN.
HAST DU GAR KEINEN SCHISS?
...
DOCH, NA KLAR.

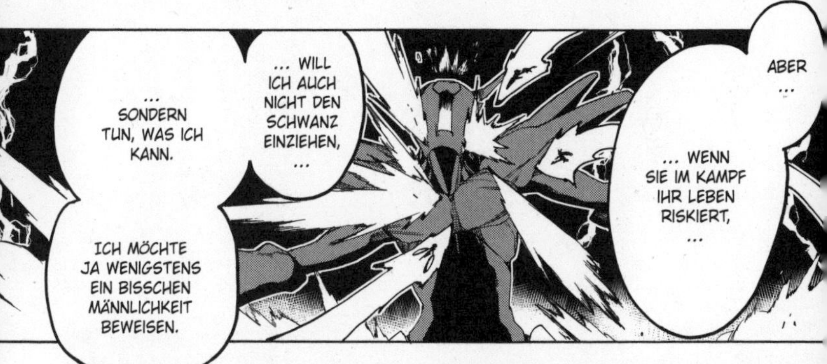
ABER ...
... WENN SIE IM KAMPF IHR LEBEN RISKIERT, ...
... WILL ICH AUCH NICHT DEN SCHWANZ EINZIEHEN, ...
... SONDERN TUN, WAS ICH KANN.
ICH MÖCHTE JA WENIGSTENS EIN BISSCHEN MÄNNLICHKEIT BEWEISEN.

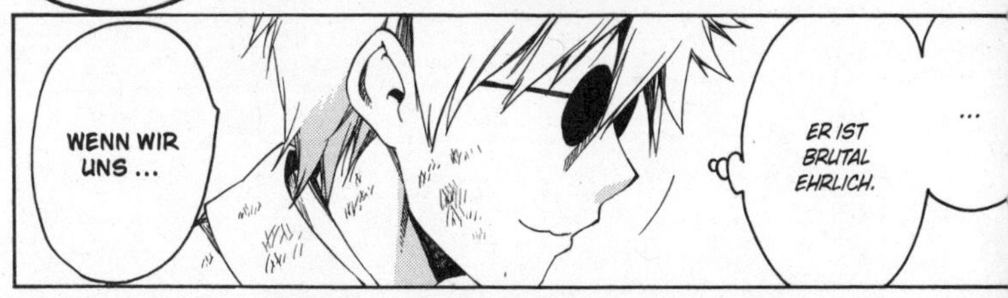
...
ER IST BRUTAL EHRLICH.
WENN WIR UNS ...

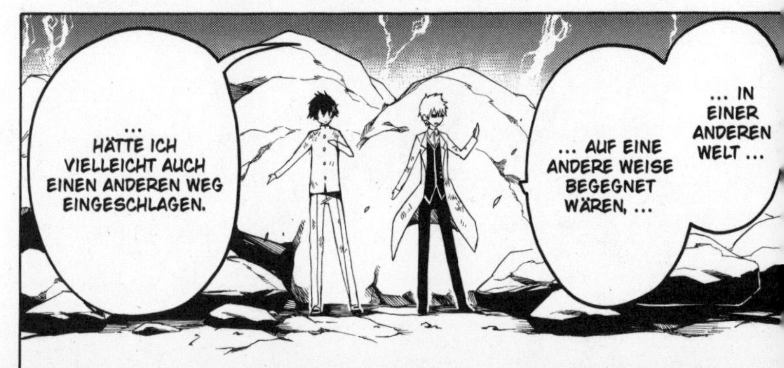
... IN EINER ANDEREN WELT ...
... AUF EINE ANDERE WEISE BEGEGNET WÄREN, ...
... HÄTTE ICH VIELLEICHT AUCH EINEN ANDEREN WEG EINGESCHLAGEN.

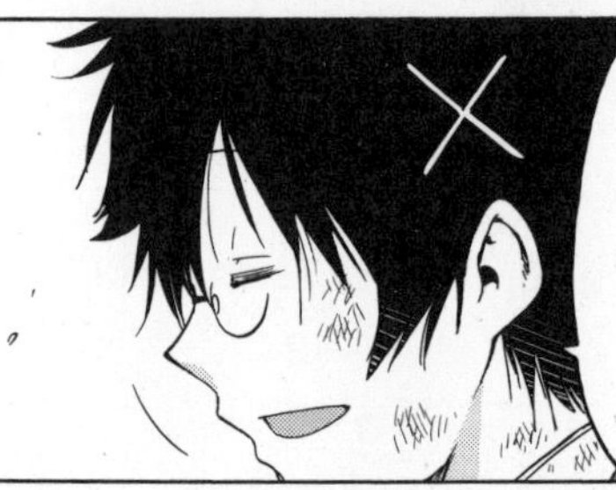
JA.
VIELLEICHT WÄREN WIR SOGAR BESTE FREUNDE GEWORDEN, HÄTTEN ÜBER MÄDCHEN GEQUATSCHT ...
... UND UNS GEGENSEITIG EINEN TRITT IN DEN HINTERN VERPASST.

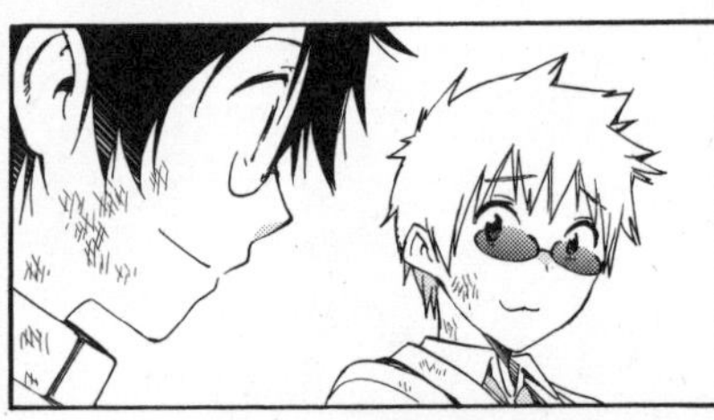

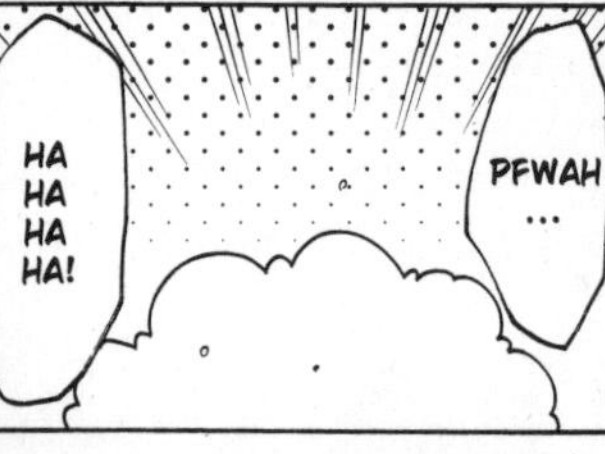
PFWAH ...
HA HA HA HA!

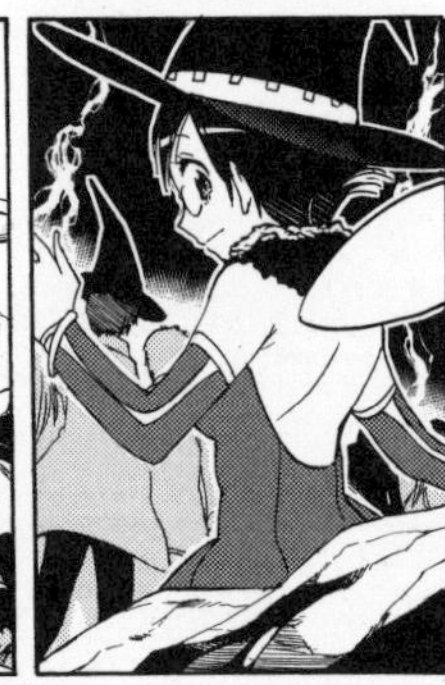

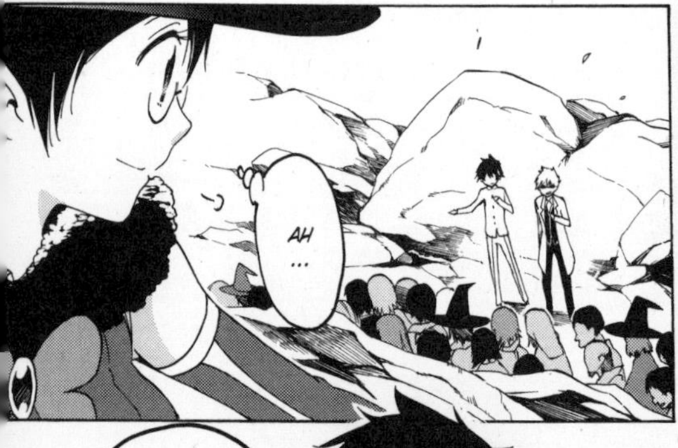
AH ...

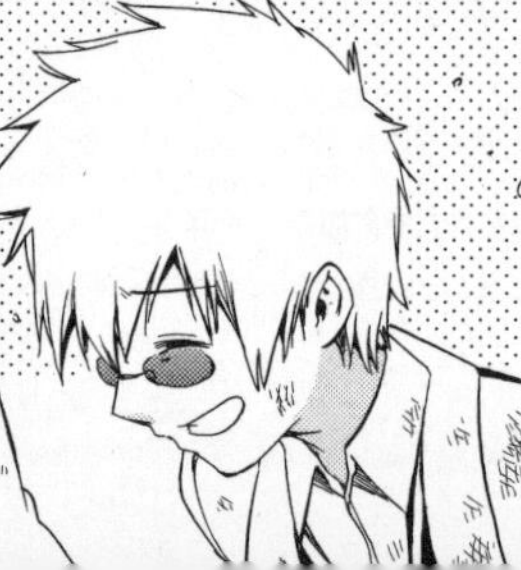
SIE GENIESSEN IHRE JUGEND WIE GANZ NORMALE TEENAGER, SO WIE ES EIGENTLICH SEIN SOLL!

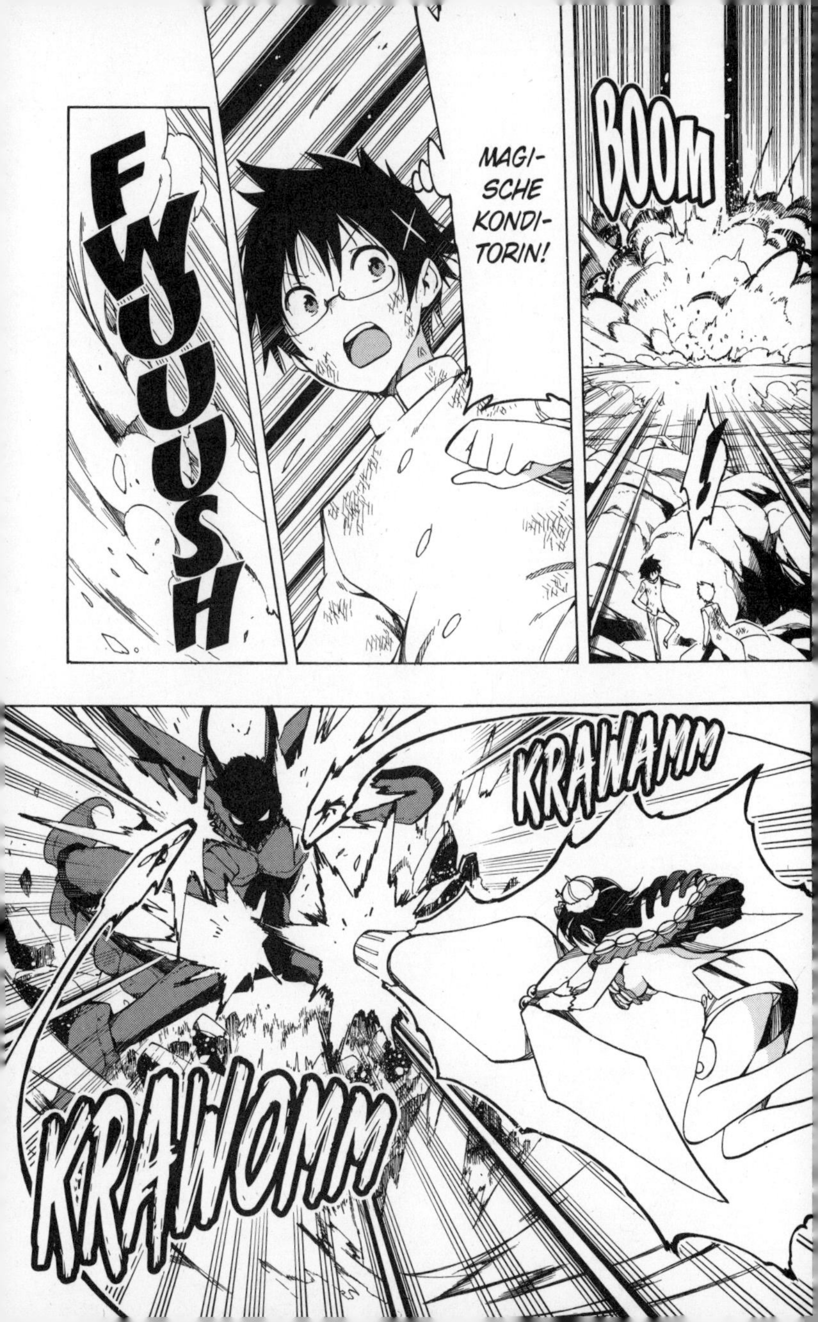

BOOM

!

MAGISCHE KONDITORIN!

FWUUUSH

KRAWAMM

KRAWOMM

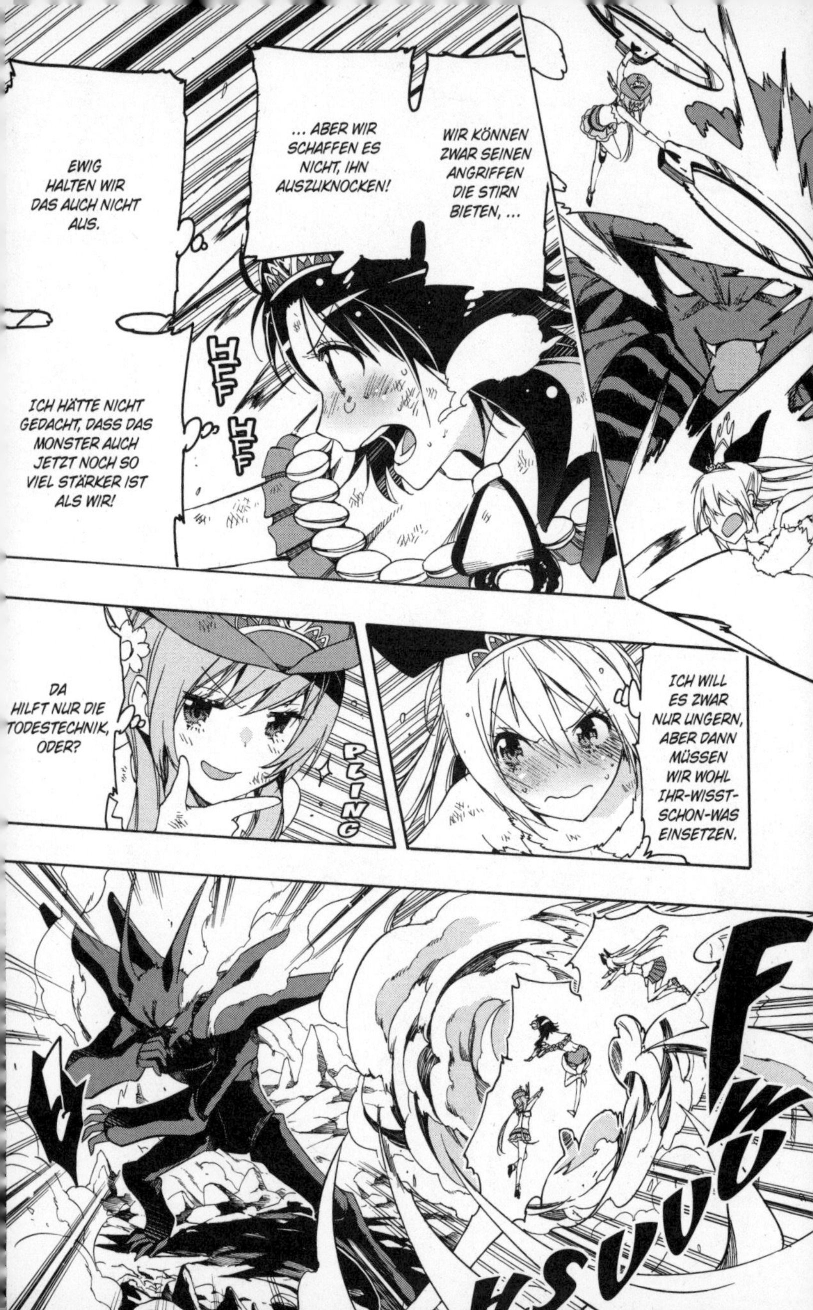

WIR KÖNNEN ZWAR SEINEN ANGRIFFEN DIE STIRN BIETEN, …
… ABER WIR SCHAFFEN ES NICHT, IHN AUSZUKNOCKEN!
EWIG HALTEN WIR DAS AUCH NICHT AUS.
HFF HFF
ICH HÄTTE NICHT GEDACHT, DASS DAS MONSTER AUCH JETZT NOCH SO VIEL STÄRKER IST ALS WIR!
ICH WILL ES ZWAR NUR UNGERN, ABER DANN MÜSSEN WIR WOHL IHR-WISST-SCHON-WAS EINSETZEN.
DA HILFT NUR DIE TODESTECHNIK, ODER?
PLING
FWUUUSH

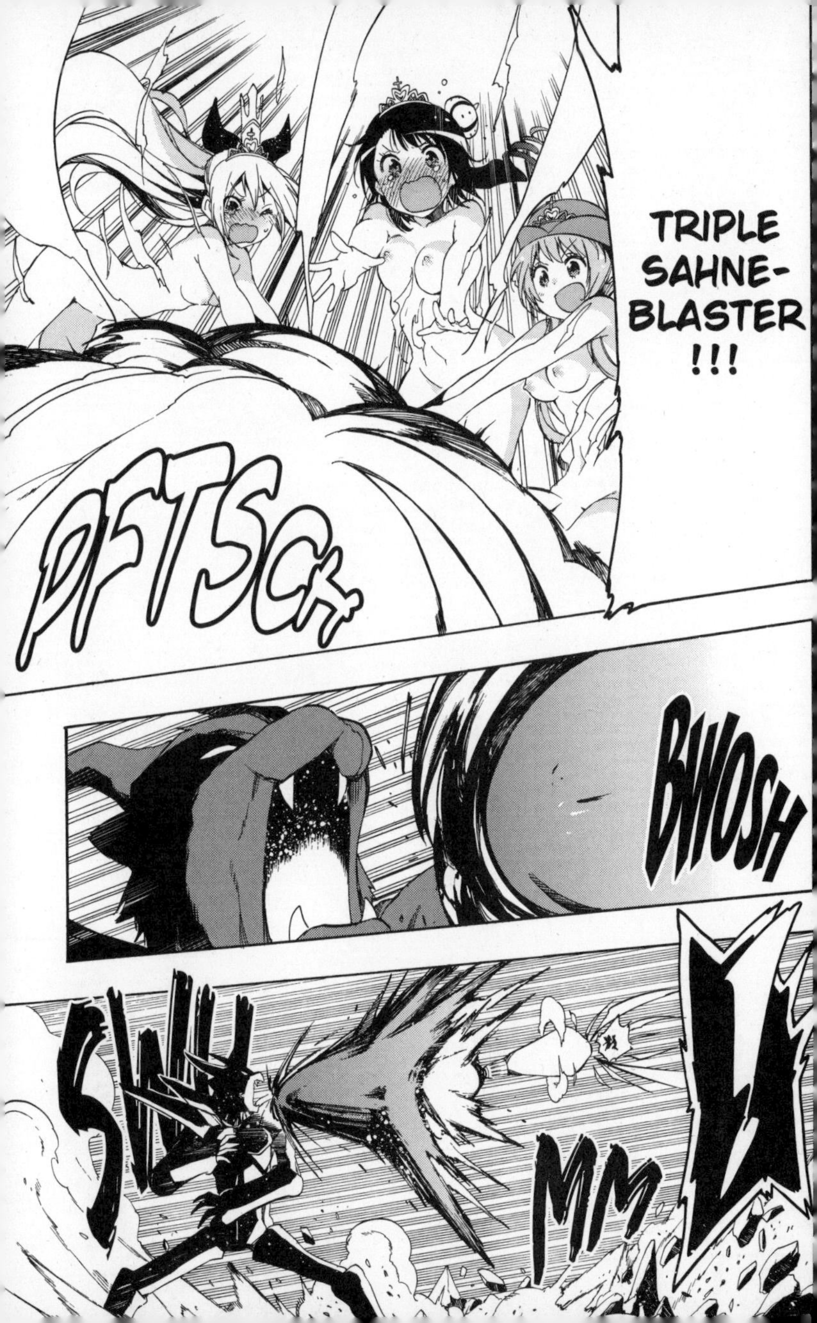

TRIPLE SAHNE-BLASTER !!!
PFTSCH
BWOSH

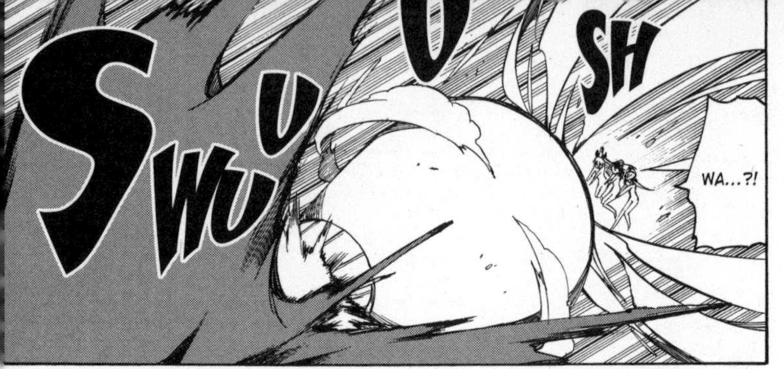
SWUUUSH
WA...?!

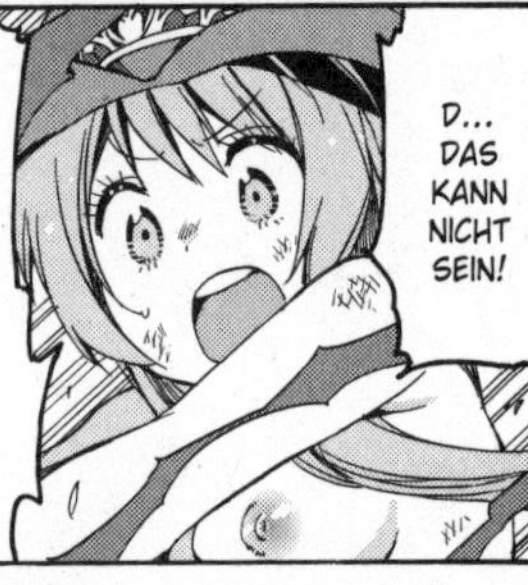
D... DAS KANN NICHT SEIN!
WIR HABEN DIE GESAMTE KRAFT DES PRINZESSINNEN-MODUS IN DIE TODESTECHNIK GESTECKT!

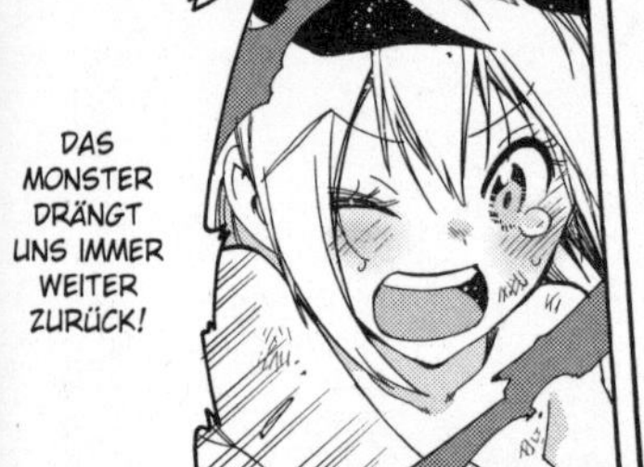
DAS MONSTER DRÄNGT UNS IMMER WEITER ZURÜCK!

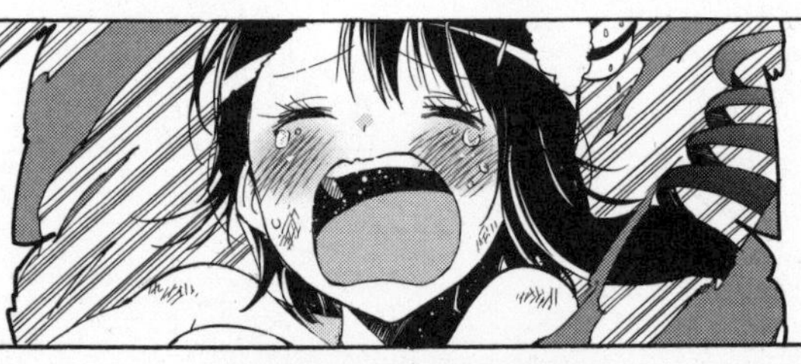
ICH ...
... KANN NICHT MEHR!

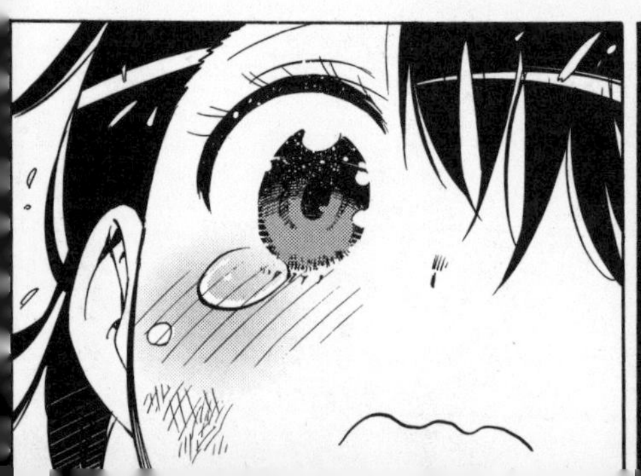
WILLST DU ETWA SCHON AUFGEBEN, MAGICAL K?

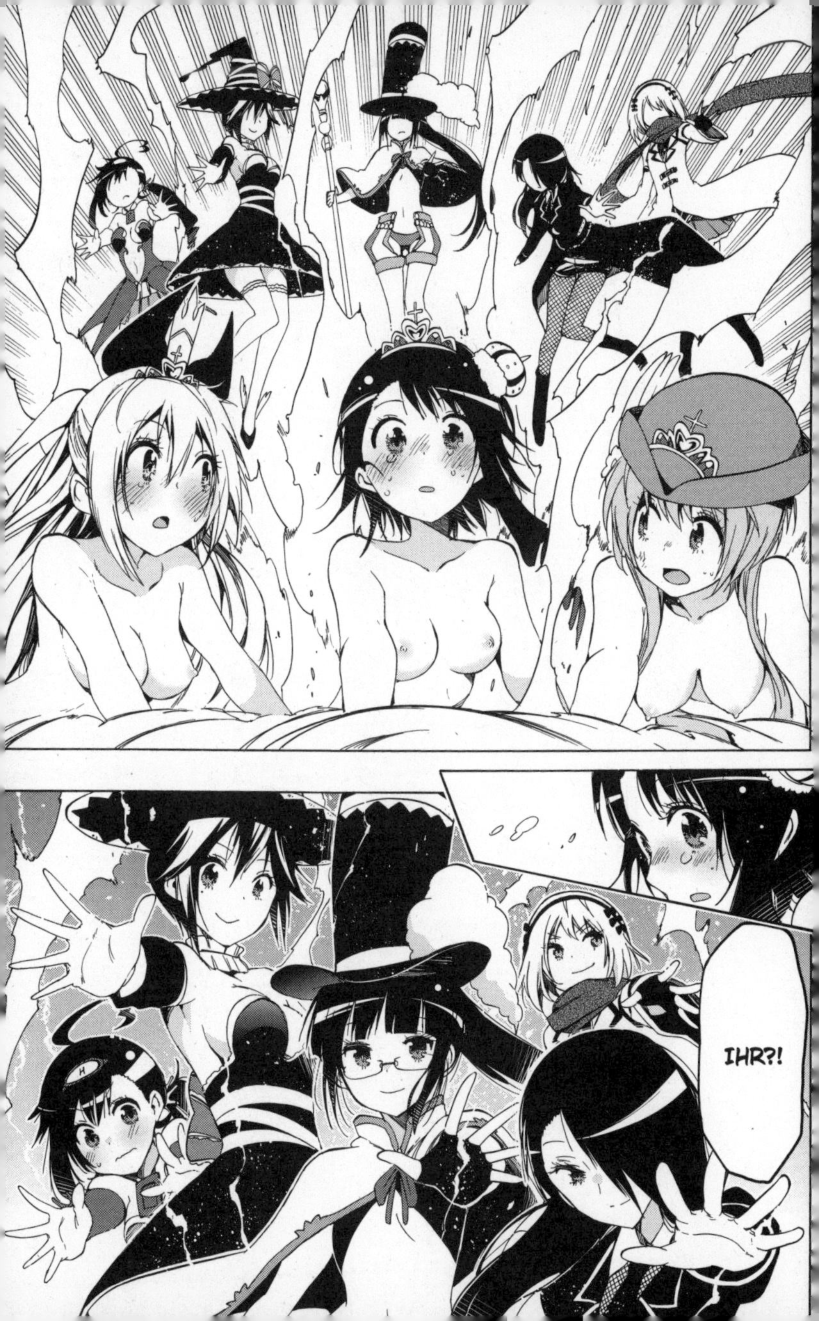

IHR?!

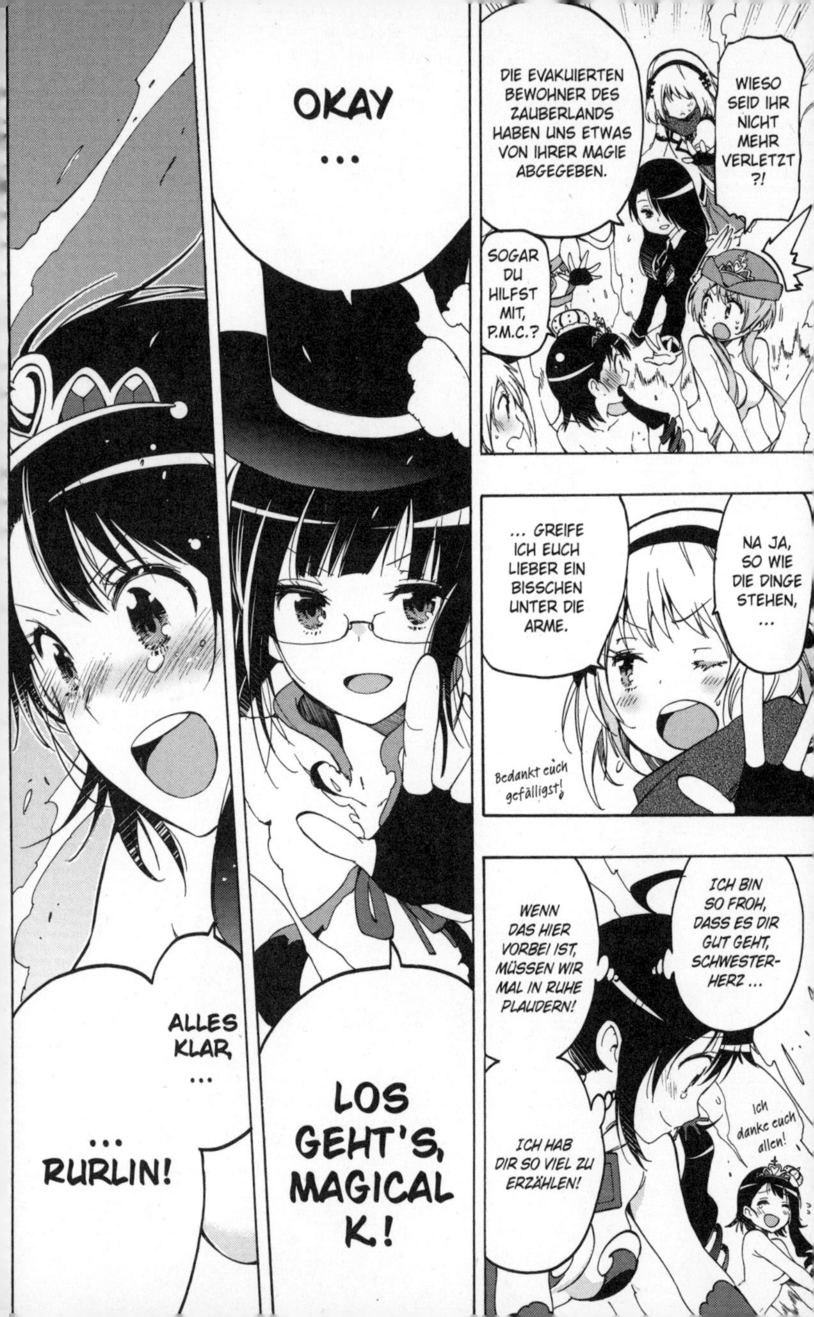
WIESO SEID IHR NICHT MEHR VERLETZT?!
DIE EVAKUIERTEN BEWOHNER DES ZAUBERLANDS HABEN UNS ETWAS VON IHRER MAGIE ABGEGEBEN.
SOGAR DU HILFST MIT, P.M.C.?
NA JA, SO WIE DIE DINGE STEHEN, ...
... GREIFE ICH EUCH LIEBER EIN BISSCHEN UNTER DIE ARME.
Bedankt euch gefälligst!
ICH BIN SO FROH, DASS ES DIR GUT GEHT, SCHWESTER-HERZ ...
WENN DAS HIER VORBEI IST, MÜSSEN WIR MAL IN RUHE PLAUDERN!
ICH HAB DIR SO VIEL ZU ERZÄHLEN!
Ich danke euch allen!
OKAY ...
ALLES KLAR, ...
... RURLIN!
LOS GEHT'S, MAGICAL K.!

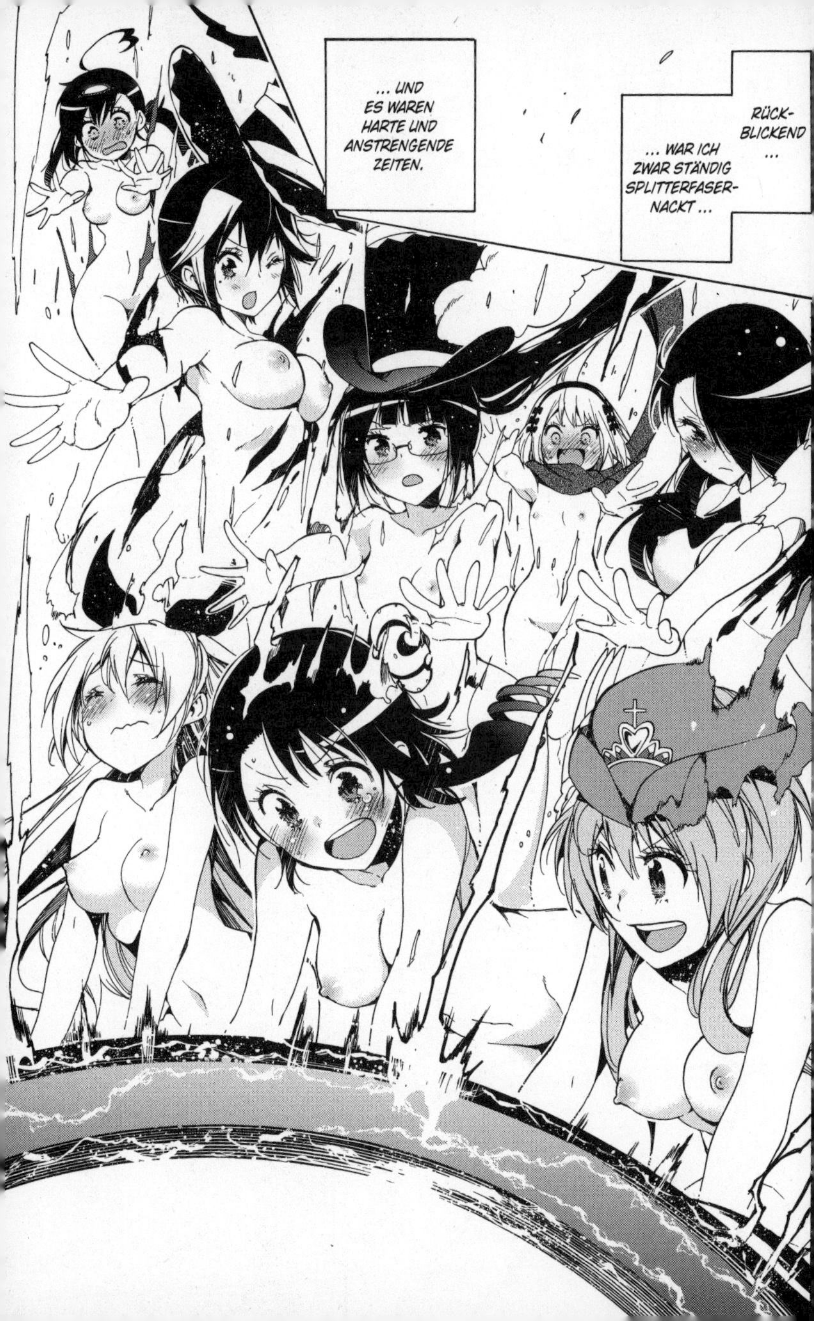
RÜCK-BLICKEND ...
... WAR ICH ZWAR STÄNDIG SPLITTERFASER-NACKT ...
... UND ES WAREN HARTE UND ANSTRENGENDE ZEITEN.

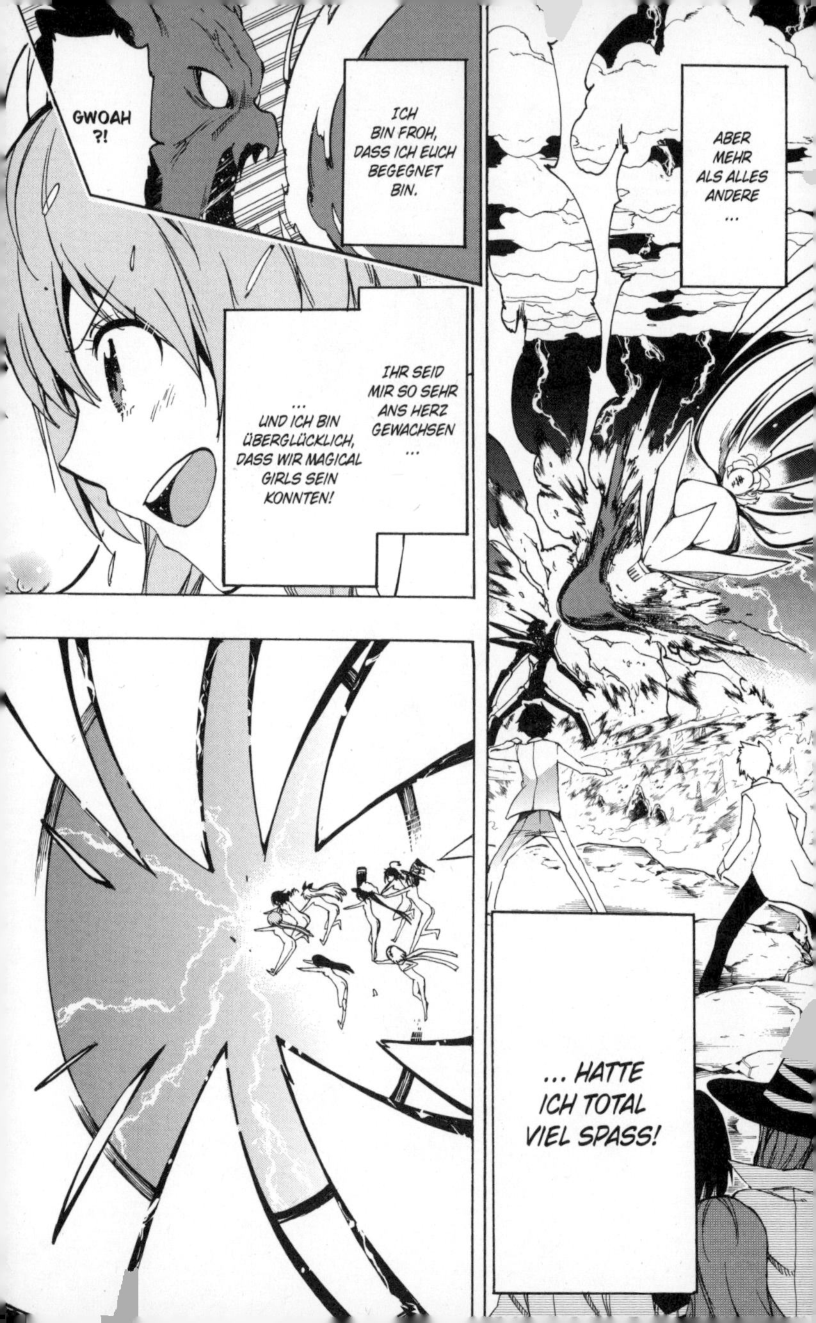
ABER MEHR ALS ALLES ANDERE ...
GWOAH ?!
ICH BIN FROH, DASS ICH EUCH BEGEGNET BIN.
IHR SEID MIR SO SEHR ANS HERZ GEWACHSEN ...
... UND ICH BIN ÜBERGLÜCKLICH, DASS WIR MAGICAL GIRLS SEIN KONNTEN!
... HATTE ICH TOTAL VIEL SPASS!

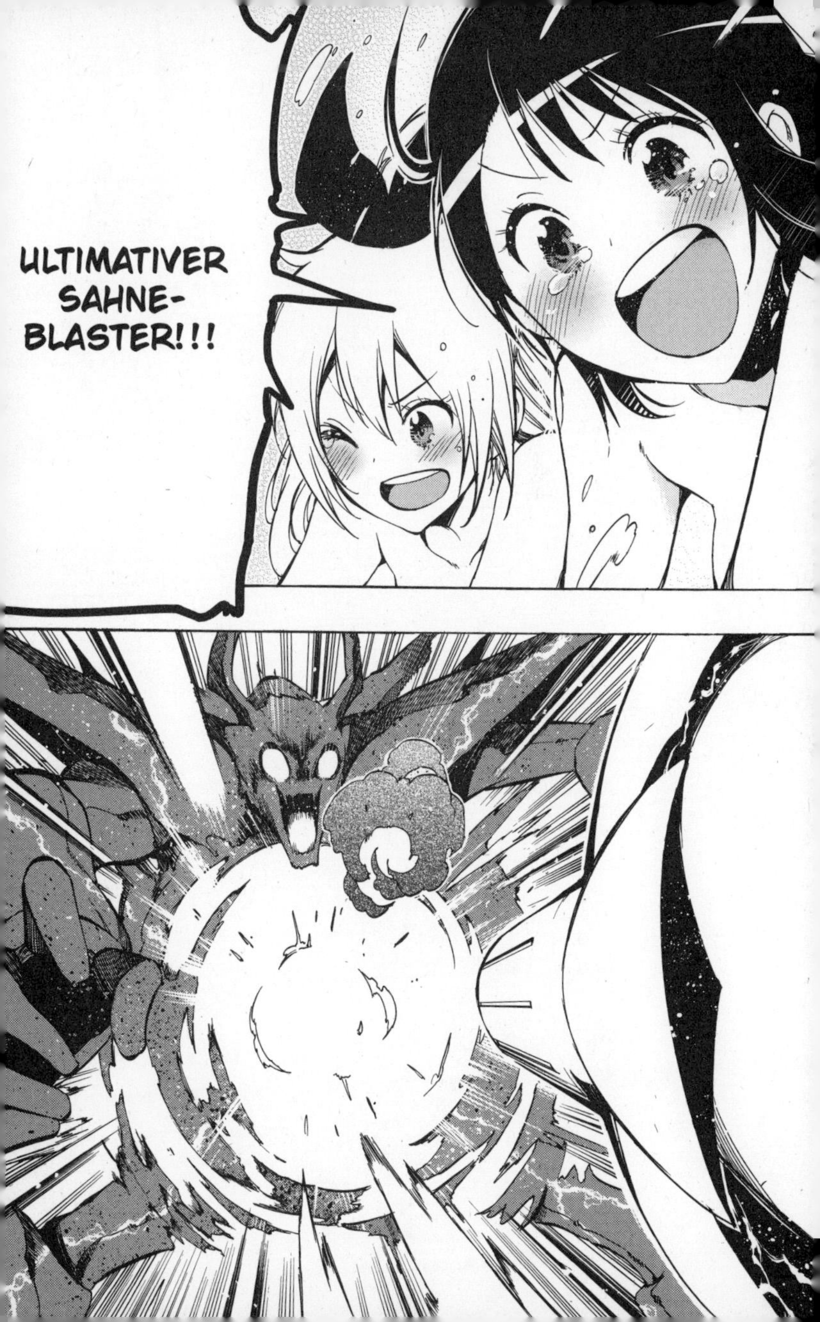

ULTIMATIVER
SAHNE-
BLASTER!!!

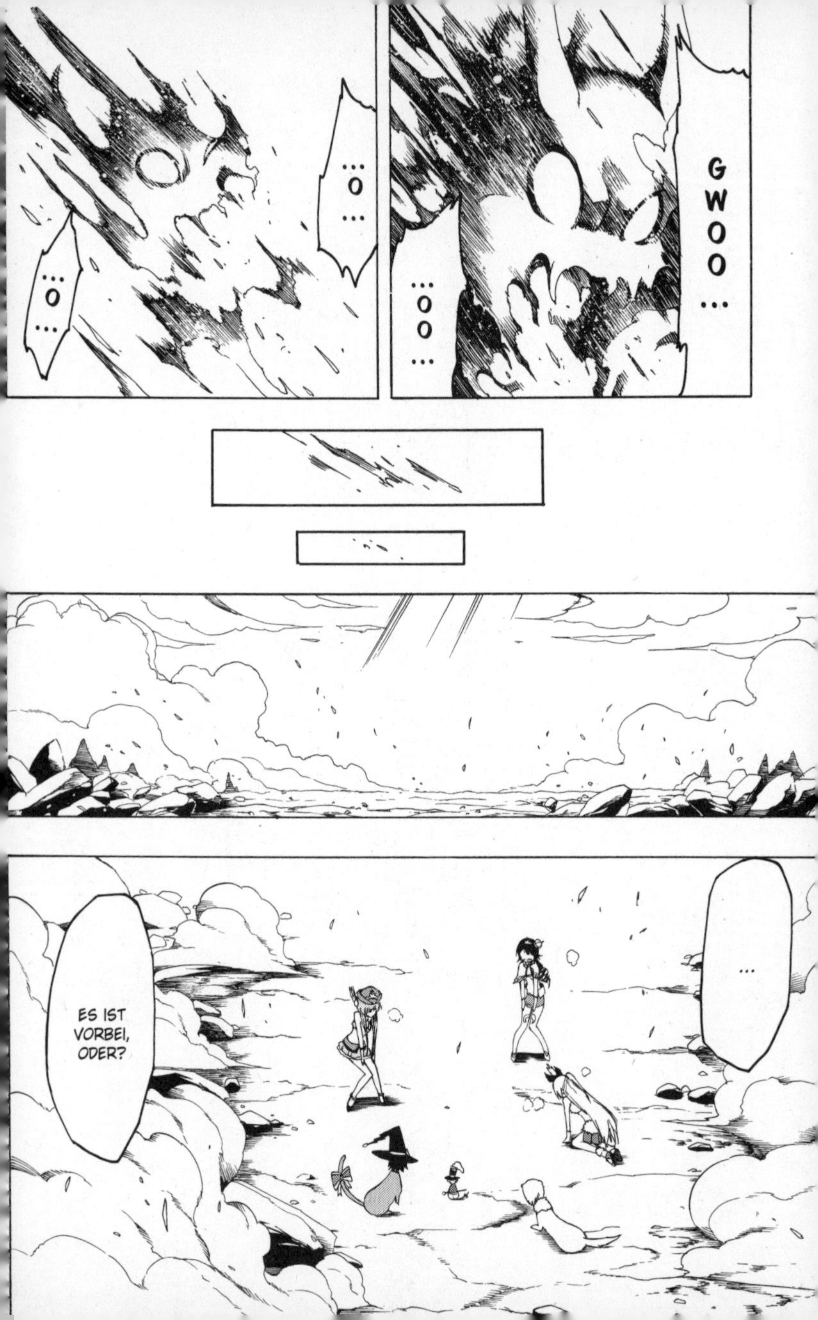
GWOO…
…OO…
…O…
…O…
…
ES IST VORBEI, ODER?

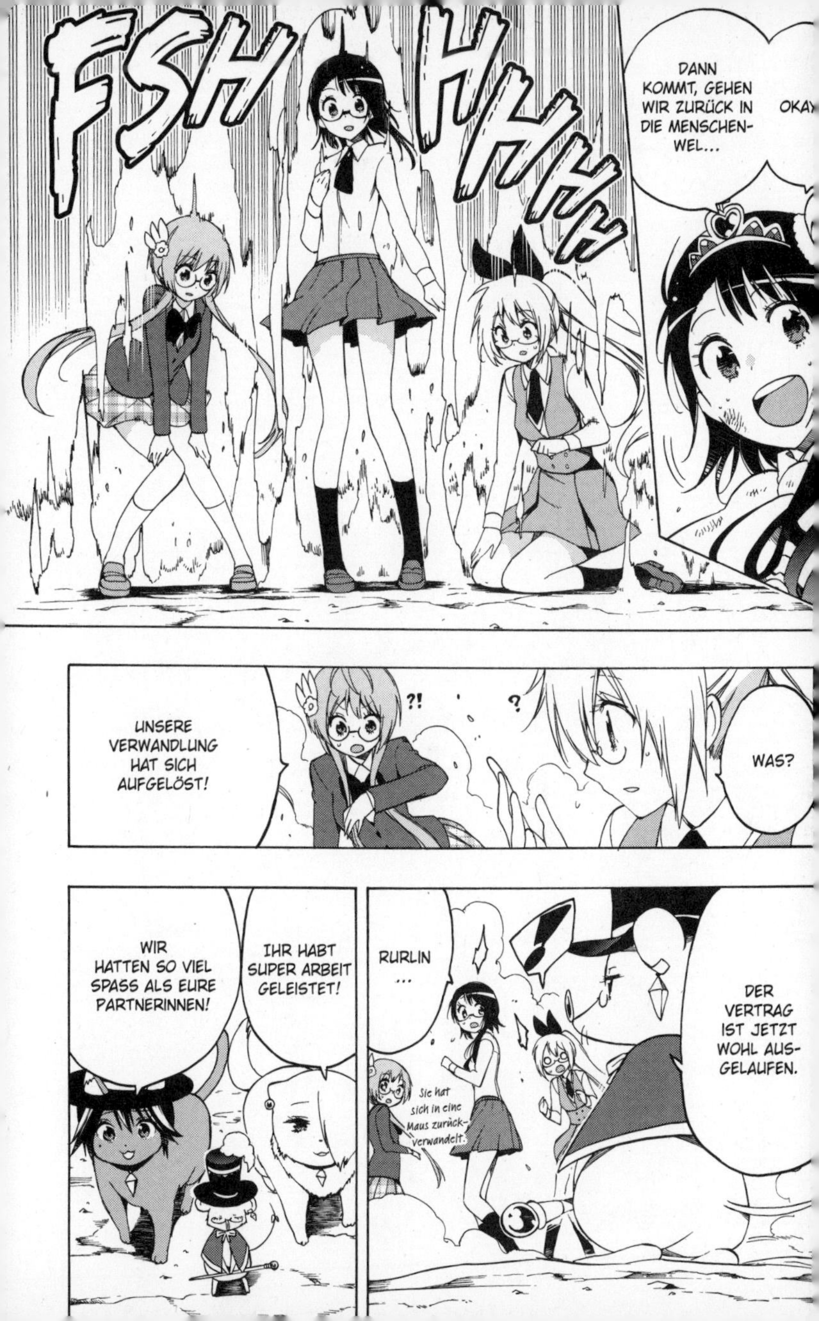

DANN KOMMT, GEHEN WIR ZURÜCK IN DIE MENSCHEN-WEL...

OKAY

FSHHHHHH

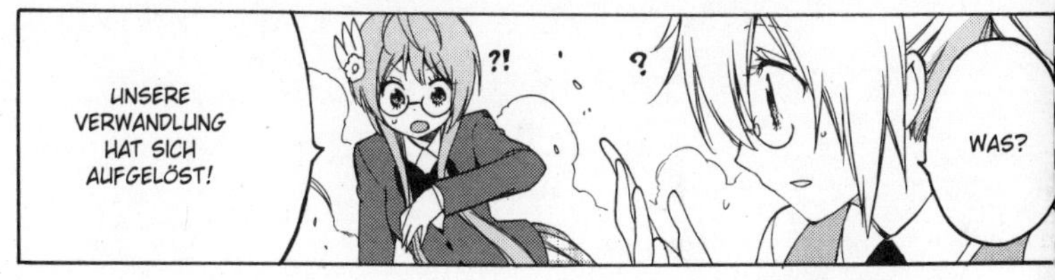

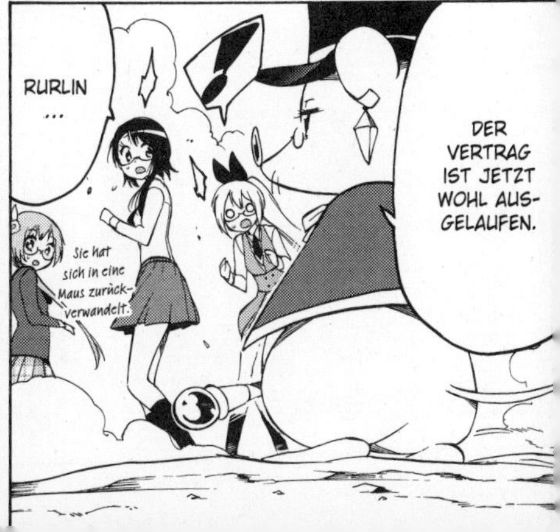

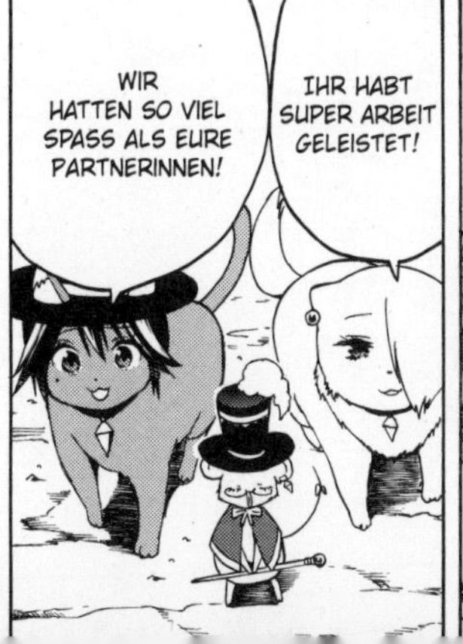

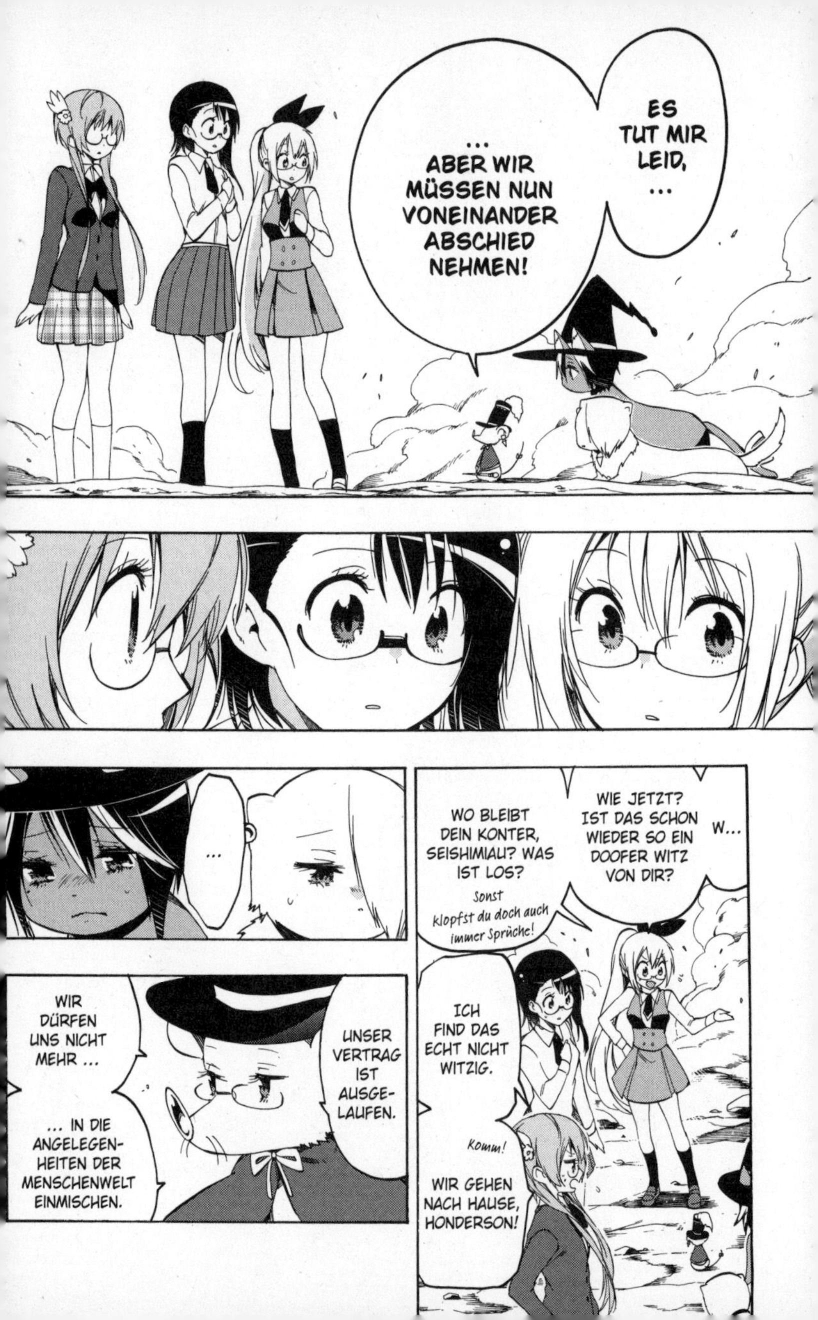

ES TUT MIR LEID, ...

... ABER WIR MÜSSEN NUN VONEINANDER ABSCHIED NEHMEN!

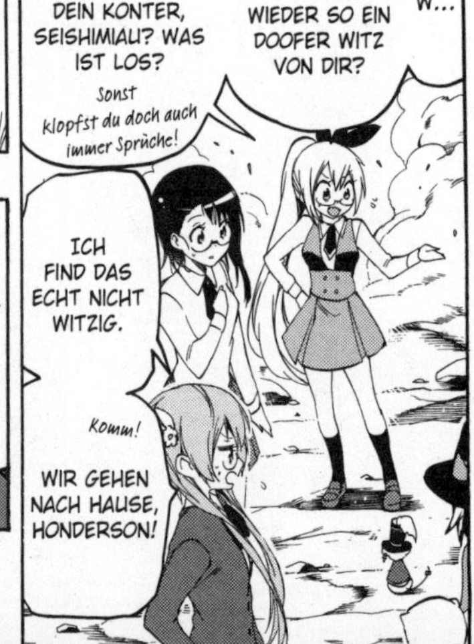

...

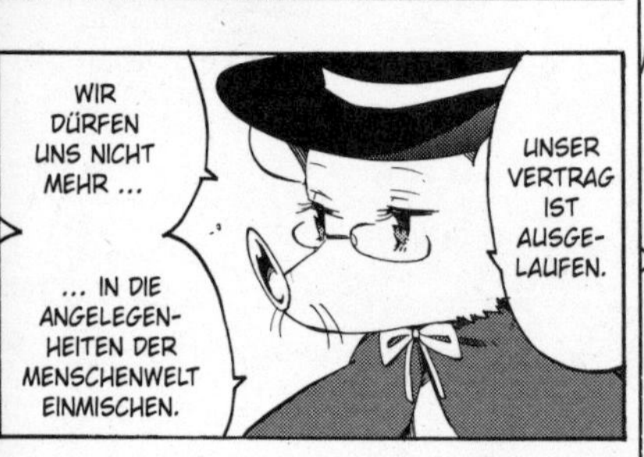

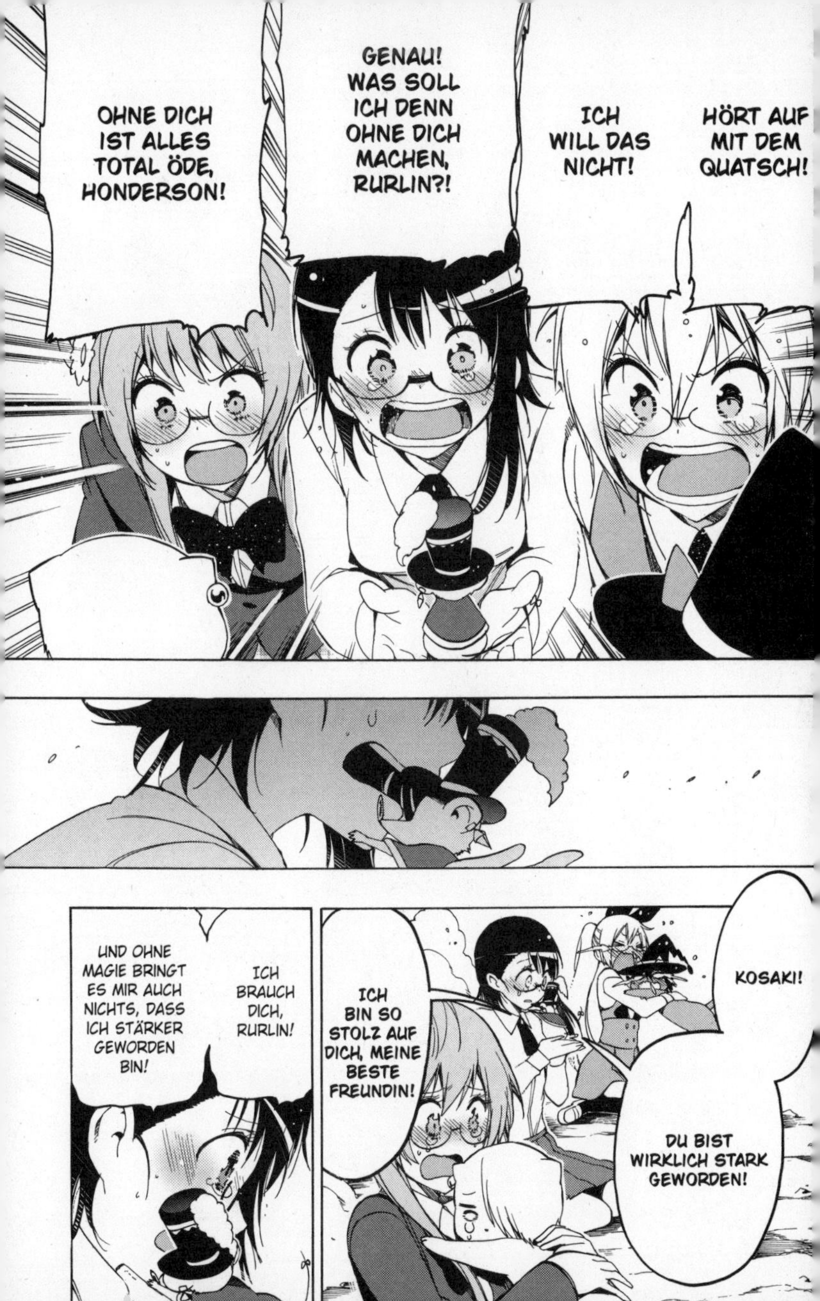
HÖRT AUF MIT DEM QUATSCH!
ICH WILL DAS NICHT!
GENAU! WAS SOLL ICH DENN OHNE DICH MACHEN, RURLIN?!
OHNE DICH IST ALLES TOTAL ÖDE, HONDERSON!
KOSAKI!
DU BIST WIRKLICH STARK GEWORDEN!
ICH BIN SO STOLZ AUF DICH, MEINE BESTE FREUNDIN!
ICH BRAUCH DICH, RURLIN!
UND OHNE MAGIE BRINGT ES MIR AUCH NICHTS, DASS ICH STÄRKER GEWORDEN BIN!

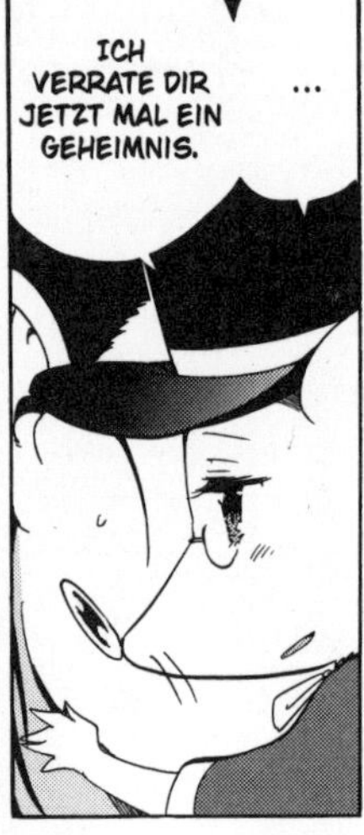
ICH VERRATE DIR JETZT MAL EIN GEHEIMNIS. ...

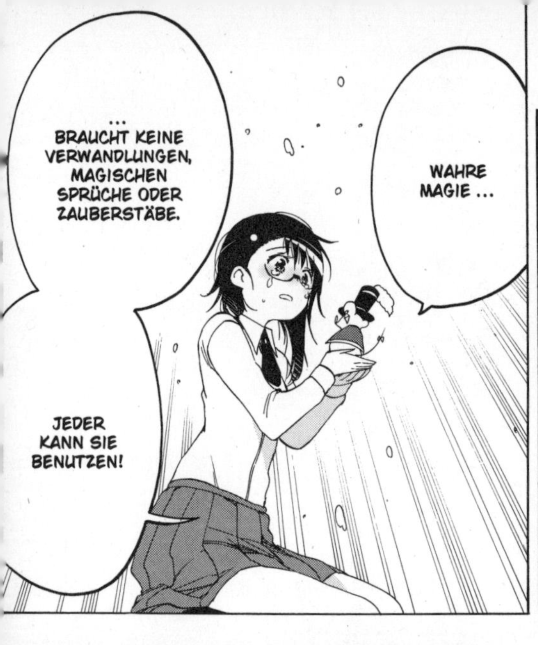
WAHRE MAGIE ...
... BRAUCHT KEINE VERWANDLUNGEN, MAGISCHEN SPRÜCHE ODER ZAUBERSTÄBE.
JEDER KANN SIE BENUTZEN!

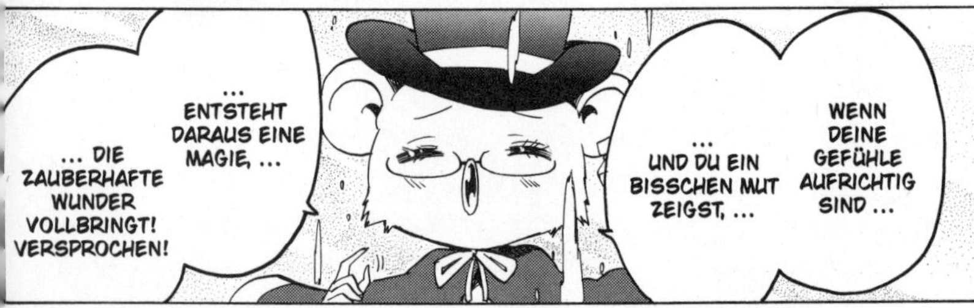
WENN DEINE GEFÜHLE AUFRICHTIG SIND ...
... UND DU EIN BISSCHEN MUT ZEIGST, ...
... ENTSTEHT DARAUS EINE MAGIE, ...
... DIE ZAUBERHAFTE WUNDER VOLLBRINGT! VERSPROCHEN!

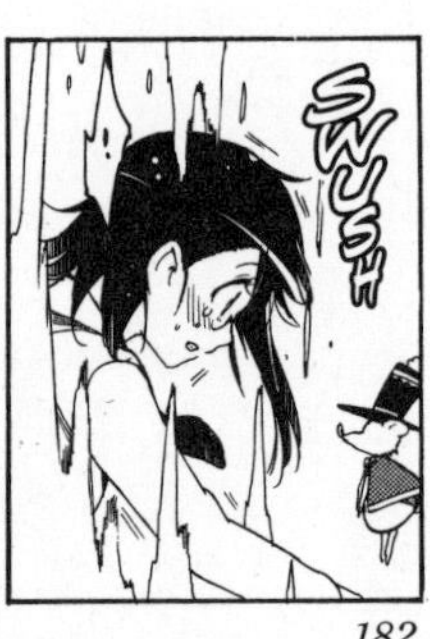
SWUSH

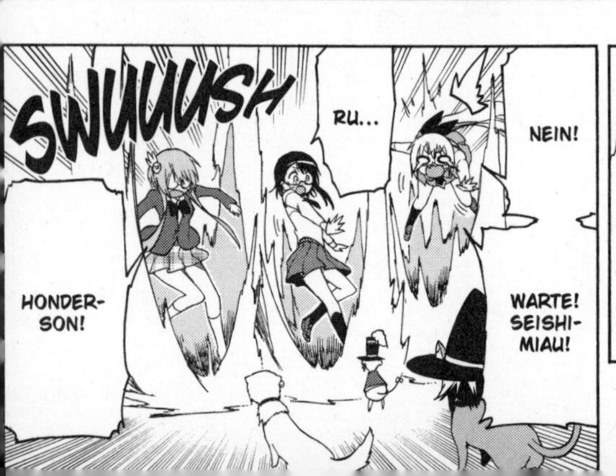
SWUUUSH
NEIN!
WARTE! SEISHI-MIAU!
RU...
HONDER-SON!

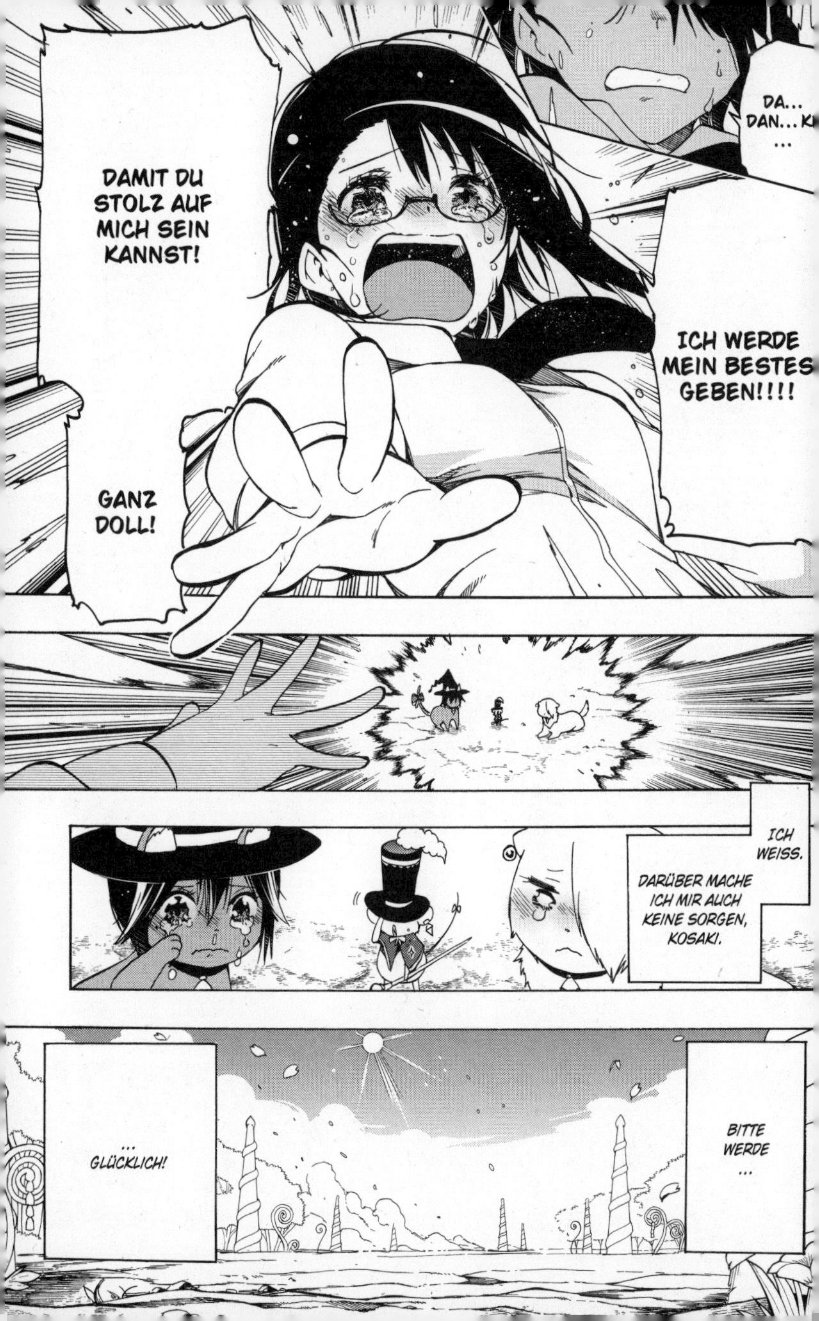
DA... DAN... K
...
ICH WERDE MEIN BESTES GEBEN!!!!
DAMIT DU STOLZ AUF MICH SEIN KANNST!
GANZ DOLL!
ICH WEISS.
DARÜBER MACHE ICH MIR AUCH KEINE SORGEN, KOSAKI.
BITTE WERDE ...
... GLÜCKLICH!

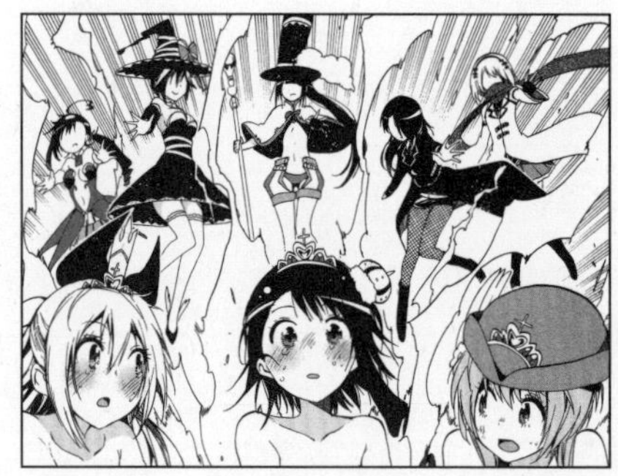

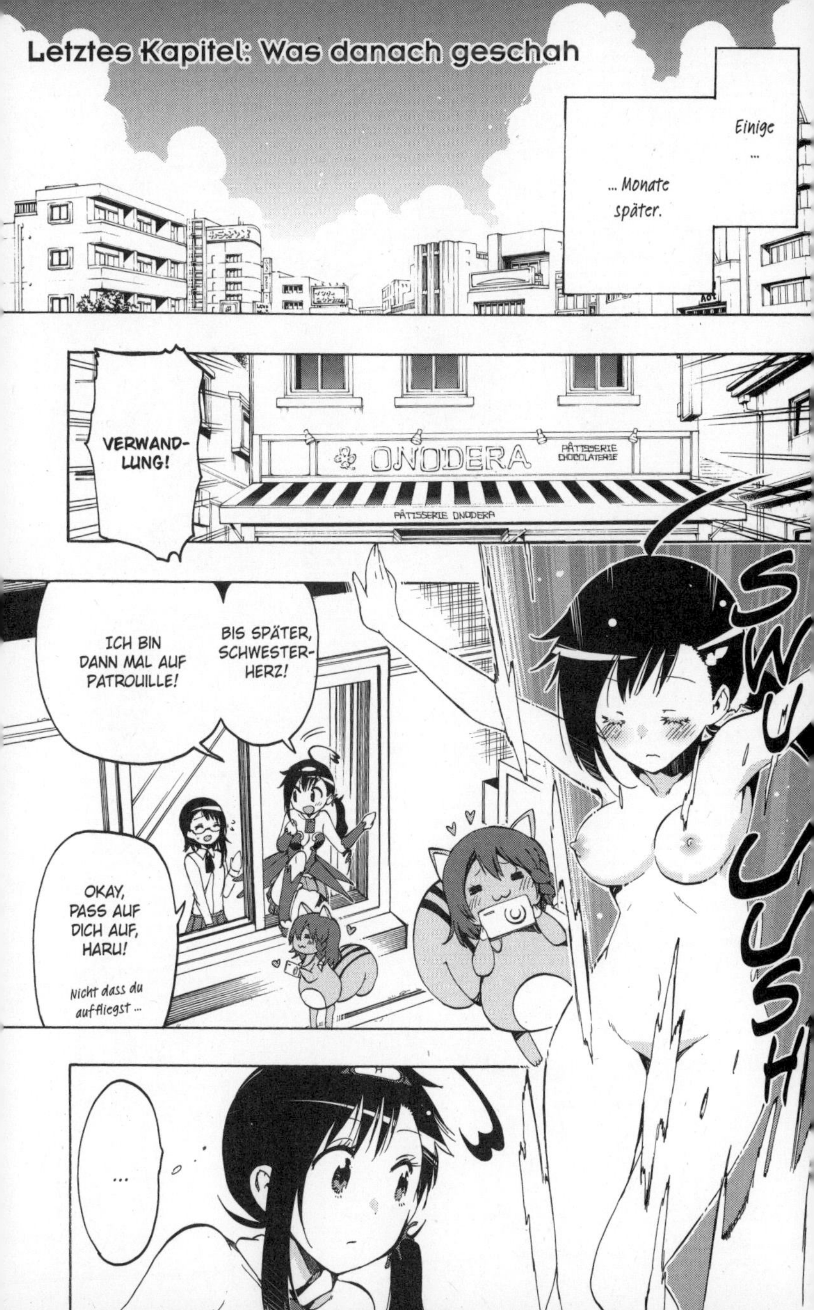

Letztes Kapitel: Was danach geschah
Einige …
… Monate später.
VERWAND-LUNG!
ONODERA
PÂTISSERIE CHOCOLATERIE
PÂTISSERIE ONODERA
BIS SPÄTER, SCHWESTER-HERZ!
ICH BIN DANN MAL AUF PATROUILLE!
SWUUSH
OKAY, PASS AUF DICH AUF, HARU!
Nicht dass du auffliegst …
…

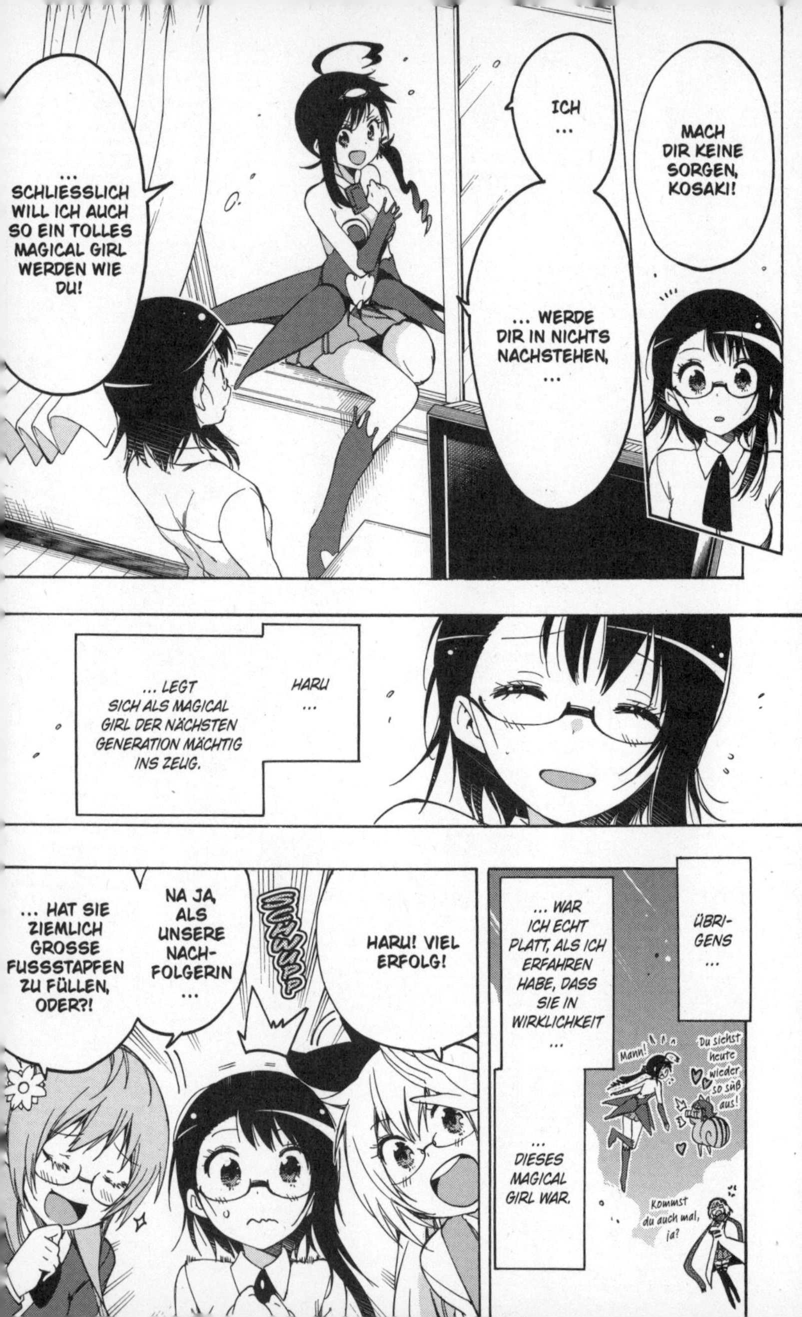
MACH DIR KEINE SORGEN, KOSAKI!
ICH …
… WERDE DIR IN NICHTS NACHSTEHEN, …
… SCHLIESSLICH WILL ICH AUCH SO EIN TOLLES MAGICAL GIRL WERDEN WIE DU!
HARU …
… LEGT SICH ALS MAGICAL GIRL DER NÄCHSTEN GENERATION MÄCHTIG INS ZEUG.
HARU! VIEL ERFOLG!
NA JA, ALS UNSERE NACH-FOLGERIN …
… HAT SIE ZIEMLICH GROSSE FUSSSTAPFEN ZU FÜLLEN, ODER?!
ÜBRI-GENS …
… WAR ICH ECHT PLATT, ALS ICH ERFAHREN HABE, DASS SIE IN WIRKLICHKEIT …
… DIESES MAGICAL GIRL WAR.
Mann!
Du siehst heute wieder so süß aus!
Kommst du auch mal, ja?

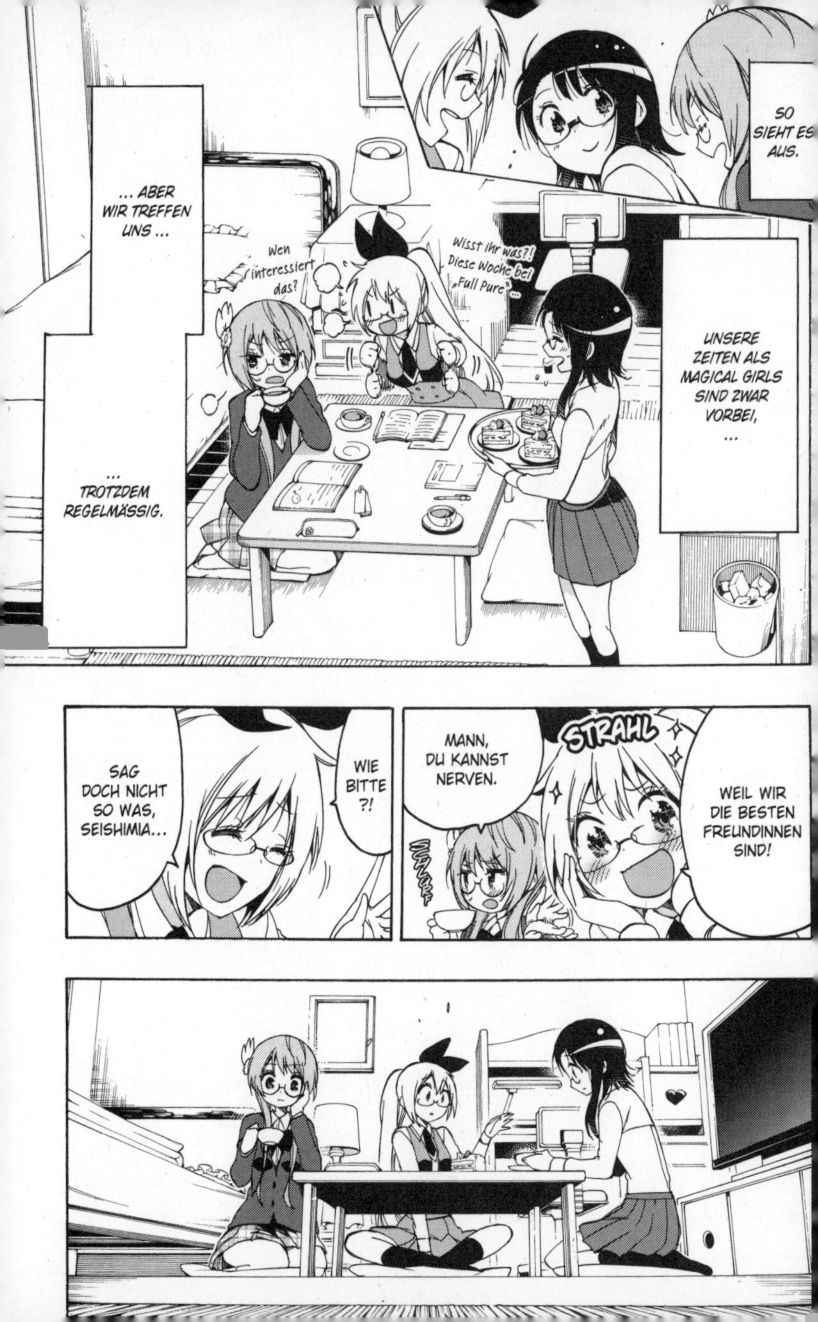

SO SIEHT ES AUS.

UNSERE ZEITEN ALS MAGICAL GIRLS SIND ZWAR VORBEI, ...

Wisst ihr was?! Diese Woche bei „Full Pure“ ...

Wen interessiert das?

... ABER WIR TREFFEN UNS ...

... TROTZDEM REGELMÄSSIG.

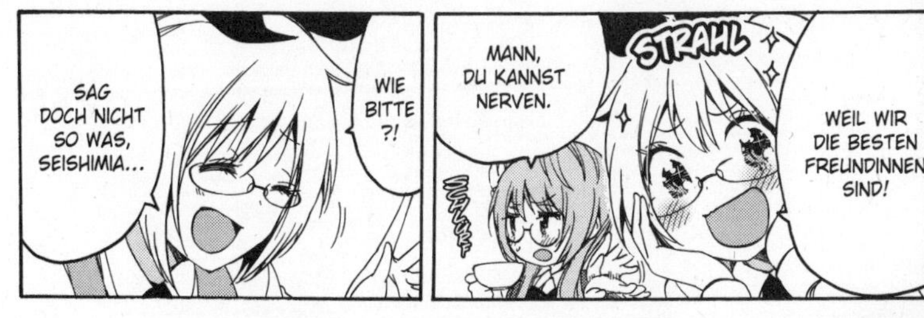

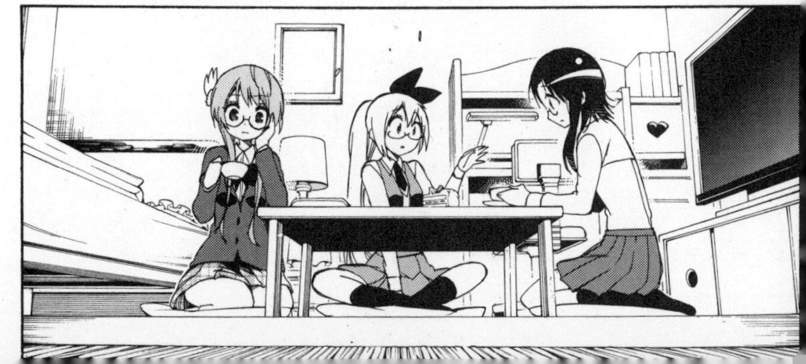

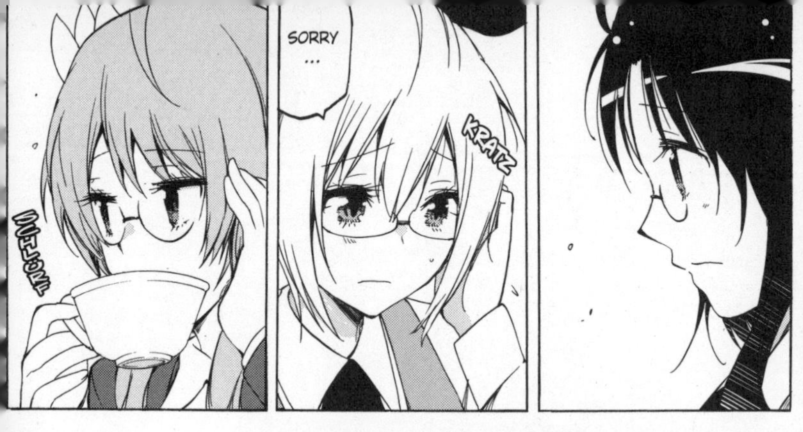
SORRY …
KRATZ
SCHLÜRF

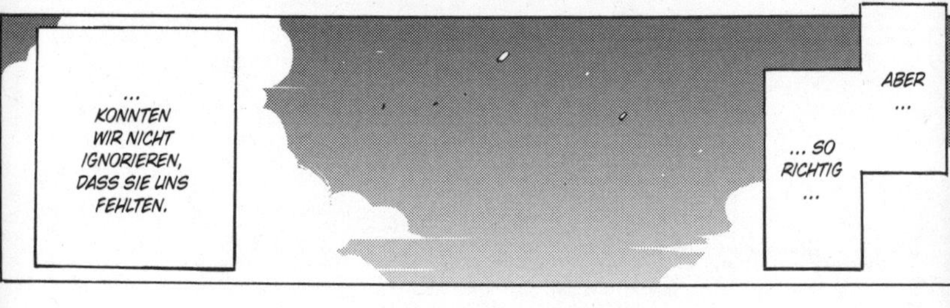
ABER … … SO RICHTIG …
… KONNTEN WIR NICHT IGNORIEREN, DASS SIE UNS FEHLTEN.

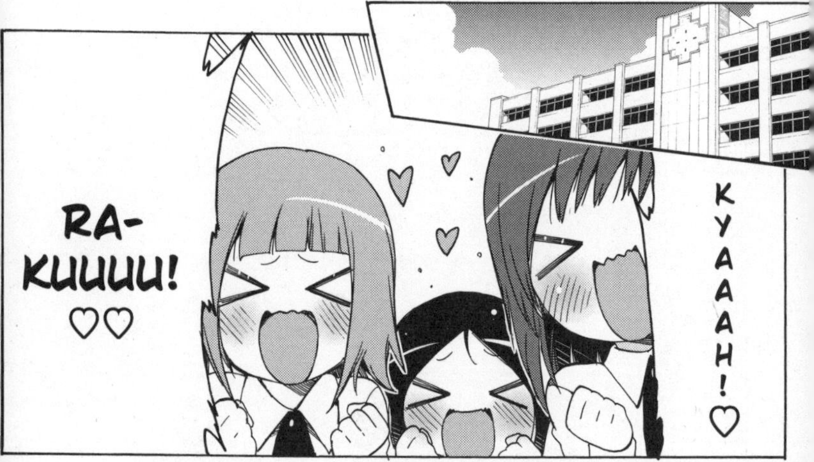
KYAAAH! ♡
RA-KUUUU! ♡♡

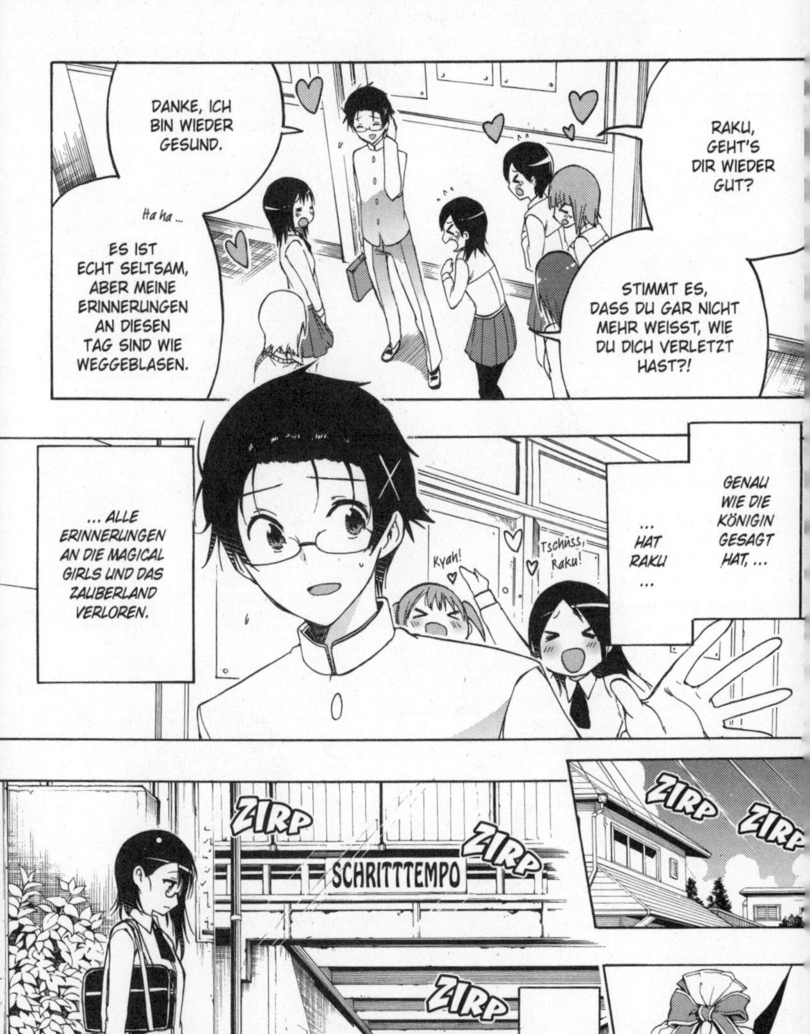

RAKU, GEHT'S DIR WIEDER GUT?
STIMMT ES, DASS DU GAR NICHT MEHR WEISST, WIE DU DICH VERLETZT HAST?!
DANKE, ICH BIN WIEDER GESUND.
Ha ha ...
ES IST ECHT SELTSAM, ABER MEINE ERINNERUNGEN AN DIESEN TAG SIND WIE WEGGEBLASEN.
GENAU WIE DIE KÖNIGIN GESAGT HAT, ...
... HAT RAKU ...
Tschüss, Raku!
Kyah!
... ALLE ERINNERUNGEN AN DIE MAGICAL GIRLS UND DAS ZAUBERLAND VERLOREN.
ZIRP
ZIRP
ZIRP
ZIRP
SCHRITTTEMPO
ZIRP
UND NATÜR-LICH ...

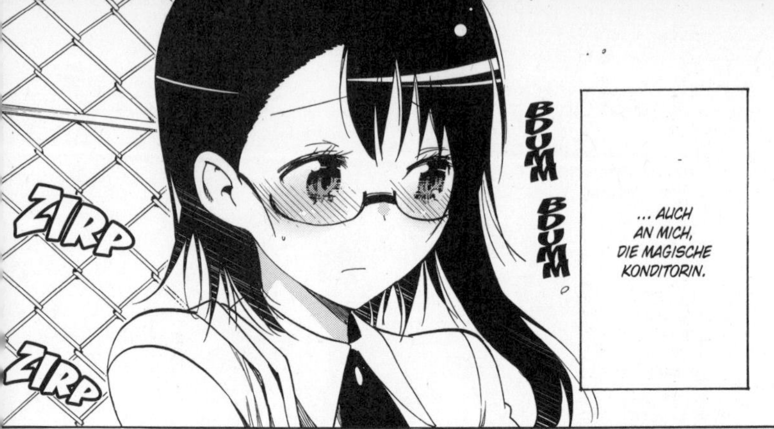
... AUCH AN MICH, DIE MAGISCHE KONDITORIN.
BDUMM BDUMM
ZIRP
ZIRP
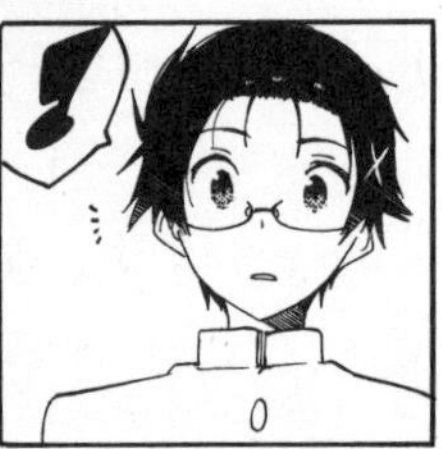
!
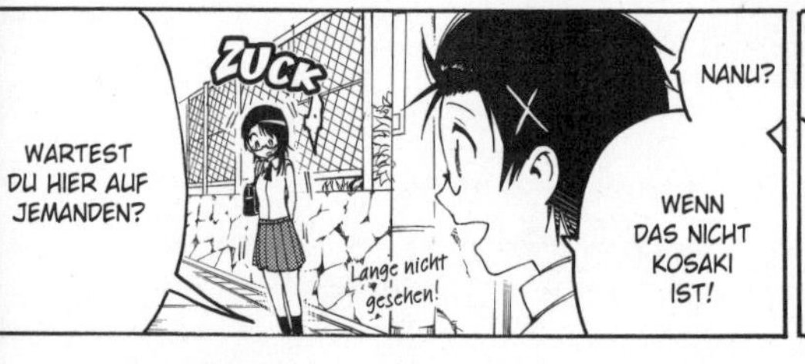
NANU?
WENN DAS NICHT KOSAKI IST!
ZUCK
Lange nicht gesehen!
WARTEST DU HIER AUF JEMANDEN?
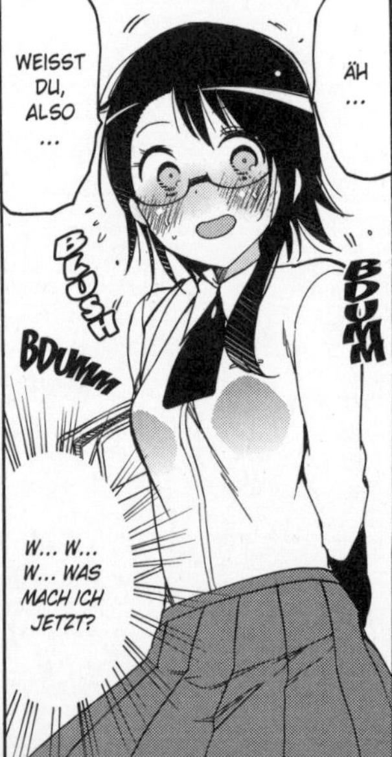
ÄH ...
WEISST DU, ALSO ...
BDUMM
BLUSH
BDUMM
W... W... W... WAS MACH ICH JETZT?
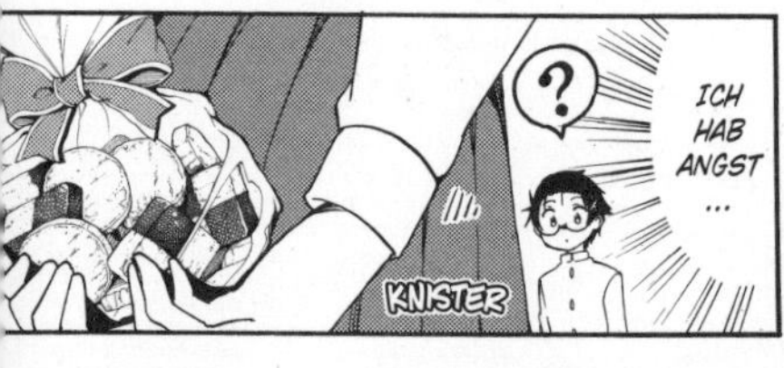
ICH HAB ANGST ...
?
KNISTER
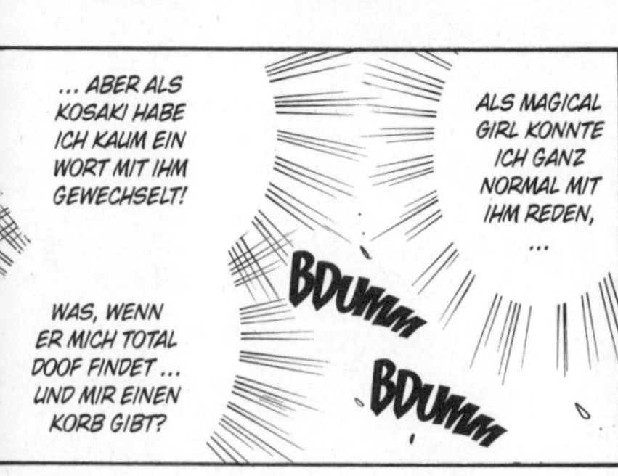
ALS MAGICAL GIRL KONNTE ICH GANZ NORMAL MIT IHM REDEN, ...
... ABER ALS KOSAKI HABE ICH KAUM EIN WORT MIT IHM GEWECHSELT!
BDUMM
BDUMM
WAS, WENN ER MICH TOTAL DOOF FINDET ... UND MIR EINEN KORB GIBT?

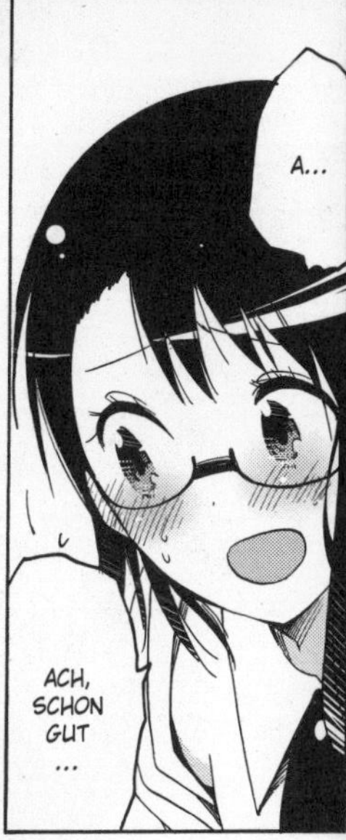
A...
ACH, SCHON GUT ...

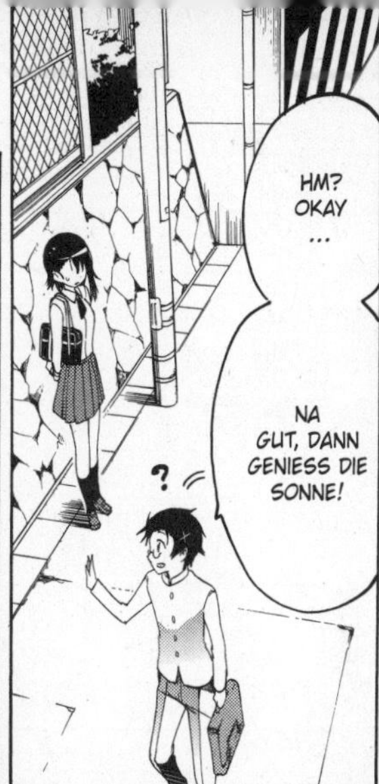
HM? OKAY ...
NA GUT, DANN GENIESS DIE SONNE!
?

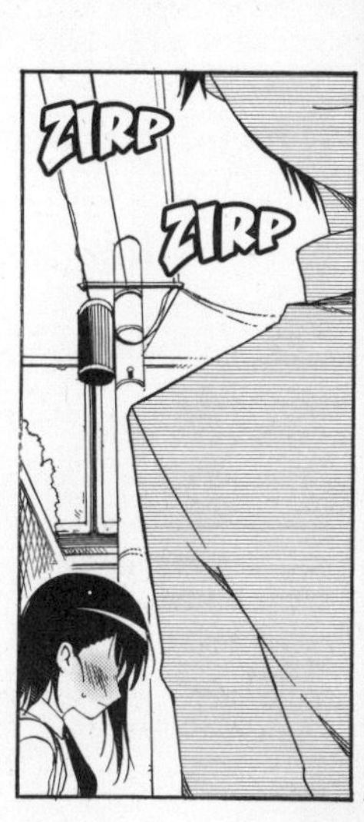
ZIRP
ZIRP

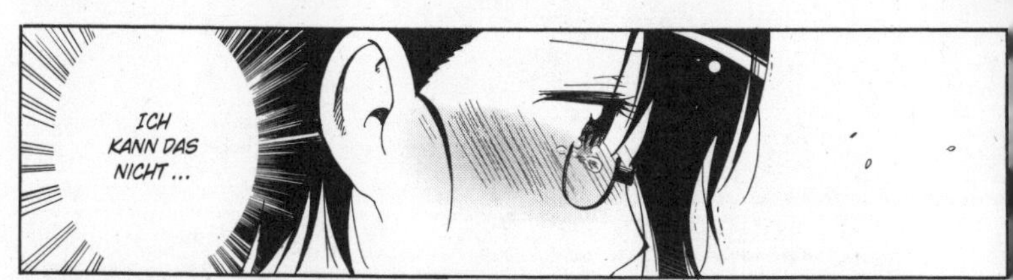
ICH KANN DAS NICHT ...

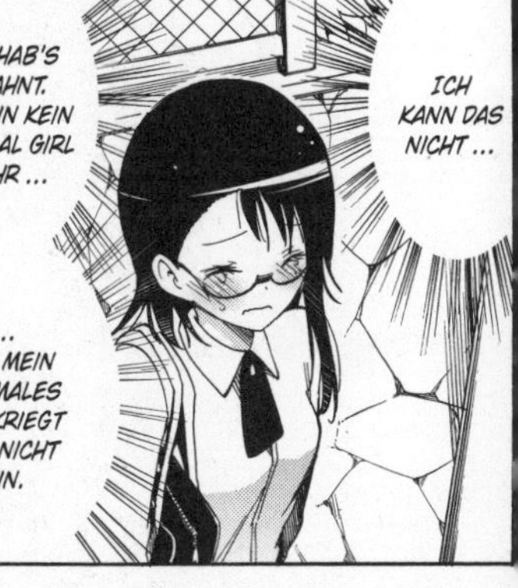
ICH KANN DAS NICHT ...
ICH HAB'S GEAHNT. ICH BIN KEIN MAGICAL GIRL MEHR ...
... UND MEIN NORMALES ICH KRIEGT DAS NICHT HIN.

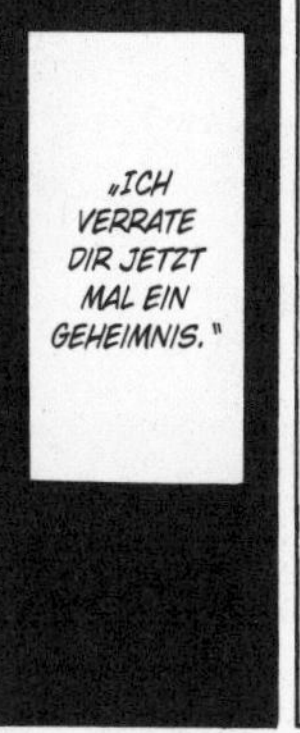
„ICH VERRATE DIR JETZT MAL EIN GEHEIMNIS."

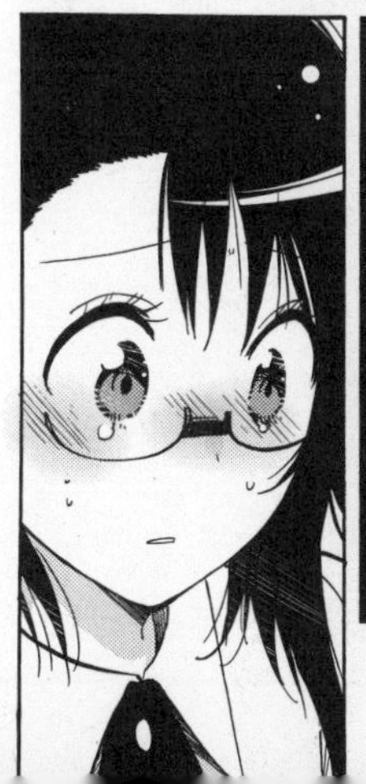

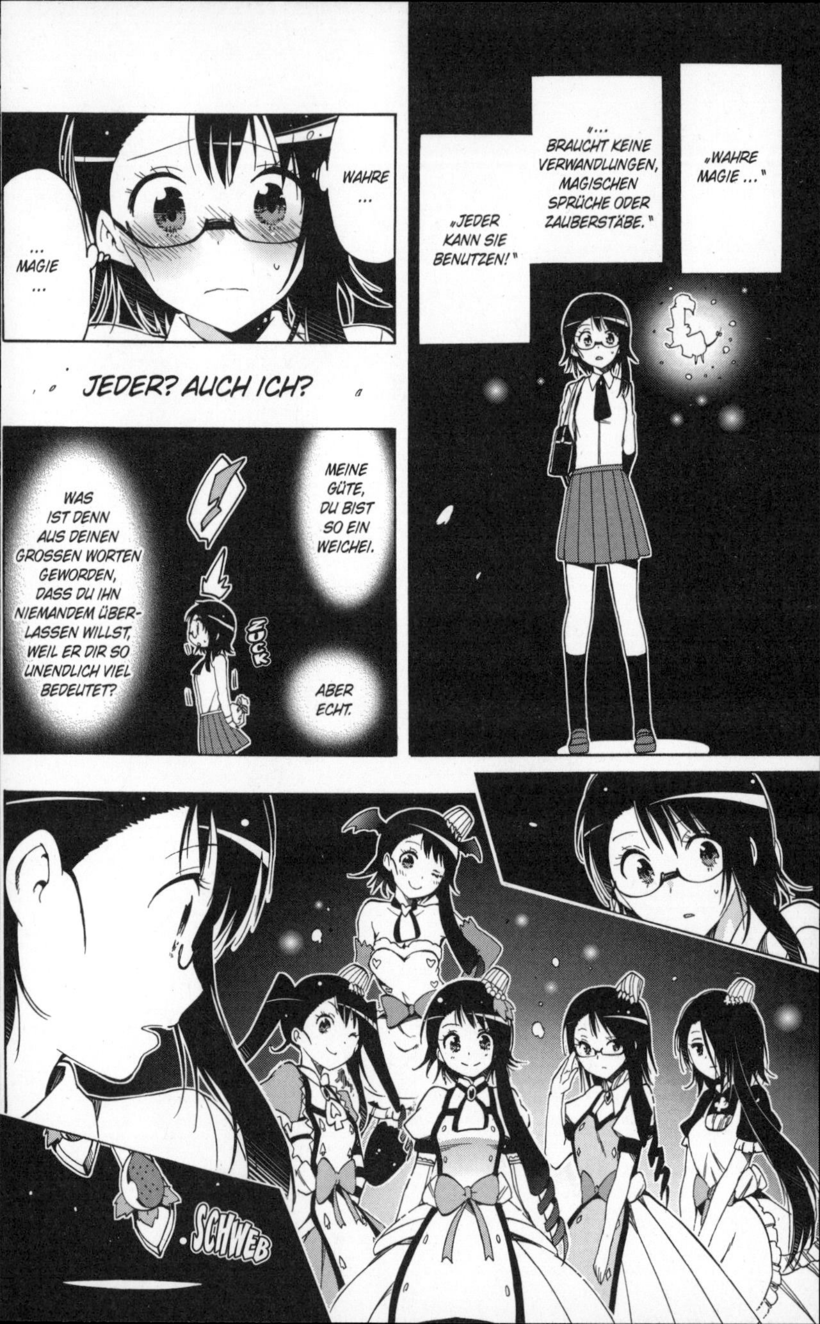

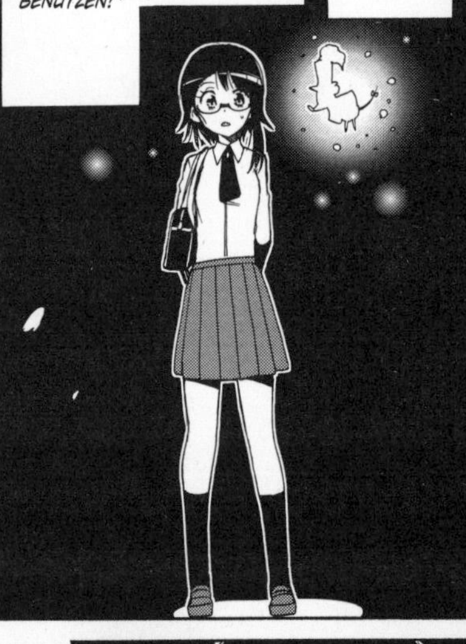

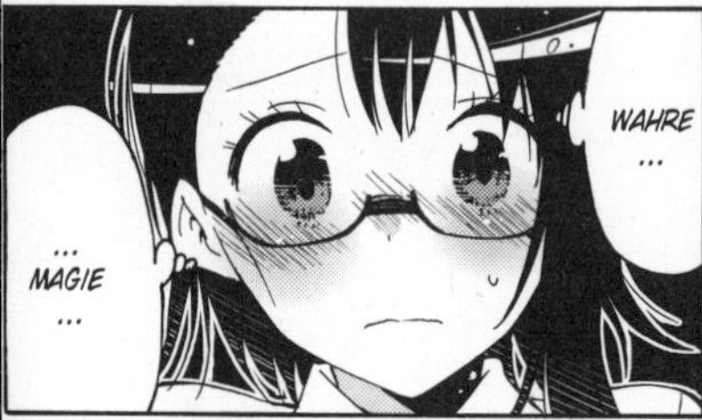

JEDER? AUCH ICH?

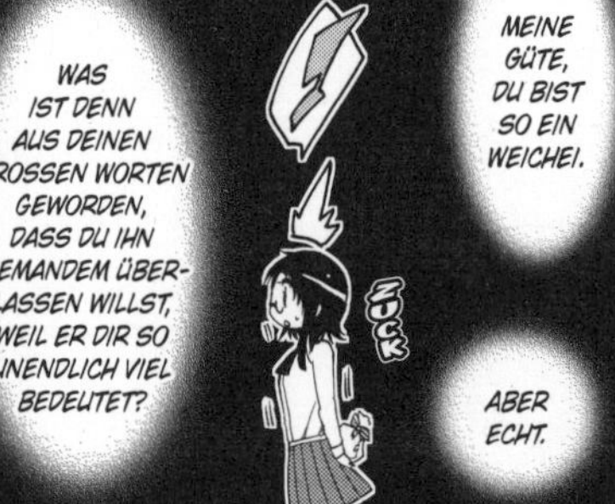

SCHWEB

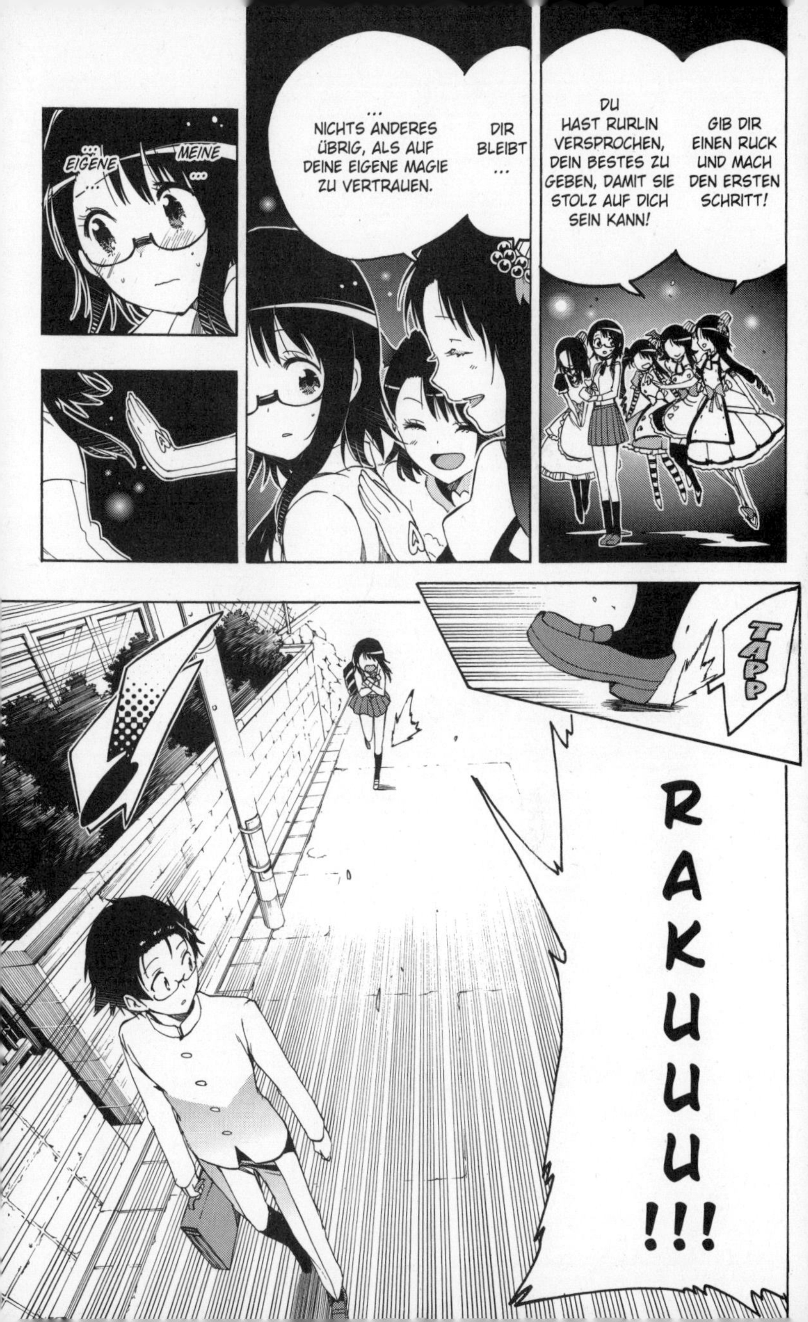

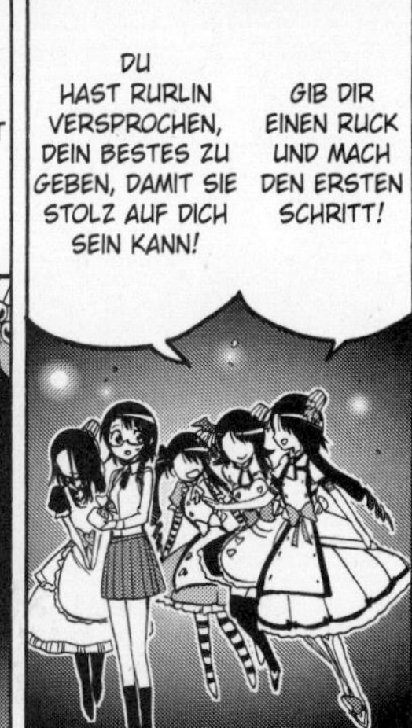
GIB DIR EINEN RUCK UND MACH DEN ERSTEN SCHRITT!
DU HAST RURLIN VERSPROCHEN, DEIN BESTES ZU GEBEN, DAMIT SIE STOLZ AUF DICH SEIN KANN!

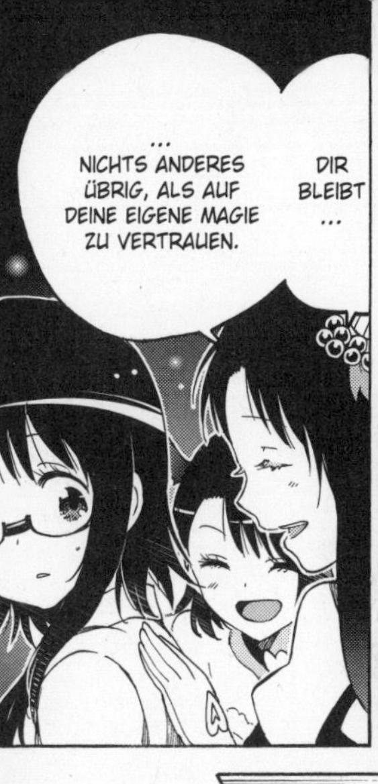
DIR BLEIBT ...
... NICHTS ANDERES ÜBRIG, ALS AUF DEINE EIGENE MAGIE ZU VERTRAUEN.

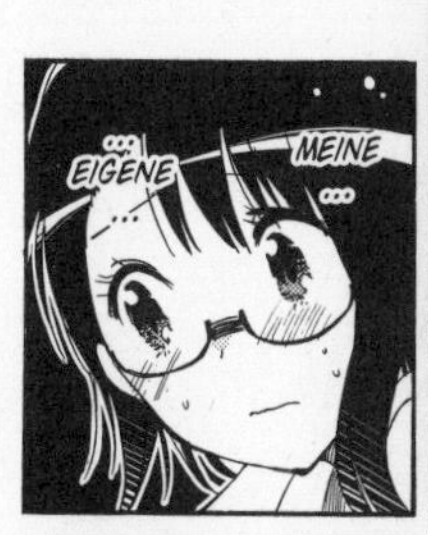
MEINE ...
... EIGENE
...

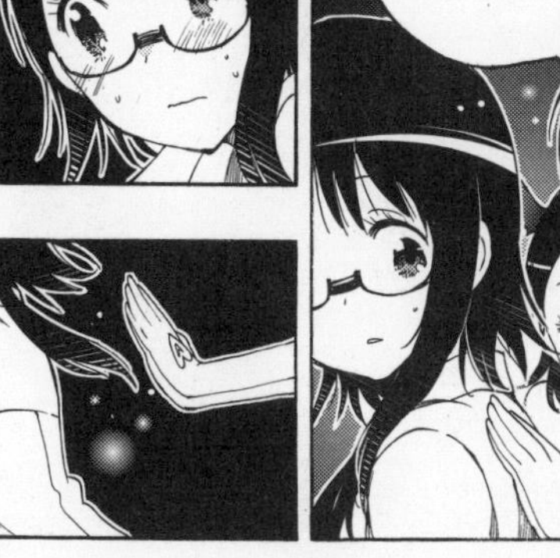
TAPP
RAKUUUU!!!

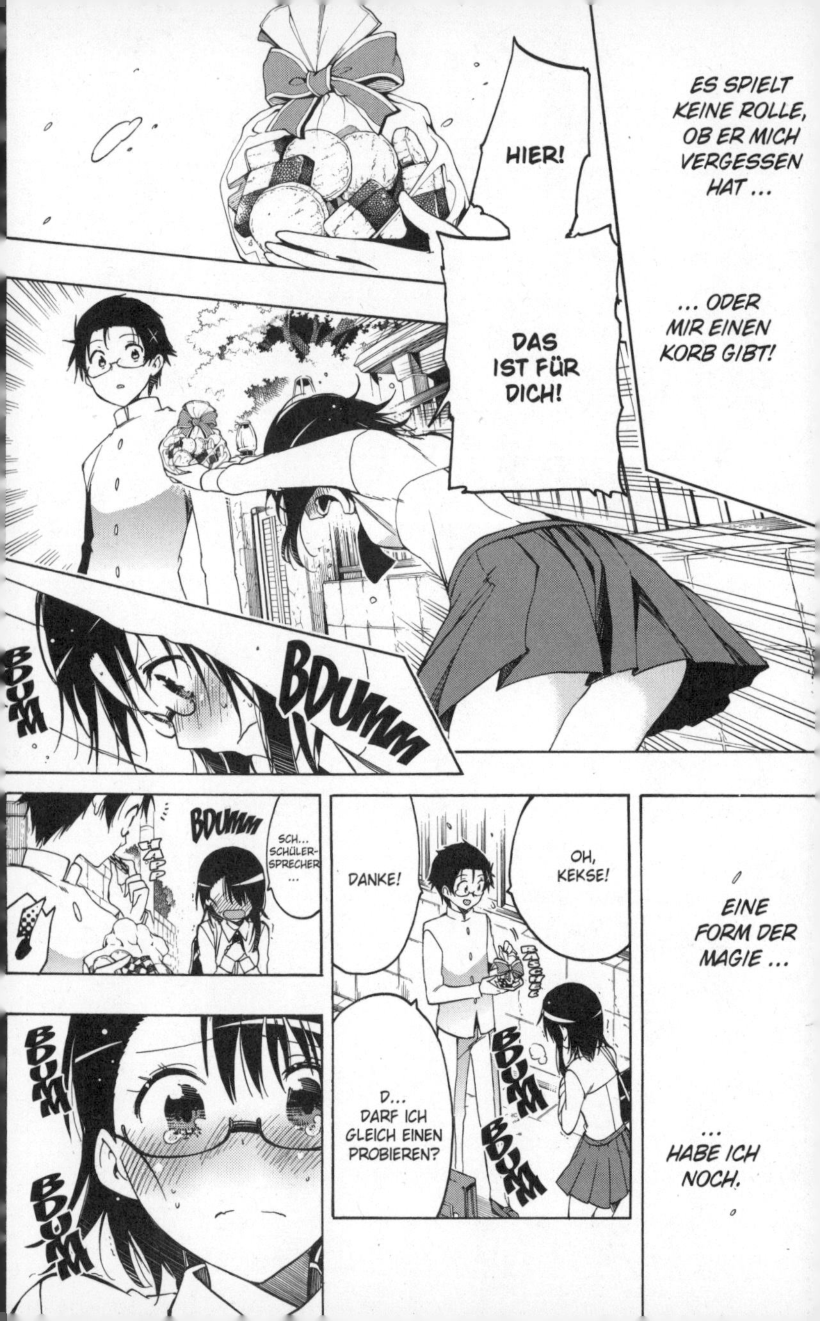

ES SPIELT KEINE ROLLE, OB ER MICH VERGESSEN HAT …

HIER!

… ODER MIR EINEN KORB GIBT!

DAS IST FÜR DICH!

BDUMMM

BDUMM

EINE FORM DER MAGIE …

… HABE ICH NOCH.

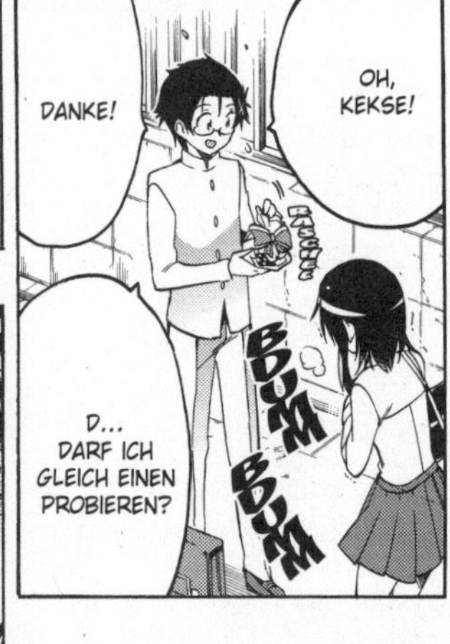

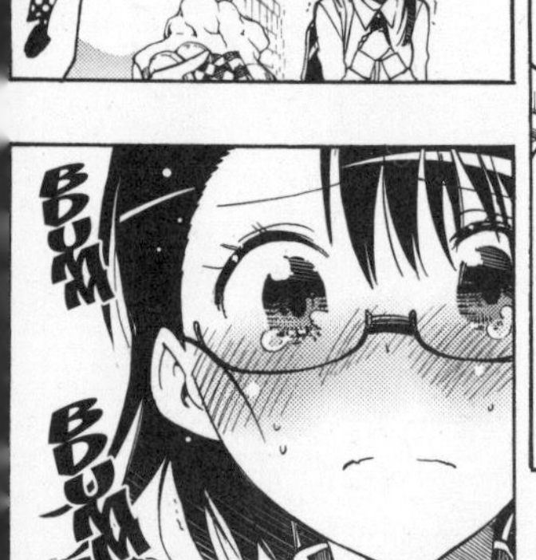

NÄMLICH MEINE GEFÜHLE FÜR IHN! ICH MUSS SIE IHM OFFEN UND EHRLICH GESTEHEN!

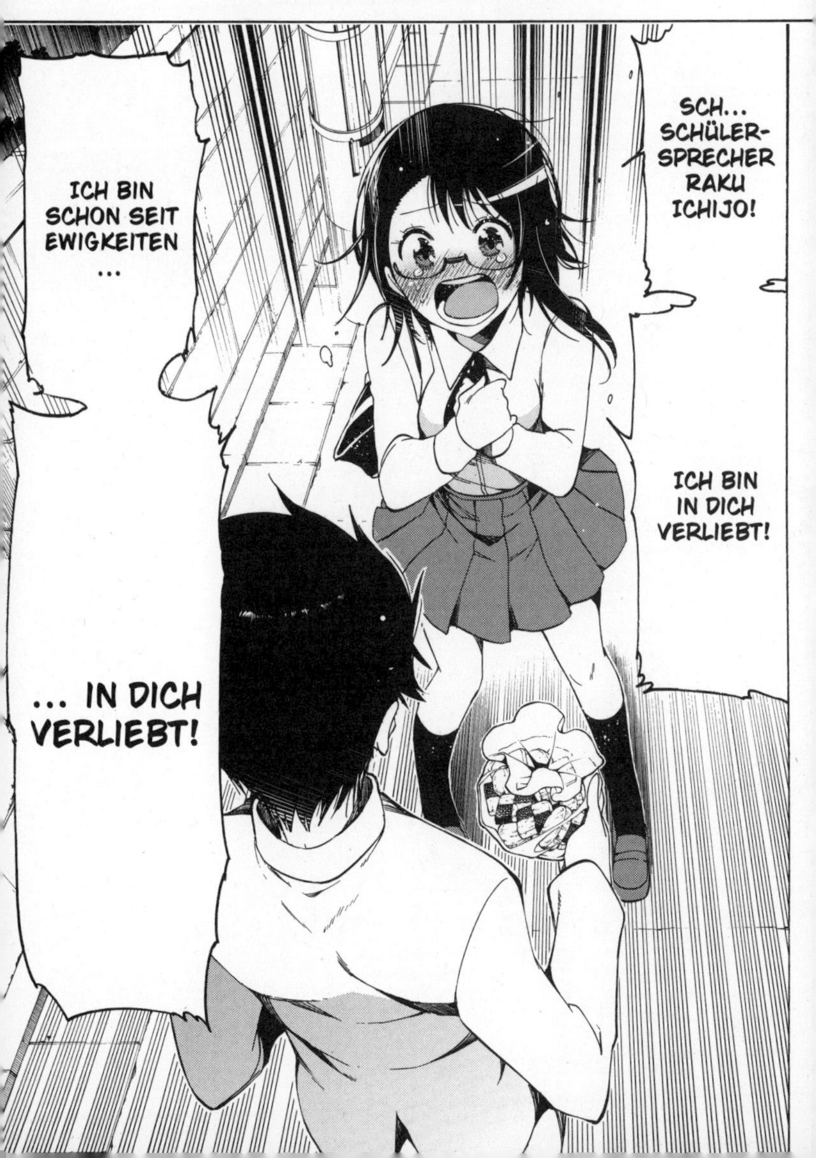

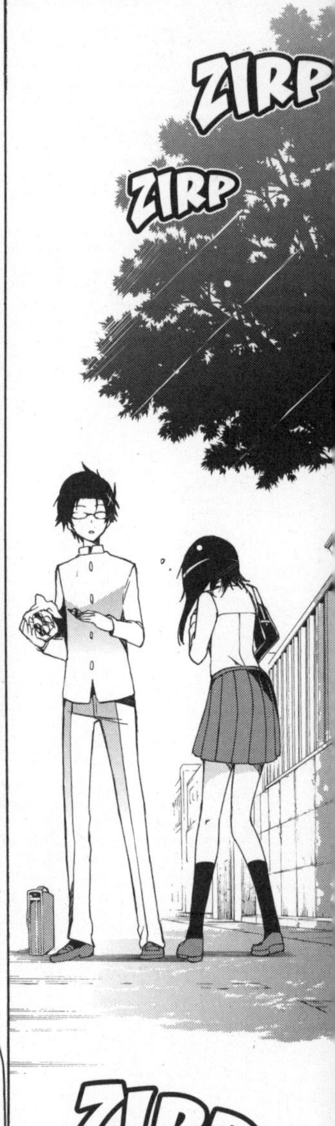
ZIRP
ZIRP
ZIRP

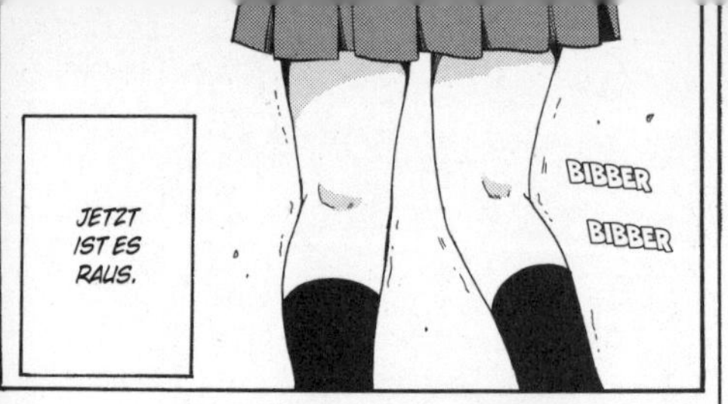
BIBBER
BIBBER
JETZT IST ES RAUS.

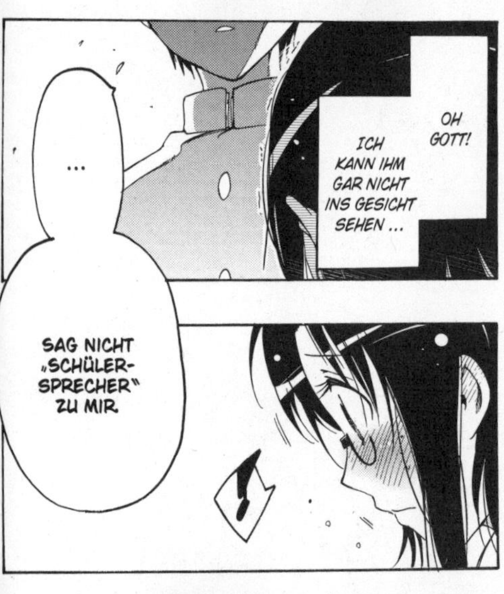
OH GOTT! ICH KANN IHM GAR NICHT INS GESICHT SEHEN ...
...
SAG NICHT „SCHÜLER-SPRECHER" ZU MIR.

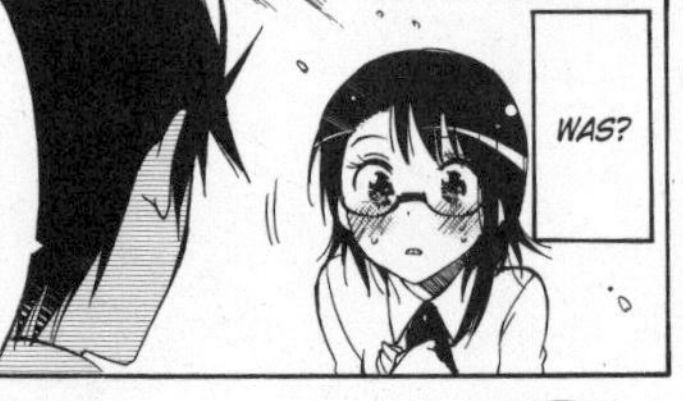
WAS?

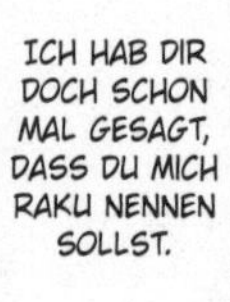
ICH HAB DIR DOCH SCHON MAL GESAGT, DASS DU MICH RAKU NENNEN SOLLST.

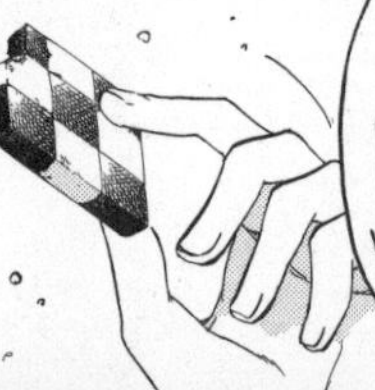
DIESEN EIGEN-WILLIGEN GESCHMACK KÖNNTE ICH NIEMALS VERGESSEN, ...
... SELBST WENN ICH WOLLTE.

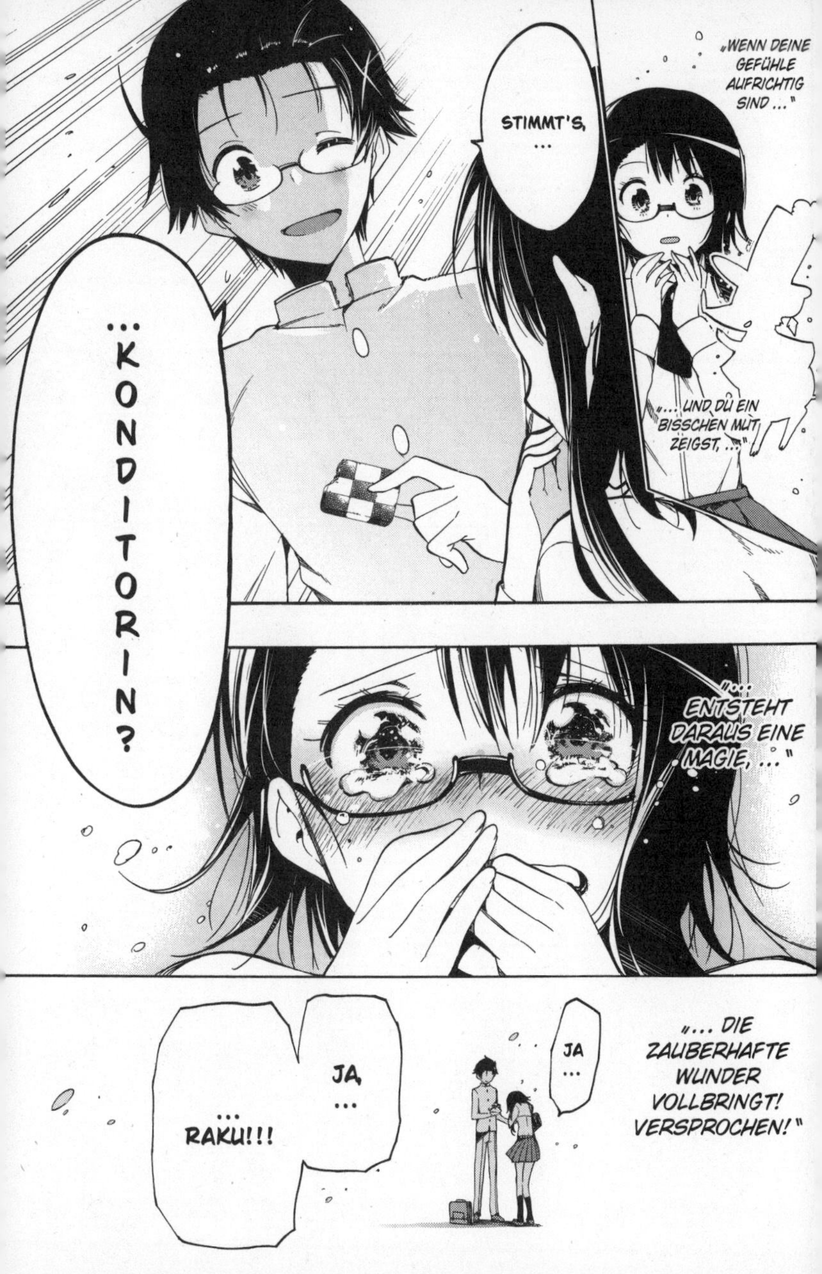
„Wenn deine Gefühle aufrichtig sind ..."
Stimmt's, ...
„... und du ein bisschen Mut zeigst, ..."
... Konditorin?
„... entsteht daraus eine Magie, ..."
„... die zauberhafte Wunder vollbringt! Versprochen!"
Ja ...
Ja, ...
... Raku!!!

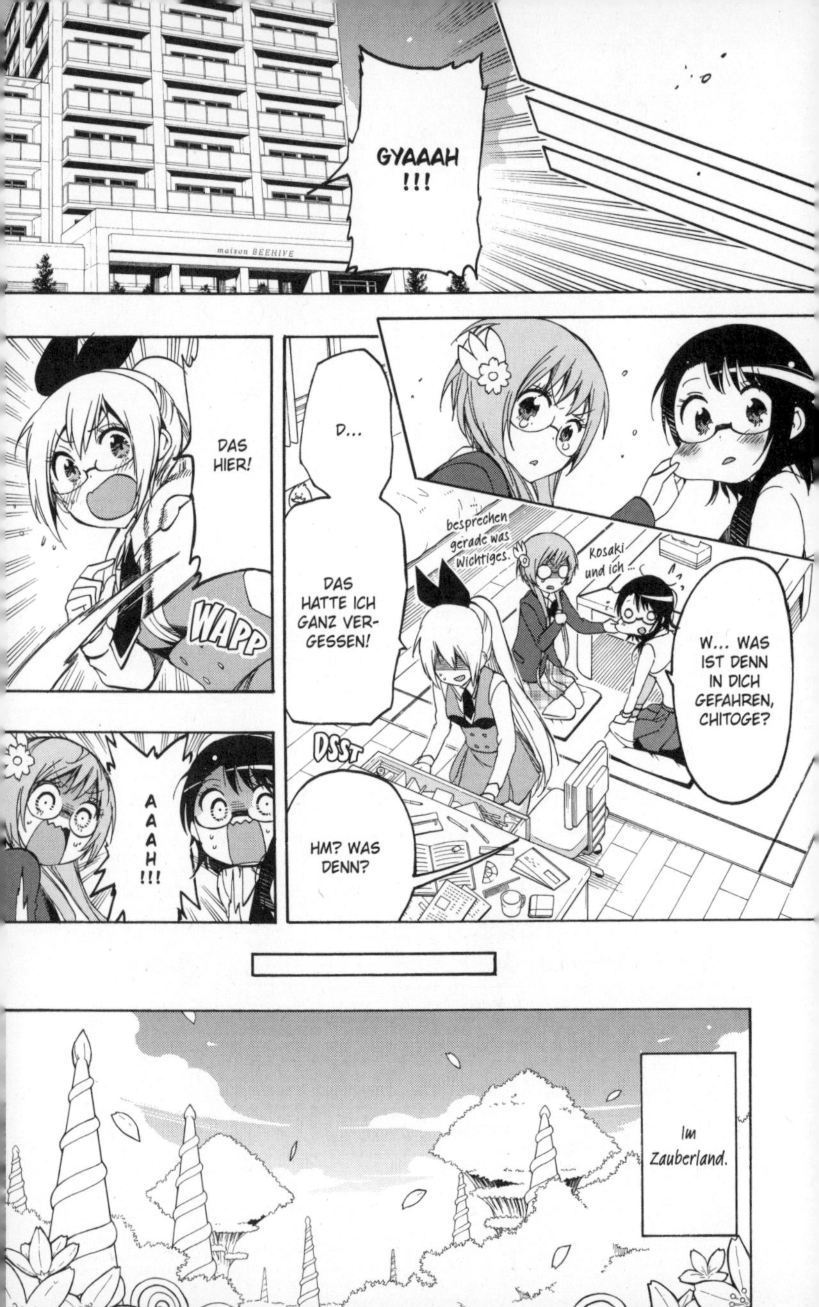
GYAAAH !!!
maison BEEHIVE
D...
DAS HATTE ICH GANZ VER-GESSEN!
DAS HIER!
WAPP
Kosaki und ich ...
besprechen gerade was Wichtiges.
W... WAS IST DENN IN DICH GEFAHREN, CHITOGE?
DSST
HM? WAS DENN?
AAAH!!!
Im Zauberland.

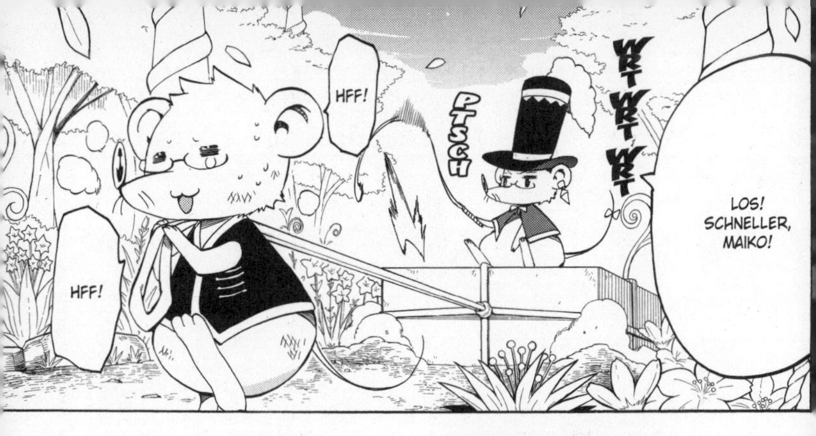
LOS! SCHNELLER, MAIKO!
WRT WRT WRT WRT
PTSCH
HFF!
HFF!

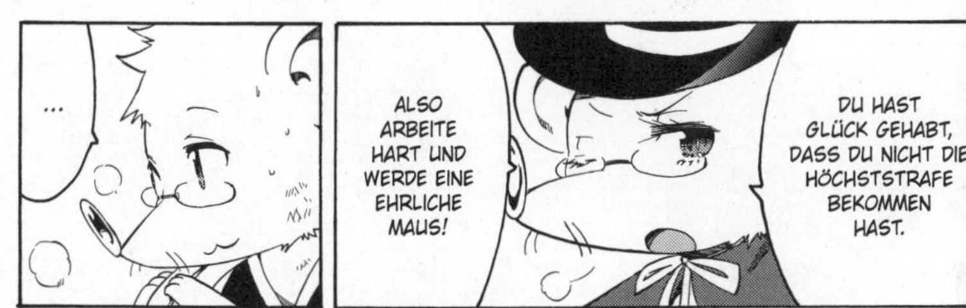
DU HAST GLÜCK GEHABT, DASS DU NICHT DIE HÖCHSTSTRAFE BEKOMMEN HAST.
ALSO ARBEITE HART UND WERDE EINE EHRLICHE MAUS!
...

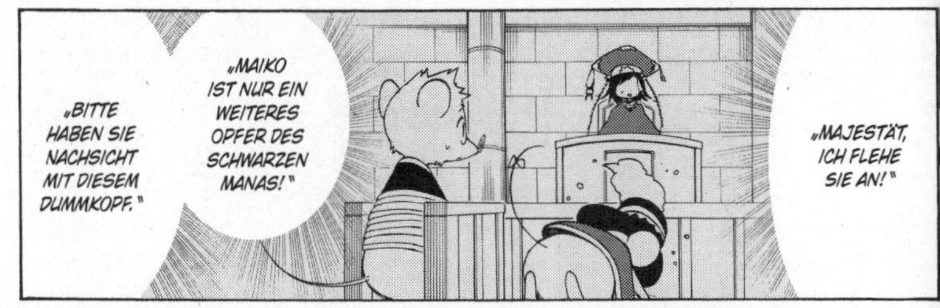
„MAJESTÄT, ICH FLEHE SIE AN!"
„MAIKO IST NUR EIN WEITERES OPFER DES SCHWARZEN MANAS!"
„BITTE HABEN SIE NACHSICHT MIT DIESEM DUMMKOPF."

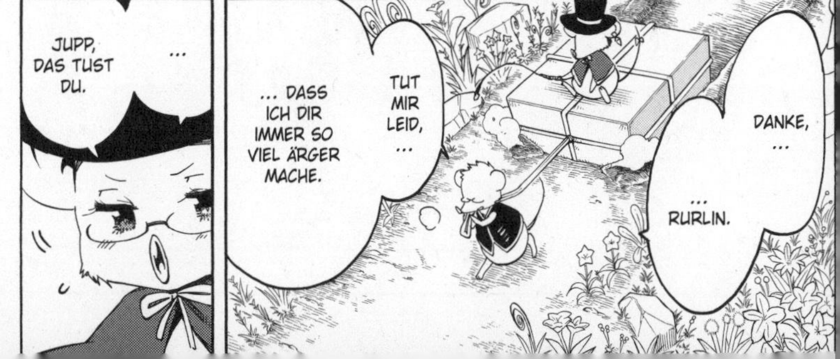
DANKE, ...
... RURLIN.
TUT MIR LEID, ...
... DASS ICH DIR IMMER SO VIEL ÄRGER MACHE.
...
JUPP, DAS TUST DU.

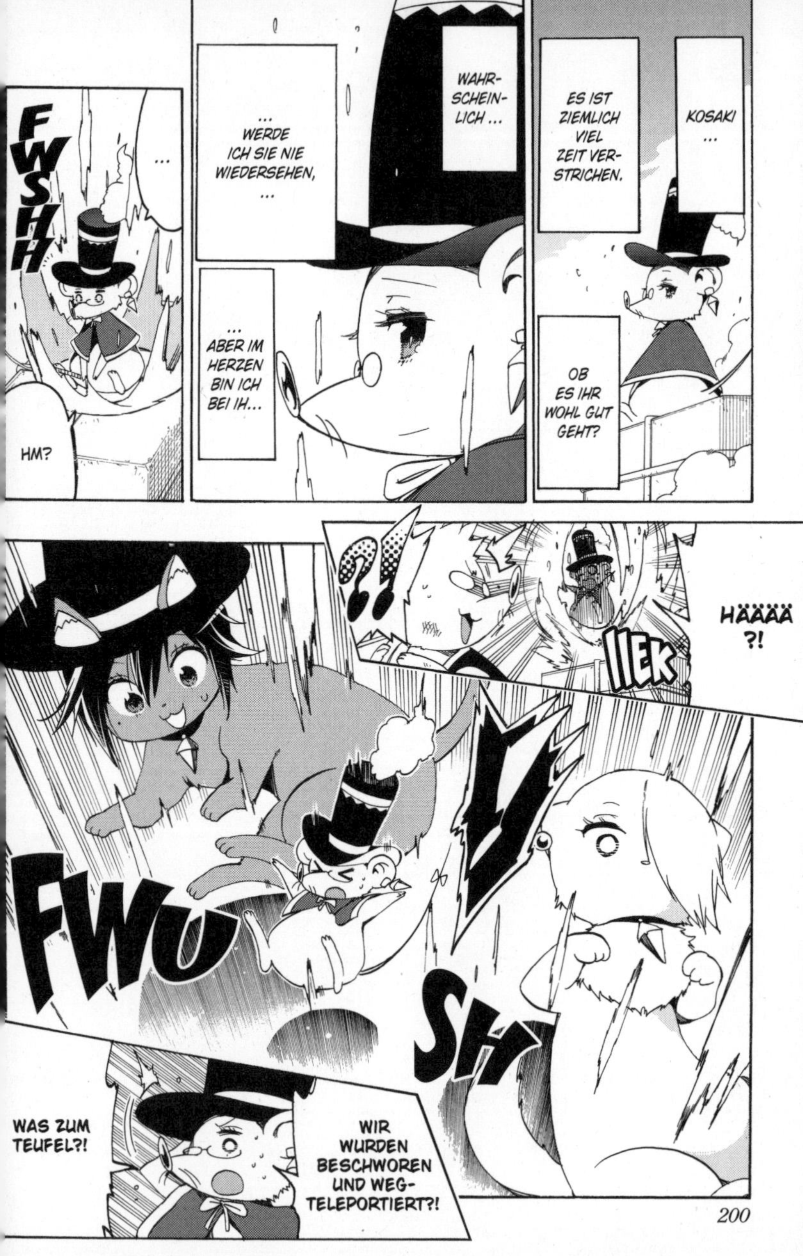
KOSAKI …
ES IST ZIEMLICH VIEL ZEIT VERSTRICHEN.
OB ES IHR WOHL GUT GEHT?
WAHR-SCHEIN-LICH …
… WERDE ICH SIE NIE WIEDERSEHEN, …
… ABER IM HERZEN BIN ICH BEI IH…
…
FWSHH
HM?
HÄÄÄÄ ?!
IIEK
?!
!
FWUSH
WIR WURDEN BESCHWOREN UND WEG-TELEPORTIERT?!
WAS ZUM TEUFEL?!

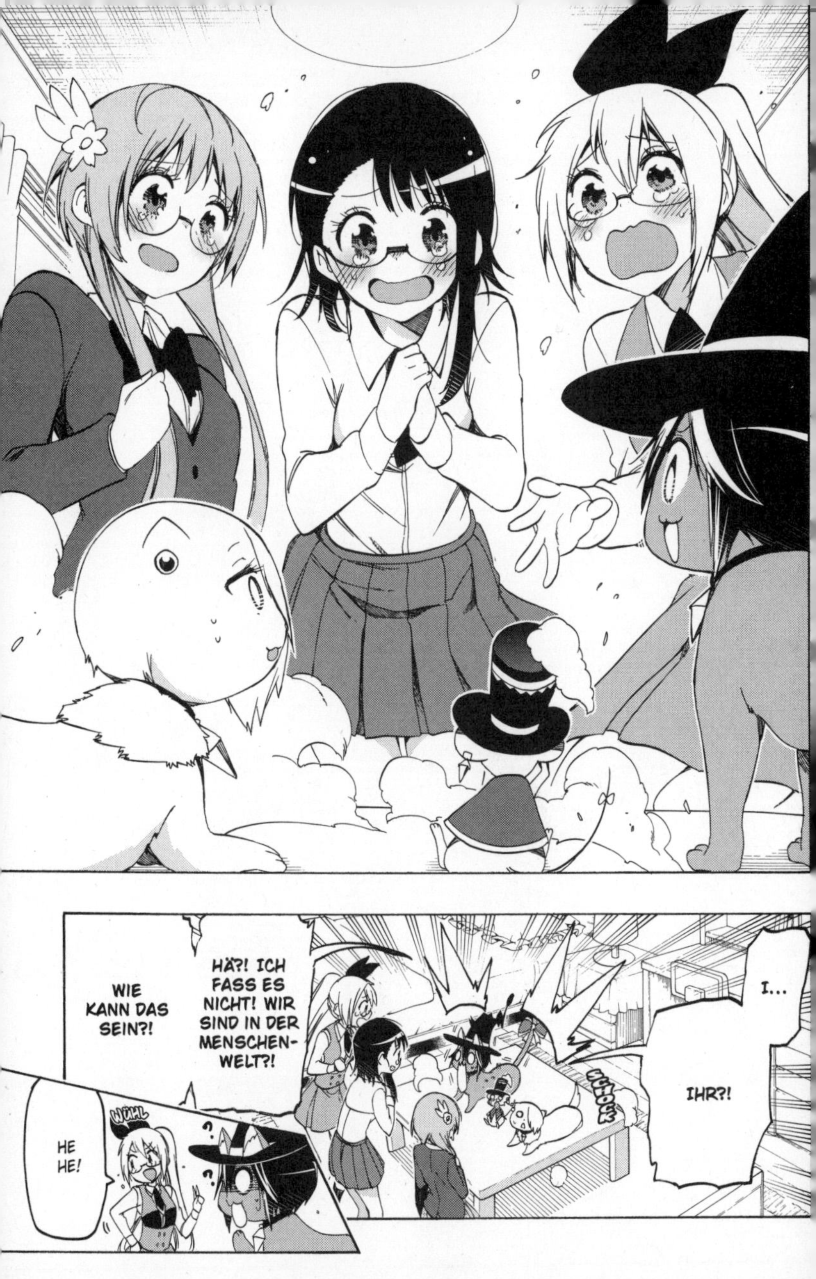

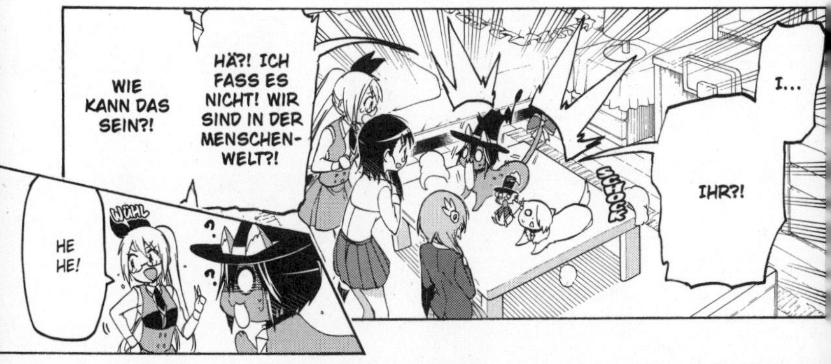
I...
IHR?!
SCHOCK
HÄ?! ICH FASS ES NICHT! WIR SIND IN DER MENSCHEN-WELT?!
WIE KANN DAS SEIN?!
?
?
WÜHL
HE HE!

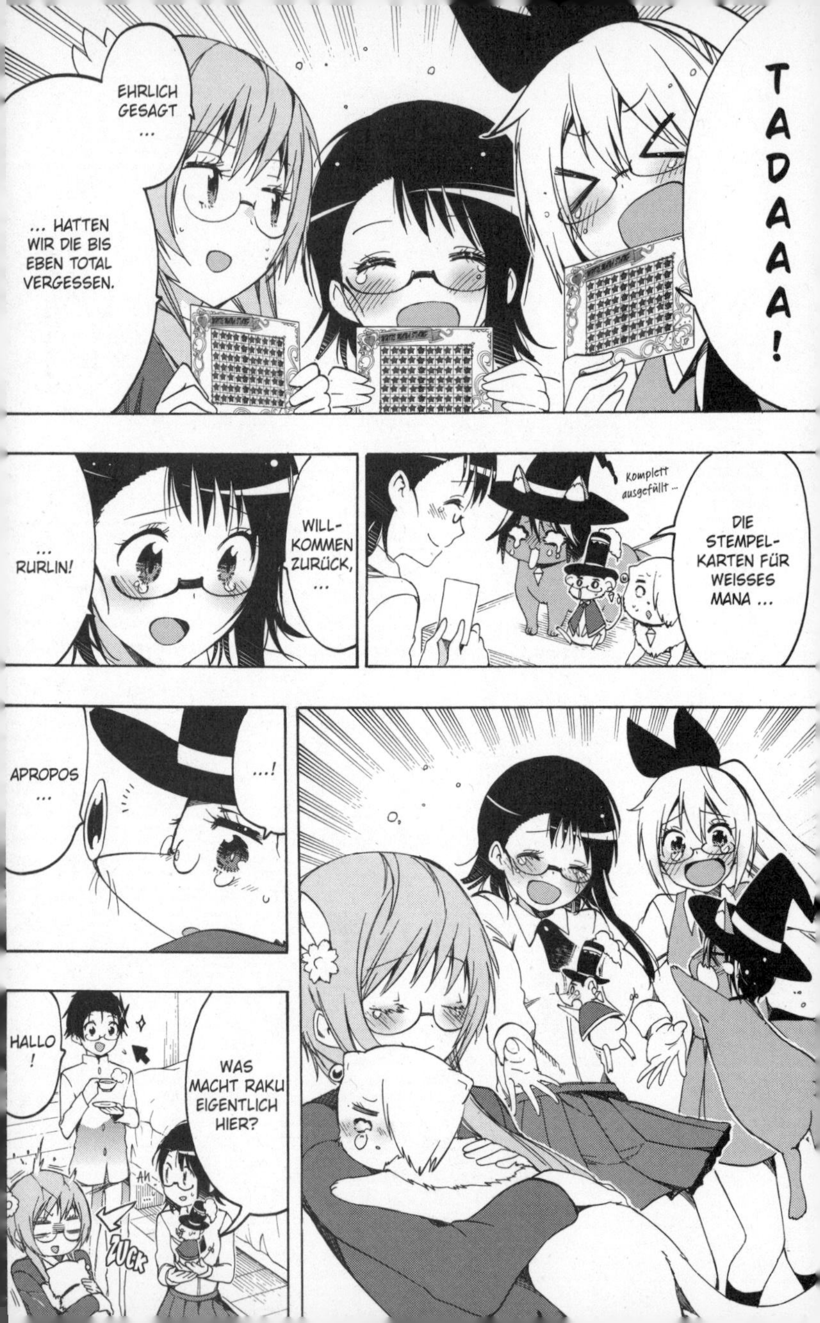

TADAAAA!

EHRLICH GESAGT ...

... HATTEN WIR DIE BIS EBEN TOTAL VERGESSEN.

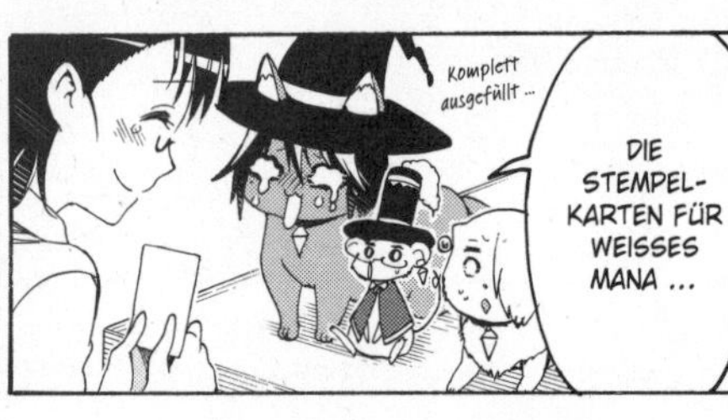

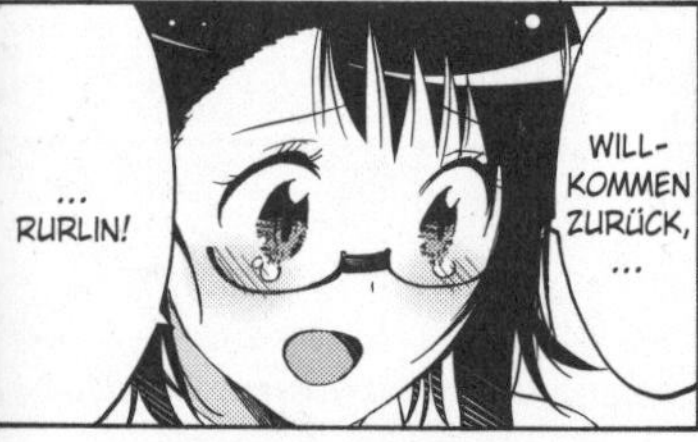

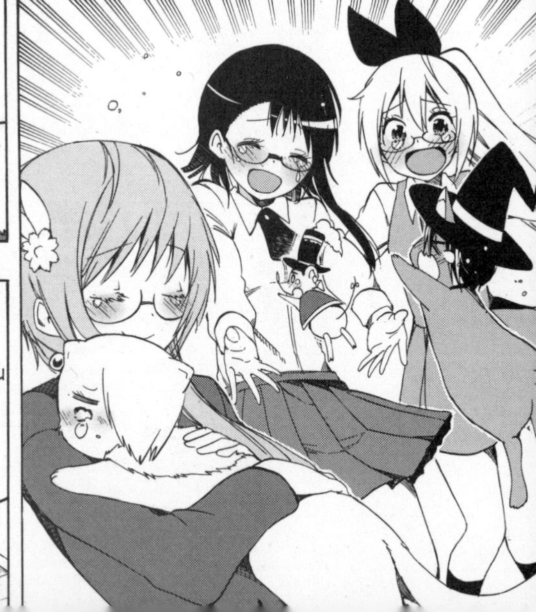

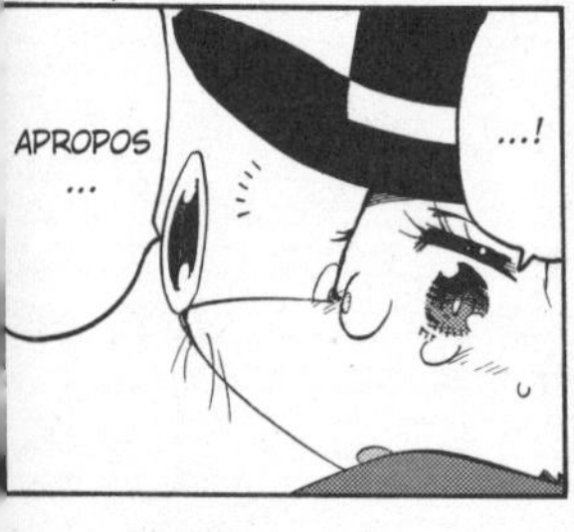

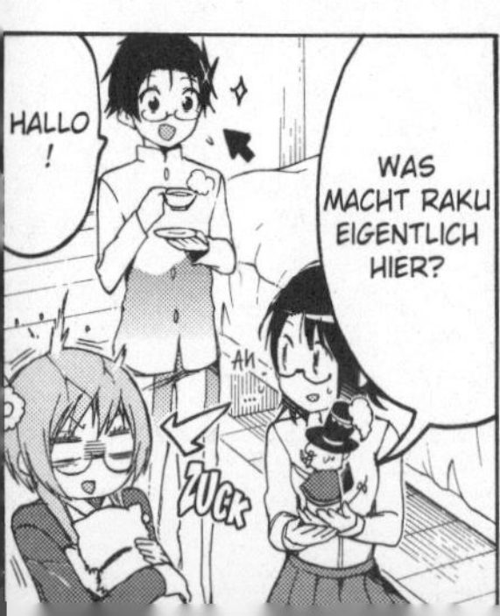

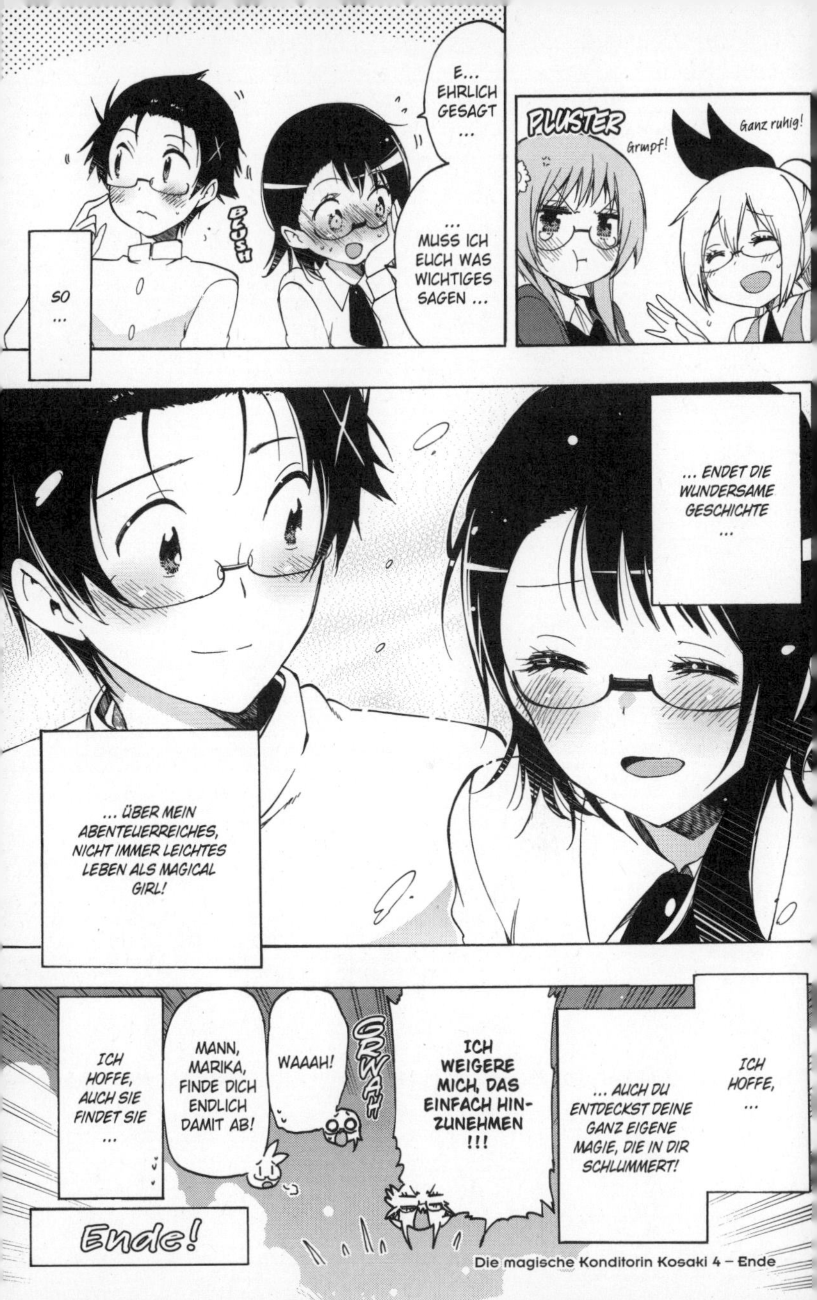

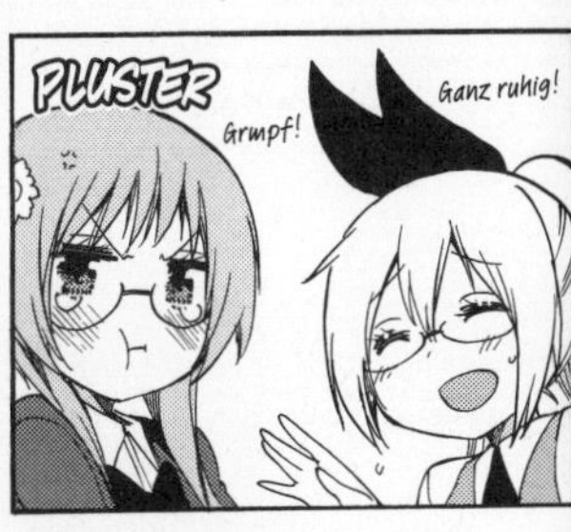

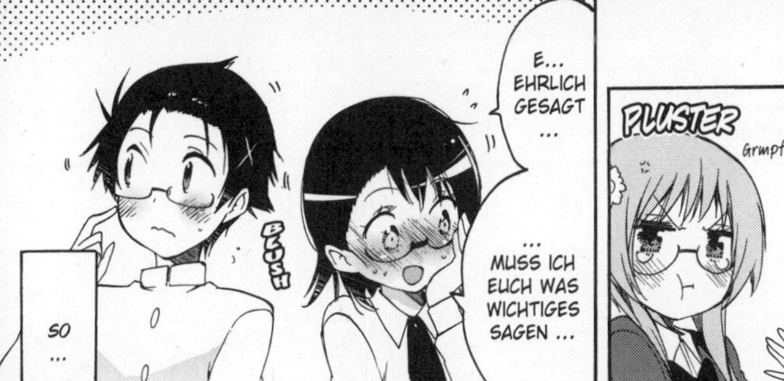

... ENDET DIE WUNDERSAME GESCHICHTE ...

... ÜBER MEIN ABENTEUERREICHES, NICHT IMMER LEICHTES LEBEN ALS MAGICAL GIRL!

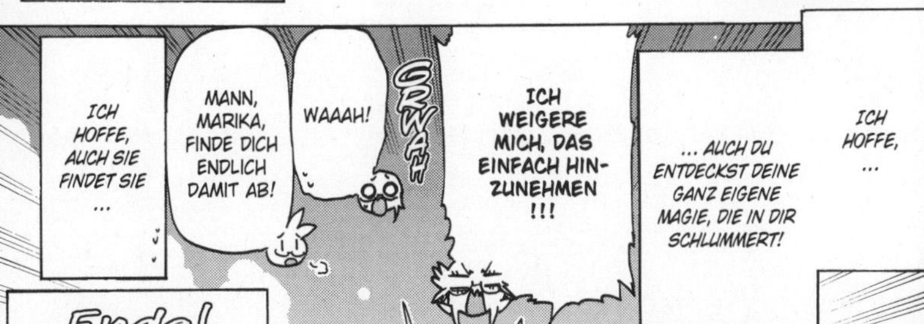

Die magische Konditorin Kosaki 4 – Ende

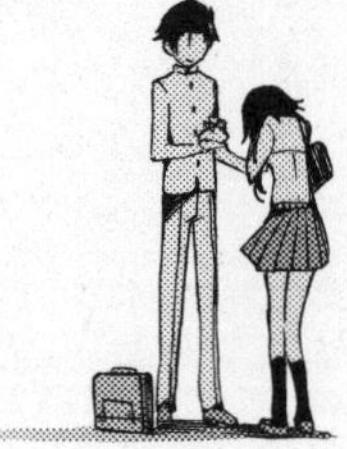

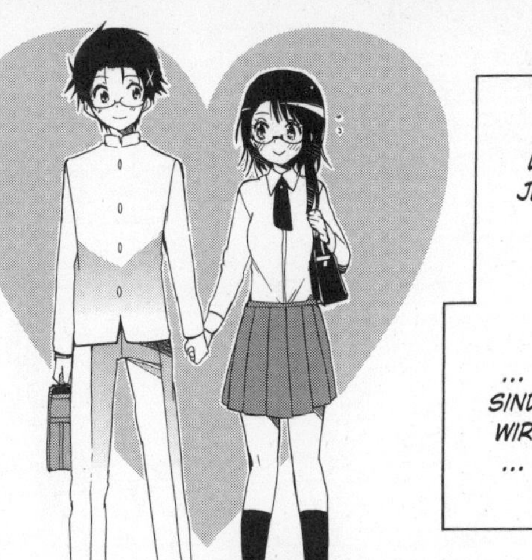

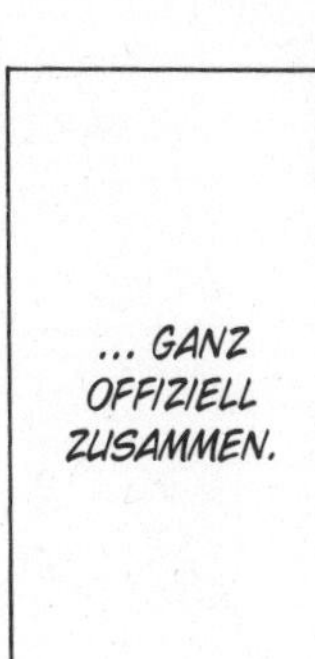

Bonus-Manga: Das Liebespaar

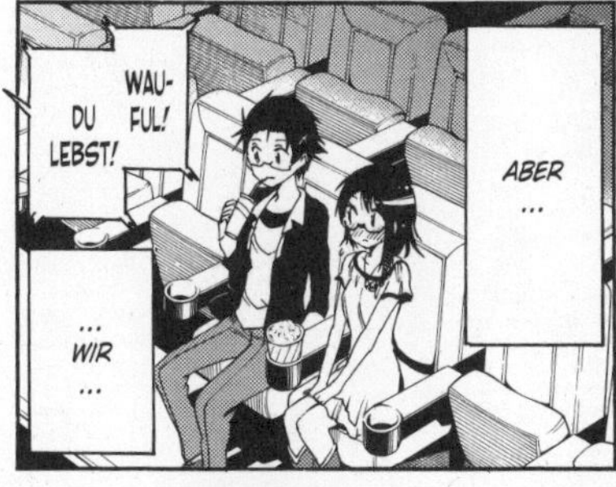

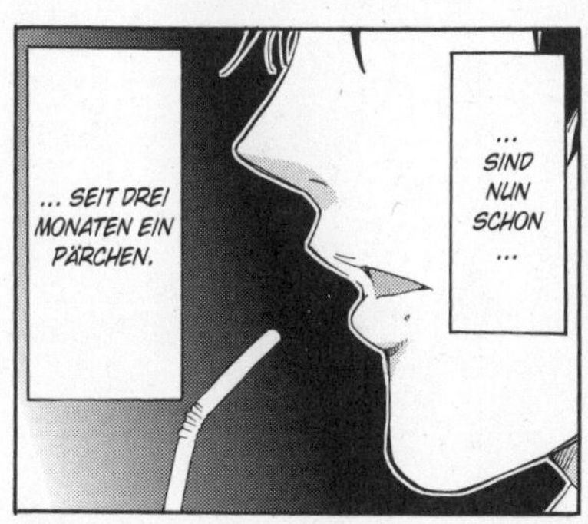

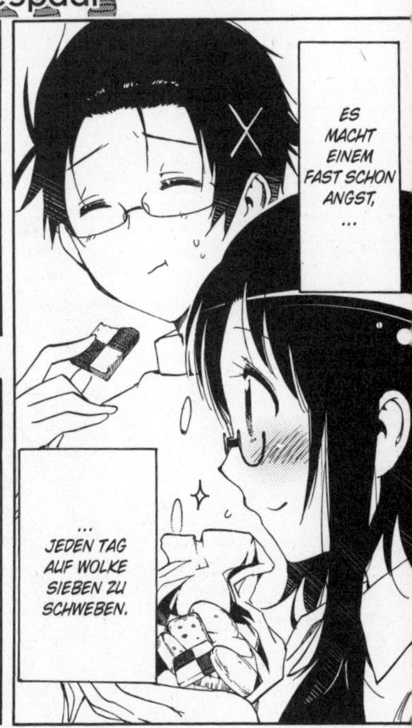

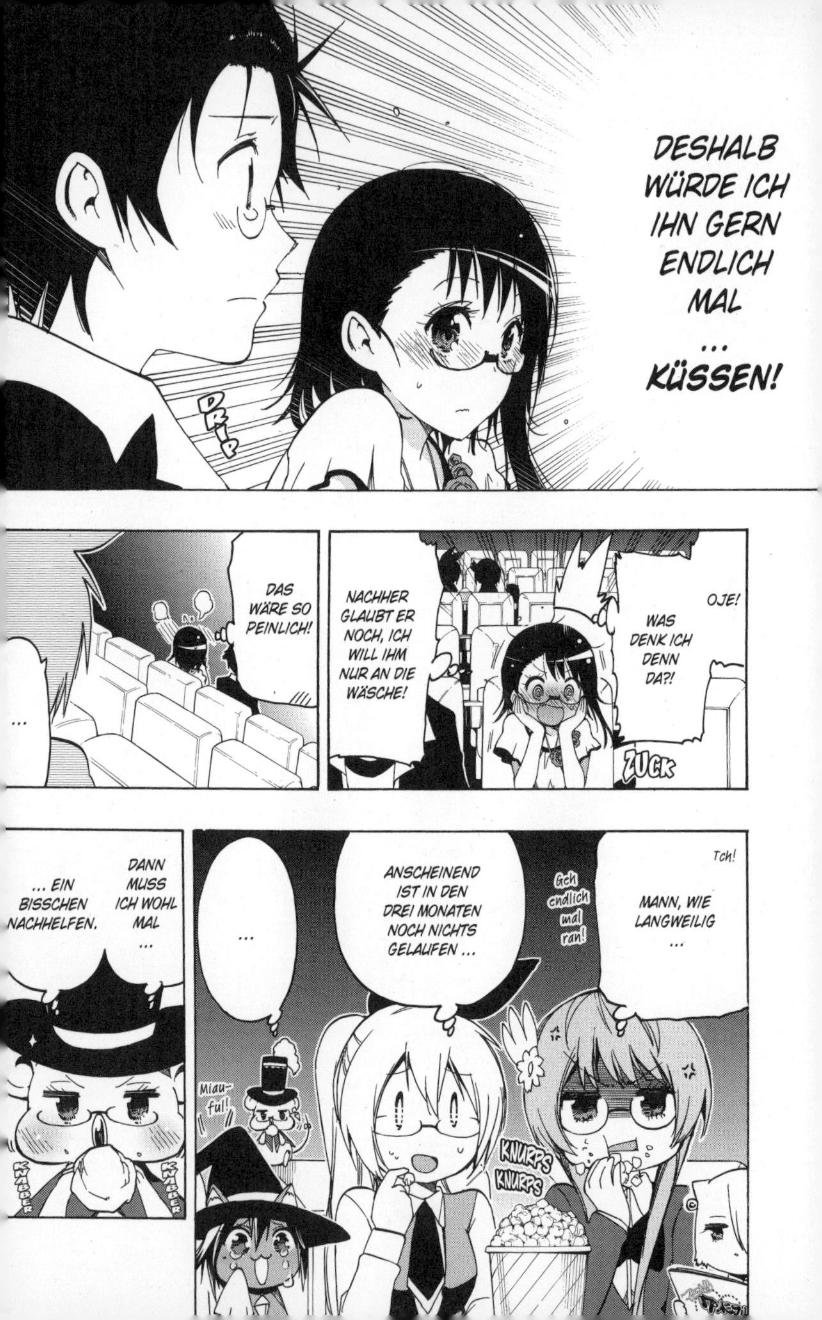

DESHALB WÜRDE ICH IHN GERN ENDLICH MAL ... KÜSSEN!

DRIP

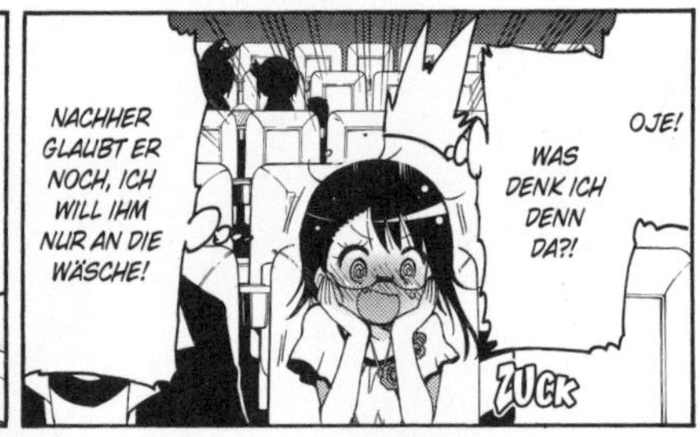

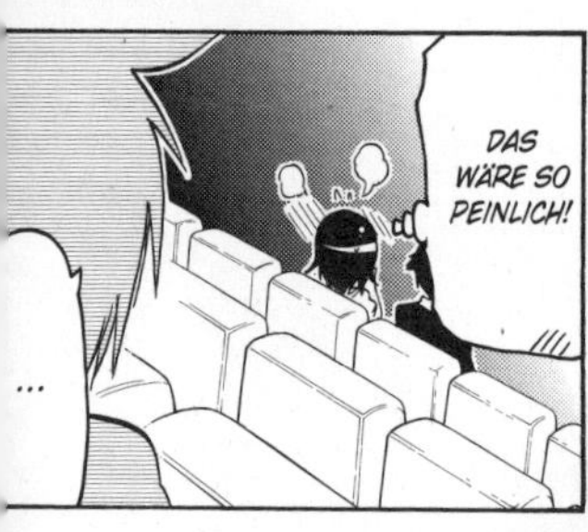

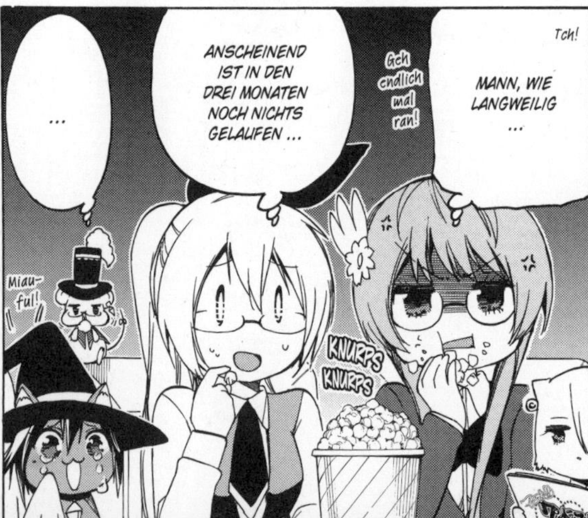

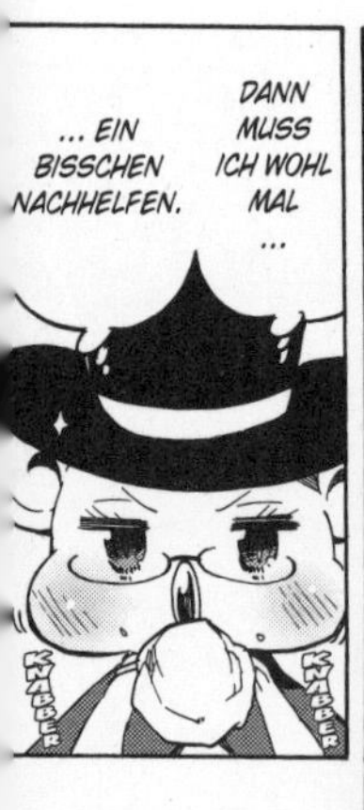

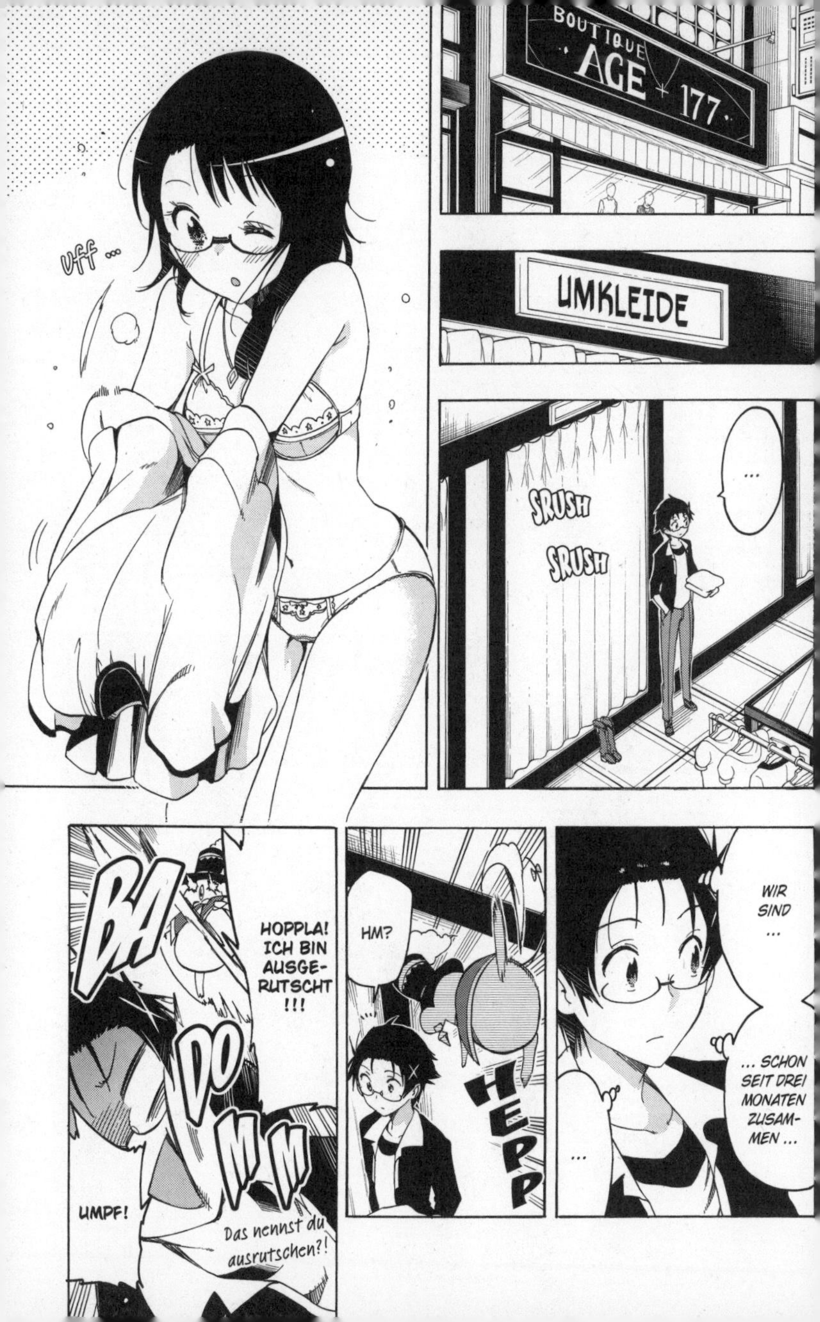

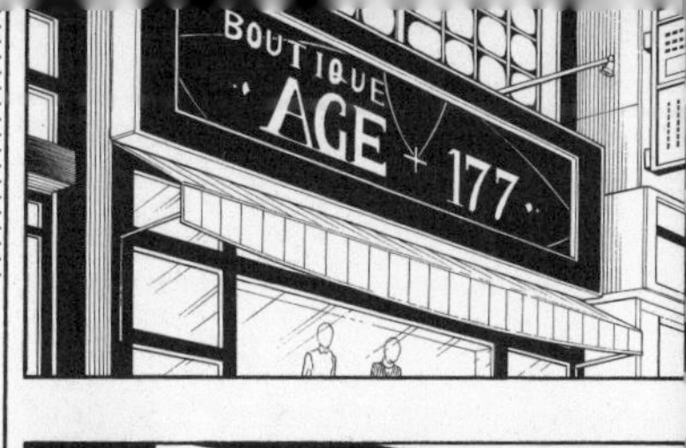
BOUTIQUE
AGE 177

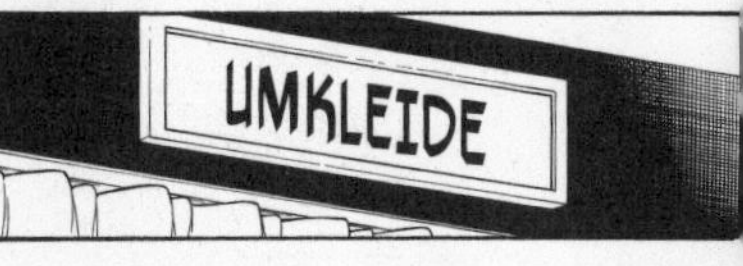
UMKLEIDE

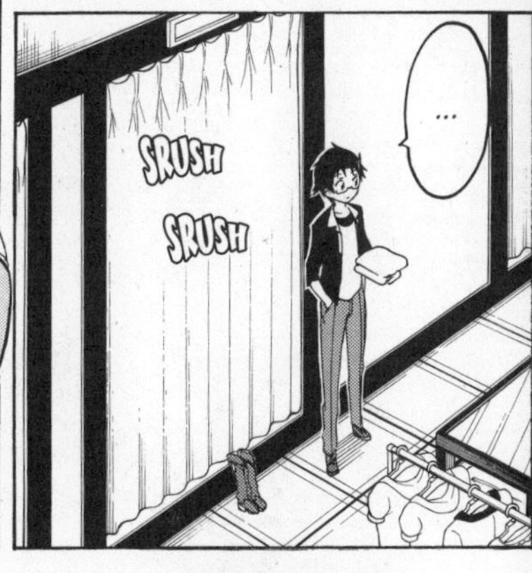
...
SRUSH
SRUSH

Uff ...

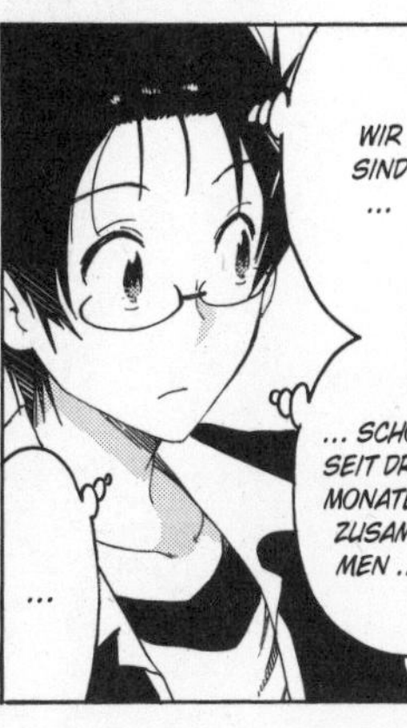
WIR SIND ...
... SCHON SEIT DREI MONATEN ZUSAMMEN ...
...

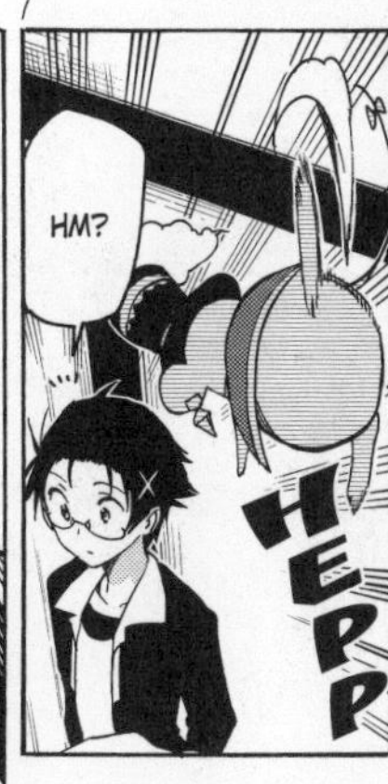
HM?
...
HEPP

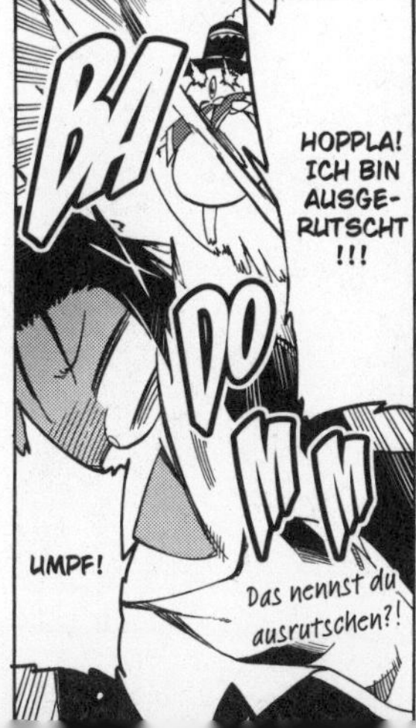
HOPPLA! ICH BIN AUSGERUTSCHT!!!
BADOMM
UMPF!
Das nennst du ausrutschen?!

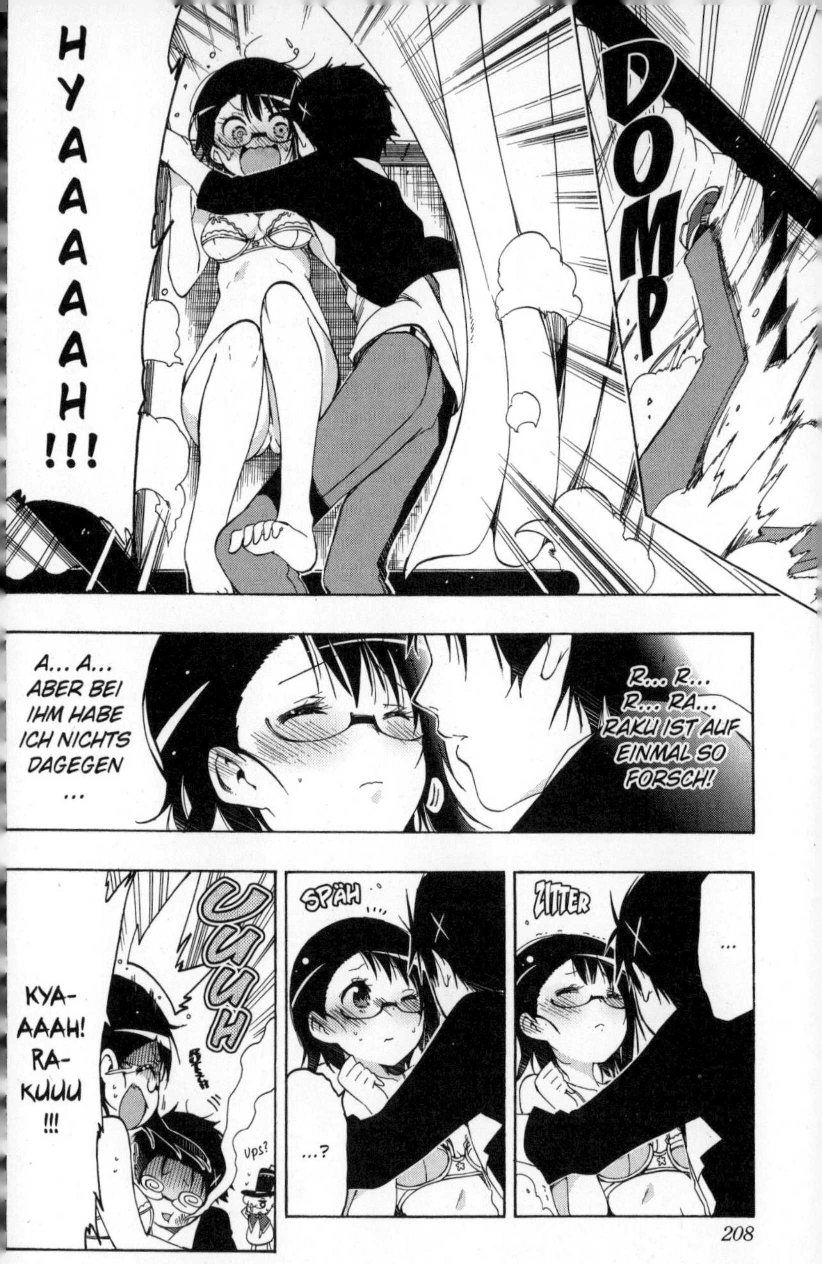

DOMP

HYAAAAAH!!!

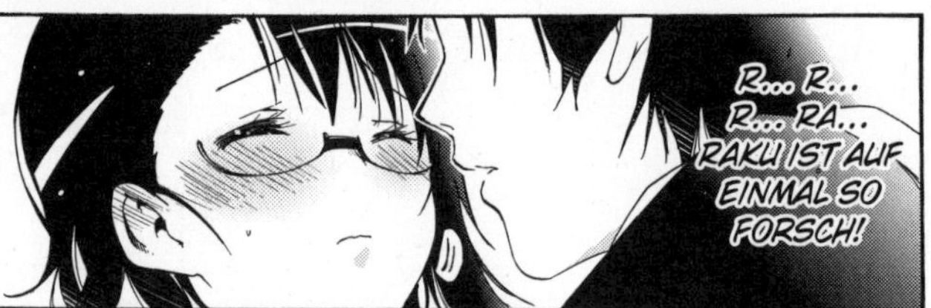

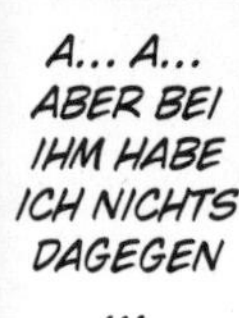

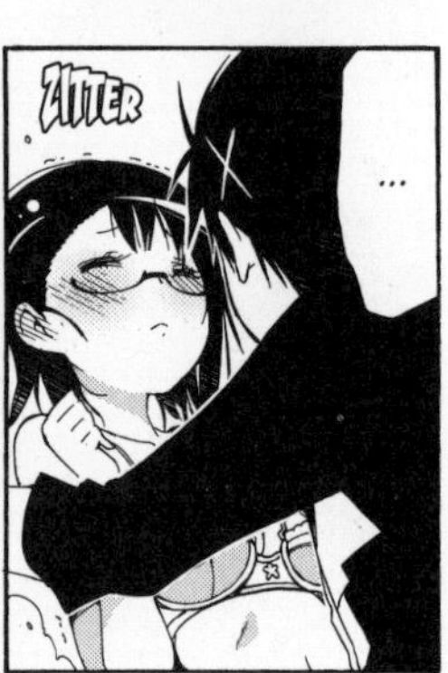

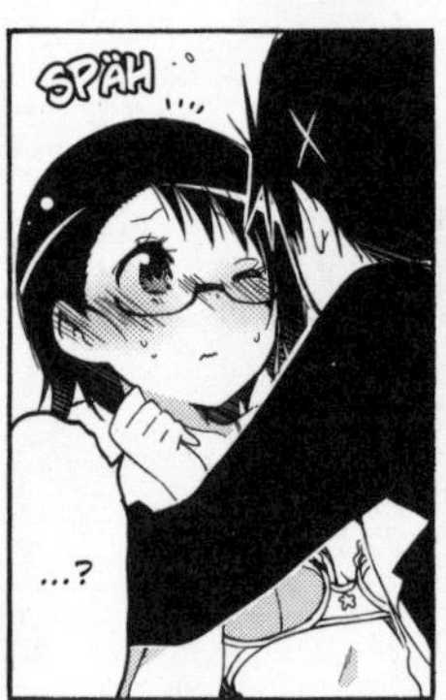

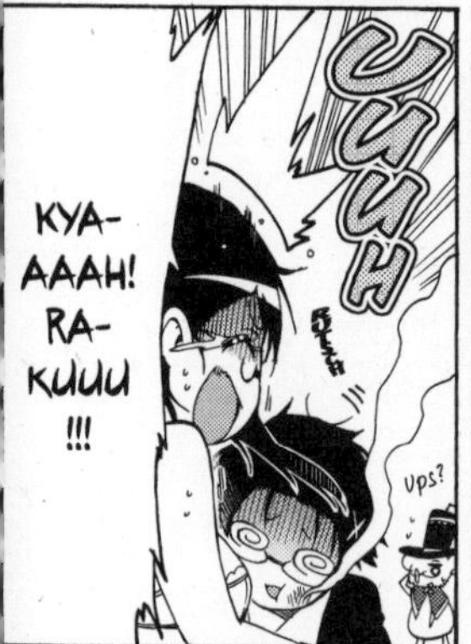

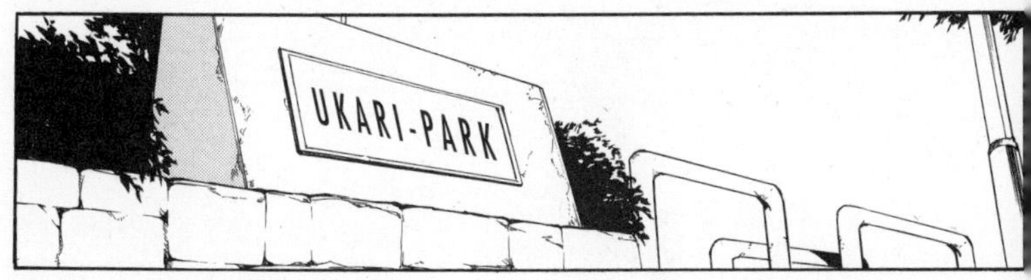
UKARI-PARK

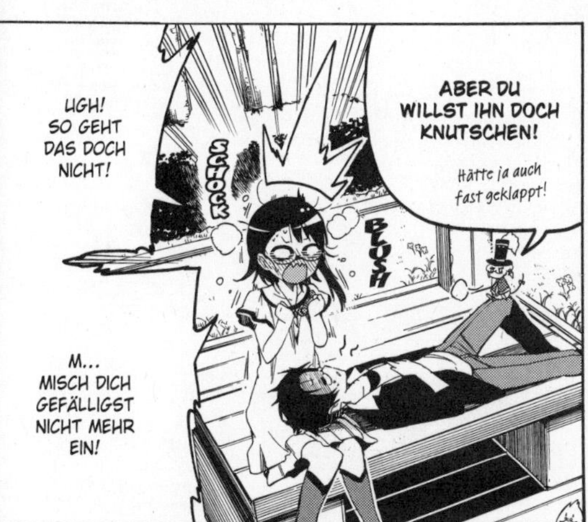
ABER DU WILLST IHN DOCH KNUTSCHEN!
Hätte ja auch fast geklappt!
SCHOCK
BLUSH
UGH! SO GEHT DAS DOCH NICHT!
M… MISCH DICH GEFÄLLIGST NICHT MEHR EIN!

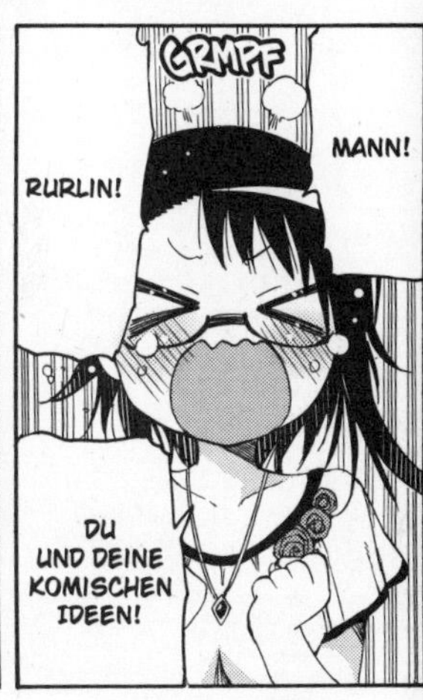
GRMPF
MANN!
RURLIN!
DU UND DEINE KOMISCHEN IDEEN!

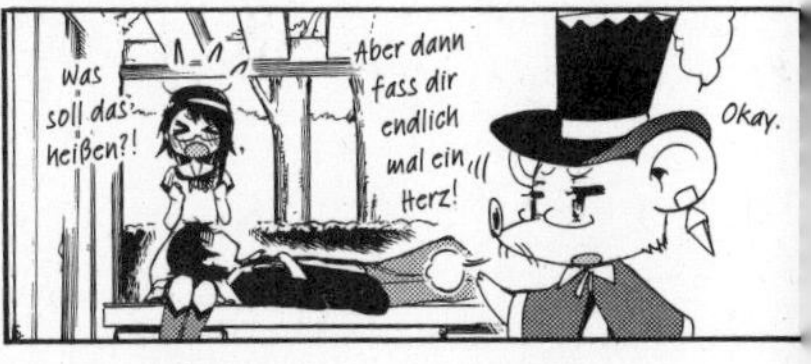
Okay.
Aber dann fass dir endlich mal ein Herz!
Was soll das heißen?!

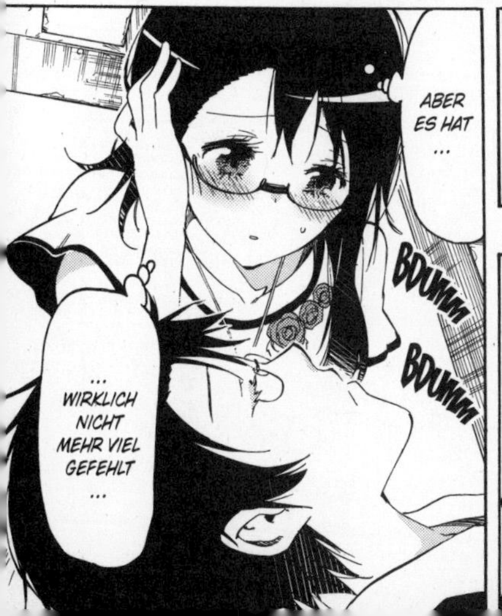
ABER ES HAT …
BDUMM
BDUMM
… WIRKLICH NICHT MEHR VIEL GEFEHLT …

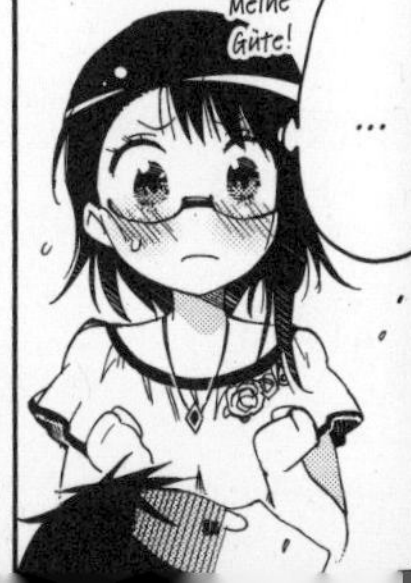
Meine Güte!
…

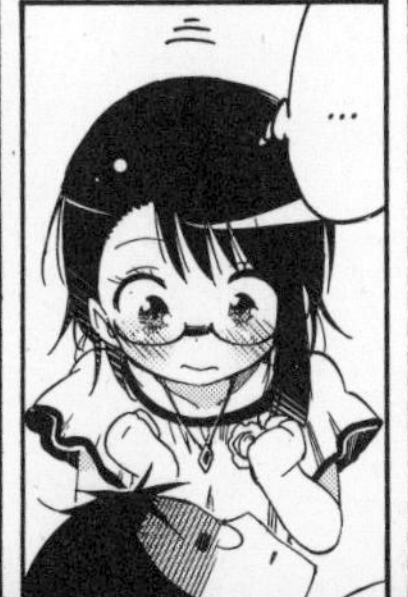
…

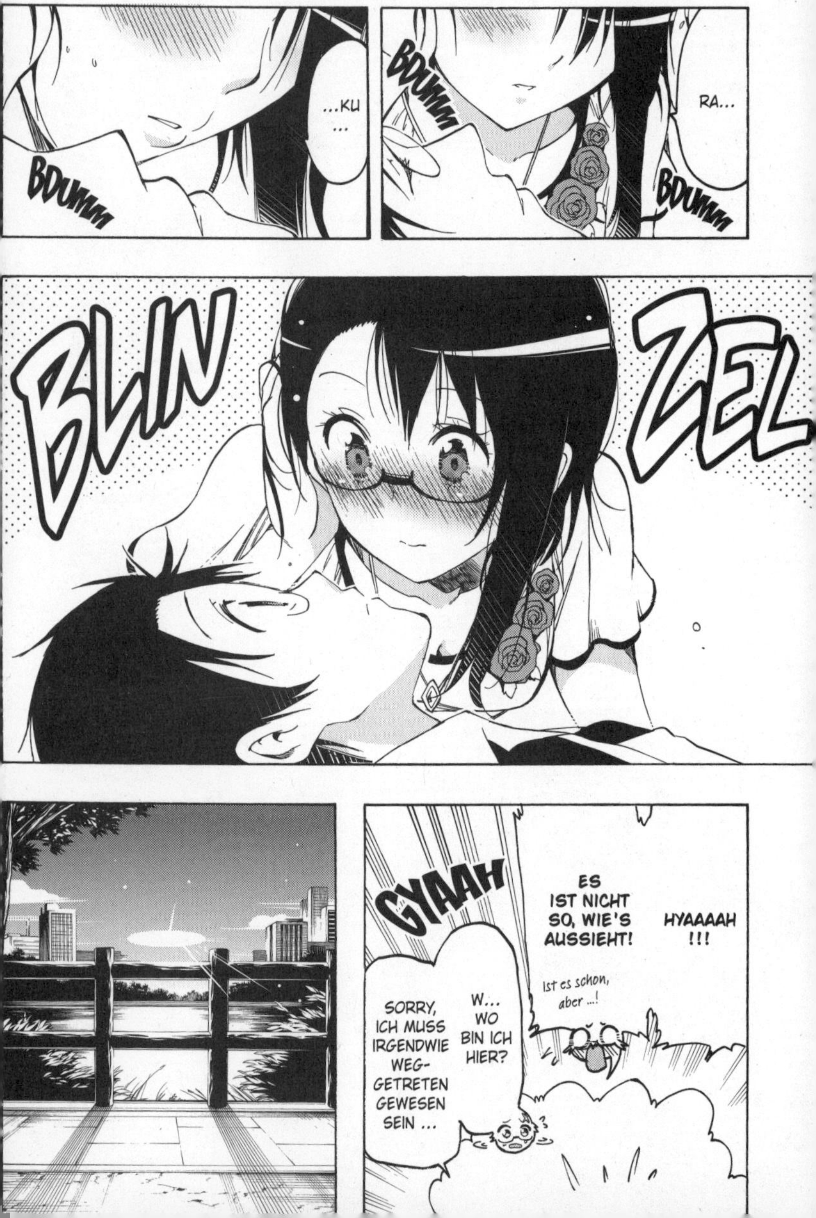

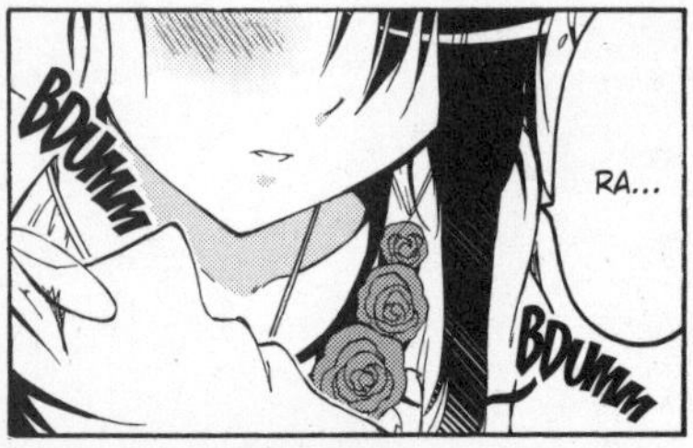
BDUMM
RA...
BDUMM

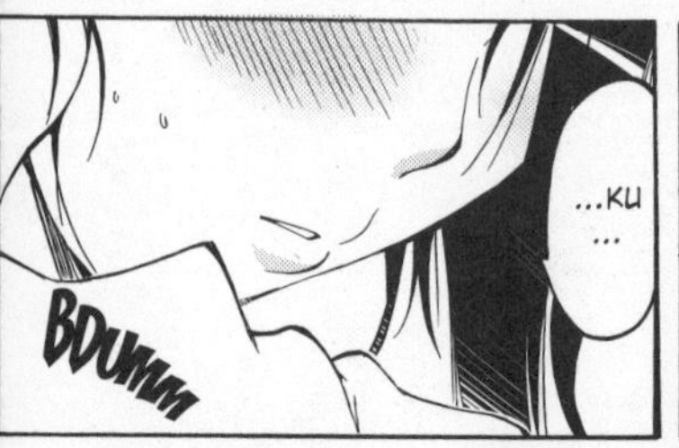
...KU
...
BDUMM

BLIN ZEL

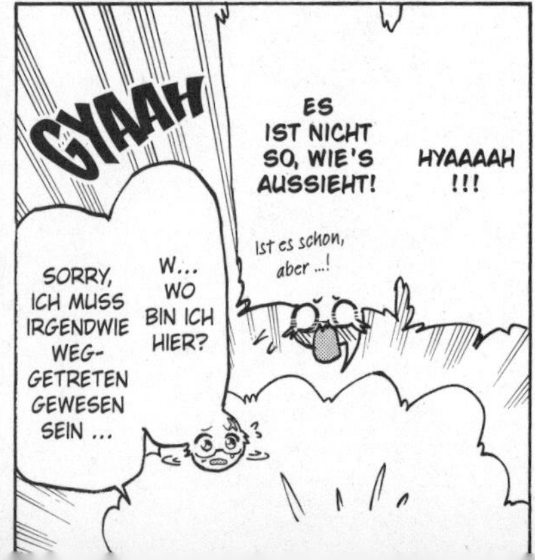
HYAAAAH
!!!
ES
IST NICHT
SO, WIE'S
AUSSIEHT!
Ist es schon,
aber ...!
GYAAH
W...
WO
BIN ICH
HIER?
SORRY,
ICH MUSS
IRGENDWIE
WEG-
GETRETEN
GEWESEN
SEIN ...

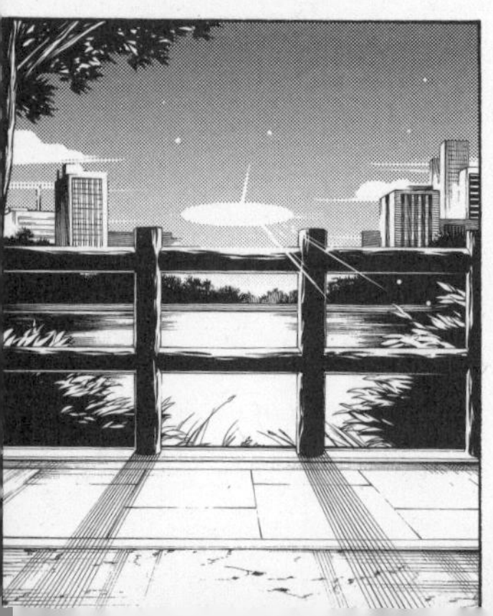

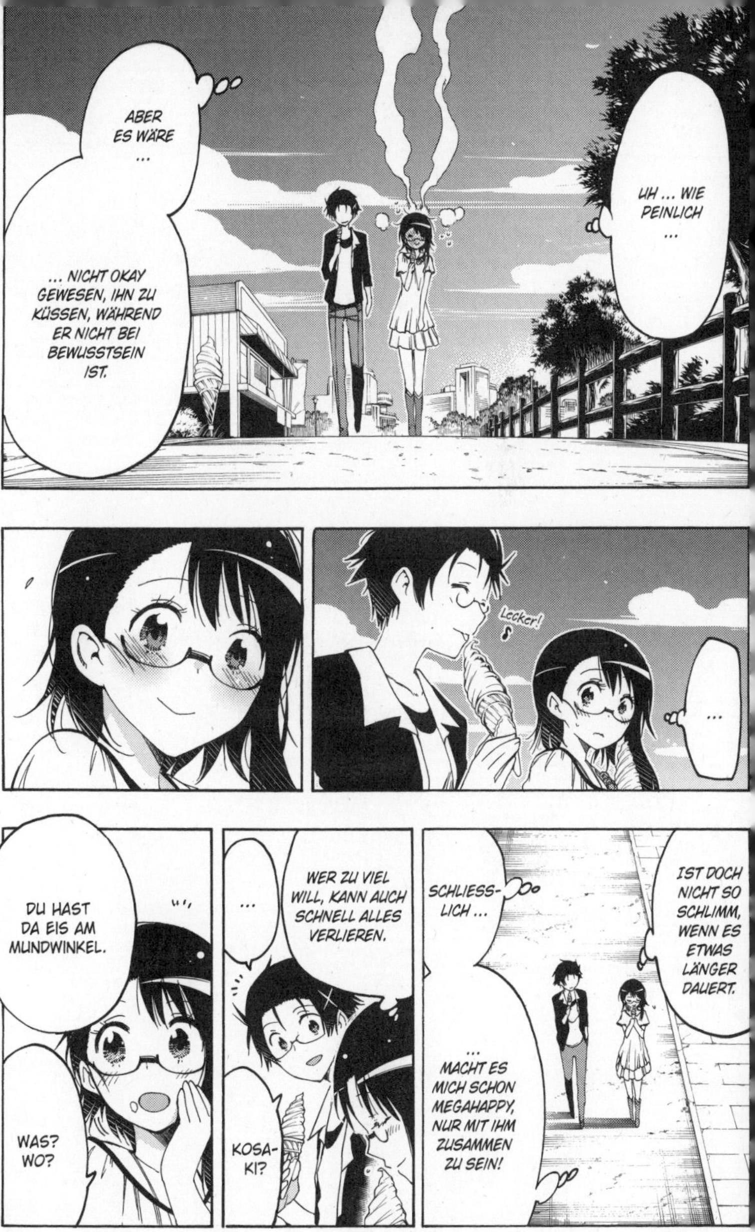

UH ... WIE PEINLICH ...
ABER ES WÄRE ...
... NICHT OKAY GEWESEN, IHN ZU KÜSSEN, WÄHREND ER NICHT BEI BEWUSSTSEIN IST.

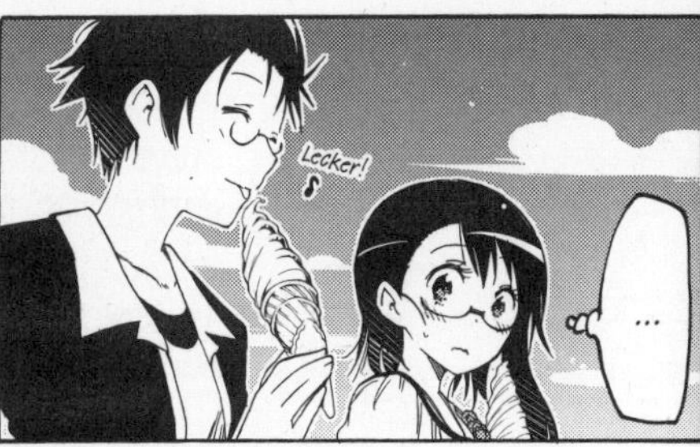

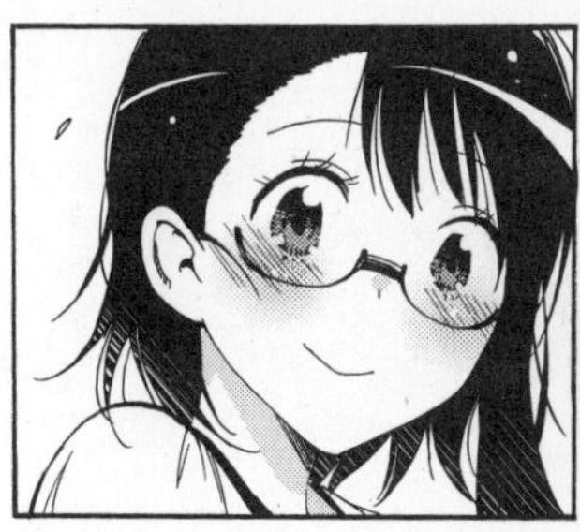

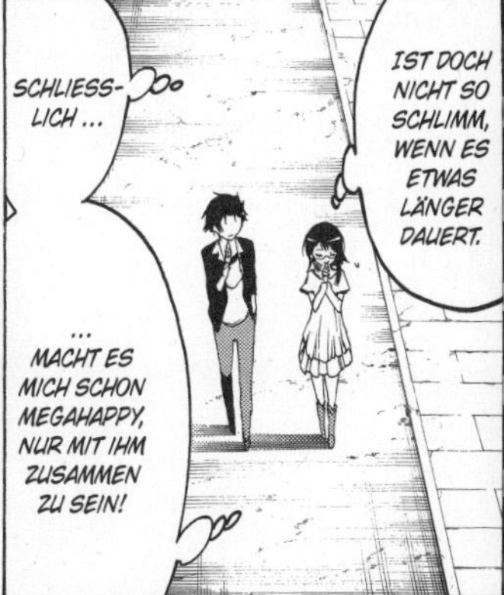

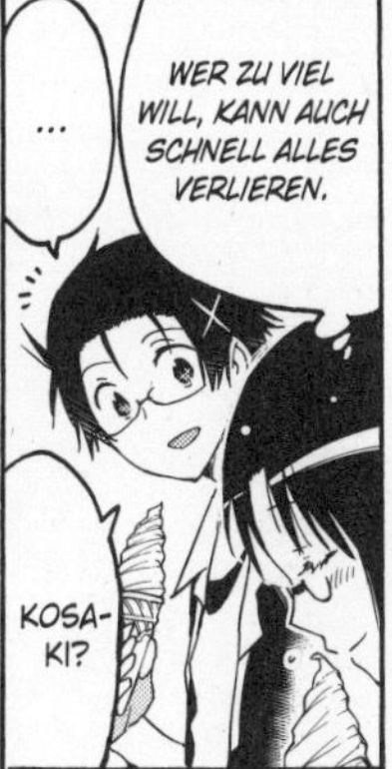

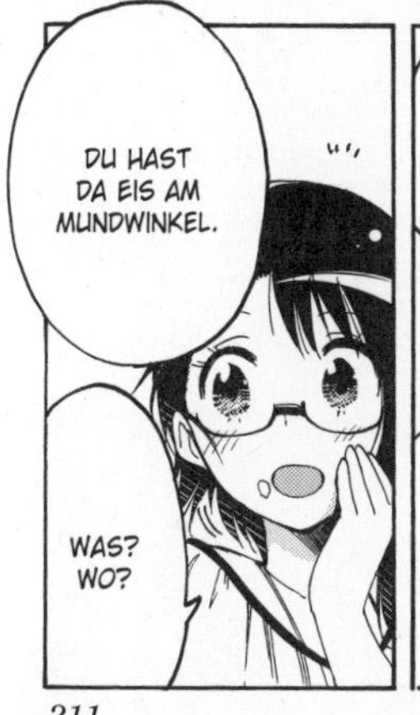

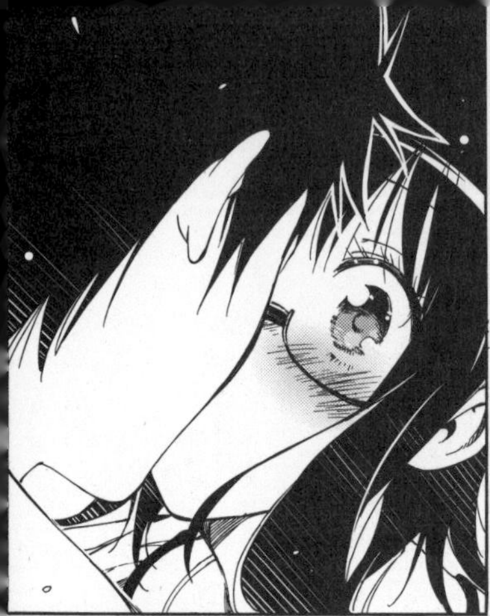

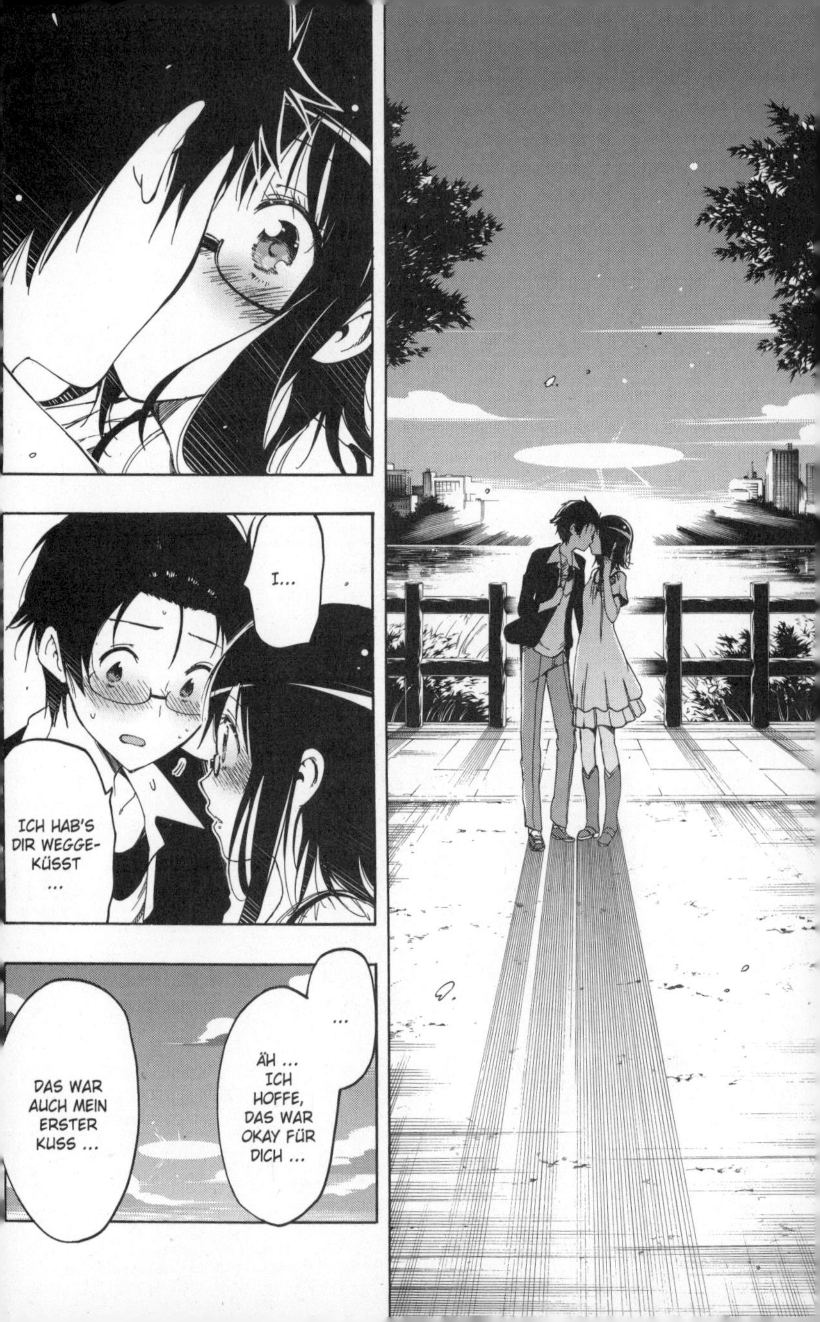

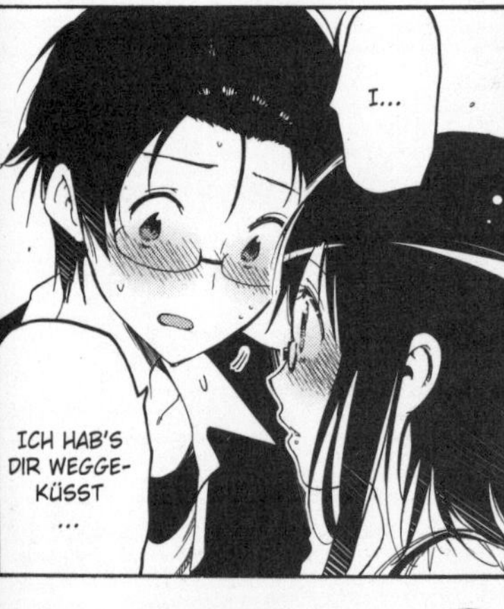
I...
ICH HAB'S DIR WEGGE-KÜSST ...

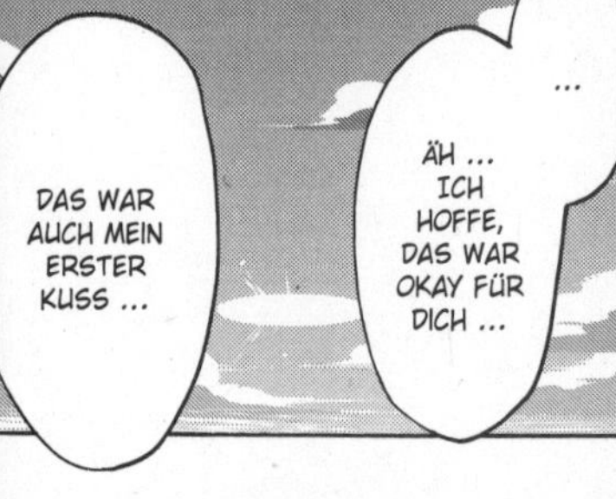
...
ÄH ... ICH HOFFE, DAS WAR OKAY FÜR DICH ...
DAS WAR AUCH MEIN ERSTER KUSS ...

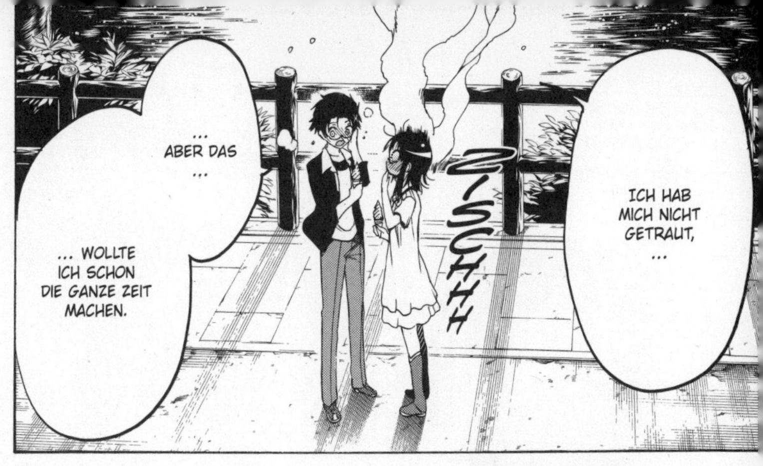

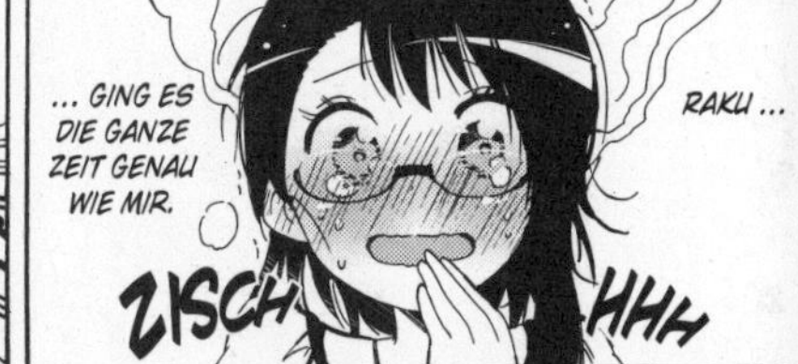

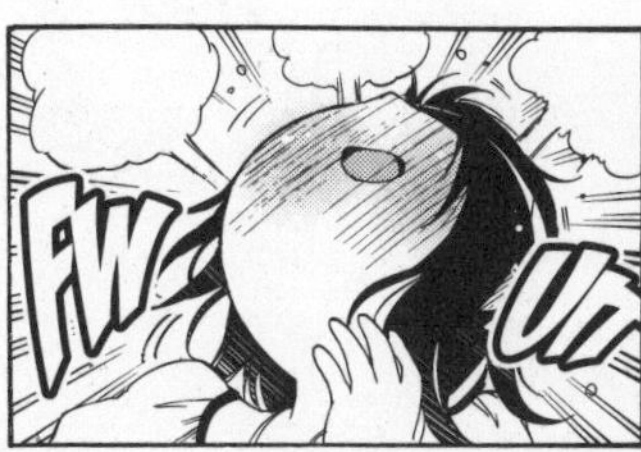

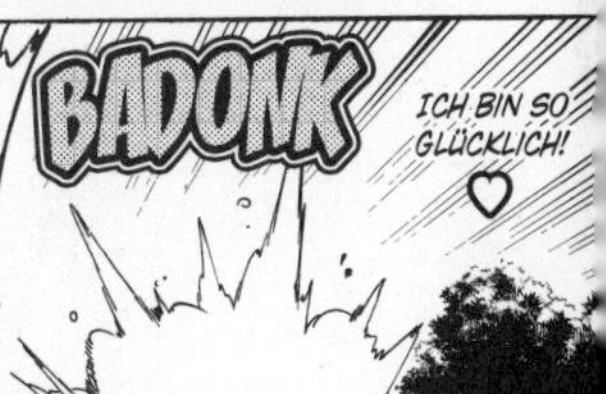

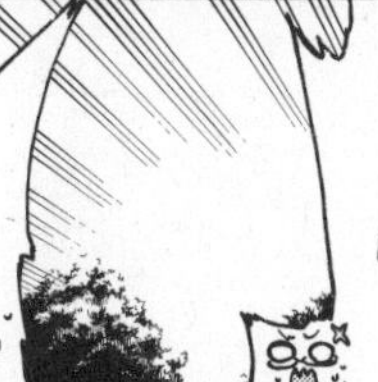

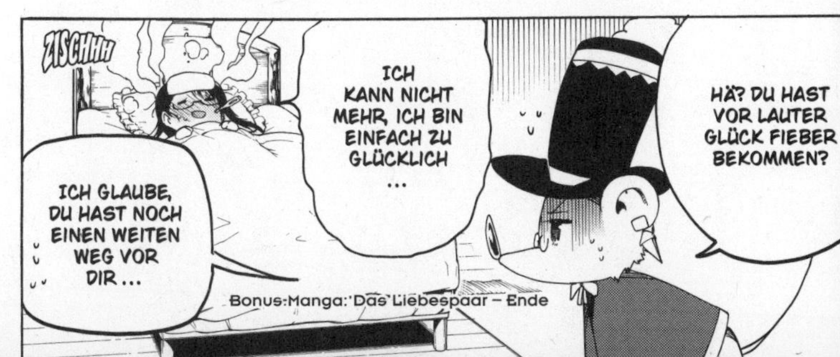

Bonus-Manga: Das Liebespaar – Ende

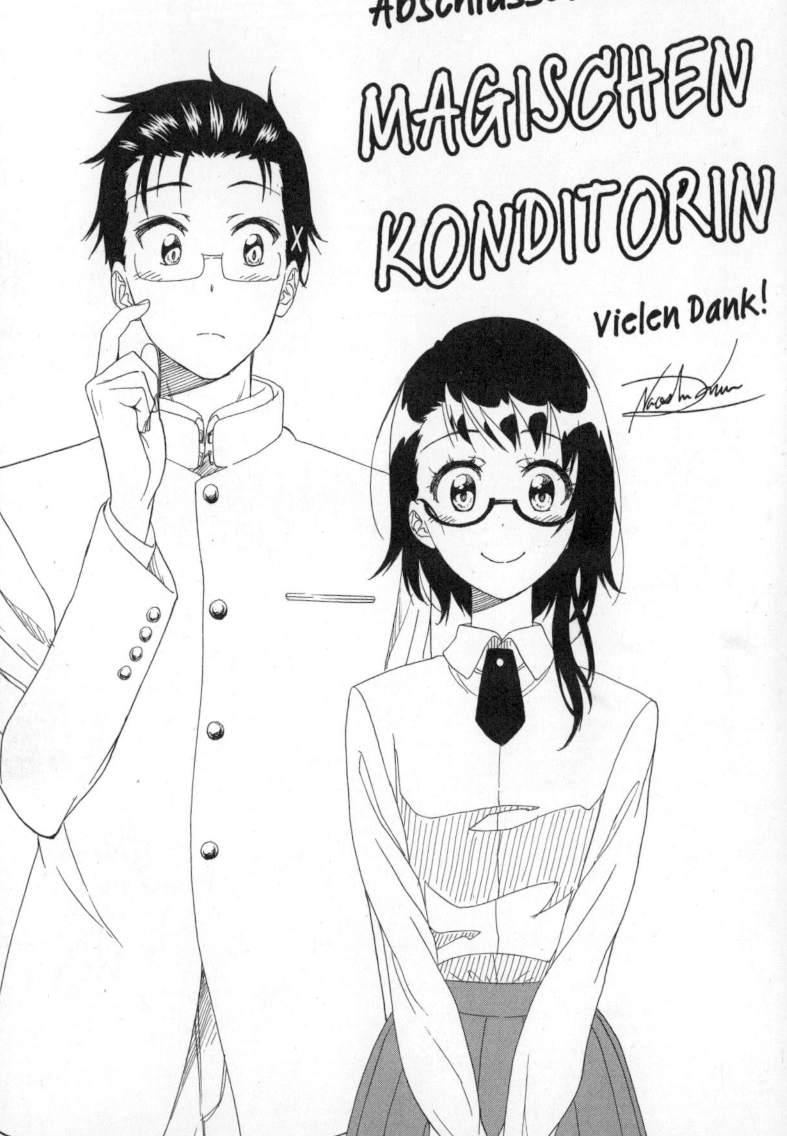
Band 4 und
Abschlussband der
MAGISCHEN
KONDITORIN
Vielen Dank!

DIE MAGISCHE KONDITORIN KOSAKI

4

Staff

Taishi Tsutsui

Yu Kato

Paripoi

Kazuya Higuchi

Fuka Fujima

Help

Kentaro Kitakawa

Chikomichi

DIE MAGISCHE KONDITORIN KOSAKI

First published in Japan in 2015 by SHUEISHA Inc., Tokyo.
German translation rights in Germany, Austria, German-speaking Switzerland and Luxembourg arranged by SHUEISHA Inc.

Deutschsprachige Ausgabe / German Edition

CH-1007 Lausanne

Verlegt unter dem Label KAZÉ MANGA
durch VIZ Media Switzerland SA

Aus dem Japanischen von Yvonne Gerstheimer

Redaktion: Frederike Brandt

Produktion: Dorothea Styra

Lettering: Studio CHARON

Druck und Bindung: GGP Media GmbH, Pößneck

ISBN: 978-2-88921-998-8

Vielen Dank fürs Lesen!

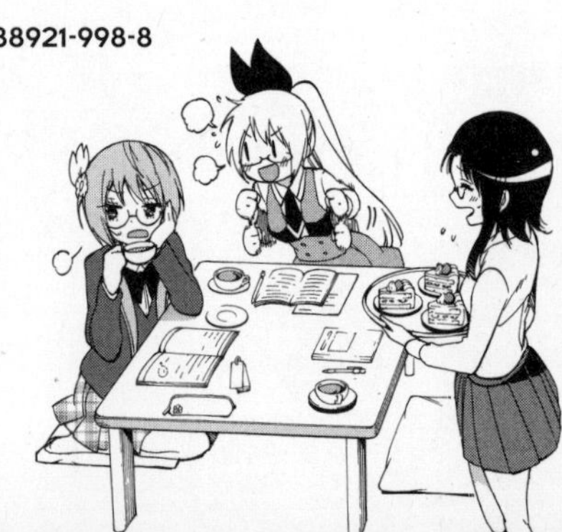

★ DIESES BUCH IST FIKTION. ÄHNLICHKEITEN MIT LEBENDEN PERSONEN, REALEN ORGANISATIONEN UND EREIGNISSEN SIND REIN ZUFÄLLIG.

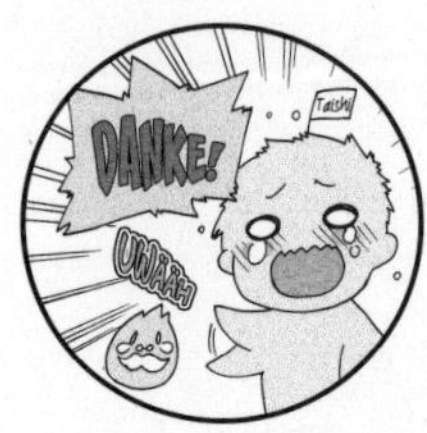

TAISHI TSUTSUI

HALLO, ICH BIN TAISHI.
DIES IST BAND VIER!

VIELEN DANK,
DASS IHR DIESE SERIE BIS ZUM
SCHLUSS VERFOLGT HABT!

MIT DIESEM BAND
ENDET NÄMLICH DIE EROTISCH
ANGEHAUCHTE, TURBULENTE ACTION-SERIE
„DIE MAGISCHE KONDITORIN KOSAKI".

ICH BIN WIRKLICH SEHR DANKBAR UND
GLÜCKLICH, DASS ICH ZUSAMMEN MIT DEN
ZAUBERHAFTEN CHARAKTEREN AUS „NISEKOI"
ORDENTLICH AUF DIE PAUKE HAUEN
DURFTE!

WENN ICH ES GESCHAFFT HABE,
DURCH DIE MAGISCHE KONDITORIN AUCH
NUR EINEM EINZIGEN LESER DEN CHARME DER
CHARAKTERE AUS „NISEKOI" NÄHERZUBRINGEN,
WÜRDE ICH MICH RIESIG FREUEN.

ICH FINDE ES SEHR SCHADE,
DASS ICH MICH VON KOSAKI UND DEN
MÄDELS TRENNEN MUSS, ABER ICH HOFFE,
DASS WIR, LIEBE LESERINNEN UND LESER,
UNS EINES TAGES WIEDERSEHEN!

BIS DANN!